长安与丝路文化传播学科创新引智基地资助项目

陕西省司马迁研究会／编
张新科 秦忠明 程永庄／主编

司马迁与《史记》论集

陕西省司马迁研究会2020年年会论文集

第十四辑

陕西新华出版传媒集团
陕西人民出版社

图书在版编目(CIP)数据

司马迁与史记论集. 第十四辑, 陕西省司马迁研究会2020年年会论文集 / 张新科, 秦忠明, 程永庄主编. —西安: 陕西人民出版社, 2023.2
ISBN 978-7-224-14808-4

Ⅰ. ①司… Ⅱ. ①张… ②秦… ③程… Ⅲ. ①司马迁(约前145或前135—?)—人物研究—文集 ②《史记》—文集 Ⅳ. ①K825.81-53 ②K204.2-53

中国国家版本馆CIP数据核字(2023)第007205号

责任编辑: 王 凌 张启阳
封面设计: 杨亚强

司马迁与《史记》论集(第十四辑)
SIMA QIAN YU SHIJI LUNJI
——陕西省司马迁研究会2020年年会论文集

编　　者	陕西省司马迁研究会
主　　编	张新科 秦忠明 程永庄
出版发行	陕西新华出版传媒集团 陕西人民出版社 (西安市北大街147号 邮编:710003)
印　　刷	中煤地西安地图制印有限公司
开　　本	787毫米×1092毫米 1/16
印　　张	21.75
字　　数	340千字
版　　次	2023年2月第1版
印　　次	2023年2月第1次印刷
书　　号	ISBN 978-7-224-14808-4
定　　价	78.00元

司马迁与《史记》论集（第十四辑）

编委会

目　录

◎ 司马迁研究

◎《史记》文献研究

◎《史记》思想文化研究

◎《史记》文学艺术研究

◎《史记》影响研究

◎ 其他研究

司马迁研究

将百年论争中近百篇论文收集起来，系统研读，对于一些焦点问题，反复思考，比较『两说』的长短、优劣、是非、曲直，逐渐形成了一些比较明晰的观点，总的感到，王国维的论说方法是科学的，立论是正确的。

司马迁生年研究的几个问题

朱枝富

司马迁生年的研究，自国学大师王国维1916年发表《太史公系年考略》(1923年改题为《太史公行年考》，收入自选《观堂集林》)，认为司马迁生于汉景帝中元五年，即公元前145年（简称“前145年说”）；而后，1955年，郭沫若发表《〈太史公行年考〉有问题》，提出司马迁生于汉武帝建元六年，即公元前135年（简称“前135年说”）。至此，“两说”之争便此起彼伏，莫衷一是。2015年，中国史记研究会会长张大可先生在“纪念司马迁诞辰2160周年研讨会”上，提出重启司马迁生年十年之差、百年论争的梳理和研究，以做出阶段性结论。本人恭逢其时，将百年论争中近百篇论文收集起来，系统研读，对于一些焦点问题，反复思考，比较“两说”的长短、优劣、是非、曲直，逐渐形成了一些比较明晰的观点，总的感到，王国维的论说方法是科学的，立论是正确的，司马迁生年“前145年说”是站得住脚的；而“前135年说”无论是在论述的方法上，还是在事实的阐述上，都存在着一些欠缺，所得出的结论不符合司马迁的行年实际，不能令人信服。

本文不打算对司马迁生年“两说”作综合评说，因为司马迁生年的问题牵涉很多，林林总总，单凭一篇文章，是无法说得清楚的。而从总体上来考虑，归纳起来，“前135年说”论者形成的关键性观点，大致上也就是三个方面，即三大“曲说”：“书体演变推倒王国维说”“《玉海》之《正义》佚文确证郭沫若说”“司马迁自叙生于建元年间说”。故此，本文只就这几个关键性问题，予以研究分析，解剖评说，具体是：一、“前135年说”论者从“书体演变”角度，用“‘三十’‘四十’经常相讹”来论定《正义》按语有误，借以推倒王国维立论，实乃“大言欺人”；二、“前135年说”论者发现《玉海》“汉史记”条《正义》

佚文，宣称找到“直接证据”，是“确证”，以此定案司马迁生于前 135 年，乃是伪证、伪考；三、“前 135 年说”论者误读、曲解《太史公自序》，认为司马迁自叙生于建元年间，把自己的观点强加于司马迁，玩弄文字游戏，真乃荒诞无稽。并以此就教于各位专家学者，敬请不吝指教。具体解说如下。

一、“前 135 年说”论者从“书体演变”角度，用“‘三十’‘四十’经常相讹”来论定《正义》按语有误，借以推倒王国维立论，实乃“大言欺人”

“前 135 年说”论者研究“书体演变”，用“书体演变”来说事儿，认为王国维的理论“不具有科学的基础，其论证也不合逻辑，司马迁生于汉景帝中元五年说（前 145 年说）不能成立”[①]。事实果真如此吗？否也。我们先来看看王国维立论的考证情况，再来看看袁先生的“书体演变”是怎么一回事，故分为两个层次来解说。

（一）王国维在《太史公行年考》中，以考证为基调，以证据为根本，以推论为辅助，以行年为验证，所得出的结论，符合司马迁生年实际，是正确无误的

王国维于 1916 年作《太史公系年考略》，后改为《太史公行年考》，主张司马迁生于公元前 145 年，所依据的是司马贞《索隐》、张守节《正义》在《自序》中的注说。而两条注说，司马迁生年相差十岁。通观王国维的《太史公行年考》，对于司马迁生年的论说，在具体方法上主要体现在四个方面：

1. 以考证为基调。

所谓“考证”，就是研究文献或历史问题时，根据历史资料来考核、证实和说明有关问题。细看《太史公行年考》，通篇离不开“考证”二字。《索隐》和《正义》关于司马迁生年相差十年的注说，如果仅仅是注说，可以是两家并存，

---

① 袁传璋：《王国维之〈太史公行年考〉立论基石发覆》，《渭南师范学院学报》2018 年第 1 期。

疑则存疑，这也不失为一种科学的态度，而具体落实到司马迁的生年上，则只能是取其中一说，因为司马迁不可能有两个生年。那么，究竟取哪一说比较合理呢？王国维不是拍脑袋、想当然，而是进行了详细的考证：一是考证“两说”的来源，二者都是依据张华的《博物志》；二是考证《博物志》所引的内容，《茂陵中书》是“当本先汉记录，非魏、晋人语”；三是考证《史记》中的“三年”，为“武帝之元封三年”；四是用数字分书的“鲁鱼亥豕”常理推断，“‘三’讹为‘二’，乃事之常，‘三’讹为‘四’，则于理为远”，所以认为《索隐》所引《博物志》“年二十八”乃是“年三十八”之讹；五是考证司马迁行年，并用来验证司马迁的生年。王国维对于司马迁生平的每个行年点，也都进行了较为详细的考证。《太史公行年考》行文简略，而用“五考”来确定司马迁的生年，“五考”之后再做定论，可谓考证入微，丝丝入扣。

2. 以证据为根本。

考证，是建立在以证据为基础之上的，证据是根本。没有证据，就谈不上是考证，充其量，只是猜想、臆测。王国维在《太史公行年考》中列举了大量的证据来支撑他所得出的结论，无论是确定司马迁的生年，还是对于司马迁生平的各个行年点，都是如此。这里只举一例：在元朔二年，司马迁十三岁时，有这样一段话：

> 《汉旧仪》：“司马迁父谈世为太史，迁年十三，使乘传行天下，求古诸侯之史记。”考《自序》云：“二十而南游江、淮。”则卫宏说非也。或本作“二十”，误倒为“十二”，又讹“二”为“三”欤？①

在这段话里，王国维很明确地认为，《汉旧仪》的记载是错误的，而证据就是司马迁在《自序》中所说，二十岁才开始南游，这是一个铁证，故《汉旧仪》所说司马迁年十三而行天下是错误的，并进而认为，“十三”可能是“二十”之讹，“二十”乃是“十二”的误倒，“十二”又讹作“十三”。这也是基于《自序》中的证据所做出的推论。如果离开了《自序》的这一证据，而得出结论，那就

① 王国维：《太史公行年考》，《观堂集林》卷十一，中华书局 1959 年版。

不是考论，而是猜测，具有本质上的不同。后来“前 135 年说”论者，李长之、郭沫若认为司马迁晚生十年，只是推测而已，“无一考据”，故不能成立。

3. 以推论为辅助。

考证，以证据为支撑，也离不开推论；考证的结果，就是要通过推论来体现。而没有考证的推论，则不是正论，而是歪论，是站不住脚的。证据和推论，二者好似孪生兄弟，谁也离不开谁，相辅相成。不可讳言，王国维在论证中也有推论，但他的推论，是经过充分考证后的推论，是顺理成章、水到渠成。他认定《索隐》与《正义》对司马迁生年的注说，以《正义》为是，以《索隐》为讹，也就是说，太初元年，司马迁 42 岁。这是司马迁行年中的一个十分重要的基准点，上推司马迁的生年，为汉景帝中元五年。但他并不就是仅仅做如此推论，而是对司马迁生年的 14 个行年点进行研究分析（详见下面的分析），验证其与司马迁的生年实际是否吻合，是否丝丝入扣，而后才得出结论。这就是王国维在以证据为基础之上进行的推论。

“前 135 年说”论者，要否定王国维的研究成果，认为司马迁晚生十年，就是千方百计证明《正义》的按语是错误的，是不成立的。他们认为，只要把《正义》的按语推倒，就足以推翻王国维的全部结论，所谓“牵一发而动全身”。他们确实很聪明，不遗余力地在推翻《正义》按语上下功夫，花费了心思。袁传璋用“书体演变”的理论，认为《正义》按语中“四十二”为“三十二”之讹；赵生群发现王应麟《玉海》中有《正义》引用《博物志》的记载，证明按语有误；不少学者用《自序》证明司马迁生于建元年间，以否定《正义》按语，等等，都是采用釜底抽薪的办法，企图驳倒王国维的立论。但是，王国维的研究方法正确，论据充分，推论严密，结论准确，是无法驳倒的，因为他本身就没有错啊！以上所引的“前 135 年说”论者的种种观点，将在后面几节中逐一剖析。这也说明，“前 135 年说”论者把“宝”押在推论上，他们死抱着《索隐》所引《博物志》的“年二十八”不放，进行上推下推，进行循环论证，用左手推右手，再用右手推左手，而左手与右手都是待证的未知数，故而所得出的结论是站不住脚的。

4. 以行年为验证。

王国维确定司马迁生年为公元前 145 年，把司马迁的一生行事列出若干行年点，逐一进行验证，看看其究竟是否与司马迁的生年相吻合。观察王国维将司马迁行年点系年的，有 14 个，即：①汉景帝中五年，司马迁“生龙门”，1 岁；②汉武帝建元五年，司马迁 10 岁，“诵古文”；③元朔三年，司马迁 20 岁，“南游江、淮”；④元鼎元年，司马迁 30 岁，“仕为郎中”大抵在元朔、元鼎间，而系于此年；⑤元鼎五年，司马迁 34 岁，“西至空同”；⑥元封元年，司马迁 36 岁，“还报命”，“见父于河、洛之间”，复从封泰山；⑦元封二年，司马迁 37 岁，“从负薪塞宣房”；⑧元封三年，司马迁 38 岁，为太史令；⑨元封四年，司马迁 39 岁，“北过逐鹿”；⑩太初元年，司马迁 42 岁，造历事毕，始作《史记》；⑪天汉三年，司马迁 48 岁，遭李陵之祸；⑫太始元年，司马迁 50 岁，被刑之后，为中书令；⑬太始四年，司马迁 53 岁，作《报任安书》；⑭昭帝始元元年，司马迁 60 岁，卒年虽未可知，当与武帝相终始。

由上看出，王国维用心考证，注重证据，谨慎推论，行年检验，确定了司马迁的生年和 14 个行年点，可见其用心的良苦以及方法的得当。王国维将司马迁的 14 个行年点进行逐一考证，其中绝大部分都能确定具体的年限，只有少数的给出了区间年限，如“仕为郎中”，究竟是哪一年？后人经过考察，基本上能够确定，而王国维则未说明是哪一年；司马迁为中书令，也是如此，大致在遭李陵之祸后的第三年，而是以这一年为推论坐标点，并不确定就一定在这一年，总之是八九不离十，采用了审慎的态度，这也是应当予以肯定的。

对于司马迁行年的研究，王国维毕竟是筚路蓝缕，充当了开路先锋，从总体上看，是正确的，但在某个细节及具体行年点上，也有值得推敲的地方。时隔 100 年，张大可先生对司马迁的行年，综汇百年论争，进行了更加深入的考证和研究，形成了新的《司马迁行年表》，对王国维论证的司马迁行年点进行修正和补充，主要是：①元朔元年，司马迁 18 岁，耕牧河山之阳（新增）；②元朔二年，司马迁 19 岁，家徙茂陵，见郭解（新增）；③元朔五年，司马迁 22 岁，出游而归（新增），并论定此年至元狩五年，即司马迁 22—28 岁，受学于孔安国、董仲舒；④元狩五年，司马迁“仕为郎中”（王国维称司马迁入仕不可考，“大抵在元朔、元鼎间”，系于元鼎元年）（修订）；⑤元鼎六年，司马迁 35 岁，奉使西征巴蜀以南，出仕八年后为郎中将（新增）；⑥太初元年，司马迁 42 岁，议历法，正式定稿《史记》（王国维表述为“造历事毕，述作之功乃始”，似是正式开始撰著《史记》）（修订）；⑦天汉二年，司马迁 47 岁，为李陵辩说，在天汉三年蒙受腐刑（新增）；⑧论证《报任安书》曰“待罪辇毂下二十余年”，为元狩五年至太始四年，共 25 年（新增）。①

从以上分析看出，张先生在王国维《太史公行年考》的基础上深入研究，新增了 6 个行年点。这样，一共是 20 个行年点，勾画了司马迁一生合于史实的行年轨迹，足以支撑司马迁生于公元前 145 年。这就是王国维的立论至今屹立不倒的原因。

而郭沫若、李长之等提出司马迁晚生十年，为武帝建元六年，虽然后之学者肯定者不少，但终究是站不住脚的，因为他们所提出的证据，都不是从考证中来，无论是李长之的 10 条也好，还是郭沫若的 3 条也好，张大可先生、陈曦教授经过深入研究，认为是“无一考据”。对于李长之的 10 条举证，陈曦指出不仅“无一考据”，而且“也违背了推理的基本原则，即由已知推未知，用什么‘假若’‘看口气，也很像’‘宛然是’‘但我想’‘的确可能’，运用文学想象的手法代替考证，无一条成立”。②

（二）“前 135 年说”论者的“书体演变说”与王国维的“数字讹误说”，两者平行而不相交，并无驳辩关系，其宣称推倒了王国维的立说，实乃“大言欺人”

“前 135 年说”的后继论者师承李长之、郭沫若，不断变换花样，翻弄手法，或在李长之、郭沫若的观点上“深入发掘”，或提出新的说法，意图驳倒王国维，比较具有代表性的，是袁传璋先生。他在 1988 年发表《司马迁生于武帝建元六年新证》提出，从书法史的角度看《正义》“四十二”系“三十二”之讹，而得出的结论是：“司马迁早生十年则纰漏丛生，而晚生十年则百事皆通。”这话毫无证据支撑，显得十分武断。到了 1995 年，他又发表《从书体演变角度论〈索隐〉〈正义〉的十年之差》，从由唐至宋“三十”“四十”的书体演变来考察《索隐》《正义》的十年之差，认为“今本《史》《汉》‘二十’与‘三十’罕见相讹，

① 张大可：《司马迁生年十年之差、百年论争述评》，《渭南师范学院学报》2017 年第 1 期。

② 陈曦：《李长之“司马迁生于公元前 135 年说”驳论》，《史学月刊》2017 年第 10 期。

而‘三十’与‘四十’经常相讹”，由此得出王国维立论基石“数字讹误说”不具备“科学的基础”，认为：“司马迁的生年，当依《索隐》所引《博物志》录入的先汉原始记录推算，太史公应生于汉武帝建元六年。”

我们先来看一看，袁先生提出的“书体演变”之说，说了些什么？大致是：他查验《史记》《汉书》的文本情况，发现“四十”讹为“三十”者有之，“三十”讹为“四十”者亦有之。接着，又对自唐至宋书体演变的状况加以研究，认为宋代合体书写的形式不但被取消了，而且宋人摹写版刻唐人写本时，按宋时书写程式将合体字“廿”“丗”“卌”分解为单体字“二十”“三十”“四十”，于是发生了“三十”与“四十”的讹误，并猜测，《正义》按语的“四十二”（“卌二”）就是由“三十二”（丗二）相讹而成，以此证明《正义》的按语有误，而《索隐》所引《博物志》的“年二十八”无误，以证司马迁生于建元六年之说。

应当说，袁先生的这一研究，用力甚勤，为了推翻王国维的立论，可谓煞费了苦心，但事实并不是真正如此，我们从以下三点来看：

1. 袁传璋攻其一点，不及其余，把渐进的现象当作普遍的现象来研究，犯了以偏概全的错误，而钻进“数字讹误”的“牛角”里，永远不能得出正确的结论。

在唐宋期间，可能有袁先生所说的这种情况，但绝不是一概如此。从哲学的观点来看，世上万事万物的发展，都有一个渐变的过程，不断演变，逐步发展。例如，现今的文字改革，经过数十年的推行汉字简化，其主流是通行了简化字，通用横排简体，但繁体字仍在使用，特别是古文文本，还是用竖排繁体，并没有杜绝、也不可能杜绝繁体字的应用。这恐怕是不争的事实吧。而唐宋期间的文字版式变化，也是如此，并不能一概而论。

从史实的角度，施丁做了这方面的研究，他在研究中发现了丰富的数字书写演变的内容，《居延汉简甲乙篇》已有数字分书之例，而《居延新简》则提供了大量的例证，认为，郭沫若说汉人沿袭殷周以来的老例书写“二十”“三十”“四十”为“廿”“卅”“卌”的连体书写并不确切，至今有人还在这方面做文章，“不仅坚信汉人沿袭殷周以来的老例之说，而且还进一步推延与发展，提出隋唐至北宋也是照旧未变。……唐宋照旧之说则有以偏概全之误”。事实上，由汉至唐，数字的书写，并不只是沿袭殷周老例，而是两位数字连体书写分化出了单体分书，北宋以后，数字的书写由单体分书全面代替了。并认为："太初元年'迁年四十二岁'之注本来无误，肯定司马迁生于汉景帝中五年毫无问题。"①

对此，"前 145 年说"论者张大可先生认为：

> 袁传璋驳的不是王国维的立论基石"数字讹误说"，而是他自设的标靶。双方穷尽文献均未找到《索隐》《正义》直接的数字讹误，在没有新的材料发现之前，不可能在数字讹误本身找到突破。②

也就是说，袁先生欲用"书体演变"的论说确定司马迁生年为前 135 年，而否定王国维的立论，此路是行不通的。

2. 袁传璋以"几率"来推论司马迁生年，是把复杂的问题作简单化处理，根本不能确定《正义》"年四十二"有讹误，不能确定司马迁生于前 135 年。

袁先生穷尽其力来研究"书体演变"，寻找"三十"与"四十"相讹的事例，实际上是在寻求致讹的"几率"，以力图否定王国维的说法，推翻王国维的结论。固然，如此做法，对探讨司马迁的生年，有一定的帮助，但坦率地说，不管佐证如何，都不能说明《正义》"年四十二"有讹误，只能是作为参照而已，而不能一定证明《正义》按语就是错的，因此，不是确定司马迁生年的直接证据，因而不能否定王国维经过多重考证而得出的结论。

因为，司马迁生年十年之差的这个致命讹误，并不是凭"几率"来说话的。古代文献中讹误的情况非常多，有些并不具有规律性，并不符合"几率"。如《史记》，文字的讹误以及与历史事实不符的情况非常多。这里略举一例：

《五帝本纪》中记叙了一个工匠，叫"倕"，而其中一处用"倕"（……龙、倕、益、彭祖自尧时而皆举用），三处用"垂"（舜曰："谁能驯予工？"皆曰："垂，可"。于是，以垂为共工。垂主工师，百工致功）。从"几率"的角度来看，"垂"的"几率"是 75%。按照"几率"的说法，则其工匠名为"垂"，则是确定无疑了。而考其字源，汉字以象形字、形声字为主体，"倕"有"人"旁，或

---

① 施丁：《〈史记索隐〉注"太史令"有问题》，《中国社会科学院研究生院学报》1996 年第 2 期。

② 张大可：《解读袁传璋"虚妄论"提出的一些问题》，《渭南师范学院学报》2018 年第 13 期。

许，这个工匠就叫作“倕”，“垂”只是沿袭《尚书·尧典》中的写法，并不是人名，而是通假而已。通假，即讹误也。再看《古代汉语词典》的解释：“倕：古代传说中的巧匠名。”而“垂”字则没有这样的解释。《辞源》的解释：“倕：人名。”并引《吕氏春秋》注曰：“倕，尧之巧工。”又曰：“《书·尧典》作‘垂’。”而“垂”字则没有这样的义项。

对于司马迁的生年，并不是简单地运用“几率”就能解决问题的。司马迁生年的致讹，并不排除或许就是一个偶然性。袁先生花费心思列举了许多例证来证明“三十”与“四十”之讹，似乎认为所举的例证越多，就越有说服力，把研究的着力点用在这些方面。这似乎没有用在点子上，而不是寻找直接的证据，因而也就无法否定王国维的说法。

3. 袁传璋至今没有找到任何文献资料证明《正义》所说“年四十二”为“年三十二”之讹，倒是反证了王国维的推论是正确的，是无可辩驳的。

袁先生花费很大功夫来研究“书体演变”，几乎穷尽唐宋所有文献，虽然列举的事例很多，但都是间接说明，并没有找到一例是《正义》直接讹误的证据。要知道，唐宋期间，《史记》的版本很多，如果说袁先生的观点成立，那肯定要在《史记》各种版本的《正义》按语中留下痕迹，有致讹的版本存在。可惜，没有，一例都没有，这说明什么呢？说明袁先生的观点不攻自破，《正义》按语并没有讹误的现象。当然，袁先生的努力也没有白费，从相反的方向证明了王国维的观点是正确的，其结论是无法推翻的，所谓相反相成，就是说的这样的道理。

由此可见，司马迁生年的论定，仅靠《索隐》《正义》的说法，是无法得出正确的结论的，因为两者文献资料的可靠性无法得到确证。王国维数字分书的“鲁鱼亥豕”，与袁传璋两位数字合写的“鲁鱼亥豕”，是从两个方向研究，是两条平行线，两者之间没有相交点。王国维的研究不能说明“三”与“四”不相讹，同理，袁先生的研究也不能说明“二十”与“三十”不相讹。而着重在“数字讹误”本身来费力研究，是永远不会得出正确的结论的。故此，无论袁先生怎样“巧舌”，都是“旁敲侧击”，敲锣不在锣心上，是无法否认另一方的。

而王国维的论证，并不仅仅就是依靠《正义》所说的文献资料以及推论《索隐》的容易致讹，而是通过考论司马迁的行年，通过行年来论证，故而得出的结论是比较科学、公允的，并非仅凭一个“书体演变说”就能推翻。袁先生宣称他的“书体演变说”推倒了王国维“不堪一击的逻辑推导出来的司马迁生于汉景帝中元五年”，用他自己的话说，“实乃大言欺人。”“大言欺人”，指把一得之见，无限放大，用以欺蒙读者。这四个字是袁先生驳难对方的用语，其实是自我现身说法。袁传璋发现了两位数字合写的“鲁鱼亥豕”常理，此乃一得之见，补充了王国维数字分书的“鲁鱼亥豕”常理，但他不满足于此，而无限放大，驳倒了王国维“五考”的结论，是典型的大言欺人。

二、“前 135 年说”论者发现《玉海》“汉史记”条《正义》佚文，宣称找到“直接证据”，是“确证”，以此定案司马迁生于前 135 年，乃是伪证、伪考

“前 135 年说”论者赵生群继袁传璋之后，声称“发现了有关司马迁生平的新资料，为考定其生平提供了直接的证据”。所谓“新资料”，是王应麟《玉海》第 46 卷“汉史记”条中的《正义》佚文，为：

> 《史记正义》：“《博物志》云：‘迁年二十八，三年六月乙卯除，六百石。’”

对此，赵先生认为：

> (《玉海》“汉史记”)所载司马迁年岁，与今本《史记》中司马贞引《博物志》之文完全一致，这说明《索隐》引文准确无误，同时也证实，张守节推算司马迁生年的根据，也是《博物志》。《博物志》确实是考订司马迁生年唯一的，也是最为可靠的原始资料。张守节云太初元年“迁年四十二岁”，比司马迁实际年龄多出十岁，肯定有误。①

① 赵生群：《从〈正义〉佚文考定司马迁生年》，见《〈史记〉文献学丛稿》，江苏古籍出版社 2000 年版，第 117—118 页。

赵先生以此定案司马迁生年在前 135 年。后来，他主持点校本《史记》修订，于 2013 年 7 月以“修订组”的名义将“司马迁生于汉武帝建元六年（公元前 135 年）”写入“修订前言”，并作了说明，直接用《玉海》“汉史记”条的《正义》佚文作为论据，未加注明据郭沫若说，更未介绍王国维的“前 145 年说”，断言《正义》按语“四十二”当为“三十二”之误。

袁传璋对《玉海》所征引的《正义》佚文，也是如获至宝，在 2005 年出版《太史公生平著作考论》，写作《司马迁与中华文明》导论，引用《玉海》“汉史记”条作为证据，认为“司马迁的生年应该是建元六年”；在 2011 年为《司马迁与〈史记〉研究年鉴》撰写卷首语，认为是“提供了可信的文献根据，同时也否定了王国维疑今本《索隐》‘年二十八’乃‘三十八’之讹的臆测”。①

赵生群、袁传璋视《玉海》“汉史记”条《正义》佚文为“直接证据”与“确证”，并以此定案司马迁生于前 135 年，一批学者予以信从，乃至盲从，故在一段时期内，很少有学者论述司马迁生于前 145 年，几乎是一边倒，甚至在 2015 年召开纪念司马迁诞辰 2160 周年纪念活动，也认为应该是纪念司马迁诞辰 2150 周年。

为了弄清这一问题，张大可先生专门到北京图书馆复印了《玉海》的相关资料，用来对照“前 135 年说”论者的研究，再作深入细致的思考，发现其中疑点多多，问题多多，折射出其瞒天过海的手段，其真实性、可靠性值得怀疑，可以说，乃是典型的伪证、伪考。

（一）《玉海》是王应麟的“私撰”笔记，根据自己的心意来选择内容，“汉史记”条的正文，摘自《汉书·司马迁传》，而非《史记·太史公自序》，根本不具有版本价值

我们看到复印件《玉海》的“汉史记”条时，首先映入眼帘的，是带长条框的“司马迁传”，非常明白地注明所根据的是《汉书》，而不是《史记》，再结合“汉史记”的条目，是王应麟用《汉书》来说明“汉史记”。而“前 135 年说”论

① 袁传璋：《〈玉海〉所录〈正义〉佚文为考订司马迁生年提供确证》，见《太史公生平著作考论》，安徽人民出版社 2005 年版。

者闭口不提此事，让读者觉得王应麟就是将《正义》注说在《太史公自序》上，还堂而皇之地称为是“直接的证据”，是“确证”，不知道“证”在哪里？还有，正因为是将其引用在《汉书·司马迁传》上，故标明是《史记正义》，说明不是《汉书》原文的注释，而不只是从哪里移植过来的。请问，这所谓的证据是“直接”吗？是不知转了多少弯啊！

我们再看《玉海》正文的引录，也是非常随意，是属于摘抄之类，而不是非常严谨的引用原文。将“汉史记”条与《汉书·司马迁传》对照，就能很明显地看出这一点：

> 司马氏世典周史。[……]谈为太史公。[……]有子曰迁(云云)。[……]迁俯首流涕曰：“小子不敏，请悉论先人所次旧闻，不敢(缺)[阙]。”卒三岁，而迁为太史令，史记(金鐀石室)[石室金鐀]之书。五年而当太初元年，十一月甲子朔旦冬至，天历始改，建于明堂，诸神受记。太史公曰：“先人有言：‘[自]周公卒五百岁而有孔子，孔子(卒)至[于]今五百岁，有能绍而明之，正《易传》，继《春秋》，本(《诗》《书》)[《书》《诗》]《礼》《乐》之际。’意在斯乎！(意在斯乎！)小子何敢(让)[攘]焉！”[……]于是论次其文。(七)[十]年而遭李陵之祸，[……]卒述陶唐以来，至于麟止，自黄帝始。①

不再往下对核了。文中加“( )”的，是《玉海》的增字或讹字；加“[ ]”的，是《玉海》没有引用的或错用的字、词；加“……”的，表示《玉海》所作的删节。由此可见，此处王应麟的正文，是根据己意而对所引的原文有所取舍，很显然，其中有删减，有更改，也有讹误。王应麟如此做，当然无可厚非，但这只能代表是王应麟个人的作品，或者说是王应麟笔下的《汉书·司马迁传》，而不能说，《汉书·司马迁传》就是如此。我们假设，如果《汉书》失传，后人依据《玉海》，认为《汉书》就是如此，这种说法妥当吗？这不是大笑话吗？如

① 班固：《汉书·司马迁传》，中华书局1962年版，第2707—2720页。

果再用《玉海》的《汉书》来证明某种事项，这样做有道理吗？能够成立吗？更有甚者，为了证成某种项，故意隐去《汉书》，而让读者误以为《玉海》所根据的就是《史记·太史公自序》，这样做道德吗？这难道不是有意欺瞒而瞒天过海吗？要知道，这其中引用的《正义》佚文，就是如此啊！你能说这《正义》佚文来源可靠，引录正确吗？因为无论是《正义》原文，还是《正义》所引的《博物志》都已经失传，无法证明它的正确性啊！这样的内容，还能用来做证据吗？而且还煞有介事，言之凿凿，说得有鼻子有眼，似乎是在有意欺蒙读者，混淆视听啊！说白了，“汉史记”条，就是王应麟自写的词条，是根据自己的心意来选择内容，根本不具有版本价值，与《史记》搭不上半点边。

在此以前，我们还分析，王应麟将此条《正义》注在“紬史记石室金（鐀）[匮]之书”句后，而不是如今本《史记》注在“五年而当太初元年”句后，所注的正文内容不一致，根本不是《正义》的原文，现在看来，更是没有必要这么考虑了，因为王应麟自己就已写得非常明白，他所摘引的是《汉书·司马迁传》，所引《正义》不知是从哪里杂凑过来的。这与《史记·太史公自序》，是“风马牛”啊！

（二）《玉海》《正义》佚文，究竟出自何处？仍然是一个谜，并非就是出自《正义》单行原本、唐人写本、南宋皇家藏书，“前135年说”论者如此论说，具有作伪行为

这里，我们再来研究《玉海》“汉史记”条《正义》佚文的出处。“前135年说”论者把它的出生说得非常“高贵”，似乎让人肃然起敬。赵生群在2000年发表的《从〈正义〉佚文考定司马迁生年》一文中说：

> 从《玉海》引用《史记正义》的具体情况看，王氏编书时所依据的当是单行本《正义》。……正因为王应麟所用的是《史记正义》单行本，所以能征引更多的《正义》注文。

袁传璋在2005年出版的《太史公生平著作考论》一书中说：

> 王应麟撰《玉海》，其资料来源于南宋皇家藏书，他曾亲见未被删

节的《史记正义》的唐人写本。[①]

到了 2011 年，袁先生的口气软了下来了，在《〈玉海〉所录〈正义〉佚文为考订司马迁生年提供确证》中说：

> 王应麟纂辑《玉海》，他所征引的《史记正义》，为南宋馆阁所藏的单行唐写本。

袁先生将"南宋皇家藏书"改为"南宋馆阁所藏"了，在 2018 年撰写的《王国维之〈太史公行年考〉立论基石发覆》中说：

> 王应麟所征引的《正义》，为南宋馆阁所藏单行唐写本或其抄本。

在口气上又有所变化，将原来坚持认为的"单行唐写本"增加了"或其抄本"四个字，说明是"无定"。我们不禁要问，袁先生如此说法，有根据吗？如果坚持认为是"单行唐写本"，为什么又要加上"或其抄本"四字？是不是心虚了，底气不足？或者是否就是根本没有依凭，而是想当然凭空脱口而出？

经赵先生和袁先生这么一说，又是"唐人写本"，又是"皇家藏书"，说明王应麟征引的这条《正义》佚文来源可靠，无话可说。我们不禁要问，说这话的根据是什么？是王应麟自己说的，还是二位先生的杜撰？

对此，我们翻看了大量资料，就是没有资料证明是如此。不知道二位先生有没有史料证明？如果有，不妨"晒"出来我们看看？当然，袁先生可能会说《玉海》中存有非常可观的《正义》佚文，这就是从单行唐写本中引用过来的。这能说得清吗？单行唐写本是什么时候存世，什么时候失佚？有这方面的根据吗？我们倒是找到清人王鸣盛在《十七史商榷》中提供的一条旁证。该书开篇卷一篇《史记》第二条"《索隐》《正义》皆单行"条中曰：

> 《索隐》三十卷，张守节《正义》三十卷，见《唐志》，皆别自单行，不与正文相附，今本皆散入。惟常熟毛晋既专刻《集解》外，又

① 袁传璋：《司马迁与中华文明》，见《太史公生平著作考论》，安徽人民出版社 2005 年版。

别得北宋刻《索隐》单行本而重翻刻之，是小司马本来面目。自识云："倘有问张守节《正义》者，有王震泽行本在。"震泽本亦非唐本三十卷之旧，亦是将司马迁、张氏注散入裴本中者，但必出自宋人，故毛氏云然，张氏三十卷本，今不可得而见矣。

王鸣盛指出，《正义》单行原本早已失传，明人刊刻时，已经找不到了，最早的版本，也是"宋本"了。王应麟是南宋末人，是否那时还有存世的《正义》单行原本？则不得而知。如果说有，拿出证据来，让我们也开开眼界。

至于袁先生所说的"皇家藏本"，也是不实之词、虚妄之言，好为"大言"，以欺蒙读者。

我们先看看王应麟的身世。据《宋史·王应麟传》及有关资料，王应麟出生于1223年，1241年中进士，担任地方一般官员，1254年复中博学宏辞科，历官太常寺主簿、通判台州，召为秘书监、权中书舍人，知徽州、礼部尚书兼给事中等职，因屡次冒犯权臣丁大全、贾似道而屡遭罢斥，后来辞官回乡，专意著述20多年。王应麟生活于国家危亡之际。宋朝灭亡是1279年，权臣贾似道被杀是1275年，而王应麟去世于1296年，之前辞官回乡20多年，当是在1275年左右离开朝廷。王应麟的一生可分为三个阶段：复中宏词科前为第一个阶段，从中进士到中宏词科，为14年；而后在地方和朝廷做官，到被排挤去职，为第二个阶段，大约是20年；第三阶段是退归乡里专心述著，一直到去世，是20多年。

王应麟一生著作丰富，有23部著作，695卷，那么，《玉海》究竟是他哪一个时期的作品？据王应麟的子孙王厚、王伯所撰写的《词学指南·后序》说："《玉海》者，公习博学宏词科编类之书也。"《四库全书总目》称："其作此书，即为词科应用而设。"我们有理由认为，王应麟作《玉海》这种百科全书式的著作，是为其准备博学宏词科考试时所整理的资料，也就是我们现在所说的"考试复习笔记"，而后经过整理和印刷，形成了名为《玉海》的大型类书。

我们再看看袁先生的说法：王应麟"尽读馆阁秘府所藏天下未见之书"，"所撰《玉海》二百卷，专精力积三十余年而后成。"[①]这话果真如此吗？有根

① 袁传璋：《王国维之〈太史公行年考〉立论基石发覆》，《渭南师范学院学报》2018年第1期。

据吗？

王应麟先考中进士，后考中宏词科，两者之间为十四年，就说是从中进士后就着手准备，撰著《玉海》也只是有十多年啊！而袁先生说“专精力积三十余年而后成”，也恐怕是夸张之辞。虽然前人也有说王应麟读馆阁书，一生致力于撰著，但并不是撰著《玉海》就钻研了 30 多年啊！如果此话成立，那王应麟一生 70 多岁，而官场沉浮耗费了他大量的心血，专心撰著，充其量也就三十四年，如果撰著《玉海》就用了三十多年，那就无法撰著其他书籍了啊！而王先生一生撰著 700 卷，怎么可能耗费 30 多年来撰著《玉海》呢？可知，袁先生考证不细，考虑不周，以为王应麟后来在朝廷工作，就是在撰著《玉海》，这其实是想当然，因为撰著《玉海》，王应麟并没有在朝廷啊！

确实有资料显示，王应麟撰写《玉海》，是借助了政府馆阁的图书。据《宋史·王应麟传》，他考中进士后，有感于时弊风气，闭门发愤学习，发誓要以博学宏词科来表现自己，家里的图书不够，就借政府馆阁的图书来阅读。至于这“馆阁”，当指“馆”和“阁”，指各级政府的藏书馆，当然也有国家图书馆，这些都是对外开放的，王应麟当然可以借阅。至于说王应麟“尽读馆阁秘府所藏天下未见之书”，又是夸张不实之词。

那么，馆阁图书是否就是皇家藏书？当然不是。皇家藏书是什么？就是专供皇帝及皇族使用的特制的图书。皇家藏书的版本极不寻常，是只供皇室使用的珍稀本、孤本、秘本。即使是普通的书籍，也要进行特制，非民间一般书籍可比。其特点，具有秘惜性，包括珍秘和爱惜两层含义：一是为了私遗子孙，恩泽后代；二是为了独享独用，防止别人得到。历代帝王无不重视藏书建设，广购秘籍，博采遗书。无论奇书、怪书、异书、秘书、趣书、伪书，不管野史传奇、术数奇谋、房内养生、神魔志怪等，都统统秘藏独用，对一些威胁其统治地位或十分珍奇的书，往往外禁内用。虽然王应麟所生活的南宋时代皇家藏书极多，南宋建都临安后，颁布献书赏格，在南方各地广求图书，在秘书省特设“补写所”从事抄书，到了宋孝宗淳熙四年（1177 年），秘书省图书完成编目计 44486 卷；到宁宗嘉定十三年（1220 年），又新增 14943 卷。但是，请问，王应麟有什么资格能够看到这些“皇家藏书”？他是皇帝的老子还是皇帝的儿子，而能够享有如此殊荣？

我们退一万步来说，王应麟撰写《玉海》就是参阅了南宋皇家藏书，但所写的全部内容是不是都是依据皇家藏书？皇家藏书中有没有《正义》单行藏本？而皇家藏书就不可能出错？即使如此，难道王应麟所写，其中就没有讹误吗？由于《正义》单行原本早已失传，无法用《正义》单行原本做比对，怎么能证明王应麟所写的没有讹误呢？

袁先生可能也意识到自己原来所说王应麟阅读的是“南宋皇家藏书”不够准确，后来改为“馆阁藏书”，但仍然坚持说是单行唐写本或其抄本，虽然口气软下来了，不像以前专指“唐人写本”，但不知是否能说出根据。如果没有，我们有理由认为，在《正义》佚文的底本问题上，袁先生也是师从“祖师爷”李长之、郭沫若，采用“文学想象考证法”来研究严肃的史学问题，是胡话连篇，“大言欺人”。对此，张大可曰：

> 经过核查，《玉海》的这条《正义》佚文，根本不是什么皇家所藏唐写本，乃是王应麟自己撰写的“汉史记”条目转引的资料，而且删去了张守节的按语，与日藏南化本那条栏外的《索隐》差不多，甚至还要等而下之，正确性值得怀疑，同样也是一条伪证。①

（三）袁先生将作伪进行到底，别出心裁地复原《正义》原文，而《正义》原本究竟是何模样？根本没有弄得清楚，只是凭空想象，做法酷似逼真，实则虚妄无根，误导读者

袁先生在 2011 年的《确证》一文中说：“试遵张氏注例，为《史记》文自‘卒三岁’至‘太初元年’的《正义》复原。”其复原之文如下：

卒三岁而迁为太史令紬史记	《博物志》云：迁年廿八，三年六月乙卯除，六百石。按：迁年卅二岁。	徐广曰：紬音抽。
五年而当太初元年	李奇曰：迁为太史后五年，适当于武帝太初元年，此时述《史记》。	

① 张大可：《司马迁生年十年之差论争的意义》，《管子学刊》2017 年第 4 期。

并且还说："鉴于王氏征引时的不准确性，是否还是将这段话就放在《玉海》中让它存佚更好？"

到了2017年，袁先生作《发覆》一文，又改变了说法，增加了"原格式为：《史》文大字，注文小字双行夹注"，复原为：

卒三岁而迁为太史令。《博物志》云："迁年廿八，三年六月乙卯除，六百石。"

五年而当太初元年。《集解》李奇曰："迁为太史后五年，适当于武帝太初元年，此时述《史记》。"按：迁年卅二岁。

我们先从袁先生的两处复原的本身来看，有这样几个问题请推敲：

1. 复原的《正义》原文格式，完全是"子虚乌有"，凭空虚构。袁先生第一次是复原在《史记》原文中，第二次则是将原文分开，复原在两句话后，并且作文字说明是"《史》文大字，注文小字双行夹注"。如果是第一次正确，那就不存在第二次的复原情况了；如果是第二次复原正确，那第一次的复原又是从何而来？难道是自己的猜想？按照常规考虑，应当是前文服从后文，那么，第二次的复原格式果真正确吗？我们再看看前人的研究，则复原文是大错特错。

前文所引，清人王鸣盛曰："张守节《正义》三十卷，见《唐志》，皆别自单行，不与正文相附，今本皆散入。"就是说，《正义》原本的行文，是以注释为主体，"不与正文相附"，根本不是"双行小注"。到了王鸣盛时候，"张氏三十卷本，今不可得而见"，说明已经失传了。王鸣盛还非常感慨，认为明末毛晋翻刻三家注，只能找到《集解》《索隐》的单刻本，就是找不到《正义》的"唐本"。《正义》原本在北宋时就失佚了，而南宋的王应麟能看到《正义》原本吗？那么，《正义》原文究竟是什么模样？袁先生煞有介事地说是"双行小注"，而"双行小注"是到了北宋翻刻时，将三家注散于正文之后才有的。时至今日，袁先生把《正义》原本说得天花乱坠，果真如此吗？恐怕连他自己也弄不清楚。如果能够弄得清楚，为什么两次复原的格式完全不一样？这也是在妄自猜测啊！既然是连自己都弄不清楚，还要做所谓的复原，用以自欺欺人，让读者误以为《正义》原文就是这个样子，上当受骗又一回！再说，《正义》原本是单行本，只是张守节注说的内容，怎么还有《集解》的“徐广曰”“李奇曰”，怎么《集解》又穿越到《正义》中去了？也真是离奇八怪！

2. 复原的《正义》原文内容，是为我所需，妄加删改。这里首先要说的，是王应麟的《正义》佚文与《索隐》所引《博物志》的内容相去甚远，是“缺胳膊少腿”，断章取义，甚至凭着自己的猜测，如“迁”字，在当时的绝大部分版本中，都是作“司马”，后面脱一字，而王氏直接就写“迁”字，有何版本依据？这在后面将有具体的分析，这里不展开。还有更重要的，是袁先生将“二十八”改作“廿八”，将“四十二”改作“卌二”，更是无根之说。这一问题也在前一节分析“书体演变”中进行了阐述，根本没有版本依据。文字的书写演变自是一个渐进的过程，没有任何文献证明，张守节在当时就是将“二十”写作“廿”，将“四十”写作合体的“卌”，这无异是异想天开，做了一个“黄粱美梦”，真的以为“二十八”就是“廿八”，“四十二”就是“卌二”了。

3. 复原的《正义》原文的位置，也是随心所欲，极不严肃。我们先看袁先生的前后两次复原，《正义》的按语“按：迁年卌二岁”，前面在“卒三岁而迁为太史令”后，后面在“五年而当太初元年”后，是不是张守节托梦给袁先生，说你怎么做得如此粗糙？做假也要做得像一点，“迁为太史令”怎么就成了“卌二岁”？或许袁先生醒过来了，觉得自己就像是接骨医生，把手臂接到大腿上来了，于是，就卸下来重接，把手臂再接到胳膊上。可结果还是弄错了。我们再来看王应麟的《正义》佚文，是作在《汉书·司马迁传》的“紬史记金鐀石室之书”一句后，这里怎么复原到司马迁的《太史公自序》上来了，这何止是张冠李戴，阴差阳错？简直就是瞒天过海，将北海之鱼至于南极之冰。固然，班固的《汉书·司马迁传》是根据《史记·太史公自序》摘抄而成，含有《自序》的成分，但《司马迁传》就是《司马迁传》，而不是《自序》。这就如同司马迁改造《尚书》，将《尚书》的内容写入《史记》，这《史记》中含有与《尚书》相关的内容，你能说它就是《尚书》吗？

因此，无论从哪个方面来说，无论是格式、内容还是位置，袁先生的所谓《正义》复原，是不存在的，不知道是有意还是无意地用来蒙骗人。因为王应麟根本就没有引用过《自序》，何谈复原？至于《正义》原本中有没有关于《博物志》的征引，都是一个谜，因为《正义》征引《博物志》，只见于王氏《玉海》，别无他证，前面已说，王应麟引用非常随意，连正规的引用《司马迁传》都有讹误，更何谈引用《正义》注文？而袁先生还居然称《正义》佚文是“确证”，究竟“确”在哪里？恐怕是一无所缺，谬误百出！这种凭空想象的复原，实在是伪考无二啊！因此，袁先生的《正义》复原，应当彻底否定，将虚无缥缈的所谓《正义》原文，打回原形，消除形体，不再让其蒙蔽读者。

（四）《玉海》“汉史记”条《正义》佚文，与今本《史记索隐》相比，内容上有较大差异，既没有《正义》单行本为根据，也没有《博物志》原本作参照，真实性究竟有几何？

如上所说，王应麟所征引的《正义》佚文，根本不是南宋皇家藏书，也没有证据证明就是单行唐写本，而是根据二手、三手的资料摘编而成，而所转抄的《博物志》之文，更不是原始的《博物志》原文，这其中亦转了几转，拐了几道弯。既然是摘抄转录，难道就没有自己的自由裁量而予以删改吗？而研究者转摘资料，其中或有删减，或有讹误，都是难免的。要知道，这样的情况比比皆是啊！这里也用袁先生举证说明的做法，举一例摘抄相讹的例子：

我曾协助张大可先生为《龟策列传》做疏证，其中有“首足收入皆上偶”一句话，我开始时翻了泷川资言的《史记会注考证》，其注释曰：“张文虎曰：手，当作‘首’。”而近来的注者，都是依照《考证》，认为是“首”为“手”之讹字，几乎众口一词。而我却有疑惑，在“疏证”中曰：“此指龟甲兆纹，首，指龟甲上位于龟首的位置；足，指龟甲上位于龟足的位置。‘首’如作‘手’，而相对于龟而言，也是‘足’矣，文义重复，似不妥。”虽然这么写了，但我总是觉得《考证》引用的张文虎的说法不妥当，索性再查看张文虎《札记》，果不其然，其曰：“首，误‘手’，今改。”这才恍然大悟，原来此“首”字则是张文虎从原版本上的“手”字修改过来的啊！而从《考证》开始，就把张氏的意思弄反了，便以讹传讹。《考证》相对于《札记》而言，流传更广，后来的注释者们都是依据《考证》所引用的《札记》，也不考究其所以，有谁再去翻查张氏原文？如果我不细加思考，也就被糊弄过去了。这也使我想到司马迁生年问题的研究，不少学者所作的结论，所依据的都是二手甚至三手、四手的资料，一手资料已失佚，已无法校核，所依据的资料能够无误吗？所得出的结论能够准确吗？

回过头来，我们再看看王应麟的《玉海》“汉史记”条《正义》佚文，所说的不是和这里所引的一模一样吗？当然，我并不是说王应麟所征引的就一定有讹误，但也肯定不能证明就是准确无误啊！在历史研究中，切忌“拾到篮子里的都是菜”，或许拾到篮子里的是野草、荆棘啊！故此，如果要确认《正义》所引《博物志》原文资料绝对无误，那就要与原文资料进行核校，确定无误了，才能说明所引资料的正确性。而《博物志》原本已经失传；再则转引的是二手资料，而二手资料也没有了原本。既不能与原本《博物志》的原文相验证，也不能与二手资料原本《正义》的引文相验证，这不就成了一个“无头案”吗？没有二手资料《正义》引文以及《博物志》原文予以核校，谁能说得清楚《玉海》所征引的《博物志》资料是否准确无误？

还有，《玉海》的这一条资料，是否就是指《史记正义》？或许就是王应麟误以《索隐》为《正义》？因为这也是孤证，和南化本《索隐》作“年三十八”是一模一样，甚至还要次之，毕竟南化本直接是“二十八”作“三十八”，而《玉海》“汉史记”条所引录，没有发现除王应麟《玉海》以外的任何地方、任何学者、任何版本有相同的记载，也就是说，记载《正义》引录《博物志》内容，只此一处，别无所见，所谓孤证不立，我们有理由怀疑他的准确性！

再说，如果说《玉海》“汉史记”条《正义》佚文，是今本《史记》中《正义》按语前的引证，这也不对啊！因为按语是“迁年四十二”，若用引证《博物志》“年二十八”来作证据的话，证据与按语不符，这岂不是“牛头不对马嘴”？张守节难道会糊涂至此？再说《玉海》所安置的地方也不对，《玉海》是将《正义》引文放在《汉书·司马迁传》的“卒三岁而迁为太史令，䌷史记石室金匮之书”一句后，而今本《史记》中的《正义》按语是放在“五年而当太初元年”后，这根本就是两码事啊！

由此可见，《玉海》“汉史记”条《正义》佚文，只是王应麟的私人著述，是非常的随心所欲，心之所想，信手拈来，以阐明自己的观点，并不能说明就是《正义》的原文，与注说《史记》沾不上边。今本《史记》所存的《正义》之文只是“按迁年四十二岁”七个字，而《玉海》所征引的《正义》之文，根本就没有这七个字。故此，也根本就不能说明《玉海》所录《正义》就是准确的，因为无从说起啊！两者是否相及，是否其中还有其他内容，都是不得而知啊！与《索隐》引文两相对照，也存有相讹之处，其中必有讹误，其真实性当然值得怀疑，说得不好听，根本就是一条伪证。

我们再看看《玉海》所征引的《正义》的具体内容，对照今本《史记（修订本）》所引《索隐》，其中"太史令、茂陵显武里大夫司马"，这十二个字怎么都没有了？是王应麟认为不重要，都删去了？还是他所依据的版本就是没有这十二个字？"司马迁"三字，王国维引用时作"司马"，《史记（修订本）》在《校勘记》说明有六个版本作"司马"，夺"迁"字，书："司马迁：耿本、黄本、彭本、柯本、凌本、殿本作'司马'。"那么，有哪些版本是作"司马迁"呢？《校勘记》没有说。按照《史记（修订本）》所校勘，既然有六个版本都在"司马"后脱字，至于究竟脱什么字？目前还有争议。有说脱"迁"字，也有说脱"谈"字，即指司马迁的父亲司马谈。当然，如果是司马谈，当是指建元三年，如王重九、施丁就坚持这样的观点，若真是如此，那就不是注说在这个地方了。那么，王应麟径直写"迁"字，又略去"司马"二字，究竟依据的是哪一种版本？是改写，还是臆测？不知袁先生十分肯定《玉海》所说，是否有根有据？

袁先生还进一步说：

> 根据从《玉海》中发现的《正义》佚文、《索隐》与今本《史记》三家注中的《索隐》所征引的《博物志》，皆作元封三年"迁年二十八"。①

《史记》原文作"卒三岁而迁为太史令"，司马谈是元封元年去世，以此推算，此为元封三年，而《玉海》说征引的《正义》佚文，则是"三年六月"云云，根本就没有"元封"二字，怎么到了袁先生的笔下，就有了"元封"二字呢？是《正义》的遗忘，还是袁先生别有用心的代笔？

又，明代贝琼《清江集》有所作"应麟孙王原墓志"称："应麟著《玉海》

① 袁传璋：《〈玉海〉所录〈正义〉佚文为考订司马迁生年提供确证》，《司马迁与〈史记〉研究年鉴（2011年卷）》，商务印书馆2013年版。

未脱稿而失，后复得之，中多阙误。”焉知此条所记载的内容是否属于其中的“阙误”？故此，《玉海》所录《正义》佚文，并不能证明所引《博物志》的内容就是准确无误。因为王应麟所引的《正义》之文具有不可靠性，缺少了关键性的内容。当然，也不能证明今本《史记》中《索隐》所引《博物志》内容的准确性，故而也就不能作为“确证”来证明司马迁生于武帝建元六年。

再说，张守节摘引《博物志》的内容，到目前为止，能够查找到的只有王应麟的这么一条。为什么不见于《史记》的各种版本，为什么今本《史记》只有“按迁年四十二岁”七个字？那么，就此种情况，究竟相信谁呢？是相信流传至今的各种《史记》版本，还是相信王应麟的一条孤零零的“私书”呢？2000年，易平针对赵生群文，随即在《光明日报》发文，也怀疑《玉海》引文的真实性，曰：

> 我提出两条相反的证据：一是《博物志》记司马迁官名为“太史令”，而张守节坚持“(司马)迁官太史公。”二是《博物志》记司马迁官秩“六百石”，而张氏则主“太史公秩两千石”。……此皆不争之事实。那条记载所谓司马迁“官籍”的《博物志》，居然连官名、官秩这等至关重要之事，在张守节看来都是错的，能说他会“认同”《博物志》并据以推算司马迁的年龄吗？①

(五)《玉海》“汉史记”条《正义》佚文存在如此之多的瑕疵，根本无法否定《正义》按语“迁年四十二岁”是错误的，根本无法动摇王国维的立论。其价值究竟有几何？

前面所说，王应麟《玉海》的这条“汉史记”条，无论从哪一方面来说，都是不具有真实性和可靠性，还遑论其有什么价值而言？再退一万步说，即使是王应麟《玉海》的这条“汉史记”条能够成立，其价值如何呢？仍然是要打上问号。在此条发现之前，施丁发现了南化本的《索隐》作“年三十八”，水泽利

---

① 易平：《司马迁生年考证中的史料鉴别问题》，《光明日报》2000 年 4 月 20 日。

忠《〈史记会注考证〉校补》之原文曰：

> 下文“五年而当太初元年”语下，……《正义》曰：“按：迁年四十二岁。”按：依南化本则迁生于景帝中五年，与《正义》说同，今本《史记索隐》“三”讹为“二”。①

施先生据此得出结论：有了日本南化本这样“一条可贵的证据”，“景帝中五年说，比之建元六年说，可靠性就大多了，虽然还难说百分之百的正确，但确有百分之九十以上的把握”。②而袁传璋是怎么说的？他说：

> 所谓“南华本”《索隐》作“年三十八”的“铁证”，实为伪证。……作“三十八”者，乃“南化本”标注于书眉的批注，但并无任何版本的依据。这种来历不明的标注，情况极为复杂，自然算不上什么“铁证”。③

那么，我们再看看袁先生对王应麟的说法是如何看待的？他认为：

> 两部《史记》的古注本（指《史记索隐》本、《史记正义》本）所引《博物志》，都作“年二十八”，根本没有王国维所设想的张守节所见本作“年三十八”其事。④

袁先生在这里所说，又是妄自猜测，王应麟所看到的，是否就是古注本，也是值得推敲的，因为没有任何史料证明王应麟所看到的就是古注本。客观地说，王应麟《玉海》所引此条《正义》，只是他的记事而已，根本就没有版本依据，

---

① 袁传璋：《从书体演变角度论〈索隐〉〈正义〉的十年之差》，《太史公生平著作考论》，安徽人民出版社2005年版。

② 施丁：《司马迁生年考》，《杭州大学学报》1984年第3期。

③ 袁传璋：《从书体演变角度论〈索隐〉〈正义〉的十年之差》，《太史公生平著作考论》，安徽人民出版社2005年版。

④ 袁传璋：《司马迁与中华文明》，《太史公生平著作考论·导论》，安徽人民出版社2005年版。

甚至比“南化”那条还要等而下之。南化本之“年三十八”，毕竟还是批注在《史记》的版本上，而《玉海》所记，与《史记》版本“风马牛不相及”！如此，那袁先生怎么不说《玉海》的《正义》佚文是“伪证”呢？他自己也说，“在证明自身准确无讹前不能作为推算司马迁生年的‘直接证据’”，①那么，怎么轮到他自己就忘了自己说的话呢？王应麟的这条所谓“证据”有什么东西能够证明是“准确无讹”？又怎么能用来证明司马迁的生年呢？袁先生对待王应麟之说又怎么换了一种说法呢？只管自己说是非，无论史料对与错，这难道就是袁先生的考证原则吗？我们说，用王应麟之说来论证司马迁生年，可以休矣！对此，陈曦认为：

王应麟《玉海》不是存录《史记》及“三家注”原始材料，而是把张守节的按语及依据统统删了，像这样的二手材料，乃至三手、四手、五手材料，怎能用来做铁证呢？②

如上所说，《玉海》“汉史记”条《正义》佚文，没头没尾，虽然有所引之《博物志》，但没有“按语”，既然不能证明所引之《博物志》是正确无误，同理，也不能证明《正义》按语“年四十二岁”有误。因为没有任何史料证明《正义》按语有误啊！尽管袁先生引证了许多“四十”与“三十”相讹的事例，只是旁敲侧击打边鼓，并不能说明《正义》按语就一定有讹误，故此，难道不是恰好证明王国维说数字讹误发生在《博物志》吗？由于无法证明今本《史记》中《正义》所说的“迁年四十二岁”的按语就是不对，可以推测，张守节《正义》之文，是用按语的形式予以驳正，而不是同意司马贞《索隐》之说。如果是同意其说，他还有必要再重复其说？如果是重复其说，还有意义吗？对此，易平曰：

---

① 袁传璋：《司马迁生于武帝建元六年新证》，《太史公生平著作考论》，安徽人民出版社2005年版。

② 陈曦：《评赵生群“司马迁生于前135年说”之新证》，《渭南师范学院学报》2017年第5期。

> 张守节对《博物志》所记司马迁“官籍”持全盘否定态度，没有任何理由和证据可以证明《正义》案语的“迁年四十二岁”是错的，因为张守节推算司马迁年龄与《博物志》无关，根本不存在所谓《博物志》和《正义》记司马迁年龄“十年之差”的问题。……把此佚文视为考订司马迁生年的直接证据，藉以推断《博物志》的可靠性，即证明司马迁生年考证的另一前提能成立，实无济于事。①

三、“前135年说”论者误读、曲解《太史公自序》，认为司马迁自叙生于建元年间，把自己的观点强加于司马迁，玩弄文字游戏，真乃荒诞无稽

“前135年说”论者认为《自序》中用隐语记载司马迁的生年，其发端于李长之，理论建构成于袁传璋，成气候于2011年以后。

李长之列出《自序》“太史公仕于建元、元封之间，……太史公既掌天官，不治民。有子曰迁，迁生龙门”后，曰：

> 看口气，也很像他父亲任为太史公之后才生他。那么，则也是他生于建元六年，即公元前135年，较比提前十年更可靠的证据。②

李长之用“看口气”三字，意即好像是，似乎是，用语太业余，概念模糊，不知所云，便是成为司马迁生于建元年间的十条证据中的第四条。

袁传璋升华为理论，提出《太史公自序》依时间顺序叙事，说：“《自序》‘迁生龙门，耕牧河山之阳，年十岁则诵古文，二十而南游江淮’这段文字，是依照时间的先后，分叙自身儿时、少时和青年时代的经历。”③乍一看，说的堂

① 易平：《司马迁生年考证中的史料鉴别问题》，《光明日报》2000年4月20日。

② 李长之：《司马迁生年为建元六年辨》，《中国文学》1949年第1卷第2期。

③ 袁传璋：《太史公“二十岁前在故乡耕读说”商酌》，《太史公生平著作考论》，安徽人民出版社2005年版。

堂正正，没有错。而袁先生在实际操作中，解读“耕牧河山之阳”，在九岁之前；“年十岁则诵古文”，指从十岁到二十岁的从学经历；“二十而南游……以归，于是仕为郎中”，表示“南游回归”即“仕为郎中”，中间用“于是”连接，两者没有时间间隔。这暗含着“句句”按时间顺序记事，“迁生龙门”写在“太史公仕于建元元封之间”后面，所以司马谈，先做官后生儿子。“于是”二字的无缝连接，又把李长之在字缝中作考证的方法发挥到极致。袁传璋说：

> 《自序》提供了测算司马迁生年的标准数据，并据自叙考定其生年为建元六年[①]。

而后，“前 135 年说”论者把论说司马迁生年的重心便转移到这上面来，剑走偏锋，2011 年以来，“前 135 年说”论者前后有五篇文章在字缝中作考证，论说《太史公自序》用隐语写有司马迁生于建元年间，具体是：《司马迁生年及其回乡葬父新证》《从文内文外读〈史记〉》《司马迁生年新证》《司马迁生年新证之旁证》《司马迁生年及二十南游考》。其说法不断升级，甚至达到了登峰造极的地步。如吴名岗，文章的标题就是“司马迁自叙生于建元年间”，可谓直截了当，毫无遮掩。他认为：

> 司马迁在《自序》中是说自己生于建元年间的。……司马迁生于建元年间是确实无疑的，任何人都可以根据司马迁自己的记述作出这一判断。任何到建元元年之前寻找司马迁生年的做法，都是违背司马迁《自序》的记述的。[②]

按照这样的研究趋势，司马迁自叙生于建元六年，也会有人胡诌出来的。不仅如此，还居然振振有词，说这是司马迁自己说的，又把一盆污水泼到司马迁头上了。他们把司马迁的《自序》当作面团，怎么对自己有利，就怎么搓捏，被

---

① 袁传璋：《司马迁生于武帝建元六年新证》，《太史公生平著作考论》，安徽人民出版社 2005 年版。

② 吴名岗：《司马迁自叙生于建元年间》，《渭南师范学院学报》2016 年第 21 期。

歪曲得不成样子。

其实，“前 135 年说”的后继论者把李长之的观点发挥得淋漓尽致，一股劲儿在那儿津津乐道，根本没有什么新意，只不过是他们说得太过伶牙俐齿、面目狰狞，似乎越是这样，就越能证明司马迁生于建元六年，也似乎只有他们才能读懂《自序》，这实在是自欺欺人、欺世盗名。这里有必要予以澄清，还其本来面目。

司马迁为何不明白地写出生年，吴名岗说：“是因为受作为国家历史这样的官方书籍自身的体例所限制，不能明显交代自己的生年。”像这样无根无据的胡诌，就把用隐语写生年的一盆污水泼到司马迁头上了。这一招数，也是“前 135 年说”论者惯用的伎俩。

“前 135 年说”论者断定司马迁出生于司马谈入仕之后，其根据，就是认为李长之“看口气”解读的那一段《太史公自序》文字完全是按照时间顺序排列，既然前面说司马谈“仕于建元、元封之间”，那么，后面所说的，就都是在这以后的事情了。其实，这是根本说不通的。事情的叙述总是有个前后，这顺序的排列，固然有时间顺序的因素，但还有其他的考虑，如事情的性质、重要性的程度等等。本来按时间先后叙事没有错，但拘泥于句句都按时间顺序来解释，则是走极端，钻牛角尖，是不能自圆其说的。

“前 135 年说”论者玩弄文字游戏，在字缝里做文章，做考证，这是最荒诞的。在李长之“看口气”解读的《太史公自序》这段话中，在“太史公既掌天官，不治民。有子曰迁。迁生龙门”四句话中，有“既”“有”“迁”三个字。“前 135 年论者”则钻到字缝里，用这三个字来说事儿，做出有利于自己观点的解释。他们还抓住《自序》中的“于是”一词大做文章，就像是漂浮在大海中的人突然抓到了一根“救命稻草”，实在是枉费心机，完完全全不符合司马迁原文之义，是大错特错。试详析如下。

（一）关于“既”字，可以有多种解释，但所说明的是紧接着的“不治民”句，而不是跨句说到“有子曰迁”句

“前 135 年说”论者曾维华认为：

> 这里有一个细节是应该重视的，即司马迁在这段话中用了一个

"既"字，太史公"既掌天官"。"既"字在古文献中作为副词的通常释义是"已经""不久""完毕"，以及表示事情发生后不久，或前后两件事紧相衔接等。因此，这里的"既"字释作"已""已经"，应当是没有什么问题的。……"既"字不仅表示"已""已经"，而且也可以表示司马谈出仕后不久，或司马谈出仕后生儿子司马迁是前后紧相衔接的两件事，即理解为太史公当官不久，就生了儿子司马迁。①

"前135年说"论者张韩荣亦认为：

"既"，在此是"已然""已经"的意思。……"已经"是前提，是基础，再联系后一时间、后一事件。对"既"字的认识，进一步肯定司马迁生于父亲升任太史令以后，不再质疑。②

果真如此吗？否也！我们并不否认"既"字可以作"已经"解，"既掌天官"，可以理解为已经掌管天官，即担任了太史令。但是，我们并不认为这是唯一的解释。自古以来，"诗无达诂，文无达诠"，孔子《春秋》，有"左氏""公羊""谷梁"三家之解，其中同样的一句话，也有着不同的解释。而对于一个文言词来说，也是如此。此处的"既"字，至少有三种解释，其他的解释也同样非常合适，甚至比释作"已经"更为妥帖。

首先，就是"既"字作"已经"解，即使这样，也丝毫没有"前135年说"论者的那种理解法。这里要弄清楚"既"字的关联句是什么？可以肯定地说，其关联句是下句"不治民"，而不是再下句的"有子曰迁"。不治民，是对"掌天官"的说明和解释。故此，"既掌天官，不治民"，是对上一句司马谈"入仕"的进一步说明，说明司马谈入仕，担任的是"掌天官"的官职，不直接治理民众。而"前135年说"论者理解为司马谈已经当官了，而后生了儿子，则是将"既"字的关联句跳过"不治民"而关联到了"有子曰迁"句。请问，有这样的理解吗？前面已说，"掌天官"与"有子"，是两件事情，是并列关系，分述两层意

① 曾维华：《司马迁生年新证》，《中华文史论丛》2013年第1期。

② 张韩荣：《从〈太史公自序〉考证司马迁生年》，《渭南师范学院学报》2017年第13期。

思，其间没有必然的前后时间顺序，并不是已经“掌天官”而后“有子”。“既”作“已”解，其内涵也是如此！我们进一步推敲，如果将“既”字作“已经”解，则是司马谈已经任职天官。上文讲“仕于建元、元封之间”，这里又讲已经任职，岂不是与上文有重复之嫌？因此，此句是“仕于建元、元封之间”的阐述和说明，而不是单纯重复，“既”字只是与“不治民”三字有关联，如是而已。

其次，“既”字可作“即”字理解，意为“即是”“就是”“只是”，其句意，就是“司马谈入仕，只是职掌天文，而不治理百姓”，表示“掌天官”与“不治民”之间含有说明关系。

最后，“既”字也可作连词解，与“而”字配合，表示两方面同时存在，含有转折的意思，而这里将关联词“而”字省略，其句意，就是“司马谈既职掌天文，而不管民事”。

既然“既”字在此可以有多种解释，都能解释得通，那么，就不能根据其中的一种解释，而且不是最佳的解释，来作为判定司马迁生于建元年间的依据。这样的做法是比较片面的，也是不能够令人信服的。从句意的角度来看，这种扭曲的解释，是完全错误的。

这里面还有对这几句话的句读的理解问题。中华本《史记》将“有”字前用句号，“前 135 年论者”却认为，“‘有子曰迁’”不能独立成句，“有”前的句号应改为逗号。此说也是不妥。前文已说，司马迁在这里所表达的是两层含义，即既做官，又有儿子。“有子曰迁”是独立句，是承前省略了主语“太史公”三字。毫无疑问，“有”字前宜用句号，而不宜用逗号。如果改成逗号，仍然不能把“既”字用来作跨句解释。做官与有子，毕竟是两码事，不可混为一说。故此，中华本《史记》在此处的句读不误，而是“前 135 年论者”的理解有误。

（二）关于“有”字，只能解为“有了”的意思，而根本就不是“生了”的意思。与下句“生”字完全是两码事

“前 135 年说”论者吴名岗认为：

> “有子曰迁”之“有”，生也。《词源》“有”的第二个义项是“发生”的意思，并以《左传》为例。有子曰迁，即“生子曰迁”。从上下

文看“有子曰迁”，也是“生子曰迁”之意。接下来说“迁生龙门”，正是“有”为“生”意之连贯。①

看来，作者对这段话的解释非常得意，认为是立论的主要依据。在被“前145年论者”驳议后，在后来撰写的《“二十南游江淮”证明司马迁生于建元年间》中，又重复引用了这段话，坚持己见，似乎成为论说司马迁生于建元年间的重要证据。其实，这样的理解，大错特错！这其中的解释，有非常不妥的地方，既有牵强附会的成分，也有“瞒天过海”的意味，用“有”字来说事儿，则是跌进了泥潭而不知道自拔，越陷越深矣！

近几年来，笔者所做的工作，就是进行《史记》文字的疏证、梳理，弄懂弄通文本内涵，研究其中的疑难问题，就是要不断地翻词典，找答案，比较其解释的优劣，判别其是非对错。“有”字，本来是非常简单、直观的一个字，不需要借助于任何工具，就能说得非常明白。而看了“前135年说”论者的解释，倒有些茫然了，总觉得有点儿不对劲，似乎有些曲解和歪说，而非正解。当然，感觉是一回事儿，而证据又是一回事儿。于是，笔者就翻了《辞源》《辞海》《古代汉语词典》等典籍，查找其中关于“有”字的解释，看后更是恍然大悟！觉得天底下还竟然有这样“偷天换日”为己所用的！不知道这样的学术讨论还有没有意义和必要了！

作者所举的例证的出处是《词源》，不知道笔者是否孤陋寡闻，竟然还有人用《词源》来解释古代文字的？我只知道商务印书馆出版的是《辞源》，而《词源》是宋元间词人张炎的词论专著。或者作者是别有所本，则不得而知了。或者是写错了？这么重要的关键词能弄错吗？如果连这最基本的东西都能弄错，那么，还有什么事情不能弄错呢？

笔者打开商务印书馆《辞源（修订本）》，翻到1613页的“有”字，共有8个义项，分别是：取得，占有，与“无”相对；表示存在，发生；丰收，多；为；州域；亲爱，友爱，通“友”；助词，无义；姓。作者所依据的是第二个义项，“表示存在，发生”，《词源》中引用《诗·大雅》“东有启明，西有长庚”、

① 吴名岗：《司马迁自叙生于建元年间》，《渭南师范学院学报》2016年第21期。

《左传·襄公》“有大雨，自其窦入”为例。由此可见，这一条义项恰恰首先要表示的意思是“存在”，所举之例是“东有启明，西有长庚”，如果代入“有子曰迁”，则是儿子司马迁已经存在了，即已经有了司马迁了，这就如同“启明”“长庚”早就存在于天体一样，这还要说什么呢？这不就是司马迁在“入仕”前就有了儿子司马迁吗？难道这还不明白吗？这恰恰是“前 145 年说”论者用来证明司马迁生于司马谈入仕前的有力证据啊！而“前 145 年说”论者却没有这样做，倒是“前 135 年说”论者挖空心思，找到了这么一条对自己非常不利的证据。聪明啊，聪明反被聪明误！退一步讲，即使是这第二个义项中有“发生”的意思，那也是在“存在”之后啊！应当首先是“存在”，然后才是“发生”！如果用“存在”能够解释得非常妥帖，那么，为什么还要用“发生”来解释呢？如果两者之间有矛盾，则是后文服从前文，这是普通的常识。为什么还要引用被“存在”之义取代的“发生”之义来援为己证呢？

或许，在作者看来，别人是不会来翻《词源》的，因为这辞典毕竟不很普及，很少有人有那个闲工夫去做这些事情。这样，就没有人知道他在“有”字的解释中塞进了私货，而能作为“得意”的证据，将对方打倒而无还手之力啊！殊不知，这“得意”，则是成了得意忘形，原形毕露！自己所认为的歪说、曲解的证据，还能算是证据吗？还好意思再振振有词地说下去吗？还好意思继续再予以强调吗？辞典是“公器”，任何人都可以使用，除非是你自家的辞典，秘而不对外，才能永远欺瞒下去，而不被发觉。请问，在学术研究的神圣殿堂中，还有这样的不择手段的做法吗？这样的做法还有科学的成分吗？

再说，《辞源》中“有”字解释的 8 个义项，第一个义项就是表示“有”的意思，与“无”相对，这应当是“有”字的主流解释，是“有”字的本义，恐怕没有人否认这一点吧？对“有子曰迁”的“有”字便是绝佳的解释。再看《古代汉语词典》1903 页，“有”字共有 14 个义项，第一个义项，即是“有，与‘无’相对”。再看《辞海》2773 页，“有”字共有 12 个义项，第一个义项，是“具有”，第二个义项，是“存在”。这些典籍，无有例外，其“有”字的首要之义，都是“有”“存在”的意思。对司马迁“有子曰迁”这句话，其主流解释也能够很好地解释得通，而且就应该用主流解释来释之，为什么弃而不用呢？是别有用心，还是有所疏忽，或者是不会使用？这恐怕是不说自明吧！这里的

“有”字，其含义就是与“无”相对的“有”，已经有，有了，绝对不能解释为“生”之意。弃“有”而释之“生”，假如司马迁有灵，知道了会是有何感想，会觉得这不是歪解、曲说吗？就这样来读《史记》，不是把《史记》都糟蹋了吗！

我们再回到《自序》上来，“有子曰迁”，很明显，就是指有了儿子叫司马迁。至于什么时候有，并没有明确交代，从文字的角度来推敲，则是已经存在，即在司马迁入仕前已经有儿子司马迁了。至于与上文“太史公仕于建元、元封之间”，则是并列关系，即是太史公在建元、元封之间做官；太史公有了儿子司马迁。这绝对不能解释为司马谈在做官之后才生了儿子司马迁。

“有子曰迁”这句话还牵涉与下段起始句“迁生龙门”关联的问题。李长之就是误读了这两句话，以此作为立论的十条证据的第五条证据，他引用《自序》，作“有子曰迁，迁生龙门”。后继者张韩荣为了证明“有”即是“生”，对《史记（修订本）》将“迁生龙门”另起为段提出疑义，认为是沿袭了“点校本”的错误，曰：

> 司马迁刚写到自己便被割裂开来，语气被中断，一句话变成了两残句，语意不完整，是不符合司马迁本义的，是不合理的。①

作者认为此段宜与上段合为一起，是说“迁生龙门”直接承接上文“既掌天官”，说明司马迁就是生在父亲执掌太史令以后。其实，这种说法只是一厢情愿、片面之词。这实际上是“李长之说”的翻版，是一种为我所需的断章取义！

仔细阅读这非常关键的几句话，就会发现，中华修订本《史记》在这里的分段处理，是非常正确的。毫无疑问，这里应当分段。“有子曰迁”，所叙述的对象是司马谈，是司马谈“有子”，主语是司马谈。同时，也是一句承上启下的过渡句，按照分段惯例，应放在上段。这在《史记》中比比皆是。而下段起句“迁生龙门”，则是具体叙述司马迁的行事，是叙述司马迁的起始之句，主语是司马迁。故此，其“生”字，单纯指司马迁的出生，而与上文断开，与司马谈的“入

① 张韩荣：《从〈太史公自序〉考证司马迁生年》，《渭南师范学院学报》2017年第13期。

仕”不具有直接的关联。也就是说，这句只是讲司马迁是出生在龙门。至于司马迁是在司马谈入仕之前出生，还是在入仕之后出生，在这句中并没有反映出来。这句的“生”，也不等于上句的“有”。“生”与“有”，两字不相及，也不是什么“互文”的关系，是两码事，两个概念，不能混为一谈。而认为此处应合为一段的想法，只是为了证明自己的所谓观点，并不符合司马迁原文之义，是属于别有用心之说。故此，此处的分段，中华修订本《史记》不误，而是“前135年说”论者理解有误。

（三）关于“迁”字，并不代表就是司马谈既升官，又迁居茂陵，才将儿子取名为“迁”，望文生义，不足为训

“前135年说”论者刘大悲认为：

> 司马谈正值“迁”为太史令之际，又喜得贵子。……这件双喜临门的大事，怎能不有所名，以示不忘呢？……以名其子，岂不顺理成章？……“迁”字子长，大约是由《平准书》中“为吏者长子孙”的话演变而来，司马谈要求“子孙长大”，非但希望甚殷，更冀其频迁升职，二者得兼。这大约就是司马谈“望子成龙”的思想通过给儿子命名表现出来的吧！①

如果按照这一说法，作者名为“大悲”，则是其出生时一定有大悲的事情，是其父亲去世，或者是母亲生下他就死了？或者是大祸临门？还有什么能够称得上是“大悲”的事情呢？请问，这种说法能成立吗？

“前135年说”论者张韩荣认为：

> 司马迁生于父亲当上太史令以后，父亲由太史丞升任太史令，当是升官又有了居住茂陵的资格，所以给儿子取名“迁。”②

总之，“前135年说”论者又抓住“迁”字来做文章了。

---

① 刘大悲：《司马迁生年探源》，《西昌师专学报》1997年第4期。

② 张韩荣：《从〈太史公自序〉考证司马迁生年》，《渭南师范学院学报》2017年第13期。

司马谈为何为儿子取名叫司马迁？司马迁没有在《史记》中的任何地方透露取名为“迁”的含义。以上所说，实属于望文生义，只是揣测而已，是否与司马谈的想法一致，则是无法弄得清楚，故也只能是说说而已，当不得真的。如果硬要拿来说事，则是很不妥当，更不能用来作为证明司马迁生于司马谈入仕后的凭据。

而“迁”字的解释，据辞典，还有不吉利的含义，如表示死亡，表示流放、放逐，表示贬谪、降职，表示离散等含义。如果司马谈从字义上来考虑，难道不知道“迁”字还有这些含义吗？当然，如果就是以表达升迁、迁徙之义来为儿子取名，那么，汉武帝刘彻当年叫“刘彘”，“彘”者，猪也。那其父汉景帝是捉到了一头猪？或是认为儿子生来就像一头猪？或者说是希望儿子将来成为一头猪？这不是笑话嘛！其实，王皇后被纳入太子宫，得幸，有了身孕，梦见日入其怀。汉景帝又梦见高祖谓己曰：“王夫人生子，可名为‘彘’。”故此，生下儿子才取名为“彘”。这样的意思，岂是望文生义能够生得出来的吗？

说《太史公自序》“句句”按时间顺序叙事，并在字缝中作考证，望文生义，标志着“前 135 年说”论者从以辩代考、循环论证，到剑走偏锋，玩弄文字游戏，一步步走入了伪证伪考的死胡同。

（四）关于“于是”二字，只是表示前后承接关系，为结构连词，不能作为论证司马迁生于公元前 135 年的证据

司马迁在《自序》中写完“二十而南游江、淮”后，继续写道：

> ……过梁、楚以归。于是，迁仕为郎中，奉使西征巴、蜀以南，南略邛、笮、昆明，还报命。

对于这其中的“于是”二字，“前 135 年说”论者大做文章，做出有利于自己观点的解释。

李长之说：“于是迁仕为郎中，……似乎中间为时极短。”[①]其口气还属于不确定，即大概是这个意思，而后赵光贤在此基础上生发，认为司马迁南游

① 李长之：《司马迁生年为建元六年辨》，《中国文学》1944 年第 1 卷第 2 期。

归来就仕为郎中，说："文中'于是'二字表明时间很短，很可能就在同一年中。"[①]就像是榨甘蔗一样，把"于是"挤压到一年中去了。袁传璋则说："司马迁亲自告诉人们，他南游归来后即进入仕途，中间并没有间隔。"并且，还煞有介事地认为"于是"是一个介词结构，说：

> "于是"，是由介词"于"和指代时间或地点的"是"构成的介词结构，以表示时间或地点的状态。意为"就在这个时候"，或"就在这个地方"。"于是"以下的行为在时间上紧承"于是"以前的行为发生。……司马迁自述"过梁、楚以归。于是，迁仕为郎中"，"是"指代"过梁、楚以归"这个时间。意思是说，经过梁、楚故地返回京师，就在这时进入仕途，作了郎中。[②]

而"前 145 年论者"却不以为然，认为这是"前 135 年说"论者惯用的手法，把自己的似是而非的猜测，强加于司马迁，不仅仅是误读古文，而且是诬妄古人。张大可认为：

> "于是"二字，上承壮游，下启奉使，只作语法关联。因壮游、出仕、奉使三者在时间上并非连续之事，中间各有数年之隔。为了在行文中显示这层意义，"于是迁仕为郎中"应独立成句。司马迁生于建元六年论者，释"于是"为实义的介词结构，指"就在这个时候"，实则大误。[③]

张先生还用历史事实对"前 135 年说"论者所列举的例句进行逐一解剖，对"于是"二字作系统的阐述，认为他们"对'于是'的解读完全错误，根本不成立"。

---

① 赵光贤：《司马迁生年考辨》，《北京师范大学学报》1983 年第 3 期。

② 袁传璋：《司马迁生于武帝建元六年新证》，见《太史公生平著作考论》，安徽人民出版社 2005 年版。

③ 张大可：《评"司马迁生年前 135 年说"后继论者的"新证"》，《渭南师范学院学报》2017 年第 9 期。

根据电脑查询，《史记》中有“于是”一词 844 个，所表达的含义也各不相同，有作连词解，表示后一事承接前一事；有作介词词组解，指这时，表示紧接上事之后并接上事某种结果而往下叙说；还有其他多种含义。此处的“于是”也可作两种解释：一是作介词词组，解为在这时候，指司马迁归来以后；二是作结构连词理解，为虚词，不表示实际意思，实际上是介词词组的虚化，犹如“焉”字，一般作“之于”的合音词解释，后逐渐虚化，只作助词解，相当于“矣”字。古代文言字词的词性在不断变化，要根据文中内容作出合理的解释。

此处“于是”，宜作连词来解释，其理由是：“过梁、楚以归”与“迁仕为郎中”为并列关系，表示是两件事情，在事情的性质上并没有直接的关联，只是在时间上有先后的顺序，例如“我吃了早饭，于是上班了”，应解释为“我吃了早饭，而后去上班了”，难道要将“于是”理解为“我在吃早饭这个时候就去上班”吗？这妥当吗？

当然，如果一定要将“于是”作表示时间的介词词组来理解，也不是不可以，但准确地说，这其中所表示的时间是不能确定的，有长有短，并不是表示“在这个时候”，而是表示“在这个时候后”“在这段时间后”，所表示的是“无定时间”。如果一定要理解为很短的时间，那就只能是牵强附会、不足为说了。这就如同“前 135 年论者”所举之例：

> 周道废，秦拨去古文，焚灭诗书，故明堂石室金匮玉版图籍散乱。于是，汉兴，萧何次律令，韩信申军法，张苍为章程，叔孙通定礼仪，则文学彬彬稍进，诗书往往间出矣。

对于这一段的“于是”，袁传璋曰：

> “于是”提示新兴的汉王朝紧承秦火之后，重新开始文化建设。“于是”以下的行为在时间上紧承“于是”以前的行为发生，无一例外。[①]

① 袁传璋：《司马迁生于武帝建元六年新证》，见《太史公生平著作考论》，安徽人民出版社 2005 年版。

这样的解释，真是滑天下之大稽。秦始皇焚书，是在他执政的第 34 年，即公元前 213 年；而汉王朝定都长安，复兴文化事业，是在高祖七年之后才启动，已到了公元前 200 年，其间有 14 年的间隔，而且改了朝换了代。两个王朝无论怎么"紧接"，也改变不了这 14 年的间隔。难道"紧接"二字就可以抹掉这 14 年的时间间隔？如果间隔 14 年也可以称为"紧接"，称"在这时候"，那么，司马迁"过梁、楚以归"与"仕为郎中"，其间有 14 年的时间吗？即使是"前 145 年说"论者也没有说过有这么长的间隔时间啊！难道竟有这么长的"在这时候"吗？这能自圆其说吗？

可见，"前 135 年说"论者用"于是"一词来证明两者之间的时间间隔很短，岂不是白费了力气？间隔 14 年都能说成是"紧承"，那么，还有什么可说的呢？费尽心力，结果是帮助了对方。

再回到司马迁的这段话来，"于是"二字作介词词组来解，非常勉强，只能是说说而已，姑妄言之，姑妄听之。尤其是用来论证司马迁的生年，更是"秀才遇到兵，有理说不清"。因为"于是"一词即使是作为介词词组，并不能确定其间是多长时间，如果一定要确定其间的具体时间，也要根据前后两件事情的实际的时间来考订。正因为司马迁没有明确其间是多长时间，而用此指定具体的时间考订司马迁的生年，则是不妥的，没有说服力的。因为甲说是时间很短，甚至是前后"紧承"，无缝对接，而乙说是时间很长，甚至是很漫长，谁能说得清楚？为了有利于自己的论证而对《史记》文字作牵强附会、似是而非的解释，这不是科学的态度。如果双方都是如此行为，那一些需要论辩的历史事实能够弄得清楚吗？恐怕永世都无法得出正确的结论！

故此，"于是"一词在这里不能作为介宾结构的词组来解释，不能作为论证司马迁生年的证据。对于"于是"一词的前后两件事情，即"过梁、楚以归"与"仕为郎中"，究竟是在什么时间？要进行实实在在的研究和考证，从而得出结论，这与"于是"二字无关。而无休止地纠缠于"于是"这一结构连词上，企图用"于是"来证明其间的时间很短，甚至是无缝对接，这真是用力用错了地方，可以休矣！

根据张大可先生的考证，"于是"一担挑的两头，"过梁、楚以归"，系年是在武帝元朔五年，即公元前 124 年，司马迁 22 岁，认为依《太史公自序》所载行程，司马迁的壮游必定是二三年始归；“仕为郎中”，是元狩五年，即公元前118年，司马迁28岁，认为是年大选郎官，任安、田仁为郎，迁亦应是年为郎。那么，这“于是”，如果是表示时间的介词词组，则两者之间的间隔时间为整六年、虚七年。这样的间隔，是通过对司马迁的行事考证出来的，而不是从“于是”一词推算出来的。而“前135年说”论者认为司马迁的入仕为郎与壮游在时间上是前后相承，南游归来后即因父荫仕为郎中，是所谓的“无缝对接”，则是没有事实根据，是根据推测出来的司马迁生于公元前135年，再来“安排”司马迁南游归来与仕为郎中的具体时间，因为时间“安排”长了，就不符合司马迁的行年了。其实，则是在搞循环论证，以推论来说明推论，是经不起推敲的。总之，还是不要在“于是”一词上做文章了，还“于是”一词本来面目。回到严谨的考证研究上来，真正弄清司马迁的行年，由此来考订司马迁的生年，才是正道。

余　论

以上是选取了“前135年说”论者提出的三个关键性问题进行评说。仔细思考，他们的说法千条万条，归结起来，就是这么三条成为他们立论的基础。这三条论据都存在着致命的缺陷，都不能成立，故此他们所得出的结论，自然不能令人信服，不能成为定论，必须予以推倒，还其历史的本来面目。

我们再回到司马迁生年十年之差、百年论争的研究上，双方争论了一百多年，发表了一百多篇论文，有一百多人次参加了讨论，可以称为“三百”了，该说的话都说了，能找到的证据都穷尽其力地找了，也都作了穷尽所能的论辩，还有什么话要说的呢？是到了该作结论的时候了！再讨论下去，无非是“翻烧饼”“贴标签”，了无新意，还有什么必要呢？

在司马迁生年研究中，百年论争提供了成功的经验，概括起来，就是王国维论证司马迁生年为汉景帝中元五年的四句话：即以考证为主调，以证据为根本，以推论为辅助，以行年为验证。这就是：采用考证的方法，一切结论从考证中来，而不是“大概”“可能”之类的估猜，也不是不费力气的拍脑袋，想当然，更不是一时的心血来潮，忽然想起；而是要在充分考证的基础上，提炼出切实可行，而又能说明问题，并且经得起推敲的证据，用证据和事实说话的论据；虽然在司马迁生年研究中离不开推论，但这种推论不是靠凭空想象、“自我作古”，或者是通过循环论证，以假设推未知，而是建立在事实的基础上，是水到渠成的推论；在此基础上，再用司马迁的行年来验证，看一看到底哪一种说法更加合乎情理，更加符合历史事实，便就采用哪一种说法；只有通过研究司马迁行年来论证其生年，才能得出正确的结论。

故此，这里引用张大可先生的总结作为本文的结论。张大可先生说：

> 总结百年论争的结果，用以检验王国维、郭沫若两家之说，从行年排比与论证方法两个层面来看，都鲜明地呈现出一真一伪的对比，王真郭伪，两说不并存。……王国维所支持的《正义》之说的司马迁生年为其行年所证实，当然是真。司马迁生于公元前 145 年，可以作为定论。①

综上所述，司马迁生年“前 145 年说”，比“135 年说”要准确得多，要合理得多，要科学得多，可以定论，以此作为司马迁生年十年之差、百年论争的阶段性结论。

（朱枝富，江苏省产业海外发展和规划协会常务副秘书长、中国史记研究会常务理事。）

① 张大可：《司马迁生年十年之差论争的意义》，《管子学刊》2017 年第 4 期。

从地域文化看司马迁人格塑造

胡喻文

地缘政治和地理特征孕育了独特的地域文化，不同的地域文化对人格的塑造产生不同方向的影响，进而促进不同类型的文学作品产生。司马迁在《太史公自序》中说："迁生龙门，耕牧河山之阳。年十岁则诵古文。二十而南游江、淮，上会稽，探禹穴，窥九疑，浮于沅、湘；北涉汶、泗，讲业齐、鲁之都，观孔子之遗风，乡射邹、峄；厄困鄱、薛、彭城，过梁、楚以归。于是迁仕为郎中，奉使西征巴、蜀以南，南略邛、笮、昆明，还报命。"①记录了自己青少年时期的经历，而这一时期的游历对于人格塑造的影响是巨大的。本文试从地域文化的角度对司马迁人格与其之后的《史记》撰写做一探讨。

司马迁出生地龙门（龙门一说属左冯翊夏阳），在今陕西省韩城市芝川镇。韩城在汉时属三辅地区，三辅地区主要包括京畿长安周围的京兆尹、左冯翊、右扶风地区，是当时关中核心地区，司马迁的成长环境即在此。随着汉初政治的稳定，三辅以京畿之利、政治中心之便，聚集了王公世家、商贾富人、豪杰游侠等，构成了三辅地区"五方杂厝，风俗不纯"②的特点，这些人又在很大程度上左右了当时的社会风尚，他们召集门客，聚徒讲学的行为，必然会汇集各地文人前往，促使文化活动的繁荣，使得三辅地区亦成为汉时文化发展的核心地带。《后汉书·文苑列传》言："时三辅多士。"③亦可从侧面证明三辅地区当时

① 司马迁：《史记》卷一百三十《太史公自序》，中华书局2014年版，第10册，第3998—3999页。

② 班固：《汉书》卷二十八《地理志下》，中华书局1962年版，第6册，第1642页。

③ 范晔：《后汉书》卷八十《文苑列传》，中华书局2000年版，第9册，第2617页。

文化之繁荣。司马迁年幼时，受父亲司马谈的培养与指导，其早期形成的思想倾向，一定与司马谈息息相关。司马谈所在汉初时期，统治者在回顾秦朝迅速灭亡的历史经验教训时，把李斯的文化激进主张视为其中最重要的原因之一，故西汉初的统治者在政治上主张无为而治、休养生息，在文化上主张兼收并蓄，文化政策比较宽松自由，因而形成了儒、法、道三家并兴的文化背景，三辅地区作为文化中心受到的影响当然最为明显。这种兼收并蓄的文化主张在司马谈的《论六家要旨》中也有所体现，值得注意的是，其中司马谈对儒、法、墨、名、阴阳五家都有所批评，但对道家（即道德家）持全盘肯定的态度，那么司马谈在对自己儿子进行教育时，应该亦持有同样的文化取向。由此可合理推测，司马迁是在父亲营造的包容并蓄、自然无为的文化氛围下成长的。《报任安书》中司马迁有"仆少负不羁之才，长无乡曲之誉"，即可从侧面体现出司马迁宽松的成长环境和家庭文化氛围。但这并非证明司马谈对司马迁的教育有松懈，司马迁年十岁即能诵古文，作为史官世家，其父定是多加教导的。《史记》有司马贞索隐："案迁及事伏生，是学诵《古文尚书》。刘氏以为《左传》《国语》《系本》等书，是亦名古文也。"[①]据陈桐生说法[②]，司马迁所习具体书目有所争议，但司马迁童年时期在父亲的指导下饱览群书是可以肯定的，这些都成为司马迁撰写《史记》的原始知识积累。但更重要的是，这种家庭文化氛围塑造了司马迁自由不羁、包容广博的性格，这使得他的思维比较开放。于《史记》之撰写，司马迁的包容性很强，书中有一大批道德上不够"完美"的人物，如司马迁一边批评商鞅的刻薄寡恩，一边肯定商鞅变法对于秦国强盛的贡献；一边指出李斯的阿谀苟合，严威酷刑，一边赞赏他辅佐始皇促成帝业的功绩；再如一边讲述蒙恬滥用民力阿意兴功，一边指出他"为秦开地益众，北靡匈奴，据河为塞，因山为固，建榆中"[③]。同时，司马迁对于不同类型文化的接受程度也更高，以《游侠列传》为例，司马迁对游侠阶层基本持一种维护态度，甚至为其鸣不平，而在同时期稍后的班固《汉书·游侠传》中，则基本持一种否定、批判态度，班

---

① 司马迁：《史记》卷一百三十《太史公自序》，中华书局 2014 年版，第 10 册，第 3999 页。

② 陈桐生：《中国史官文化与〈史记〉》，汕头大学出版社 1993 年版。

③ 司马迁：《史记》卷一百三十《太史公自序》，中华书局 2014 年版，第 10 册，第 4022 页。

固对于司马迁的肯定态度也颇有不满。在《司马迁传》中指出："其是非颇缪于圣人，论大道则先黄老而后六经，序游侠则退处士而进奸雄，述货殖则崇势利而羞贱贫，此其所蔽也。"[①]司马迁热情歌颂的游侠，正是班固所着力批判的。这种差异，正反映出司马迁自由包容的心态，这使他更易接受一些在当时看来"非正统"的思想。

三辅地区当时聚集了大量的豪杰游侠，这一人群源自战国士阶层，代表的是战国的士林文化，汉初承战国诸侯贵族养士之风气，淮南王、梁孝王、河间献王和吴王都以养士著称，造成了汉初战国士文化的复兴与繁盛。司马迁对这一文化不仅包容，更是受到其较大影响。在《游侠列传》中，司马迁开篇即言："今游侠，其行虽不轨于正义，然其言必信，其行必果，已诺必诚，不爱其躯，赴士之厄困。"[②]《太史公自序》中有："救人于厄，振人不赡，仁者有乎；不既信，不倍言，义者有取焉。作《游侠列传》第六十四。"[③]都体现了他对于士文化的认可态度。而对于该文化的接纳程度，在《报任安书》中也有所体现，文中司马迁反复以士自居："仆闻之：修身者，智之符也；爱施者，仁之端也；取予者，义之表也；耻辱者，勇之决也；立名者，行之极也。士有此五者，然后可以托于世，列于君子之林矣。""夫以中材之人，事有关于宦竖，莫不伤气，而况于慷慨之士乎！"宋人张耒《司马迁论》亦有："尚气好侠，有战国豪士之余风，故其为书，叙用兵、气节、豪侠之事特详。"[④]司马迁接纳士文化并受其影响则是可以肯定的。司马迁的人生价值观与士文化十分相近，他向往及时立功名，重义轻生，追求一种人格的平等而不是外在条件的贵贱。这反映在《史记》的撰写中，即书中所撰之人主要以功名价值为导向，而不太重视富贵贫贱等外在条件，更在乎人物的内在价值和其实现程度，只要这些人物在特定的历史条件下建立功名，司马迁就为他们立传。与《汉书》相比，司马迁更多为下层士林立传，如《刺客列传》《游侠列传》《滑稽列传》《龟策列传》，在当时看

① 班固：《汉书》卷六十二《司马迁传》，中华书局1962年版，第9册，第2737—2738页。

② 司马迁：《史记》卷一百二十四《游侠列传》，中华书局2014年版，第10册，第3181页。

③ 司马迁：《史记》卷一百三十《太史公自序》，中华书局2014年版，第10册，第4025页。

④ 张耒：《张右史文集》第49册，台湾商务印书馆四部丛刊本1979年版，第442页。

来卑微低贱的人身上发现闪光点，竟生出人格平等的意味，这很大程度上受汉初复兴的战国士文化的影响。因为司马迁好侠的情趣，他甚至可以无视国家法律，以情感义气去代替原则立场，这也从一定程度上帮助我们理解他为何要帮并无私交的李陵作辩护。

根据《太史公自序》可知，司马迁自二十岁开始游历各地，他主要经过了三个文化区域：三楚地区、江南地区和齐鲁地区。在龙门生长的司马迁，其人格已形成基本格局，深入各地不同文化又对他进行了再塑造。

三楚地区，据《汉书·地理志》："楚地，翼、轸之分野也。今之南郡、江夏、零陵、桂阳、武陵、长沙及汉中、汝南郡，尽楚分也。"[①]楚文化最具代表性的就是其神巫性和浪漫性，司马迁"上会稽，探禹穴，窥九疑，浮于沅、湘"[②]，走遍楚地，深入地接触楚地文化。楚地的神巫传说、文学作品极富浪漫主义精神，例如女娲、禹、舜、五方天帝、启、羲和、尧的传说，还有《楚辞》等文学作品，这都潜移默化地影响了《史记》的风格，把深沉的理性精神和大胆的浪漫幻想结合在一起，把神话、史实、现实联结起来，恰恰体现了楚文化中杂糅了巫术与神话的浪漫主义精神，使得《史记》并不是以平铺直叙的方法照抄照搬，而富有文学性。楚文化的代表人物就应有屈原，屈原对司马迁的影响也是不容忽视的，深入楚地的司马迁，通过实地考察，对屈原充满了认可与同情，在《屈原贾生列传》中说他自己："适长沙，观屈原所自沉渊，未尝不垂涕，想见其为人。"[③]并通过屈原的"发愤抒情"找到了文学与情感之间的联结，这也激励了后期司马迁在遭受挫折后"发愤著书"，《报任安书》中即有："屈原放逐，乃赋《离骚》……大底圣贤发愤之所为作也。"鲁迅称《史记》"史家之绝唱，无韵之《离骚》"，即看出二者的相通性。屈原的作品具有强烈的批判性，锋芒所指，上至楚君，下至党人。司马迁以屈原为榜样，无所畏惧地批判汉代帝王的劣迹，也揭露了诸多小人，尸位素餐的平庸官僚，如狼似虎的酷吏。《史记》辞章情采，

---

① 班固：《汉书》卷二十八《地理志下》，中华书局1962年版，第6册，第1665页。

② 司马迁：《史记》卷一百三十《太史公自序》，中华书局2014年版，第10册，第3998—3999页。

③ 司马迁：《史记》卷八十四《屈原贾生列传》，中华书局2014年版，第8册，第3034页。

有浓郁的抒情性与悲剧性，亦深得《离骚》情韵。在楚地，除了楚文化的影响，汉高祖刘邦亦值一提。通过实地了解刘邦由布衣至帝王的过程，对司马迁的王道观产生了影响，使得帝王君主在他心中不如从前那样神圣不可侵犯，从而更能客观独立地考察判断人物。

江南地区，主要包括会稽、九江、丹阳、豫章、庐江、广陵等郡。江南地区相比关中地区发展较慢，西汉时期甚至有“关东出相，关西出将”“文学皆出山东”等流行语[①]。当时的江南地区，缺少来自北方的经学气息，儒学并不兴盛，与西汉正统儒学保持着一段距离，而相对应的道家思想却有着广泛影响。在这一文化背景下，江南文人更少有传统儒家尊卑思想的束缚，甚至有离经叛道的色彩。鉴于司马迁在江南地区实地探访的地方不是很多，这一文化氛围带给他的影响程度不好揣测，但基于司马迁从小受到的教育和养成的个性，对这一地区的文化定有所共鸣。

齐鲁地区，主要指战国、秦时的齐、鲁两国故地，因两地文化同源相近，故放在一起讨论。齐鲁地区为儒学发源地，刘跃进指出“西汉儒学之兴，首倡于齐、鲁。”[②]齐鲁之学本质就是经学，如鲁学代表《穀梁春秋》，齐学代表《公羊春秋》，汉初济南伏生传授的《今文尚书》，还有所传《鲁诗》《齐诗》等。司马迁曾“讲业齐、鲁之都”，可见在这一地区停留时间相对较长，之后又“从巡祭天地诸神名山川而封禅焉”[③]。随武帝封禅再一次去过齐鲁地区，受到齐鲁文化的影响也更大。早年游历期间更是直接提到“观孔子之遗风”，足明儒学代表人物孔子于司马迁影响之巨大。《史记》三十世家中，孔子是唯一以布衣身份进入该体例的，《孔子世家》更有：“太史公曰：《诗》有之：‘高山仰止，景行行止。’虽不能至，然心向往之。余读孔氏书，想见其为人。适鲁，观仲尼庙堂车服礼器，诸生以时习礼其家，余祗回留之不能去云。……可谓至圣矣！”[④]本就对孔子心生向往的司马迁，通过在鲁地的实地走访，对孔子更是发自内心的认同，对

① 刘跃进：《秦汉文学地理与文人分布》，中国社会科学出版社 2012 年版，第 153 页。

② 刘跃进：《秦汉文学地理与文人分布》，中国社会科学出版社 2012 年版，111 页。

③ 司马迁：《史记》卷二十八《封禅书》，中华书局 2014 年版，第 4 册，第 1685 页。

④ 司马迁：《史记》卷四十七《孔子世家》，中华书局 2014 年版，第 6 册，第 2356 页。

于孔子作《春秋》明王道之事，司马迁在《太史公自序》有：“夫《春秋》，上明三王之道，下辨人事之纪，别嫌疑，明是非，定犹豫，善善恶恶，贤贤贱不孝，存亡国，继绝世，补敝起废，王道之大者也。”[①]除此，司马迁在《孔子世家》《儒林列传》《十二诸侯年表》中亦表达了对孔子作《春秋》的高度赞同。司马迁把孔子作《春秋》与自己著《史记》连接起来，“先人有言：‘自周公卒五百岁而有孔子。孔子卒后至于今五百岁，有能绍明世，正《易传》，继《春秋》，本《诗》《书》《礼》《乐》之际？’意在斯乎！意在斯乎，小子何敢让焉！”[②]把《史记》定位于孔子《春秋》的王道文化传统，可见孔子以王道贬损现实政治的精神对司马迁产生了强烈的感召作用，而后《史记》中体现的王道德治的精神，以及以史为鉴的现实批判精神都能看到《春秋》的影响。

值得一提，齐学代表邹衍和董仲舒，对司马迁亦产生了一定影响。邹衍创建五德终始说。《史记·孟子荀卿列传》对邹衍学说就有介绍，尚德是邹衍学说的灵魂，将五德与王朝嬗递互为配合。董仲舒提出“天人感应”说，在武帝时成为官学，对司马迁影响更不必说。这都帮助司马迁形成了天人感应的整体格局、历史循环的天道观，后主持汉家改制，同时使他对德治重民有了更深刻的理解。或许正是上述影响，在《封禅书》中，司马迁大胆地对汉武帝进行讽刺，因为在司马迁心中，封禅是为了依靠德治政绩上继天命，需要受封的帝王至德至洽，而汉武帝则迷信神仙方士，追求仙人仙药、长生不老，反而忽视了德治的本质。

齐鲁地区临海的环境，有渔盐之利，历代重视经济，工商业发展较快，使得该地文化有开放务实的一面，这也使“开放”的司马迁能更为客观地看待商贾富人。《史记·货殖列传》中：“千金之家比一都之君，巨万者乃与王者同乐。岂所谓‘素封’者邪？非也？”认为当时的“百万富翁”是无官爵封邑而富比封君的人，又有：“子贡结驷连骑，束帛之币以聘享诸侯，所至，国君无不分庭与之抗礼。夫使孔子名布扬于天下者，子贡先后之也。此所谓得势而益彰者乎？”[③]当时经商者虽然没有公认的社会地位，但实际上，他们已经能够以其实

---

① 司马迁：《史记》卷一百三十《太史公自序》，中华书局 2014 年版，第 10 册，第 4003 页。

② 司马迁：《史记》卷一百三十《太史公自序》，中华书局 2014 年版，第 10 册，第 4002 页。

③ 司马迁：《史记》卷一百二十九《货殖列传》，中华书局 2014 年版，第 10 册，第 3982 页。

力左右一些事情。司马迁指出孔子名扬天下，子贡的贡献是不可忽视的，这些都是社会现实，司马迁认可他们的地位和贡献，并给予他们相对客观公道的评价。再有，齐地是黄老之学的发源地，道家文化向来发达，这对于本身就认可道家的司马迁来说，又是一次文化上的共鸣。

至此，司马迁结束了他的游历，回到了长安。因为这次漫游是司马迁个人的行为，也不带有任何官方任务，所以司马迁在搜集一手史料的同时，更是深入当地文化，受到地域文化潜移默化的影响。至于后来司马迁迁仕为郎中，带着官方使命出使西南，对他最直接的影响就是写出了《西南夷列传》这篇地理文。他还随汉武帝至各地视察，这也为司马迁撰写《史记》提供了许多材料，但这种宦游或者伴游性质的出行，对于司马迁人格塑造的影响是明显不如他自己早期游历的。

美国心理学家普汶在《人格心理学》中有："文化对每一个人塑造的力量很大。平常我们不太能看出这塑造过程的全部力量，因为它发生在每个人身上，逐渐缓慢地发生，它带给人满足，同样也带给人痛苦，人除了顺着它走以外，别无选择。因此这个塑造过程便很自然，毫无理由地被人接受，就像文化本身一样——也许不全然是不知不觉的，但确是无可指摘的。"①司马迁在家乡的文化熏陶下，形成了人格的基本格局，而游历不同的文化区域，又对他产生了别样的影响，这都是被潜移默化自然塑造的过程。而《史记》也更不是一本完全客观的史书，其中包含的思想倾向和价值观正是司马迁在所处的文化氛围中被塑造的结果。

（胡喻文，西北师范大学中国古典文献学研究生。）

① 陈桐生：《中国史官文化与〈史记〉》，汕头大学出版社 1993 年版，第 95 页。

磨砺“史圣颂”

朱枝富

在陕西省韩城市司马迁广场上，树立着一座歌颂司马迁、镌刻《史圣颂》的丰碑，我有幸参与了中国史记研究会会长张大可先生组织的修改活动，贡献了自己的一份力量。

2016 年 10 月 15 日，北京师范大学历史学院、北京史记研究会在北京师范大学举办“《史记》学术研讨会暨北京史记研究会第三届年会”，研讨会邀请我参加。在会议期间，有一件很有意义的事情，张大可先生将起草的《史圣颂》印发出来，提请与会学者予以修改，此事引起了大家的广泛兴趣。

《史圣颂》原文 920 字，已是修改后的第六稿，基础是很好的，文情并茂，发人深思。而如何精益求美，更进层楼，高度概括《史记》的深远意义和重大价值，代表时代水平，创造出一个能够千古传诵的“史圣颂”？则还是需要认真琢磨和推敲的。我把这件事当成一门“功课”，从北京回来后深入思考，认真作业，提交了一份答卷。将该文进行了比较大的改动，可概括为以下十个方面。

一是重写开头一段。原文用叙述句，为“古者立奇功者必奇人，出奇人者多奇地。观《史记》之文奇，史迁之才奇，韩城之气奇，信然”，用叙述性语言读来读去，总感到气度不够，起不到先声夺人的作用。而改为结论性语言，能够体现出一种非常的气势，给人一种非常强烈的印象，同时又突出“史圣”的主题，开门见山，呼之而出。于是，改为：“史圣者，司马迁也！《史记》者，史圣之雄文也！韩城者，史圣之桑梓也！史圣之才奇，《史记》之文奇，韩城之气奇，堪称‘三绝’，叹为观止也！”

二是变动“颂”的行文顺序。“颂”的主体内容是写司马迁、《史记》、韩城“三奇”，原来先写《史记》，再写司马迁，然后写韩城。我认为“三奇”应当从

“史圣”司马迁说起，而不宜把司马迁放在中间。因此，将司马迁提前，作为“第一奇”来撰写。这样，行文顺畅，一气贯成。

三是统一“三奇”的开头句式。原来“三奇”每段开头句式的不一致，为“太史公者，奇丈夫也”“《史记》者，天下第一奇书也”“迁生龙门，奇哉韩城”，缺少美感和力度。修改后，形成并立排比的统一句式，分别为：“史圣者，天下之奇人也！”“《史记》者，天下之奇书也！”“韩城者，天下之奇地也！”

四是调整司马迁“学”“游”的内容。原“颂”中概括“讲业齐鲁，问学董孔，观金匮之宝藏，搜天下之逸闻”，为“学殖之奇”的内容，其中最后一句与下面的“游历之奇”在含义上重复；而在排列上也有问题，宜先“问学”，后“讲业”，“董孔”，宜“孔”在前，“董”在后。因此，改为“问学于安国，闻道于仲舒，观书于金匮，讲业于齐鲁”，既工整对仗，又吻合司马迁的“学业”。

五是改变司马迁“尚奇”的表述。原“颂”为“凡有奇德、奇言、奇功、奇行者，莫不追慕而讴歌，传畸人于千秋”，读起来有些磕磕绊绊。“凡有”二字宜去掉，直接连上前面的“忠臣死义之士，辅弼股肱之臣，扶义倜傥之辈，超凡负俗之伦”四句，在意思上也非常衔接；“奇言”与“奇功”，一般将“奇功”放在前面，司马迁自己也是如此；“畸人”，与“奇德、奇言、奇功、奇行”是同一概念，宜放到一体；将“传畸人于千秋”独立句改为“传颂于千秋”，承“讴歌”而来，为上一句“莫不追慕而讴歌”的延伸，文义更加顺畅。因此，这句改为“奇德、奇功、奇言、奇行、畸人者，莫不追慕而讴歌，传颂于千秋”，文从义顺。

六是增加对《史记》的总评价。鲁迅评论《史记》为“史家之绝唱，无韵之《离骚》”，这是从“史”和“文”两个方面来评说的。在研究中大家认为，仅仅这样评价，还远远不能体现《史记》的真正意义和重大价值。张大可先生提出《史记》是“国学之根柢”；杨燕起先生提出《史记》是“治国之宝典”。我反复琢磨，在鲁迅两句话的基础上，还应加上文化传承和撰史目的方面的评价，把张大可、杨燕起先生的两方面评价融合进来，这样才比较完整。因此，在鲁迅评说的基础上，再加上“国学之根柢，治国之宝典”，这样，四句合为一体，才是比较客观和全面的评价《史记》，尤其是第四句话，是司马迁的毕生追求，是《史记》的核心和灵魂所在！原“颂”中没有体现对《史记》的总体评价，将这四句话放到《史记》之“奇”后面，突出地体现出来，给人以强烈的印象。

七是增加《史记》是继《春秋》而作的内容。司马迁将其撰著《史记》自比于《春秋》，在《太史公自序》中非常强烈地表现出来。这层意思在原“颂”中只字不提，没有能够体现出来。在“史笔之奇”中加上了“《春秋》再现”四个字，这样文义更好。

八是增加“思想之奇”。原“颂”写了《史记》“五奇”，实际上还有重要的“一奇”，即“思想之奇”。这是《史记》最为光彩夺目的地方，也是高出其他所有史书的地方，不可或缺。于是，我通过斟酌，增加了以下内容：“重民生，议平准，传货殖，褒素封，颂游侠，抨酷吏，称孔子‘至圣’，歌陈涉揭竿，承弊通变，探求治道，斯思想之奇也。”这样，使得“颂”文更加丰满，更加全面。

九是把“奇人”与“奇地”有机地融为一体。“龙门”二字，是非常具有意义和价值的两个字，在“颂”中不可或缺。郭沫若的“龙门有奇秀，钟毓人中龙”两句诗，很好地概括了形胜与名人的关系，非常经典。因此，将原“颂”中比较抽象的“史圣化成于斯”，改用郭沫若的这两句诗，并将其中的“有”改为“孕”。这样，既赞扬了韩城形胜，又赞扬了司马迁，比单纯的“化成于斯”的意境要形象生动得多。

十是整齐“击节长歌”的句式。原“颂”最后一句“山远横兮昂昂，水长流兮镗镗”，与上面写司马迁、《史记》的两句“与孔子同圣，与日月齐光”“如苍穹之浩，如瀚海之汪”字数不等，缺少美感。因此，将句中的“远”“长”去掉，整齐句式；再修改其中的形容词，增加美感。“昂昂”，一般是用来形容人的斗志高昂，而“巍巍”，则是用来形容山的高大壮观。“镗镗”，一般形容鼓声、钟声、锣声等，而“泱泱”，则是形容水势的浩瀚阔大。直接用形容山水的连绵词，更加妥帖。因此，将这句改为：“山横兮巍巍，水流兮泱泱！”

10月19日，我到北京参加另外一个会议，会议期间有一些空余时间，我与张大可先生相约，再一起将《史圣颂》的修改稿做一些推敲。张先生欣然同意。于是，我们利用中午一起吃饭的间隙，在我的“史圣颂”修改稿（称为“改颂”）的基础上，再予以磨砺，斟字酌句，咬文嚼字；下午离开张大可先生后，我又再三琢磨推敲，觉得还有几处需要再修改，便打电话给张大可先生，他觉得有些是不谋而合，宜予以修改。汇总起来，又主要修改了以下十个方面的内容。

一是“改颂”中称“三奇”为“堪称三绝”，张大可先生觉得这句话不是很好，改为“三奇聚一”。后来，我又考虑，“聚一”，只是聚合在一体，而不是融为一体，建议改为“合一”，被张大可先生采纳。

二是“改颂”中“饱餐秀色，网罗遗闻”，总感到还缺了一些什么，力度还不够，还没有说到位，当时一下子没有想出合适的词，后来，我反复琢磨，加上“河山”和“天下”四字，为“饱餐河山秀色，网罗天下遗闻”，就感觉其气势强大好多了，表现力也更大了。下午打电话给张大可先生，他说，我也觉得这两句话需要增加一些内容，没有想好，你想到了，可以说是不谋而合。

三是“改颂”中“庶几是之”，原“颂”中是“庶几近之”，其含义是基本上差不多接近了，实际上是一种“降调”处理，口气不硬，有气无力的样子，就将“近”字改为“是”字，意即差不多就是这样。张大可先生觉得“是”字还是不太好，不够含蕴，就改为“当”字，是当之无愧。我觉得这个“当”字改得很好，无论是从文章的角度还是从内容的角度，都能“当”之。

四是“改颂”中“逝为韩柳同崇”，原“颂”中为“逝为韩柳同宗”意谓都是文宗，似乎不太准确，改为“同崇”，意谓共同推崇，感觉还不是太好。我们觉得，上句的“生与相如共彩”，意思很好，司马迁与司马相如确实是文史双星，是相得益彰的大学问家，司马相如的赋，可以说是空前绝后，他赞扬当时的汉朝强盛，并用赋的形式表现得淋漓尽致，可谓巧夺天工。而韩柳，与司马迁相比，却要逊色得多，只有崇敬的份儿。于是，打算将“同崇”改为“推崇”，但与前句的“共彩”不想对，反复考虑，改为“俱崇”，含义要略好一些。而将“逝为”改为“逝后”，含义更加准确。

五是加上“究天人、通古今”。“究天人之际，通古今之变，成一家之言”，三句话十五个字是司马迁重要的撰史指导思想，而在“颂”中只体现了最后一句，没有体现前两句，是一大缺陷。因此，加上“究天人、通古今”六个字非常重要。当时中午在和张大可先生一起修改时，没有想起此事。到了下午5点，我再看看文稿，觉得应当加上，就打电话给张大可先生，他欣然接受。

六是“改颂”中“陈涉揭竿”，“揭竿”二字比较形象，但也比较粗俗，没有说出陈涉起义的重大意义。先是打算改为“发难”，有反对暴秦的含义，但还是感觉没有改到位，最后确定用“首难”二字，表明陈涉在推翻暴秦中是首先发难，率先起义，“一夫作难而七庙隳，身死人手”，其意义非同小可。我们感觉，这“首难”二字改得非常好。

七是“改颂”中“膏壤肥”，原“颂”中为“膏壤厚”。“肥”与“厚”的含义基本相同，我觉得用“肥”字，指肥沃的土地，含义比较明确一些，而张大可先生觉得“肥”字不够含蕴。究竟是用“肥”还是“厚”，最后再看看在阅读中的感觉如何。感觉我们同取的“厚”字在语感上要好一些。于是，又回为“厚”字。

八是原“颂”中“高阳苗裔，周室典史，文臣武将，官商剑客，济济多士，戛戛有声，斯司马家族之奇也”，这几句话写司马迁的家世，放在韩城这一段来写，似乎不太妥当，而放在司马迁一段，似乎也不太好，既没有太大的特色，也容易冲淡对司马迁的叙写。于是，我们商量后，就干脆去掉了。

九是原“颂”中“民资盐池之利”，“盐池”二字，可能不太切合韩城的实际。我们去过韩城好多次，似乎没有听说有“盐”之类的特产，倒是听说有什么大红袍花椒。于是，我们觉得要改掉。“椒”，可作为代表，那么，还有一个字用什么呢？我们想到了菽、粱、稷、谷等，有些吃不准，就一个字一个字查字典，对照韩城特色，最后确定用“粱”字。这样，用“椒粱”二字取代“盐池”，比较吻合韩城的地域特色。

十是原“颂”中“雅尚之风充盈乎城郭”，“充”字已省略掉，感觉“城郭”与前句的“山川”虽然相对，但含义基本相同，没有对出新意，有重复之感，而“雅尚”，又主要是相对于人而言，也宜修改。先改成“众庶”，感觉只是一般百姓，不能概括全部，于是，又改成“士庶”，觉得其含义要更好一些。

经过以上几个回合的修改，最后定稿文字为 869 字，其中原文保留 643 字，增加或修改 226 字，改动或删去 54 字，增删面达到 32.2%。再回头看一看修改过的《史圣颂》，感觉有几分欣喜，觉得无论是“文”，还是“义”，都颇有几分韵味，阅而生色，咀而味永。

（朱枝富，江苏省产业海外发展和规划协会常务副秘书长、中国史记研究会常务理事。）

附一：修改后的“史圣颂”（黑体字为修改后的文字）：

史圣颂（修改稿）

史圣者，司马迁也！**《史记》者，史圣之雄文也**！**韩城者，史圣之桑梓也**！史圣之才奇，《史记》之文奇，韩城之气奇，**三奇合一，叹为观止也**！

史圣者，天下之奇人也！诞于景帝丙申，**相**与汉武**终始**，以史记闻，以风骨奇，十岁诵古文，弱冠游京师，问学于**安国**，**闻道于仲舒**，观书于金匮，**讲业于齐鲁**，考信于六艺，折中于夫子，**斯**学殖之奇也。二十南游江淮，中岁**奉使**西征，仕为郎中，扈从武帝，饱**餐河山秀色**，**网罗天下遗闻**，笼天地**之浩**气，吐风云而成**史**，**斯**游历之奇也。蒙冤**而遭**受**腐**刑，隐忍而发愤**著书**，**写**尽**社会**之百态，**恢**宏**治**道于**巨**篇，**斯**意志之奇也。忠臣死义之士，辅**弼**股肱之臣，扶义倜傥之辈，超凡负俗之伦，奇德、**奇功**、奇言、奇行、**畸人**者，莫不追慕而讴歌，**传颂**于千秋，**斯**好尚之奇也。然，斯四奇者，何足道哉！惟高山仰止，景行行止，功追尼父，光争日月，庶几**当**之。

《史记》者，天下之奇书也！**史家之绝唱**，**无韵之离骚**，国学**之**根柢，**治国之宝典**！**上**溯轩辕，综**括**汉武，包举三千载，荟萃一百多篇，华夏文明之浓缩，百科全书之大成，斯囊括之奇也。厥协六经异传，整齐百家杂语，开纪传之先河，创五体之仪范，史官必守其法，学人**通鉴**其书，斯体制之奇也。其文直，其事核，不虚美，不隐恶，斥**为叛道**谤书，实乃**春秋再现**，史家绝唱，斯史笔之奇也。融风雅之妙，擅古文之长，遣词峻洁，**笔力**雄健，生与相如**共**彩，逝**后**韩柳俱**崇**，斯文采之奇也。熔六家之旨，**究天人**，**通古今**，成一家之言，为天地立心，为人伦立则，六经之后，惟有此书，斯哲思之奇也。**重民生，议平准，传货殖，褒素封，颂游侠，抨酷吏，称孔子“至圣”，歌陈涉首难，承弊通变，探求治道，斯思想之奇也**。然，斯六奇者，形之奇耳。至若神之奇也，浩如太空，质如金刚，仰之弥高，钻之弥坚，岂可尽道哉！

韩城者，天下之奇地也！西枕梁山，东临长河，北倚禹门，南襟韩原，群山环抱而茂树生，众水**汇**流而膏壤厚，**斯**山川之奇也。当秦晋之咽喉，**扼崤函**之要津，霸者必图，兵家必争，鼓鸣震于八荒，烽火烛于天际，**斯**形胜之奇也。地本夏后之墟，民资**椒粱**之利，承周秦之**遗风**，秉三晋之**殊俗**，诗礼风行，俊彦辈出，斯风教之奇也。高阳苗裔，周室典史，文臣武将，官商剑客，济济多士，戛戛有声，斯司马家族之奇也。今观夫韩城，雄豪之气漫乎山川，雅尚之风盈乎士庶，龙门孕奇秀，钟毓人中龙，必也，然也！

嗟乎！二〇一六年，巧逢丙申，令属三秋，司马迁祠文化广场落成！司马坡下，芝水河滨，文风郁郁，气象蒸蒸，史圣之风采重光，鸿著之精深弥显。低徊吟咏，遐思翩翩，于是纵目长河，击节长歌，曰：

史圣之奇兮，国之素王。与孔子同圣，与日月齐光！

史记之奇兮，国之华章。如苍穹之浩，如瀚海之洋！

韩城之奇兮，国之灵壤。山横兮巍巍，水流兮泱泱！

公元二〇一六年岁次丙申九月谷旦立

附二："史圣颂"修改说明（10月17日提供给张大可先生的修改稿说明）：

史圣颂（征求意见稿，修改并作说明）

第一段：

（古者立奇功者必奇人，出奇人者多奇地。观史记之文奇，史迁之才奇，韩城之气奇，信然。）〔**史圣者，司马迁也！《史记》者，史圣之雄文也！韩城也，史圣之桑梓也！史圣之才奇，《史记》之文奇，韩城之气奇，堪称三绝，叹为观止也！**〕[1]

【说明】

1. 第一段，为"颂"的开篇，不宜用一般性叙述，而要突出结论性观点，体现出非常的气势，给人一种先声夺人的感觉和非常强烈的印象，同时又突出主题，开门见山。而原来的叙述性开头在这方面相对要弱一些，气度不够。因此，宜作重新撰写。其中，"**史圣者，司马迁也**"，突出颂文的主题，"史圣"为司马迁的誉称。"**《史记》者，史圣之雄文也**"，突出司马迁的功绩，铸成雄文《史记》，而有"史圣"之桂冠。"**韩城也，史圣之桑梓也**"，突出司马迁的出生之地，一方水土养育灵秀之才。"**史圣之才奇，《史记》之文奇，韩城之气奇**"，"三奇"的概说，为下文三段之纲，具有举纲提振全篇的作用。"**堪称'三绝'，叹为观**

止也”，为感叹句，表示史圣、《史记》、韩城在“才”“文”“气”三方面独一无二，绝无仅有。这样，使得颂文的开头比原来的叙述更有概括性，更富有气势，更能吸引读者，抓住读者的眼球。

第二段：

（太史公者[1]，奇丈夫也。）〔**史圣者，天下之奇人也！**〕[2]诞〔于〕景帝（之）丙申，〔**相**〕与汉武（相）（终始）〔**始终**〕[3]，以《史记》闻，以风骨奇，（史记之奇，盖其化身焉，）[4]十岁诵古文，弱冠游京师，（讲业齐鲁），问学〔**于安国，闻道于仲舒**〕（董孔），观〔**书于**〕金匮（之宝藏），〔**讲业于齐鲁**〕，（搜天下之逸闻）[5]，考信于六艺，折中于夫子，（此）〔**斯**〕学（殖）〔**问**〕[6]之奇也。二十南游江淮，中岁〔**奉使**〕西征（巴蜀）[7]，仕为郎中，扈从武帝，饱（览）〔**餐**〕（南北壮观）〔**秀色**〕，（周知）〔**网罗**〕（东西故俗）〔**遗闻**〕[8]，笼天地（而）〔**之**〕（养）〔**浩**〕气[9]，吐风云而成（文）〔**史**〕[10]，（此）〔**斯**〕游历之奇也。蒙（不白之）冤（，）〔**而遭**〕受（残秽之）〔**腐**〕刑，（荷奇辱而）隐忍（，续失志）而发愤〔**著书**〕[11]，〔写〕尽（人生）〔**社会**〕之百态，〔**恢**〕宏（王）〔**治**〕道于（鸿）〔**巨**〕篇[12]，（此）〔**斯**〕意志之奇也。忠臣死义之士，辅（拂）〔**弼**〕股肱之臣，扶义倜傥之辈，超凡负俗之伦，（凡有）奇德〔、〕〔**奇功**〕[13]〔、〕奇言〔、〕（奇功）奇行〔、〕〔**畸人**〕[14]者，莫不追慕而讴歌，传〔**颂**〕（畸人）于千秋，（此）〔**斯**〕好尚之奇也。然，斯四奇者，何足道（其奇）[15]哉！惟高山仰上，景行行止，功追尼父，光争日月，庶几（近）〔是〕[16]之。〕

【说明】

1. 这篇颂文称为“史圣颂”，而且是立在韩城司马迁文化广场，毫无疑问，“三奇”应当从“史圣”司马迁说起，而不宜把司马迁放在中间。当然，如果是“《史记》颂”，则理所当然要突出《史记》，将《史记》提前。人们一般都称“司马迁与《史记》”，而不称“《史记》与司马迁”，这就如同“鸡”和“蛋”的关系，不宜颠倒。

2. 从这段开始，三段依次阐述“三奇”。三段的开头，句式宜统一，增加文章的气度。分别为：“**史圣者，天下之奇人也！**”“**《史记》者，天下之奇书也！**”“**韩城者，天下之奇地也！**”

3. “诞景帝之丙申，与汉武相终始”，原来这两句在文气上不太协调，且比较生硬，上句加“于”去“之”，语气比较柔和，句式比较齐整。后句的句式稍改一下，与前句对应，且“终始”宜改为“**始终**”，一般是先“始”后“终”。

4.“史记之奇，盖其化身焉”，这句话宜删去，前已有“以《史记》闻”，可解为因撰著《史记》而闻名于世，与这句话含义相近，去掉后，前句与后句的文气更加贯通。

5. 原文“讲业齐鲁，问学董孔，观金匮之宝，搜天下之逸闻”，四句话宜作如下改动，为：“**问学于安国，闻道于仲舒，观书于金匮，讲业于齐鲁**”。其理由：一是从音韵学的角度，“舒”“鲁”押韵，读起来朗朗上口，不那么拗口；二是“问学董孔”，略嫌笼统，并且宜为孔安国在前，董仲舒在后，改为两句，更为具体。三是“金匮”，含有“宝藏”“藏书”的意思，可用“书”字替代“宝藏”，“**观书于金匮**”，意即观金匮之书。四是“搜天下之逸闻”放在这里不妥，宜放在游历之后，与后面的“周知东西故俗”合并而重新改写。

6.“此”，在文中不统一，有的用“此”，有的用“斯”，现统一起来，均用“**斯**”字。“学殖”，意指学业、学问，比较生冷，而用“**学问**”二字，可能含义更加明确和易被读者接受。

7.“西征巴蜀”，宜改为“**奉使西征**”，司马迁自己说：“奉使西征巴、蜀以南。”用“**奉使**”二字，点明“西征”的性质，是奉命而去。

8.“饱览南北壮观，周知东西故俗”，宜改为“**饱餐秀色，网罗遗闻**”，修改理由：一是“南北”与“东西”，虽然相对成文，但有拼凑的感觉，去掉后，文义更加精练。二是“饱览南北壮观”，改为“**饱餐秀色**”，更加形象生动，成语有“秀色可餐”，用“餐”替代“览”，用“秀色”代替“壮丽”，更有韵味。三是“周知东西故俗”，改为“**网罗遗闻**”，与司马迁的自述语言相吻合。司马迁说：“**罔罗**天下放失旧**闻**”，“天下**遗**文古事靡不毕集太史公。”修改后更为贴切。

9.“笼天地而养气”，宜改为“**笼天地之浩气**”，孟子说“我善养吾浩然之气”，浩气“至大至刚，以直养而无害，则塞于天地之间，其为气也，配义与道。”用“**浩气**”，更容易使人产生联想。而将原来的两个词组改为一个词组，以“笼”为动词谓语，用其笼罩一切、笼盖天下的含义，使文义更加紧凑。改过后，与下句的“吐风云而成文”在句式上稍微变换一下，不致显得呆滞。

10.“成文”，宜改为“**成史**”。《史记》，首先是“史”，其次才是“文”，用

“史”字更加点明《史记》实质性的要害之处。

11.“蒙不白之冤，受残秽之刑，荷奇辱而隐忍，续矢志而发愤”，四句话略嫌啰嗦，且有重复，可改为两句话：“蒙冤而遭受腐刑，隐忍而发愤著书。”这样，文义更加明确、精炼。原文的“残秽之刑”，改为司马迁自己所说的“腐刑”，意思更好；“发愤著书”，为流行用语，高度概括了司马迁的遭祸而隐忍发愤的精神，而原文“荷奇辱而隐忍，续矢志而发愤”，有编造之嫌，不易理解。

12.“尽人生之百态，宏王道于鸿篇”，宜改为**“写尽社会之百态，恢宏治道于巨篇”**。一是前两句的开头为“蒙冤”“隐忍”，这两句的开头也宜用两个字开头，即**“写尽”“恢宏”**，这样比一个字的分量更重，无论是从文章还是从文义的角度来看，都更好。二是“人生”二字，比较狭隘，司马迁所写的何止是人生，而是整个社会，当然也包括整个社会中的各色人生，因此，宜用**“社会”**替代人生。三是“王道”，帝王之道，古时指以仁义统治天下的政治。司马迁所弘扬的，不仅仅如此，而是孜孜以求治国之道，包括“王道”，但不仅仅是“王道”，因此，改为**“治道”**，更为妥帖。

13.“奇德奇言奇功奇行”，司马迁说：“迁闻君子所贵乎道者三，太上立德，其次立功，其次立言。”可知，司马迁把“立功”看得比“立言”更为重要。因此，我们还是尊重司马迁的意愿，把“奇功”放到“奇言”前。

14.“凡有奇德奇言奇功奇行者，莫不追慕而讴歌，传畸人于千秋”，这几句的句式需要改变，宜改为**“奇德、奇功、奇言、奇行、畸人者，莫不追慕而讴歌，传颂于千秋”**，不然，有些磕磕绊绊。首先，“凡有”二字宜去掉，这句话宜直接接上前四句“忠臣死义之士，辅拂股肱之臣，扶义倜傥之辈，超凡负俗之伦”上，因为这四句写的就是“奇人”，后面再缀上一句，意即不仅这四种类型，还有“奇德奇言奇功奇行”。其次，“传畸人于千秋”，虽然是鲁迅的一句话，但这样用法，显得累赘，与前句“莫不追慕而讴歌”在意思上重复；而且“畸人”二字与前面的“奇德奇言奇功奇行”含义相似，在后面再加上“畸人”二字，含义更加完整。再次，“传畸人于千秋”，宜改为承前句，因“畸人”用在前面，这里不再用了，而把“传”字改为“传颂”，这样，“传颂于千秋”，承“讴歌”而来，是上一句的延伸，文义顺畅。

15.“斯四奇者，何足道其奇哉”，“其”“奇”二字，与前面的“四奇”重复，实在是多余，可删去。

16. “庶几近之”，意思是基本上差不多接近了，这实际上是一种“降调”处理，口气不硬，软绵绵的，宜应加重口气，将“近”字改为“是”字，意即差不多就是这样，在文义上要好一些，故改之。

第三段：

《史记》者，天下（第一）〔**之**〕奇书也（，）〔！〕〔**史家之绝唱，无韵之离骚，**〕国学〔**之**〕根柢（之书也。），**治国之宝典**！[1]〔**上**〕溯轩辕，综〔括〕[2]汉武，包举三千余载，荟萃〔**一**〕百（三十）〔**多**〕[3]篇，华夏文明之浓缩，百科全书之大成，斯囊括之奇也。厥协六经异传，整齐百家杂语，开纪传之先河，创五体之仪范，史官必守其法，学人（专精）〔**通鉴**〕[4]其书，斯体制之奇也。其文直，其事核，不虚美，不隐恶，（见）斥〔**为**〕（汉廷）〔**叛道**〕谤书，〔**讥其谬于圣人**〕[5]，实乃〔**春秋再现**[6]，〕史家绝唱，斯史笔之奇也。融风雅之妙，擅古文之长，遣词峻洁，（造句）〔**笔力**〕雄健[7]，生与相如（争）〔**共**〕彩[8]，逝为韩柳同（宗）〔**崇**〕[9]，（素）〔**堪**〕称才子圭表，（公推）〔**盛赞**〕[10]无韵《离骚》，斯文采之奇也。熔六家之旨，成一家之言，为天地立心，为人伦立则，六经之后，惟有此书，此哲思之奇也。〔**重民生，议平准，传货殖，褒素封，颂游侠，抨酷吏，称孔子“至圣”，歌陈涉揭竿，承弊通变，探求治道，斯思想之奇也。**〕[11]然，斯六奇者，形之奇耳。至若神之奇也，浩如太空，质如金刚，仰之弥高，钻之弥坚，岂可尽道哉！

【说明】

1. 对于《史记》的总的评价，宜在这一段第一句的后面总体体现，综合古今的评价，宜用二十个字来表述，即：“**史家之绝唱，无韵之离骚，国学之根柢，治国之宝典**！”四句话，分别从史、文、学、政的角度来评议，前两句为鲁迅所评，后两句为当今研究专家所评，只有四句合为一体，才是比较客观和全面的评价《史记》，尤其是第四句话，必不可少，是司马迁的毕生追求，是《史记》的核心和灵魂所在！否则，则是不完全的，有失公允的。

2. “溯轩辕，综汉武”，后两句的词头为两个字，即“包举”“荟萃”，这两句，也宜用两个字的词头，可改为“**上溯**”与“**综括**”，以便于阅读和朗诵。

3. “包举三千余载，荟萃百三十篇”，读起来很别扭，且前句用其虚数，后句用其实数，也不相称。将后句改为**“荟萃一百多篇”**，则与前句相称，也好阅读，故改。

4.“专精”，与前句“必守”，在词性上不相对，且“专精其书”，在含义上比较勉强，改为**“通鉴”**，意思更好。与“必守”二字天衣无缝，十分相对，意思也好，故改。

5.“见斥汉廷谤书”，仅这一句话，不足以概括历代对《史记》的诽谤和攻击，最为典型的是王允的“谤书说”，班固的“谬圣说”，宜把两层意思都用上，改为两句话，即：**“斥为叛道谤书，讥其谬于圣人”**。说是谤书，实质是说《史记》“离经叛道”，因此，宜把实质性的内容点上，而原文的“汉廷谤书”，其义可能为诽谤汉廷，其实也不完全是，只是对“今上”略有不满，故宜改。

6.《史记》是继《春秋》而作，司马迁将其自比于《春秋》，这层意思在此文中没有能够体现出来，宜加上**“《春秋》再现”**四字，意思更好。

7.“造句雄健”，“造句”二字，虽然与前句“遣词”相对，但是意思雷同，且力度不够，有些软绵绵，改为**“笔力”**，与“雄健”搭配，则刚强许多，阅读起来，更有力度，故改。

8.“争彩”，司马迁与司马迁相如，是西汉史学与文学的双子星座，鲁迅说：“赋莫若司马相如，文莫若司马迁。”用“争彩”二字，容易引起误解，认为他们二人相争而夺彩，其实不是，他们是在两条道上跑在最前面的车。因此，将“争”改为**“共”**，更为适宜。

9.“同宗”，本指宗法社会的同一大宗，后泛指同一家族或同姓。而这里则指共同效法的意思，“宗”字用为动词，有尊敬、敬仰、效法的意思。但在理解上比较费难，也容易被误解，改为**“同崇”**，共同推崇，推戴，意思更好。

10.“素称才子圭表，公推无韵《离骚》”，这两句话的词头宜改。“素称”，一般指“平常被称为”，为中性词，不太常用；“堪称”，则指“可以称得上”，一般表示赞叹，为褒义词。“公推”，大家都推举、推崇，而一般理解为大家推选，其实，《史记》因其自身的魅力而获赞，并不是想推就推得的。因此，宜将这两句话改为**“堪称才子圭表，盛赞无韵《离骚》”**。

11.《史记》写了“五奇”，实际上还有重要的“一奇”，即思想之奇，这是《史记》最为光彩夺目的地方，也是高出其他所有史书的地方，不可或缺。我做了初步的思考，即可以写成：**“重民生，议平准，传货殖，褒素封，颂游侠，抨酷吏，称孔子‘至圣’，歌陈涉揭竿，承弊通变，探求治道，斯思想之奇也。”**供推敲和参考。**“重民生，议平准”**，写司马迁关心民生，讥评汉武帝的夺民政策。**“传货殖，褒素封”**，写司马迁为货殖立传，肯定发家致富，将富者誉为“素封”，主张上则富国，下则富家。**“颂游侠，抨酷吏”**，游侠为当时社会所不容，而司马迁极力肯定；酷吏以酷烈为声，草菅人命，引起社会动荡，无益于治，故抨而击之。**“称孔子‘至圣’，歌陈涉揭竿”**，孔子、陈涉，无家可世，但列为世家，对他们的仁政思想、反暴精神予以充分肯定。**“承弊通变，探求治道”**，这两句是司马迁的撰史宗旨，贯穿《史记》全书。司马迁的思想之奇，作以上概括，以求教矣。

第四段：

（迁生龙门，奇哉韩城。）〔**韩城者，天下之奇地也！**〕[1]西枕梁山，东临长河，北倚禹门，南襟韩原，群（塬）〔**山**〕[2]环抱而茂树生，众水（分）〔**汇**〕流[3]而膏壤（厚）〔**肥**〕，（此）〔**斯**〕山川之奇也。当秦晋之咽喉，扼（东西）〔**殽函**〕[4]之要津，霸者必图，兵家必争，鼓鸣震于八荒，烽火烛于天际，（此）〔**斯**〕形胜之奇也。地本夏后之墟，民资盐池之利，承周秦之（渊懿）〔**遗风**〕，（薰）〔秉〕三晋之（遗风）〔殊俗〕[5]，（秉子夏之教，传洙泗之教，）[6]诗礼风行，俊彦辈出，（此）〔**斯**〕风教之奇也。高阳苗裔，周室典史，文臣武将，官商剑客，济济多士，戛戛有声，（此）〔**斯**〕司马家族之奇也。今观夫韩城，雄豪之气（弥）漫乎山川，雅尚之风（充）盈[7]乎城郭，（史圣化成于斯）〔**龙门孕奇秀，钟毓人中龙**〕[8]，必也〔，然也〕[9]（。）〔！〕

【说明】

1.“迁生龙门，奇哉韩城。”这两句在第一段已作了交代，这里从略，宜删去。

2.“群塬”，宜改为**“群山”**。“塬”，指黄土高原地区因冲刷而形成的四边陡、顶上平的台状高地。“韩原”用“原”，“群塬”用“塬”，“原”与“塬”同义而异字，不宜同时使用，且从韩城的地势来看，似乎用群山环绕更好。

3.“分流”，宜为**“汇流”**。分流，有分布四方，向四方流散的意思，而“汇流”，则有汇聚集中的意思。水之汇流，也有会集人才、聚集财气的意思。“众水汇流”，灵气汇聚，意思更好，宜改。“膏壤厚”，一般用作**“膏壤肥”**，指肥沃的土地，故改。

4. “扼东西之要津”，“东西”二字指代不明，宜用“殽函”二字来替代。能够扼住由东方通往秦国的要津的，也只有崤山和函谷关，因此，改为“**殽函**”，含义更加明确，意思更加明白。

5. “承周秦之渊懿，薰三晋之遗风”，这两句写韩国的历史流传。其中“渊懿”，指渊深美好的意思，可周秦也并非都是如此，而词语甚生，不容易被大多数人接受，宜作改动。虽然此文用的是文言体，但不等于越生越好，弄得大家都不容易看懂，就失去了他的意义和价值。“薰”，熏染、熏陶。而联想到烟熏火燎，感觉不好。这两句宜改成“**承周秦之遗风，秉三晋之殊俗**”，含义相近，更加贴切和吻合。

6. “秉子夏之教，传洙泗之学”，这两句不具有典型意义。司马迁与孔子并重，而这里写秉承子夏之教，子夏为孔门子弟，似乎降格了许多；而且子夏在魏之西河教学，“传洙泗之学”，与韩城关系不大，故宜删去。

7. “弥漫”与“充盈”，均可去掉一字，用“漫”与“盈”，为“雄豪之气漫乎山川，雅尚之风盈乎城郭”，含义相同，而且更加简练，更具有浪漫色彩。

8. “史圣化成于斯”，宜改用郭沫若的两句诗，即“**龙门孕奇秀，钟毓人中龙**”，其中将郭句原句中的“有”改为“孕”，孕育，培育；“钟毓”，指受美好的自然风光的熏陶。这两句诗既赞扬了韩城形胜，又称赞了司马迁，将人、地有机地合为一体，比单纯的“化成于斯”的意境要形象生动得多，故改之。

9. “必也”，感觉用此煞尾，有点秃秃的，后面宜加上“然也”二字，既是舒缓语气，又是双重肯定，文义更好。

第五段：

（粤以）〔嗟乎！〕[1]二〇一六年，巧逢丙申，令属三秋，（陕西韩城）[2]司马迁祠文化广场（竣工）〔**落成**〕[3]，司马坡下，芝水河滨，文风郁郁，气象蒸蒸，史圣之风采重光，鸿著之精深弥显。（盘桓其间）〔**低徊吟咏**〕[4]，遐思翩（跹）〔**翩**〕[5]，于是纵目长河，击节长歌，曰：

〔史圣之奇兮，国之素王。与孔子同圣，与日月齐光！〕[6]

史记之奇兮，国之华章。如苍穹之浩，如瀚海之（汪）〔**洋**〕[7]！

（史圣之奇兮，国之素王。与孔子同圣，与日月齐光。）

韩城之奇兮，国之灵壤。山（远）横兮（昂昂）〔**巍巍**〕，水（长）[8]流兮（镗镗）〔**泱泱**〕[9]！

公元二〇一六年岁次丙申九月谷旦立

【说明】

1.“粤以”，文言句首助词，没有实际意义，而这两字组合在一起，非常深奥，就是在古文中也很少用，也很少见到，还是改成有点意义的，用感叹词“嗟乎”吧，对于“广场”的建成，有一种感慨万千的感觉。

2.“陕西韩城”，四字宜删，既然是司马迁祠广场，就是坐落在陕西韩城，无须再予以交代，可以说多此一举。删掉后，反而简洁、大气。

3.“竣工”，即完工了，缺少文学色彩，可改为“落成”，具有庆祝的意思。王安石《张侍郎示东府新居诗因而和酬二首》之一：“自古落成须善颂，扫除东阁望公来。”其含义非常丰富，宜改。

4.“盘桓其间”，其含义不太好，“盘桓”，主要指徘徊，逗留，含有一种心绪不宁的意思。还是改用司马迁的话，即“**低徊吟咏**”，流连忘返，反复吟诵，恋恋不舍，歌之咏之，其含义多好啊！故改之。

5.“翩跹”，意即轻快地跳舞，意思很好，而直接用起舞的形象词“翩翩”，翩翩起舞，天上人间，更给人以美好的形象，故改。

6. 最后的长歌，还是将歌颂司马迁的“史圣之奇兮，国之素王。与孔子同圣，与日月齐光！”的歌诗放到前面，这样前后一致起来，先司马迁，再《史记》，然后韩城。

7.“瀚海之汪”，其“汪”字的含义不好，一汪大水，好像有一种灾难的意思。而用“洋”，指盛多、广大，《尔雅》：“洋，多也。”注：“洋，溢也。”《诗经·卫风·硕人》：“河水洋洋。”传：“盛大也。”其含义更好，给人以昂扬向上的感觉，故改。

8.“山远横兮昂昂，水长流兮镗镗”，这两句与上面写司马迁、《史记》的字数不等，还是以字数相等为好。将“远”“长”去掉，称为“山横兮昂昂，水流兮镗镗”，其含义一致。上句“横”，横亘，横空，其“远”的含义自在其中。下句的“流”，源远流长，千古长流，其“长”的含义也亦在其中。故删去。

9. 形容山、水的两个形容词，“昂昂”，一般是用来形容人，斗志高昂，当然也可以用来形容山；而“巍巍”则是用来形容山的高大壮观。“镗镗”，象声词，一般形容鼓声、钟声、锣声和其他金属器声；而“泱泱”，则是用来形容水势的浩瀚光大。因此，宜改之，直接用形容山水的连绵词，两句为：**“山横兮巍巍，水流兮泱泱！”**

后来公布的《史圣颂》，在我们修改的基础上，又作了推敲，对照后看出，我提出的修改意见，绝大部分被张大可先生采纳了。对此，还可以继续研究，将两者作逐一对照，看看在增加或修改的226字中，予以保留的字是多少，保留率是多少，改动后的优点是什么，还有什么不足以及值得推敲的地方？留待以后吧，这里不再细说了。

（说明：此稿的内容完成于2016年10月25日，现提交给陕西韩城市司马迁研讨会，其中对《史圣颂》修改的内容和说明的表述不作任何改动，以保留一份历史的真实记录。不当之处，敬请指正。）

《史记》文献研究

汲古阁刻单行本《史记索隐》，现存副本尚有许多，分别存于全国各大图书馆。据《中国古籍总目》著录，明末毛氏汲古阁刻本《史记索隐》三十卷，有五个批校本，尤为珍贵。

上海图书馆藏莫绳孙过录莫友芝校并跋本《史记索隐》考述①

王　璐

汲古阁刻单行本《史记索隐》，现存副本尚有许多，分别存于全国各大图书馆。据《中国古籍总目》著录，明末毛氏汲古阁刻本《史记索隐》三十卷，有五个批校本，尤为珍贵。其中国家图书馆藏有三部，一是“佚名录清钱孙保校”，一是“清吴寿旸校清周春跋”，一是“王国维校并跋”；上海图书馆有一部，为“清莫绳孙过录清莫友芝校并跋”；上海复旦大学图书馆有一部，为“清方栓校”。

今次来探讨上海图书馆藏“莫绳孙过录莫友芝校并跋本”。

莫友芝（1811—1871），字子偲，自号郘亭，又号紫泉，晚年又自号眲叟。是晚清贵州独山著名的学者。不但精通小学，擅长书法，且在版本目录之学上也颇具建树。《清史稿》卷四八六《文苑传》中有莫友芝的小传附于其父《莫与俦传》后。《传》称：“家世传业，通会汉、宋。工诗。真行篆隶书不类唐以后人，世争宝贵。友芝亦乐易近人，癯貌玉立，而介特内含。道光十一年举人，在京师远迹权贵。胡林翼、曾国藩皆其旧好，留居幕府，评骘书史外，荣利泊如也。咸丰时，尝选取县令，弃去。至是中外大臣密疏荐其学行，有诏征至，复谢不就。卒，年六十一。著《黔诗纪略》《遵义府志》《声韵考略》《郘庭诗钞》《宋元旧本经眼录》《樗茧谱注》《唐本说文木部笺异》。”②又据黎庶昌《莫征君别传》载：“君家贫，嗜古，喜聚珍本书，得，多与东南藏弆家等读之，恒彻旦

① 本文为国家社科基金重大招标项目“中外《史记》文学研究资料整理与研究”（项目编号13&ZD111）阶段性成果。

② 赵尔巽等撰：《清史稿》卷四八六《文苑传》，中华书局1977年版，第13410页。

暮不息，寝食并废。身通《苍》《雅》故训，《六艺》名物制度，旁及金石目录家言。治诗尤精，又工真、行、篆、隶书。久之，名重西南，学者交推郑莫。……往客太湖胡文忠公林翼所，为校刻《读史兵略》。胡公卒，又从曾文正公。安庆黔乱，益无所归，述《影山草堂本末》以见志。影山草堂者，君所居独山旧庐也。自是，客文正者逾十年。江南底定，寓妻子金陵，遍游江淮吴越间，尽交其魁儒豪彦：南汇张啸山文虎、江宁汪梅村士铎、仪征刘伯山毓崧、海宁唐端甫仁寿、武昌张廉卿裕钊、江山刘彦清履芬。数辈尤笃，其名益高。所至求书者，屣履逢迎。"[①]可知莫友芝家学渊源深厚，汉宋之学、金石书法，作诗论词、藏书校书，皆喜好且擅长。并且莫友芝为人平易，不重功名，曾先后做过胡林翼与曾国藩的门客，颇受器重，并与当时许多学术名流如张文虎、汪士铎、刘毓崧、唐仁寿、张裕钊、刘履芬皆有交往。莫友芝嗜好收书藏书，尽管囊中不算宽裕，但对于喜爱的好书，还是不吝金钱。据与莫友芝并称"西南两大儒"的郑珍在为莫友芝《郘亭诗钞》所作序文中称："及有捻书籍求售，则不问囊有无一钱，必不令他适。故入其室，陈编蠹简，麟麟丛丛，几无隙地。秘册之富，南中罕有其匹。"[②]莫友芝在江南漫游之际，与郁松年和丁日昌关系最为密切。郁松年有藏书楼名曰宜稼堂，莫友芝曾多次于宜稼堂中翻阅郁氏之藏书；丁日昌有藏书处持静斋、实事求是斋并百兰山馆等，莫友芝因受聘为持静斋编写书目，因而也得以观览到丁氏藏书，并最终编成《持静斋藏书纪要》。莫友芝在江南之时，虽因财力之限而不能大量收购图籍，却得以过目许多宋元珍本，而对于这些所经眼的珍贵图籍，莫友芝一一记录，后由其子莫绳孙汇编为《宋元旧本书经眼录》一书。此外，莫友芝还在《四库全书简明目录》基础之上对其中之版本进行笺注，作《郘亭知见传本书目》一书，可谓版本目录学史上十分有影响力的一部著作。莫友芝的藏书处名曰"影山草堂"，早年之影山草堂，乃是其父莫与俦在家乡所置，后来莫友芝迁居金陵，仍以"影山草堂"名其藏书之处。因此，莫友芝实际藏书的登记目录即称《影山草堂书目》，乃抄本两册。此外，莫

① 裴汉刚主编：《莫友芝研究文集》，贵州人民出版社 1991 年版，第 349 页。

② 郑珍著，黄万机、黄江玲校注：《巢经巢文集校注》卷二《〈郘亭诗钞〉序》，中央民族大学出版社 2013 年版，第 90 页。

友芝还有《郘亭行箧书目》抄本两册。行箧，即出行所携带的用以盛装行李的箱子，此书目乃是上述登记影山草堂实际藏书的《影山草堂书目》的誊清本。[①]莫友芝身后，其子莫绳孙继承父志，为父亲整理遗著，颇有功劳。父子二人之藏书印有“莫友芝”“莫氏秘籍之印”“友芝私印”“子偲”“莫氏子偲”“郘亭眲叟”“影山草堂”“莫友芝图书印”“莫氏图书之印”“友芝友字子偲之印”“莫绳孙字仲武长宜子孙”“莫绳孙”“仲武”“莫绳孙字仲武”。[②]

莫氏《影山草堂书目》著录有四部《史记索隐》。乾隆四年校刊七十九号载：“《史记索隐》一册。取出。”[③]乾隆四年校刊百十四号载：“《史记索隐》一册。此赠前礼卿。汲古阁初印。□校。”又：“《史记索隐》四册。”[④]乾隆四年校刊百四十四号载：“《史记索隐》一册。汲古阁仿宋初印。手校。”[⑤]而莫友芝对汲古阁《史记索隐》的批校，其日记中也有记载。据《莫友芝日记》，同治元年（1862）七月初五日丙戌（7 月 31 日）：“雨，凉。取毛氏《史记索隐》单本，以中统本校之，单本为备，而中统本亦多长处。”中隔一日，七月初七日戊子（8 月 2 日），又记录曰：“雨，午少止。毕小司马《史记》，粗粗而已，他日当细校过。”[⑥]

---

① 据《莫友芝评传》：“未刊稿本有《影山草堂书目》2 册，为依箱登录的藏书登记簿，共 165 箱，著录 2600 余种。又有《郘亭行箧书目》2 册。为前稿的誊清本，著录增至 3000 余种。此为莫友芝、莫绳孙父子所编。又有《影山草堂书目》6 册，载《泽存书库目录》中，系稿本，现已由南京图书馆弃藏。未得见实物，不知是否详细分类编目。”参见黄万机著的《莫友芝评传》，贵州人民出版社 1992 年版，第 318—319 页。案，《影山草堂书目》两册本已被《清代私家藏书目录题跋丛刊》影印出版，参见李万健、邓咏秋编的《清代私家藏书目录题跋丛刊》，国家图书馆出版社 2010 年版，第 4 册。而《郘亭行箧书目》2 册，国家图书馆藏有其稿本并缩微胶卷。《影山草堂书目》6 册本暂不得见。

② 林申清编著：《明清著名藏书家·藏书印》，北京图书馆出版社 2000 年版，第 185 页。

③ 李万健、邓咏秋编：《清代私家藏书目录题跋丛刊》，国家图书馆出版社 2010 年版，第 4 册，第 233 页。

④ 李万健、邓咏秋编：《清代私家藏书目录题跋丛刊》，国家图书馆出版社 2010 年版，第 4 册，第 327 页。

⑤ 李万健、邓咏秋编：《清代私家藏书目录题跋丛刊》，国家图书馆出版社 2010 年版，第 4 册，第 395 页。

⑥〔清〕莫友芝：《莫友芝日记》，凤凰出版社 2014 年版，第 95 页。

今天收藏在上海图书馆的莫友芝校本《史记索隐》，并非昔年莫友芝亲手校勘的版本，而是其子莫绳孙后来过录的一个版本，故而上海图书馆之卡片目录及《中国古籍总目》著录称“清莫绳孙过录清莫友芝校并跋”。此本《史记索隐》仅装为一册，末页有莫友芝的跋文一篇，曰：“同治壬戌六月，皖口行营姚声黴士赠此本，约略检勘，足补正现行官私诸本条以千计，而毛氏刊误，亦自不少。七月五日重装，散标所见于卷端，时摘取中统本为左证。三日贔（毕）粗一过，未得细雠，期以他暇日也。独山莫友芝记。”①其后又有莫绳孙过录完毕的记录曰：“光绪二年中秋，男绳孙恭移录于江宁旅寓。”由这两条记录加上前述莫友芝日记中的记录，可以清楚地知道此批校本的来龙去脉。此本《史记索隐》乃是在同治壬戌（1862）六月由姚声黴赠予莫友芝的，当时莫友芝约略检勘，发现此单行本虽刊误也不少，不过对于补正当时流行的官私诸本也可有助益。一个月后的七月五日，天凉有雨，于是在重装此部《史记索隐》时，莫友芝取中统本《史记》与此部《史记索隐》相校，并将他的校勘成果书于其卷端，此举共计三日，莫友芝称仅是粗粗一过而已，并期待他日可以细细校勘。而在光绪二年（1876）中秋，莫友芝次子莫绳孙在江宁旅寓之时，将父亲昔年校勘的内容移录，便是今天得以在上海图书馆见到的这部《史记索隐》了。

一、莫氏校文

莫绳孙所过录的莫友芝的校勘，乃由朱笔抄就，凡所校之字旁，点一圆点作为标识；而需要加字之处，则以一短撇作为标识。校勘之内容书于当页上下栏外，大多数条目都是指出汲古阁本《史记索隐》中文字的疏失错误，不过也有一些乃是通过与汲古阁本的比勘，指出其他版本《史记》或其他文献的疏误。

---

① 案，此篇录自上海图书馆藏“清莫绳孙录清莫友芝校并跋本”《史记索隐》。不过这篇跋文亦被《宋元旧本书经眼录》收录，见莫友芝《宋元旧本书经眼录》附录卷一“书衣笔识”，上海古籍出版社 2009 年版，第 98 页。又被潘志万《书籍碑版题跋偶录》收录，参见国家图书馆编的《国家图书馆藏古籍题跋丛刊》，北京图书馆出版社 2002 年版，第 15 册，第 93 页。

（一）指出汲古阁本的疏误

多数情况下，莫氏校文乃是指出汲古阁本中的讹文、衍文或倒文。

如第一卷《夏本纪》中大字“壶口梁岐”后小字注文中“《地理志》壶口山在河东北屈悬之东南”，莫氏摘出“北屈悬”三字，后换行书曰：“悬，县误。”而在原文小字“悬”旁则点一点作为标识。

第五卷《三代系表》中大字“五帝、三代之记”后小字注文中“按此表依帝系及帝系本”，莫氏摘出“帝系本”三字，后换行书曰：“‘帝’字疑衍。”而在原文小字“帝”旁则点一点作为标识。

第十一卷《宋微子系家》中大字“子辟公辟兵立”后小字注文中“按《纪年》云作桓侯璧兵”，莫氏摘出“纪年云”三字，后换行书曰：“‘云’字衍。”而在原文小字“云”旁则点一点作为标识。

上述诸条尚摘出原书中的词语，再对其中须勘误的字加以说明，而大部分的摘字仅是需要勘误的字，其后则以“某，某误”“某当作某”“某乃某误”“某乃某讹”“某，某之误”等对误字及其正字一并加以说明。

如第一卷《夏本纪》中大字“衡漳”后小字注文中“清漳水出上党沽县”，原文小字“沽”旁加点，而校语曰：“沽，沾误。”又大字“常卫大陆”后小字注文中“今巨鹿北广河泽是已”，原文小字“河”旁加点，而校语曰：“河，阿误。”又大字“扈”后小字注文“《地理志》曰：扶风县鄠是扈国”，原文小字“县鄠”旁加点，而校语曰：“‘县鄠’当是‘鄠县’。”《殷本纪》中大字“妲己”后小字注文“《国语》有种氏女，妲字己姓也”，原文小字“种”旁加点，而校语曰：“种，蘇误。”又大字“秦破华阳约”后小字注文中“故谓周君请梁城周，而误诡计也”，原文小字“误”旁加点，而校语曰：“‘误’当作‘设’。”

第三卷《高祖本纪》中大字“泗川监平”后小字注文中“秦并天下为三十六都”，原文小字“都”旁加点，而校语曰：“‘都’当作‘郡’。”《吕太后本纪》中大字“襄平侯通”后小字注文中“按功臣表襄平侯纪通，文成以将军定三秦，死事，子侯”，原文小字“文”旁加点，而校语曰：“文，父之讹。”

第五卷《三代系表》中大字“五帝、三代之记”后小字注文中“而篇唯名三代系家者”，原文小字“家”旁加点，而校语曰：“‘家’乃‘表’误。”《十二诸侯年表》中大字“宋釐公”后小字注文“微仲六代孙。子惠公覸。音闲，又下板反”，原文小字“惠公覸”旁加点，而校语曰：“‘惠公覸’三字当大书。”莫氏对汲古阁本《史记索隐》中应为大字却排成小字的内容也有所指出。

第八卷《历书》中大字“赤奋若”后小字注文中“今四蓋自太初已来计岁次与天官书不同者有后历衍改故也”，原文小字“衍”旁加点，而校语曰：“‘衍’乃‘术’讹。”

第九卷《天官书》中大字“荧惑”后小字注文中“司世道，出入无常”，原文小字“世”旁加点，而校语曰：“‘世’，‘无’之误。”

上述诸例皆没有引述原书中词语，仅是摘字并在所摘字的旁边点上一点作为标识。

帮助原书脱文时，莫氏则是在需补字处以一短撇标识，校文书某字上或某字下夺某字、脱某字。

如第一卷《夏本纪》中大字“三江”后小字注文中“韦昭云：三江，谓松江、钱塘、阳江”，莫氏在“阳”字上画一短撇，并书校文曰：“‘阳江’上夺‘浦’字。”又大字“汶嶓”后小字注文中“嶓冢山在陇西县，汉水所出也”，莫氏在“西”字下画一短撇，并书校文曰：“‘陇西’下夺‘西’字。”

第三卷《高祖本纪》中大字“广”，莫氏在“广”字下画一短撇，并书校文曰：“‘广’下当脱‘野’字。”

第五卷《三代系表》中大字“尚矣”后小字注文中“刘氏犹久古也”，莫氏在“氏”字下画一短撇，并书校文曰：“‘氏’下当脱‘云尚’二字。”

第九卷《平准书》中大字“或钱或布或刀或龟贝”后小字注文中“《食货志》有十朋五贝，皆用为货，其各有多少”，莫氏在“多少”二字下画一短撇，并书校文曰：“‘多少’下官本有‘两贝为朋故直二百一十六’十一字，此脱去。”

第十三卷《魏系家》中大字“从林乡军”后小字注文中“徐广云在宛陵也”，莫氏在“宛陵”二字下画一短撇，并书校文曰：“‘宛陵’下脱‘非’字。”

第二十一卷《刺客列传》中大字“有郄”后小字注文中“二人相害。严遂拔赵，以救解”，莫氏在“相害”二字下画一短撇，并书校文曰：“‘相害’下，中统本多‘也严遂举韩傀之过韩傀斥之于朝’十四字，此脱。”又在“赵”字旁加点，书校文曰：“‘拔赵’作‘拔剑趋之’四字，并当补正。”

偶尔，莫氏也会对自己的校勘加以说明。

如第一卷《夏本纪》中大字“内方、大别”后小字注文中“大别山在大国安丰县”，莫氏校曰：“‘大国’当作‘六安国’。安丰县西汉属六安国。”先指出原书中“大国”二字乃是“六安国”之误，再说明原因。

第十一卷《卫康叔系家》中大字“于濮”后小字注文中“东北至离派分为二，俱东北至巨野入济”，莫氏校曰：“‘派’乃‘狐’误。离狐，汉县，属东郡。”先指出原书中“派”字乃是“狐”字之误，再说明原因。

（二）指出其他文献的疏误

除了对汲古阁本《史记索隐》中的错误疏失加以指出外，莫氏在与其他有关文献进行对照后，也间或指出其他文献中的疏误。

如第十五卷《萧相国系家》中大字“《注》瓒曰今南乡酂”与其后小字注文“顾氏云：南鄉，郡名也。《太康地理志》云：‘魏武帝建安中分南阳立南乡酂，晋武帝又曰顺阳郡也。’”针对此条，莫氏校曰：“两‘南乡’，‘乡’字，殿本并作‘阳’，非也。中统本唯下‘乡’字误‘阳’，上字犹不误。”又曰：“‘立南乡酂’，‘酂’字二本皆作‘郡’，亦误。”又曰：“考《晋志》顺阳郡治酂必承南乡之旧。‘南乡’下疑脱‘治’字，不当改‘酂’为‘郡’也。”可见莫氏通过比对汲古阁单行本与殿本、中统本《史记》中此条《索隐》的内容，认为殿本与中统本在此条《索隐》注文包括《史记》原文中之“乡”“酂”二字，作“阳”“郡”二字乃是错误的，并以所考察到的《晋志》中“顺阳郡治酂必承南乡之旧”加以证明。

二、莫氏批文

莫氏还对司马贞在《史记索隐》中的观点也有所评议。

第一卷《夏本纪》中大字“漆沮沣水”后小字注文中“漆水，出右扶风漆县西，沮水《地理志》无文，而《水经》以卢水出北地直路县，东过冯翊收州县入洛”，莫氏先指出“卢水”之“卢”字乃是“沮”字之误，其后又以双行小字说明曰：“《汉书・地理志》直路县下云：沮水出东西入洛。《水经注》引《地理志》曰：沮出畿县东西入洛。畿当是直路之讹。此云‘无文’，偶失记耳。”

莫氏对他人对《史记索隐》某些文字的论议也有所考证与评议。

第四卷《孝景本纪》中大字“典客为大行”后小字注文中“胪，附皮。以言其掌四夷宾客，若皮胪之在外附于身也”，此处莫氏在原文小字“皮胪”之“胪”旁加点，先指出：“皮胪，中统本同。”后又指出，有人称说此处之“胪”当作“肤”，而莫氏通过《说文》中对“胪”字的解释，认为“胪”“肤”本一字，不用改“胪”作“肤”。其批曰：“或云‘胪’当作‘肤’。按《说文》：‘胪，皮也。’‘肤，籀文胪。’本一字，不必改。”

三、参考文献

莫氏在跋文中虽然称说此本乃是与中统本相比勘，但实际上莫氏在校勘时不光对照了中统本，还参考了其他版本的《史记》和其他典籍。

如汲古阁本第八卷《历书》中大字“小余三百四十八”后小字注文中“二十九日四十分日之四百四十九”，莫氏校文曰：“‘九日’下脱‘九百’二字。”后又以小字自注曰：“各本皆然。”

汲古阁本第九卷《平准书》中大字“或钱或布或刀或龟贝”后小字注文中“《食货志》有十朋五贝，皆用为货，其各有多少，元龟直十贝”，莫氏校文曰：“‘多少’下官本有‘两贝为朋故直二百一十六’十一字，此脱去。‘直十贝’三字，官本作‘十朋’二字。”

汲古阁本第十二卷《晋系家》中大字“啮桑”后小字注文中“按：今平阳曲南七十里河水有采桑津，是晋境”，莫氏校文曰：“‘曲南’，中统本同，殿本作‘县南’。按，‘曲’疑‘西’误。唐有平阳郡，无平阳县。”

以上校文中除“中统本”外之“各本”“官本”“殿本”，皆可证明莫氏并非仅是参照了中统本一个版本来进行此次校勘。

又汲古阁本第十一卷《宋微子系家》中大字“取郑二姬”后小字注文“谓郑大夫芊氏、姜氏之女。既是郑氏，故云‘二姬’”，莫氏校文曰：“‘郑大夫’，据《左传》当作‘郑夫人’。‘郑氏’当作‘郑女’。”此条参考了《左传》。汲古阁本第十五卷《萧相国系家》中大字“《注》‘瓒曰今南乡酂’”后小字注文“顾氏云：南郷，郡名也。《太康地理志》云：'魏武帝建安中分南阳立南乡酇，晋武帝又曰顺阳郡也。'" 莫氏校文曰："两'南乡'，'乡'字，殿本并作'阳'，非也。中统本唯下'乡'字误'阳'，上字犹不误。'立南乡酇'，'酇'字二本皆作'郡'，亦误。考《晋志》顺阳郡治酇必承南乡之旧。'南乡'下疑脱'治'字，不当改'酇'为'郡'也。" 此条则参考了《晋志》。

莫氏参考其他版本《史记》与其他文献对汲古阁本《史记索隐》进行批校，不但指出了汲古阁本《史记索隐》中的部分疏失讹误，亦对司马贞之观点及后人对《史记索隐》的考论零星进行了简单考辨，因而莫氏之批校，对于后人正确阅读汲古阁本《史记索隐》无疑有一定程度的参考价值。而其中所展现出的莫氏读书校书之精审，亦值得后人好好学习。

（王璐，西安电子科技大学人文学院讲师。）

《汉书》与《史记》同篇注引“诗”论略①

赵棚鸽

《史记》之《高祖本纪》《屈原贾生列传》《司马相如列传》《滑稽列传》《匈奴列传》《太史公自序》等文在《汉书》中或多或少都有相同文字，但颜师古与司马贞、张守节的注法却很不一样，田中和夫指出，“颜师古的《汉书》注所直接接触到的《诗经》各诗成诗的原因，完全是按《毛诗序》的观点解释的。至于《诗经》各篇吟咏什么，在什么情况下所作，作诗的目的是什么，颜师古几乎完全是认同《毛诗序》的”②，这是颜师古注释的一条重要原则，司马贞、张守节则不完全遵守这一原则，兹论之如下。

一、《汉书注》不据谶纬而《史记索隐》《正义》据之

谶纬多怪异灵验之说，汉代之后屡经禁行、删削，但在唐代却又迎来一次新的传播高峰。③然而在这一过程中，颜师古却态度坚决地反对征引谶纬，完全不同于后来的学者，这就成了《汉书注》与《史记索隐》《正义》之间最明显的区分。

《汉书》卷一上《高帝纪第一上》“母媪”文颖曰：“幽州及汉中皆谓老妪为

---

① 本文为国家社会科学基金项目“唐代注疏中的《诗经》学研究”（项目编号 17BZW090）阶段性成果。

②［日］田中和夫：《汉唐诗经学研究》第六章“《汉书》颜师古注关于《诗经》的解释（上）”，凤凰出版社 2013 年版，第 108 页。

③ 张慧敏：《〈诗纬〉与两汉魏晋叙事文学》，《诗经研究丛刊》第十七辑，学苑出版社 2009 年版，第 154—155 页。

媪。”孟康曰：“媪，母别名，音乌老反。”颜注云：“媪，女老称也，孟音是矣。史家不详著高祖母之姓氏，无得记之，故取当时相呼称号而言也。其下王媪之属，意义皆同。至如皇甫谧等妄引谶记，好奇骋博，强为高祖父母名字，皆非正史所说，盖无取焉。宁有刘媪本姓实存，史迁肯不详载？即理而言，断可知矣。他皆类此。”[①]颜师古明确指出，刘邦母亲姓氏史家不详，故均不记，仅取当时普遍称法而已。但皇甫谧等据谶纬之书，强解刘邦父母姓名，颜师古对此提出严厉批评，他们的名字如果存在，司马迁怎么会不写入《史记》呢？其反对谶纬的态度十分坚定。然而司马贞和张守节却并不完全认同这一说法，《史记》卷八《高祖本纪第八》“父曰太公，母曰刘媪”注云：

【索隐】皇甫谧云：“名执嘉。”王符云：“太上皇名煓。”与湍同音。

【正义】《春秋握成图》云：“刘媪梦赤鸟如龙，戏己，生执嘉。”[②]

颜师古作为批评对象“皇甫谧等……强为高祖父母名字”的司马贞和张守节却将其内容完整补出，不顾及颜师古的态度，甚至将其作为线索，反其道而行之。王先谦云：“颜说是。皇甫谧等说，沈约采入《宋书·符瑞志》，司马贞、张守节并引以注《史记》，今不复取。”[③]也不甚赞同司马贞、张守节之说。

《史记》“母曰刘媪”注又云：

【集解】文颖曰：“幽州及汉中皆谓老妪为媪。”孟康曰：“长老尊称也。左师谓太后曰‘媪爱燕后贤长安君’。《礼乐志》‘地神曰媪’。媪，母别名也，音乌老反。”

【索隐】韦昭云：“媪，妇人长老之称。”皇甫谧云：“媪盖姓王氏。”又据《春秋握成图》以为执嘉妻含始，游洛池，生刘季。《诗含神雾》亦云。姓字皆非正史所出，盖无可取。今近有人云“母温氏”。贞时打得班固泗水亭长古石碑文，其字分明作“温”字，云“母温氏”。贞与

① 班固：《汉书》卷一《高帝纪第一上》，中华书局1962年版，第1—2页。

② 司马迁：《史记》卷八《高祖本纪第八》，中华书局1959年版，第342页。

③ 王先谦：《汉书补注》卷一《高帝纪第一上》，上海古籍出版社2008年版，第3页。

贯膺复、徐彦伯、魏奉古等执对反覆，沈叹古人未闻，聊记异见，于何取实也？孟康注“地神曰媪”者，《礼乐志》云“后土富媪”，张晏曰“坤为母，故称媪”是也。

【正义】《帝王世纪》云：“汉昭灵后含始游洛池，有宝鸡衔赤珠出炫日，后吞之，生高祖。”《诗含神雾》亦云。含始即昭灵后也。《陈留风俗传》云：“沛公起兵野战，丧皇妣于黄乡，天下平定，使使者以梓宫招幽魂，于是丹蛇在水自洒，跃入梓宫，其浴处有遗发，谥曰昭灵夫人。”《汉仪注》云：“高帝母起兵时死小黄城，后于小黄立陵庙。”《括地志》云：“小黄故城在汴州陈留县东北三十三里。”颜师古云：“皇甫谧等妄引谶记，好奇骋博，强为高祖父母名字，皆非正史所说，盖无取焉。宁有刘媪本姓实存，史迁肯不详载？即理而言，断可知矣。”①

《集解》中文颖之文与《汉书注》全同，知颜师古照录《集解》。孟康之文《集解》所录更完整，颜师古仅录最后一句“媪，母别名，音乌老反”。由《索隐》第一句“韦昭云：‘媪，妇人长老之称’”知颜师古注第一句“媪，女老称也”当由此出。自此以后，《索隐》《正义》广引谶纬异书以解“媪”字，《索隐》引有皇甫谧、《春秋握成图》、《诗含神雾》，司马贞还说自己打得当初班固所撰泗水亭长古石碑文作“温”。《正义》引有《帝王世纪》《诗含神雾》《陈留风俗传》《汉仪注》《括地志》等。颇值品味的是，《正义》在广引上述文献之后，又将颜师古“皇甫谧等妄引谶记，好奇骋博，强为高祖父母名字，皆非正史所说，盖无取焉。宁有刘媪本姓实存，史迁肯不详载？即理而言，断可知矣”一段文字置于文末，未知究竟是以谶记为准，还是以颜师古为准。

后文“太公往视，则见蛟龙于其上”《索隐》又注云：

《诗含神雾》云：“赤龙感女媪，刘季兴。”②

此文颜师古不注，但司马贞仍乐此不疲地征引《诗纬》以解之。沈钦韩云：

---

① 司马迁：《史记》卷八《高祖本纪第八》，中华书局 1959 年版，第 342 页。

② 司马迁：《史记》卷八《高祖本纪第八》，中华书局 1959 年版，第 342 页。

“谶纬之书，大抵妖妄，而后人公然以污简牍。……若高祖先未有身，而为怪物所凭以污族姓，岂帝王应运之本乎？”[①]对司马贞之说提出严厉批评。

由上可见，颜师古反对谶纬的态度十分明确，但《史记索隐》《正义》却反其道而行之，广征谶纬。事实上，就《诗纬》而言，《汉书注》未曾征引一则，但《史记索隐》《正义》征引却达十数条之多。由此大约可以看出，初唐与盛唐对待谶纬的态度有很大不同，初唐以废为主，盛唐以存为主。

二、《汉书注》重训诂义理

颜师古不言谶纬，但非常重视字词训诂及文义疏通，田中和夫指出：“颜师古在解释《汉书》所引《诗经》诗句时，遇到悬而未决的问题，以《汉书》文理为紧要，并十分注意《汉书》中对《诗经》诗句的理解，根据它进行注释。”[②]相对而言，《史记索隐》《正义》在这一方面的特点却并不突出。

《汉书》卷一上《高帝纪第一上》“使韩信等得辑河北赵地”句《史记》中也有，三家注均不注，但颜师古注云：

> “辑”与“集”同，谓和合也。《诗序》曰“劳来还定安集之”。《春秋左氏传》曰“群臣辑睦”。[③]

所引《诗序》为《小雅·鸿雁序》[④]，《鸿雁》为美宣王之诗，当时万民离散，不安其居，而宣王能使百姓返回家园，重新集聚并安居下来。《孔疏》认为安集为安慰而集聚[⑤]，颜师古训“集”为和合，与《诗》义相同。

《汉书》卷六十二《司马迁传第三十二》“宣周召之风”句《史记》亦有，三

---

① 王先谦：《汉书补注》卷一《高帝纪第一上》，上海古籍出版社2008年版，第3页。

②［日］田中和夫：《汉唐诗经学研究》第七章“《汉书》颜师古注关于《诗经》的解释（下）”，凤凰出版社2013年版，第121页。

③ 班固：《汉书》卷一《高帝纪第一上》，中华书局1962年版，第41页。

④ 毛亨传，郑玄笺：《毛诗》，中华书局2018年版，第245页。

⑤ 孔颖达：《毛诗正义》，北京大学出版社2000年版，第772页。

家注不注，但颜师古曰："召读曰邵。"[①]知《史记》三家注不如《汉书》颜注重视音读问题。

《汉书》卷六十五《东方朔传第三十五》"虽然，安可以不务修身乎哉！《诗》云：'鼓钟于宫，声闻于外。''鹤鸣于九皋，声闻于天。'"颜师古注"鼓钟于宫，声闻于外"云：

> 《小雅·白华》之诗也。言苟有于中，必形于外也。[②]

此诗《史记·东方朔传》中也有，但三家注均不注。《毛传》云："有诸宫中，必形见于外。"[③]知颜师古从《毛传》之说，仅改数字，但改后之意似不如《毛传》明晰。

颜师古又注"鹤鸣于九皋，声闻于天"云：

> 《小雅·鹤鸣》之诗也。言处卑而声彻其高远。[④]

此诗《史记》三家注同样不注。《郑笺》云："天高远也。"[⑤]知颜师古亦据此而释，意更清晰。

同卷又云"放戮圣贤，亲近谗夫。诗不云乎：'谗人罔极，交乱四国。'"颜师古注云：

> 《小雅·青蝇》之诗也。解在《戾太子传》。[⑥]

《戾太子传》在《汉书》卷六十三《武五子传第三十三》中，颜师古注此诗云："若谗言无极，则四国亦以交乱，宜深察也。"[⑦]此诗《毛传》《郑笺》不释，

---

① 班固：《汉书》卷六十二《司马迁传第三十二》，中华书局 1962 年版，第 2716 页。

② 班固：《汉书》卷六十五《东方朔传第三十五》，中华书局 1962 年版，第 2866 页。

③ 毛亨传，郑玄笺：《毛诗》，中华书局 2018 年版，第 345 页。

④ 班固：《汉书》卷六十五《东方朔传第三十五》，中华书局 1962 年版，第 2866 页。

⑤ 毛亨传，郑玄笺：《毛诗》，中华书局 2018 年版，第 249 页。

⑥ 班固：《汉书》卷六十五《东方朔传第三十五》，中华书局 1962 年版，第 2870 页。

⑦ 班固：《汉书》卷六十三《武五子传第三十三》，中华书局 1962 年版，第 2746 页。

《正义》虽有所涉及，但言语含糊，《史记》三家注亦不注，由此知颜师古此释虽也仅是简单的直译，但他传达了对诗义理解的坚定信念，很是可贵。

《汉书》卷九十四下《匈奴传第六十四下》“《诗》称‘戎狄是膺。’”颜师古注曰：

> 《鲁颂·閟宫》之诗，美僖公兴师与齐桓讨难。膺，当也。①

此诗《史记》三家注不注，颜师古不仅指出其具体出处，并有训诂与义理阐释。“膺，当也”《毛传》文，“美僖公兴师与齐桓讨难”与《郑笺》义近，知颜师古乃从前人成说。

由上知，颜师古对于《汉书》引《诗》部分的训诂和义理分析，大多据《毛传》《郑笺》之义，这部分内容《史记索隐》《正义》全部弃而不用。因此可以很清楚地看出，颜师古是在不引谶纬等怪力乱神思想的指导下，以正经正史为核心进行征引，但《史记索隐》《正义》则认为这是陈陈相因，没有新意，故多弃而不用。

三、《史记》三家注与《汉书注》互有借鉴

《史记》三家注与《汉书注》互有借鉴指的是《汉书》颜师古注有借鉴《史记集解》之处，《史记索隐》《正义》也有借鉴《汉书》颜师古注之处。通过他们之间的相互借鉴关系，大致可以看出《史记》《汉书》注释从裴骃到颜师古再到司马贞和张守节之间的传承变化情况。

首先，《汉书》颜师古注借鉴《史记集解》。《史记》卷一一七《司马相如列传》“相如时从车骑，雍容闲雅，甚都”集解云：

> 韦昭曰：“閒，读曰‘閑’，甚得都邑之容也。”郭璞曰：“都犹姣也。《诗》曰‘恂美且都’。”②

---

① 班固：《汉书》卷九十四下《匈奴传第六十四下》，中华书局1962年版，第3830页。

② 司马迁：《史记》卷一一七《司马相如列传》，中华书局1959年版，第3001页。

此文《汉书》卷五十七上《司马相如传第二十七上》注云：

师古曰："閒读曰閑。"①

张揖曰："甚得都士之节也。"韦昭曰："都邑之容也。"师古曰："都，闲美之称也。张说近之。《诗·郑风·有女同车》之篇曰'洵美且都'，《山有扶苏》之篇又云'不见子都'，则知'都'者，美也。韦言都邑，失之远矣。"②

"闲雅"一词的音读，颜师古借用了《史记集解》所引韦昭注。"都"字的释义，颜师古很明显也借用了《史记集解》所引郭璞注，但又有所引申，引申之处有四：一是明确指出张辑之说更近文意；二是在郭璞引《有女同车》的基础上再增《山有扶苏》一则；三是明确训"都"为"美"；四是直言批评韦昭注失之远矣。有继承有发展的注疏特点于此尽显。

《史记》卷一百十《匈奴列传》"中国疾之，故诗人歌之曰：'薄伐猃狁，至于太原。'"《集解》云：

《毛诗传》曰："言逐出之而已。"③

此文《汉书》卷九十四上《匈奴传上》"至懿王曾孙宣王，兴师命将以征伐之，诗人美大其功曰：'薄伐猃狁，至于太原。'"颜师古注曰：

《小雅·六月》之诗也。薄伐，言逐出也。④

《集解》引《毛传》，颜师古亦引《毛传》，尽管颜师古完全可以翻阅《毛诗》查出此注，但根据注疏体例，此则注释极有可能是从《集解》而出，非阅《毛诗》而得。

---

① 班固：《汉书》卷五十七上《司马相如传第二十七上》，中华书局 1962 年版，第 2531 页。

② 班固：《汉书》卷五十七上《司马相如传第二十七上》，中华书局 1962 年版，第 2531—2532 页。

③ 司马迁：《史记》卷一百十《匈奴列传》，中华书局 1959 年版，第 2882 页。

④ 班固：《汉书》卷九十四上《匈奴传上》，中华书局 1962 年版，第 3745 页。

其次，《史记索隐》《正义》借鉴《汉书》颜师古注。《汉书》卷六十二《司马迁传第三十二》“是岁，天子始建汉家之封，而太史公留滞周南”，颜师古不注，而仅存如淳、张晏二古注：

如淳曰：“周南，洛阳也。”张晏曰：“洛阳而谓周南者，自陕以东皆周南之地也。”①

此文《史记》卷一百三十《太史公自序》亦有，其注为：

【集解】徐广曰：“挚虞曰古之周南，今之洛阳。”

【索隐】张晏云：“自陕已东，皆周南之地也。”②

颜师古没有引用《史记集解》中徐广所引的挚虞之文，但《史记索隐》却明确借用了《汉书注》中的张晏之言，似是在申说司马迁留滞之周南并非确指洛阳，而是自陕以东的某个地方。

《史记》卷一百十《匈奴列传》“中国疾之，故诗人歌之曰：……‘出舆彭彭，城彼朔方。’”注：

【集解】《毛诗传》曰：“彭彭，四马貌。朔方，北方。”

【正义】猃狁既去，北方安静，乃筑城守之。③

此诗《汉书》卷九十四上《匈奴传上》亦有征引，颜师古注曰：

《小雅·出车》之诗也。彭彭，盛也。朔方，北方也。言猃允既去，北方安静，乃筑城以守。④

颜师古训“彭彭”为“盛”，显然与《史记集解》所引《毛传》不同，而训“朔方”为“北方”则又与之全同。知颜师古在《集解》的基本上有同有异。颜

① 班固：《汉书》卷六十二《司马迁传第三十二》，中华书局1962年版，第2716页。

② 司马迁：《史记》卷一百三十《太史公自序》，中华书局1959年版，第3295页。

③ 司马迁：《史记》卷一百十《匈奴列传》，中华书局1959年版，第2882页。

④ 班固：《汉书》卷九十四上《匈奴传上》，中华书局1962年版，第3745页。

师古疏解《诗》义的文字，《史记正义》几乎全部照录，仅改变几个字而已。

最后，《史记索隐》《正义》与《汉书》颜师古注不同。《汉书》卷六十二《司马迁传第三十二》“夫《诗》《书》隐约者”颜师古曰：

> 隐，忧也。约，屈也。①

此文《史记》卷一百三十《太史公自序》亦有，其注为：

> 【索隐】案：谓其意隐微而言约也。
>
> 【正义】《诗》《书》隐微而约省者，迁深惟欲依其隐约而成其志意也。②

“《诗》《书》隐约”意即《诗》《书》中部分内容文字简略、含义隐晦，但它们都是作者在表达心志。“隐”有微言大义的含义，故颜师古训其为“忧”，可通。但“约”显然是简约，盖指文字，颜师古训为“屈”，似过于深奥，故《索隐》《正义》不采此说，而训为“言约”“约省”。“隐”字《索隐》《正义》事实上也不采用颜注，而是退一步训之为“隐微”。由此知，当颜师古注过于深奥难解时，《史记索隐》《正义》也会反其道而行之，用较为浅显的话语将文意注解清楚。

通过对《汉书注》与《史记注》同篇引《诗》情况的考察，可以发现，《汉书注》恪守儒家不语怪力乱神思想，不仅不引而且明确反对用谶纬注解史书，因此，《汉书注》十分重视训诂和义理的正统阐释，其行文中对《史记集解》有一定参考和改进。相对而言，《史记索隐》《正义》乐意以谶纬注《史记》，不大重视训诂，也往往不作义理的直白阐释，其有直接转用《汉书注》者，当然也有纠正《汉书注》的地方。整体而言，从《史记集解》到《汉书注》再到《史记索隐》《正义》，诸家恪守各自义例的同时，后者对前者往往有所借用和改进，这大约就是中国学术发展演变的真实写照。

（赵棚鸽，洛阳理工学院人文与社会科学学院副教授。）

---

① 班固：《汉书》卷六十二《司马迁传第三十二》，中华书局 1962 年版，第 2722 页。

② 司马迁：《史记》卷一百三十《太史公自序》，中华书局 1959 年版，第 3300 页。

论《班马异同评》对《百大家评注〈史记〉》的影响

王晓鹃

众所周知，在《汉书》中，有四篇纪、六篇表、三篇书和四十篇传是在《史记》的基础上改写而成。南宋学者倪思通过比较《史记》与《汉书》对应篇目，考核异同，编纂出《班马异同》。在此基础上，刘辰翁又加以评点，辨别优劣。后人将倪思《班马异同》与刘辰翁评语合刻在一起，便称《班马异同评》。《百大家评注〈史记〉》由明代朱之蕃和汤宾尹二人编辑校正而成，汇集了历史上84位大家学者对《史记》的相关评论，内容宏博，引论丰富。在细读文本的过程中，发现《百大家评注〈史记〉》中所收50余位大家学者的近百条评语，实际上来自《班马异同评》。

首先，《百大家评注〈史记〉》所载评语与《班马异同评》完全相同。这类评语，涉及人物事件、典章制度、习俗风土、句意文法等内容，有二十余条。如少宰学士许国评价项羽击杀宋义以及破釜沉舟等事件时说："梁死立羽，复夺其权他属，然杀上将军，得上将军军中耳目，固自不同。以此沉舟誓众，非无本末者，后人效为之，非也。"指出项羽破釜沉舟实属无奈之举，并劝解后人不要盲目效仿。再如，在《张耳陈余列传》中，有养卒谢舍中、李良杀赵王姊、袭邯郸和走归章邯等系列事件，文穆公胡广认为充满戏剧性："传常患无奇，此'养卒'甚奇。又道逢赵王姊，又出秦间，复何叠叠也。"这几件事环环相扣，结果出人意料，确实体现出太史公"好奇"的文学创作风格。在《淮阴侯列传》中，辩才无双的谋士蒯通采用张耳与陈余、文种和勾践之事陈说利害，劝说韩信认清形势，三分天下，宗伯王世贞评道："逼似《国策》。"王世贞准确地指出蒯通的说辞颇有战国纵横家的智谋、虚实和妙辞的特色，实为公允。《汲郑列传》中，太史公一开篇就叙述了汲黯"使越"和"矫制"两件不同寻常的事情，文懿公尚书章懋评道："看他写汲黯，自初使越时别，至矫制又别。其平生如此，故所至为朝廷重。"章懋连用"别""又别"两词，既是本传的文眼，又鲜明地勾画出汲黯特立独行的个性，为刻画其形象奠定了基础。《酷吏列传》中，状元修撰罗伦评道："因黯故，生安。因安故，又及叚宏，可谓辗转甚不切者。及言卫人，然后一时出处有可叹者。又与传第一语，'有宠于古之卫君'者相发云。"罗伦指出，因为汲黯，其表弟司马安和濮阳叚宏都官至九卿，三人之间的关系与各自人生的起伏环环相扣，而卫人"严惮"汲黯一事又与传首"有宠"语遥相呼应，体现出太史公高超的人物描写艺术和谋篇布局能力。当然，尽管许国、胡广、王世贞、章懋和罗伦的评语都很"精彩"，但事实却让我们意外，因为这些评语都来自于刘辰翁！

其次，《百大家评注〈史记〉》化用了《班马异同评》，多达七十余处。整体而言，有三种形式：一是节取了刘辰翁评语的主体部分。如在对酷吏赵禹进行描述时，王世贞选取了刘辰翁"'见文法辄取'，最见老吏情状，写得面目具"的前一句，把赵禹看见法律条文就采用的"老吏"形象刻画得惟妙惟肖。再如，状元侍读孙继皋评价郦食其说："此数言益见郦生，疏落不检，有志亘成，轻死生，外身世之意。《汉书》去之，遂觉索然以终。"孙继皋删除了刘辰翁评语中郦食其回绝齐王田广的话语，采纳了刘氏的主要论断，在《史记》与《汉书》文字的对比中刻画出郦生视死如归的形象。再如，在评价张良"得力士""椎杀秦始皇"与"圯上老父"等事件时，国史修撰高岱说："从沧海君，得力士，已怪！百二十斤椎举于旷野之外，而正中副车，虽架砲不如也。大索甚急，良非独自免，并隐力士，此大怪事！卒归圯上，老父又极从容，此皆不可意测，不可语解。"这一评语，也是省略了刘辰翁对"履我""业""随目之""曰""黄石"等字词的注释，只节用了刘氏对此事和张良传的直观感受"奇"与"怪"，体现出刘辰翁"尚奇"的评点倾向。二是对刘辰翁评语进行了扩充。如针对司马相如之赞语，翰林学士全天叙评道："'扬雄以为'至'不已亏乎'，系《汉书》赞语，后人混入于此。"又评："按杨雄后于子长，其为班氏所增无疑。"全天叙指出杨雄等 28 字，是后人误将《汉书》赞语混入《史记》，并犀利地指出卒后的太史公是无论如何也不可能评价杨雄的，否则，就与史实相悖。这无疑是对刘辰翁"'杨雄'字以下，班氏之词也"的引申和肯定。再如，针对淮南王刘安叛乱一事，天官学士徐显卿评道："淮南不轨之谋，实由蚡有一启之，小人之能祸人国如此。"一针见血地指出武安侯田蚡实际上是淮南王谋反的始作俑者，而明眼人都能看出此条评语来自刘辰翁"淮南逆节，萌于田蚡"一语。三是保留了刘辰翁评语的主要观点。如针对韩嫣之死，翰林学士全天叙评道："法有所不容曲，故以天子之私昵，而不能庇一韩嫣也。"仅从"私昵""庇"等字词，也不难看出全天叙对刘辰翁"江都语怒甚，武帝以宠杀嫣"这一观点的认同和对韩嫣之死的某种同情。

除上述几位外，《百大家评注〈史记〉》中的宋濂、王鏊、冯梦桢、苏濬、沈一贯、董份、唐文献、郭正域、陈于陛、邹德溥、温托斋、方孝孺、萧云举、赵用贤、瞿景淳、丘濬、王锡爵、严嵩、朱之蕃、杨守陈、瞿景淳、蔡昂、方从哲、黄志清、申时行、沈懋学、黄洪宪、冯梦桢、李大武、黄洪宪、汤宾尹、徐显卿、李贤、陆可教、朱国祚、李廷机、翁正春、张位、陆灿、王直等明代知名文人，都曾直接引用或化用《班马异同评》，少则一条，多则三四条。遗憾的是，编者朱之蕃却疏于辨析，误将这些评语置于他人名下，而校正者汤宾尹也未能订正，以致以讹传讹。

令人意外的是，朱之蕃居然有两条评语与刘辰翁相似，第一条见于《魏其武安侯列传》，朱之蕃评曰："婴不顾窦太后，引谊别微，真忠臣也。"此条与刘辰翁完全一致。第二条见于《佞幸列传》，朱之蕃评云："文帝做一露台惜百金，而赏赐通不惜十钜万，亦异也。"刘辰翁原评为："文帝，恭俭主也，露台至惜百金，曰'中人之产'，曰'为天下守财'，独赐通累数十钜万，又予铜山为私铸，何嗜好之至此也？当时功臣名将，未闻有数劝赏眷顾万一者。"仔细揣摩，不难看出第二条的主要观点也源自刘辰翁。

更意外的是，《史记评林》中，凌约言、李应祯、杨循吉、陈沂、杨慎、王韦、马汝骥、张之象、闵如霖、唐顺之、王慎中、茅瓒、茅坤、王维桢、余有丁、程一枝、李廷机、尤瑛、陈仁锡、凌稚隆等明代其他著名文人，也曾多次使用刘辰翁评语。尤其是杨慎，引用刘辰翁评语更是多达 34 条！由此可见，终明一代，文人在评点《史记》时引用刘辰翁评语已是普遍现象。

笔者认为，其中的原因大致有五个：一是明代复古思潮的流行。《明史·文苑传序》说："李梦阳、何景明倡言复古，文自西京，诗自中唐而下，一切吐弃，操觚谈艺之士翕然宗之。明之诗文，于斯一变。”在此思潮的影响下，明人表现出对前代经典的极度尊崇，《史记》和《汉书》便成为明人作文的榜样，而《班马异同评》也成了辅助读物。二是在明代商品经济的发展、科举考试和印刷术的进步等多种社会因素的综合影响下，《史记》得以迅速传播，为文人阅读创造了条件，也为《班马异同评》的流传奠定了基础。三是与明代评点之风的兴起有关。明代中后期，评点之风盛行，如何孟春、董份、王鏊、凌约言、王维桢、杨慎、唐顺之、归有光、茅坤、王慎中、钟惺、金圣叹等人都曾有评抄《史记》的著作，并以此宣扬自己的文学主张，也在客观上促进了《班马异同评》的进一步流传。四是与刘辰翁在评点史上的重要地位有关。刘辰翁是宋元之际一位著名的文学家和评论家，曾对《大戴礼记》《越绝书》《老子道德经》《荀子》《庄子》《世说新语》《班马异同》等史书和对杜甫、王维、李贺、韦应物、孟浩然等人的诗歌做过评点，并在后世产生了较大影响，明人视其为旗帜，自可理解。第五，最关键的，可能还是杨士奇所说“观其评论批点，臻极精妙”，即刘辰翁评语准确、精妙，韵味无穷，以至于后人辗转引用，爱不释手。

（王晓鹃，陕西省司马迁研究会秘书长，陕西师范大学文学院教授、博士生导师。）

《史记》善本流传研究窥探

秦忠明

中国古代伟大的史学家、文学家、思想家司马迁以坚毅不屈的精神，用心血凝结而成的《史记》，为我们留下了一部承载华夏文明的皇皇巨著。《史记》“究天人之际，通古今之变”，不仅是“厥协六经异传，整齐百家杂语”的百科全书，也是“上明三王之道，下辨人事之纪”的治国大典。《史记》把华夏三千年历史梳理得允当分明、清晰可辨，使人们对历史的发展变化得以“原始察终”，其已成为修身齐家治国平天下之殷鉴。

一、《史记》古籍善本流传梳理

司马迁在世时，未能将《史记》公之于世，而是“藏之名山，副在京师”。到汉宣帝时，其外孙杨恽上书，使这部伟大史学巨著得以面世、逐步流传。宋代以前《史记》系抄本，现存有六朝抄本、敦煌抄本和唐抄本。随着木刻印刷术的普遍使用，《史记》得以广泛流传。

《史记》面世后，自东汉始就有人为之作注，今传世的《史记》注本有刘宋裴骃的《史记集解》、唐司马贞的《史记索隐》、唐张守节的《史记正义》，其被称为《史记》三家注。

《史记》最早的刻本是北宋《史记集解》单刻本。今存有十行本、十四行本、十二行本、九行本。

十行本。北宋太宗淳化五年（994）刊刻，半页10行，每行19字。北宋仁宗景祐二年（1035）国子监据淳化旧本重刊，流传至今。

十四行本。北宋真宗景德年间（1004—1007）刊刻，半页14行，每行24至

27 字不等。北宋仁宗嘉祐六年（1061）复刻。

十二行本。南宋高宗绍兴十年（1140）邵武朱中奉刊刻，每半页 12 行，每行 22 字。此系《史记》第一部私刻本。

九行本。南宋高宗绍兴年间（1131—1162）淮南路转运司刊刻，半页 9 行，每行 16 字。

以上《集解》单刻本中国国家图书馆有藏。

《史记索隐》单刻本，传世仅有明思宗崇祯十四年（1641）毛晋刻本。国内各大图书馆有藏。

《史记集解索隐》二家注合刻本，计四种。一为南宋孝宗乾道七年（1171）建安蔡梦弼刊本；一为南宋孝宗淳熙三年（1176）张杅刊本；一为南宋淳熙八年（1181）澄江耿秉刊本；一为蒙古中统二年（1261）平阳道段子成刊本。以上二家注合刻本中国国家图书馆有藏。

自北宋始，有《史记集解索隐正义》三家注合刊。现存所知最早的版本为南宋光宗绍熙年间（1190—1194）建安黄善夫刊刻本，仅有两部存世。一为日本国立历史民俗博物馆所存藏一百三十卷本；一为中国国家图书馆所存藏六十九卷本。

备受学界青睐的还有元·彭寅翁刻本，明·廖铠刻本、嘉靖三刻本、南北监刻本和《史记评林》，清·康熙刻本、乾隆刻本、金陵书局刻本等。

彭寅翁刻本。元世祖至元二十五年（1288）安福彭寅翁据黄善夫本刊刻。中国国家图书馆有藏。

廖铠刻本。明武宗正德十二年（1517）廖铠据黄善夫本翻刻，此系明代刊刻的第一部《史记》三家注本。今存世二部：中国国家图书馆藏一部；中国台湾中央图书馆藏一部。

嘉靖三刻本。首刻为嘉靖四年至六年（1525—1527）金台汪谅据黄善夫本刊刻，次刻为嘉靖四年至六年（1525—1527）震泽王延喆覆刻，三刻为嘉靖十三年（1534）明王室朱维焯据黄善夫本刊刻。以上三本，国内各大图书馆有藏。

明南北监本刻《二十一史》本，明南京国子监、北京国子监均刊刻《史记》三家注本，世称南监本、北监本。

南监本有三种：一为明嘉靖九年（1530）南京国子监祭酒张邦奇主持刊刻，此本以元成宗大德九年（1305）所刊《史记集解索隐》二家注本为底本，合入

《正义》注文而成；二为明万历三年（1575）南京国子监祭酒余有丁主持的刊刻，此本以嘉靖九年本为底本，但校勘不精，且对三家注文多有删削；三为明万历二十四年（1596）南京国子监祭酒冯梦祯主持刊刻，此本以嘉靖九年本为底本，恢复了被余有丁删削的三家注文。以上三本，国内各大图书馆有藏。

北监本为明万历二十六年（1598）北京国子监祭酒刘应秋主持刊刻本。此本底本是明嘉靖九年（1530）南京国子监祭酒张邦奇主持刊刻本。国内各大图书馆有藏。

明万历《史记评林》刻本，凌稚隆著，李光缙增补。集《史记集解索隐正义》合刻本，万历丙子五年（1577）由凌氏家族刻刊。《史记评林》收录一百多位学者的研究成果，堪称明代前文人评《史记》集大成。是继《三家注》之后最完整且权威的版本，也是明代最有代表性的《史记》版本之一。《史记评林》传到日本后，日本学界以明万历六年刊本为底本所复刻《史记评林》有五种版本之多。《史记评林》古善本较稀缺，国内尚未发现品相完好的版本。

清康熙《重修二十一史》刻本。此本底本系明万历二十四年（1596）南京国子监祭酒冯梦祯主持刊刻的南监本。清顺治年间毛氏汲古阁刻刊《十七史》复刻。据《四库全书总目提要》称，这是明末刻本中的精华，明末清初天下最通行的版本。康熙四十年（1701）以毛氏刊刻《十七史》本为底本重刻。《史记》二十一史本极为稀缺珍贵。笔者尚未发现国内有存藏信息。

清乾隆《二十四史》刻本。乾隆四年（1739）据明万历二十六年（1598）北京国子监祭酒刘应秋主持刊刻的北监本为底本刊刻，是清代官刻《二十四史》之一，故又称之为“殿本”。此本校勘精湛，有开创之功。原刻本已不多见，国内各大图书馆藏有此本的翻刻本、影印本。

清金陵书局《史记》刻本。清同治五年至九年（1866—1870）金陵书局请张文虎主持刊刻，故又称“局本”。此本《史记》正文以明毛晋所刊《史记集解》本为底本，参考钱泰吉等人的校本及众多古刻本、时本，吸收《史记》研究的新成果，考证异同，择善而从，是清代后期比较好的刊本。国内各大图书馆有藏。

二、韩城馆藏《史记》古籍善本撷影

司马迁是陕西韩城市人，韩城人世代奉司马迁为神灵，视《史记》为至宝，读《史记》为嗜好。早在魏晋南北朝时期，韩城先祖就为司马迁树碑立垣、创修祠庙，并构筑精庐、讲述《史记》。韩城人珍爱《史记》，世代延续。20世纪末，司马迁后裔同永灵先生将祖传明版《史记》捐献给司马迁学会。21世纪始，司马迁史记博物馆应运而生，致力于《史记》文化的收藏、研究、展示、利用，馆藏《史记》文献史料颇丰，其中《史记》古籍善本有三级文物三部，一般文物五部。

1. 明万历《史记评林》和刻本三部。清・康熙十二年（1673），日本延宝年间宽文壬子八尾甚四郎友春翻刻《史记评林》25 册/部。清・同治八年（1869）日本明治年间鹤牧修来馆刊刻《增订史记评林》25 册/部。清・光绪五年（1879）日本明治年间奥田遵校正大阪八尾刊刻《校字史记评林》50 册/部。均系原刻本，品相完好。这在国内收藏界是绝无仅有的。

2. 清康熙《重修二十一史》刻本一部，20 册/4 函。系原刻本，品相完好，极为珍贵稀缺。国内尚无品相完好的藏本信息。

3. 清金陵书局《史记》原刻本一部，20 册/4 函。系原刻本，品相完好。

4. 清人梁玉绳撰《史记志疑》家塾刻本一部，12 册/2 函。乾隆五十二年（1787）刊刻，系原刻本，品相完好。

5.《史记觿》一部，5 册。（日）浪華合書房梓，1756 年刊刻。此书补《史记三家注》不足，注释简明，被《史记》学术研究界称为是很好的参考书。本馆所藏为原刻本，品相完好。

6.《标注史记读本》一部，21 册，（日）广济堂藏版，1882 年刊刻。此系为日本官家子弟阅读《史记》而刊刻，配有两周及秦汉地理图，弥为珍贵。本馆所藏为原刻本，品相完好。

此外，本馆还藏有《史记》南宋黄善夫刊本三部。一为日本国立馆藏《史记》黄善夫本复原本（古线装）48 册/6 函；二为日本汲古书院影像《史记》黄善夫本 8 册/部；三为台湾商务印书馆影印《史记评林》2 册/部。这三部版本系统记载黄善夫刊本繁衍的历史轨迹，相得益彰，便于学术研究与利用。

还有，台湾艺文印书馆据清乾隆四年（1739 年）以明万历二十六年北监本为底本刻刊的《史记》武英殿本影印本 2 册/部，台湾商务印书馆据明万历《史记评林》影印本 2 册/部。

还有电子书13部。包括《四库全书》《史记全书》《史记考证》《史记疏证》《史记探源》和《史记集解》《史记正义》《史记集解正义》合刊及《史记评林》《说苑》等。国内外当代研究专著数百部，当代书法绘画数百幅，等等。

三、馆藏《史记》文献拓展利用

韩城司马迁史记博物馆，是有关司马迁与《史记》的主题性博物馆，发挥利用好这一宝贵资源，应继续做好以下几项工作：

一是继续做好古籍善本收藏的同时，着力于司马迁与《史记》科研论文、学术期刊、专著图书的征集收藏。同时，要把表述记录《史记》传承过程繁衍诞生的具有价值的文字资料，要把中国史记研究会、陕西司马迁研究会，韩城司马迁学会和国内外高等学府有关《史记》学术研究成果文字资料作为征集工作的重心。

二是更新门户网站，设立司马迁与《史记》研究专栏，搭建学术平台，及时刊出学术论文与研究成果，为专家学者和社会层面提供最新研究动态。开设“司马迁与史记”微信公众号，链接国内外专家团队和社会层面，适时发布研究成果的推广与应用信息，让科研之花开得更加靓丽。

三是拓宽史记博物馆馆藏资源研究与利用工作视野，加强与国内外高等学府的沟通与交流，依托陕西师大文学院、渭南师院人文学院等省内学院，创办高校教学实践基地。同时，密切与司马迁祠景区和司马后裔聚居的徐村、高门、华池共识共动，为学界莅韩提供宽阔的文化服务。

（秦忠明，陕西司马迁史记博物馆馆长。）

《史记》思想文化研究

本文在系统展现《史记》文本对叔向记载的阙如与先秦两汉关于叔向文本记载的富侈这一『隐』与『显』的矛盾的基础上，详细考论了孔子对四君子的评价问题，并对于其中涉及的相应的材料来源与内容、材料类型、内容考证三方面予以了全面的揭示。

四君子中叔向的"显"与"隐"：论孔子评价的影响和司马迁的人物书写[①]

王　晨

引　言

《后汉书·赵岐传》载："（赵岐）年九十余，建安六年卒。先自为寿藏，图季札、子产、晏婴、叔向四像居宾位，又自画其像居主位，皆为赞颂。敕其子曰：'我死之日，墓中聚沙为床，布簟白衣，散发其上，覆以单被，即日便下，下讫便掩。'"[②]春秋与三国均属乱世，赵岐对春秋四君子[③]的推崇正体现了身逢东汉、三国之世的士大夫对于同属乱世中的春秋贤大夫立身行世的仰慕之情。值得注意的是，这四君子在《左传》《国语》等先秦文献中都有着浓墨重彩的记载，分量不可谓不重。然而，延至《史记》，司马迁对四君子中其他三位的史料采辑都可言详备，并或单独为之作传使之成为传主[④]，或附载于《世家》之下以示尊

① 本文曾在清华大学历史系论文报告会报告，收到两位匿名评审的批评意见并作出相应的修改，谨致谢忱。

② 范晔撰，李贤等注：《后汉书》，中华书局2012年版，第2124页。

③ "春秋四君子"这一将四人并称的说法虽然始见于东汉，但四位历史人物的整体风貌是一致的，把他们作为一个整体放在《史记》书写的视域下予以内部比较和观照也就具有了文本操作上的可行性。

④《史记》将晏婴放在《管晏列传第二》中使之成为并列的传主。从等级上看，晏婴是高于其他三者的，笔墨分量自然最为出众，这从第三节四者文献记载的数量的对比来看即可一目即知。而其余三者文献记载上的差异，虽有"以事带人"的影响，但司马迁在人物书写过程中的主观别择的行为及缘由亦值得深入挖掘。

崇之义。唯独对叔向的史料采裁与其他三者宛若云泥，只有寥寥数笔。叔向的重要地位与其异彩纷呈的史料在《史记》一书中却得不到应有的彰显，此即四君子中叔向的“显”与“隐”。这不能不引发读者对司马迁裁剪人物史料和人物书写方面的种种困惑，在历史地位与史料储备都值得大书特书的前提下，究竟是什么影响到了司马迁剪裁史料和人物书写呢？这是笔者希望探讨的问题，不足之处，祈请方家指教。

一、文献阙如的“隐”者——从《史记》对叔向的记述谈起

晋平公十九年（前 539），齐景公派遣晏婴出使晋国，四君子中的晏婴与叔向的会面是《史记》第一次正式记述叔向的笔墨。此时晋国的国政出于三家（赵文子、韩宣子、魏献子）之私门，公室衰微。在这一段记述之前，是四君子中的季札以外来者的身份预言三家覆灭晋国之祸，转至叔向，则是以巢内者的身份对晏婴申明晋国内乱之预言。两国邦交，叔向晏婴互通国情，正见两位政治家惺惺相惜之意。《晋世家第九》载：

十九年，齐使晏婴如晋，与叔向语。叔向曰：“晋，季世也。公厚赋为台池而不恤政，政在私门，其可久乎！”晏子然之。①

此后，《晋世家第九》中记述有叔向相关者，除了与其他《世家》互见的两则，就仅仅只有晋国之宗家祁傒孙，他作为叔向的儿子不见容于晋顷公，后为六卿灭其族，其族遂不显。

仔细检讨《史记》全书，则《吴太伯世家第一》、《齐太公世家第二》、《赵世家第十三》和《田敬仲完世家第十六》中各有互见的材料，其文曰：

（季札）适晋，说赵文子、韩宣子、魏献子曰：“晋国其萃於三家乎！”将去，谓叔向曰：“吾子勉之！君侈而多良，大夫皆富，政将在三家。吾子直，必

---

① 泷川资言：《史记会注考证》，上海古籍出版社 2015 年版，第 2071 页。与之近乎一致者，可参《左传·鲁昭公三年》曰：“……叔向从之宴，相与语。叔向曰：‘齐其何如？’晏子曰：‘此季世也，吾弗知齐其为陈氏矣！不知其他，唯知齐将为陈氏。’”参见杨伯峻编著的《春秋左传注》，中华书局 2016 年版，第 1234—1235 页。

思自免於难。”[①]

九年，景公使晏婴之晋，与叔向私语曰：“齐政卒归田氏。田氏虽无大德，以公权私，有德于民，民爱之。”[②]

文子生景叔。景叔之时，齐景公使晏婴于晋，晏婴与晋叔向语。婴曰：“齐之政后卒归田氏。”叔向亦曰：“晋国之政将归六卿。六卿侈矣，而吾君不能恤也。”[③]

已而使于晋，与叔向私语曰：“齐国之政卒归于田氏矣。”[④]

这两则互见材料补充了更加丰富的历史细节与史实，其不仅预言了政归六卿的情况，还补充了田氏代齐这一预言性史实（值得注意的是，司马迁记载晏婴与叔向语郑归六卿，田氏代齐的互见材料最为频繁，虽涉不同年事，然粗略言之，竟达三条之多）；此外，晏婴与叔向的政治友谊以及时人以“直”目叔向的情况也被生动地记述了下来。而关于叔向“直”的评价与贤人身份的认定[⑤]，又见于《左传》述仲尼语，详见后文，兹不赘述。

此外，《楚世家第十》涉及了韩宣子问叔向子比之事，终之以“如叔向言也”[⑥]，可见叔向识人之明。《郑世家第十二》则涉及晋平公与叔向对子产之称颂（“善！博物君子也！”[⑦]）。除去《十二诸侯年表》所包含的两则记

---

① 泷川资言：《史记会注考证》，上海古籍出版社 2015 年版，第 1725 页。此外，该则材料在《晋世家第九》《赵世家第十三》中各有一则互见材料，然未有季札语叔向的记载。值得注意的是，《赵世家第十三》中所谓十三年者，梁玉绳结合《十二诸侯年表》指出季札之聘当系晋平公十四年，详参同书第 2070、2219 页。

② 泷川资言：《史记会注考证》，上海古籍出版社 2015 年版，第 1791 页。

③ 杨伯峻编著：《春秋左传注》，中华书局 2016 年版，第 2220 页。

④ 杨伯峻编著：《春秋左传注》，中华书局 2016 年版，第 2364 页。按：与前二者共同构成互见。

⑤ 关于叔向贤人身份的认定，较早有宋陈傅良在《止斋先生文集》中谈道：“春秋之季，晏子在齐，叔向在晋，蘧伯玉在卫，季札在吴，皆贤士大夫也。”后之不同学者的看法则存在着差异，如刘立振《春秋晚期的贤人群体探析》以为当包含有叔向，而王泽民《论春秋时代的贤人群体》则未专论叔向。详参刘立振《春秋晚期的贤人群体探析》，郑州大学 2005 年硕士学位论文。王泽民《春秋民本思想述论》，《西北民族学院学报（哲学社会科学版）》1999 年第 2 期，第 3—5 页。

⑥ 杨伯峻编著：《春秋左传注》，中华书局 2016 年版，第 2107 页。

⑦ 杨伯峻编著：《春秋左传注》，中华书局 2016 年版，第 2198 页。

载[①]，以上即是《史记》对叔向这一历史人物记述的全部，可以说，略去大量的互见材料和作为行文附属的材料，司马迁涉及叔向主体地位的记述真可谓寥寥。值得玩味的是，叔向的部分出场与其说是司马迁填补叔向及其家族在晋国发展历程中的历史动向，不如说是补充记述传主晏婴的一个注脚而已。此外，另一个有趣的现象是，记述叔向的两则互见材料，在本世家中所记述的历史信息和历史细节反倒不如在其他世家中的完备。司马迁选择这样处理和布局史料是否是在透露他对于叔向这一历史人物的某种态度或者某种情绪呢？他又是否受到了他人的影响呢？阅读《史记》，参照以后来的正史文本系统，读者常常能够体验到司马迁强烈的个人情绪游走其间，或借由精彩的史实记述，或借由直观的太史公曰。对于史料不足的传主，司马迁会调动一切有用信息充实他的对象。然而，历史地位与史料储备都够格的叔向却未能得到司马迁的青眼，他在史书中既非传主，亦非附传的对象，仅是晏婴出场的注脚。那么，在司马迁充沛的感情中、恣肆的笔端下，可以说对叔向是没有情绪。这种对于起到勾连和推动晋国历史进程的重要对象的无情绪反倒勾起了笔者强烈的兴趣。下一节，笔者将呈现包含有叔向信息的丰富的史料状况，以及这些史料所呈现的相应的文本“堆积层”。

二、史料富侈的“显”者与相应的文本“堆积层”

以往学界对于叔向的研究多集中在以下三个方面：其一主要对叔向的生平、功绩与思想做出简要的评述[②]；其二着力于探讨“叔向贺贫”这一专

---

① 这两则记载分别见于齐景公杵臼九年和晋平公彪十四年，然而涉及叔向的记载，一则系于齐晏婴使晋事，一则系于吴季札使晋事，其附庸之地位昭然若揭。详参泷川资言考证的《史记会注考证》，上海古籍出版社2015年版，第804、806页。值得注意的是，虽然《十二诸侯年表》仅仅是以表格的形式记录各诸侯国之重大史实，然程苏东先生曾指出此乃司马迁记《春秋》之重要方式，其书写背后的宗旨，实则值得学人深思。程氏此说实惠笔者良多，故附记之于此。

② 这一研究有耘耕《论叔向》，《孔子研究》1991年第1期，第79—86页；宋立恒《试论叔向》，《内蒙古民族师院学报（哲学社会科学版）》1992年第3期，第61—65、88页；秦宇婧《晋叔向思想及文学研究》，南京师范大学2017年硕士学位论文；姚怡菁《晋叔向研究》，国立中兴大学中国文学研究所硕士学位论文。

题[①]；其三侧重于从法学角度探讨“叔向断狱”和“叔向论铸刑书”的法学意义（包括其法学思想与主张）[②]。涉及有关叔向的文献探讨[③]与相应的文本书写的论述颇为有限，本节拟对涉及叔向的史料状况与相应的“文本堆积层”的状况予以次第揭示。

《左传》对叔向的记载始于鲁襄公十一年（晋悼公十二年，即前 562），终于鲁昭公十五年（晋昭公五年，即前 527），政治生涯大致历时三十九年。[④]与《左传》构成“春秋内外传”关系的《国语》对叔向的记载亦极为重要，笔者将这二者所构成的文献系统统称为“《春秋》内外传系统”[⑤]，与这一概念相对的是

① 这一研究代表论文有夏业昌《〈叔向贺贫〉中的“顺”与“越”》，《四川师院学报（社会科学版）》1985 年第 2 期；李军《史家笔下的正直讽谏——〈叔向贺贫〉简析》，《宁波大学学报（教育科学版）》1984 年第 1 期；郑国友《〈叔向贺贫〉：官场小说的当代范本》，《大庆师范学院学报》2011 年第 2 期等。

② 这一研究有张家国《试析“叔向断狱”的法律意义——兼论春秋时晋国的法律制度》，《江西师范大学学报（哲学社会科学版）》2003 年第 2 期；丁玉翠《“叔向论铸刑书”辨正》，《中国社会科学报》2012 年版；于明《法律规则、社会规范与转型社会中的司法——〈叔向使诒子产书〉的法理学解读》，《北大法律评论》2009 年第 2 期等。

③ 白寿彝主编的《中国通史（第三卷）上古时代（下册）》将晏婴和叔向并论，并涉及叔向的相关史料介绍，参见白寿彝主编的《中国通史》，上海人民出版社 1994 年，第 1109—1110 页。

④ 至于叔向的生卒年问题，姚怡菁《晋叔向研究》第一节叔向生卒年及其学仕经历以为最少享年有 55 岁，姚氏对此有专文论述，参见姚怡菁著《晋叔向研究》，国立中兴大学中国文学研究所硕士学位论文，第 126—128 页。

⑤ 笔者认为“《春秋》内外传系统”这一文本系统提出的前提是明晰学术界对于《左传》和《国语》的关系问题，而这一问题诸家说法不一。王晓娟在其《〈左传〉现当代研究史回顾》一文中分为：1.“一书割裂说”（康有为、梁启超、崔适、钱玄同、胡适等）2.“内外传说”（张孟伦、尹达之等）3.“各不相干说”（章太炎、高本汉、钱穆、冯沅君、童书业、谭家健、王化钰）等。详参王晓娟《〈左传〉现当代研究史回顾》，《南京师范大学学报（社会科学版）》2014 年第 3 期，第 159 页。总体研究则可参顾颉刚讲授、刘起釪整理《春秋三传及国语之综合研究》，巴蜀书社 1988 年版；顾立三《左传与国语之比较研究》，台北文史哲出版社 1983 年版；此外，王树民《〈国语〉的作者和编者》（见王氏《国语集解》附录）一文关于《左传》与《国语》关系的研究亦可备一说，他认为《国语》的作者是各国史官，其编者是左丘氏。

“《春秋》内外传外部系统”，即涉及记载叔向行谊事迹的《逸周书》、《晏子春秋》、《韩非子》、《吕氏春秋》、《韩诗外传》、《淮南子》、《新序》和《说苑》等材料所构成的文献系统。总之，在司马迁之前而得以寓目的关于叔向言行的史料可言富矣！侈矣！

对于这些涉及叔向的材料，笔者依据孙少华《从“史诗”到“史实”——论中国早期文本的两种书写思维及其演进》一文中所采用的文本“堆积层”的方式①处理相应的早期文本的记载问题。

涉及叔向的行谊事迹已经见于上文，然而它们的史料来源较为驳杂，这其中尤有大量的史料来源未得厘清，以此，涉及叔向的文献记载必是有着一个漫长的演变和累积过程的，并且由于各自不同的编纂目的，由此形成了不同的“文献堆积层”，笔者依据其中涉及的同类重要故事言语文本，分为以下八个“堆积层”：

第一个“堆积层”为叔向出使解诗事，事涉叔孙穆子莒、鲁先济意，分别见于《左传·襄公十四年》《国语·鲁语下》；第二个“堆积层”为叔向与子朱斗气，分别见于《左传·鲁襄公二十六年》《国语·晋语八》；第三个“堆积层”为叔向佐赵武，议弭兵之盟事，分别见于《左传·襄公二十七年》《国语·晋语

① 参见孙少华著的《从“史诗”到“史实”——试论中国早期文本的两种书写思维及其演进》，《北京大学学报（哲学社会科学版）》2018 年第 5 期，第 96—98 页。孙少华侧重于某一具体故事文本的“堆积层”描述。本文则侧重于同类重要故事文本（可以简单概括为“重文”，徐建委将此概括为故事类“公共素材”）的“堆积层”描述。参见徐建委著的《战国秦汉间的“公共素材”与周秦汉文学史叙事》，《中山大学学报（社会科学版）》2012 年第 6 期。具体说来，“文献堆积层”当属于互见文献或者同文、重文（按：其间亦有所区分，亦需加以别择）文献之类，将这些材料加以区分，可分为《左传》《国语》类（即《春秋》内外传系统）与其他类（《春秋》外系统）。参见郑良树的《诸子著作年代考》，北京图书馆出版社 2001 年版。李锐《同文与族本——新出简帛与古书形成研究·“同文”分析法评析》，中西书局 2017 年第 1 版，第 156—173 页。此外，对于文献记载的真伪问题，在结合前人研究的前提下审慎辨析，严格去取，整理这一类堆积层文献时需注意者有三：一、不是《春秋》内外传系统的简单过录（如《新书·礼容》引叔向赞单靖公事，显系直接由《国语·周语下》过录而来）；二、叔向是行文主体而不是行文附属（如《左传·鲁襄公二十一年》、《吕氏春秋·开春》和《说苑·善说》同记祁奚以罪不及妻孥说范宣子释叔向事，虽涉及叔向事迹，然叔向仅为行文附属也）；三、《春秋》内外传系统内部互证与《春秋》内外传系统外部互证并举。

八》；第四个“堆积层”为叔向与晏婴语田氏代齐事，分别见于《左传·鲁昭公三年》《晏子春秋·问下》；第五个“堆积层”为赵襄子引用叔向不趁人之危言论事，分别见《韩诗外传（六）》、《淮南子·道应训》和《新序·杂事四》；第六个“堆积层”为叔向答赵文子问“孰先亡”事，分别见《淮南子·道应训》《新序·杂事一》；第七个“堆积层”为叔向答晋平公“霸主立业，臣之力也”事，分别见《韩非子·难二》《新序·杂事四》；第八个“堆积层”为叔向赞赵武事，分别见《韩非子·外储说左下》《新序·杂事四》。

以上八个“堆积层”分载于中国早期的不同文本之中。值得注意的是，前三个“堆积层”与后五个“堆积层”分属《春秋》内外传系统内部与《春秋》内外传系统外部；而后五个“堆积层”中除去第一个属于《春秋》内外传系统内部与外部的交叉互证，后四个“堆积层”属于《春秋》内外传系统外部互证。

三、史源考察与孔子对四君子的评价考论

要想探明孔子对于四君子的评价是如何影响到司马迁的人物书写，首要在于归纳和考证记录孔子评论四君子的相关史料。虑及相关材料必然有驳杂之处，因此通过罗列表格的方式，对材料来源与内容、材料类型、内容考证三方面予以全面的展示。

人物	材料来源与内容	材料类型	内容考证
叔向 1	《左传·昭公十四年》：仲尼曰：“叔向，古之遗直也。……杀亲益荣，犹义也夫！”①	可靠传世文献，司马迁与见。	此条又见于《孔子家语·正论解第四十一》②，字句略有不同。按：《左传·襄公二十九年》，季札谓叔向：“吾子勉之……吾子好直，必思自免于难。”③

① 杨伯峻编著：《春秋左传注》，中华书局 2016 年版，第 1517 页。

② 王德明主编：《孔子家语译注》，广西师范大学出版社 1998 年版，第 442 页。

③ 杨伯峻编著：《春秋左传注》，中华书局 2016 年版，第 1167 页。

续表

人物	材料来源与内容	材料类型	内容考证
季札 1	《上博楚简·弟子问》：子曰："前（延）陵季子，亓（其）天民也（虐乎）？生而不因亓（其）浴（俗）。吴人生七𦒱（年？）而口戮（散？），俑（虐乎）其雁（赝？），前（延）陵季子侨（矫）而弗受，前（延）陵季子，亓（其）天民也（虐乎）？"①	出土文献，司马迁与见与否不可知，存参。	夫子喻季札为天民，不因循吴地旧俗（季札知礼，未因袭吴地断发纹身等蛮夷之俗），明周礼也。范常喜以"生"为"继位"义，谓季札严格遵循父死子继的嫡长子继承制而不因循吴地旧的继承制度（或为诸樊的命令），可备一说。
季札 2	《礼记·檀弓下》：孔子曰："延陵季子，吴之习于礼者也。"又孔子曰："延陵季子之于礼也，其合矣乎！"②	可靠传世文献，司马迁与见。	孔子赞赏季札不仅知道周礼之知识，且具有切实的行礼能力。因为周礼是一种实践性很强的知识，因此孔子从两方面对季札表达了自己的赞赏之情。

① 以上简文的隶定据常佩雨《上博简孔子言论研究·从上博简〈弟子问〉看孔子言行观》，郑州大学 2012 年博士论文第 246 页，由于此段简文错杂，常氏所据为刘信芳先生之整理顺序。此外，此简的释读诸家众说纷纭，参见马承源主编的《上海博物馆藏战国楚竹书（五）》，上海古籍出版社 2005 年版，第 253 页。陈剑《谈谈〈上博（五）〉的竹简分篇、拼合与编联问题》，简帛网 2006-2-19，http：//www.bsm.org.cn/show_article.php? id=204。范常喜《〈上博楚简·弟子问〉1、2 号残简字补说》，简帛网 2006-05-21，http：//www.bsm.org.cn/show_article.php? id=349。何有祖《上博五〈弟子问〉试读三则》，简帛网 2006-02-20，http：//www.bsm.org.cn/show_article.php? id=209。

② 郑玄、孔颖达著，吕友仁点校：《儒藏·礼记正义》，北京大学出版社 2016 年版，第 311、312 页。

续表

人物	材料来源与内容	材料类型	内容考证
季札 3	《孔子家语·正论解第四十一》：孔子闻之曰："季子能以义正人，文子能克己服义，可谓善改矣。"①	存疑传世文献，古有余绪或王肃所捏造殆不可知，司马迁与见与否不可知，存参。	孙林父，谥"文"，所以又称孙文子，乃胡作非为之人，无礼至极。鲁叔孙豹还用《相鼠》来讽刺他，可以说孙林父就是一个屡教不改的典型。但是季札的一番评论，却能让孙林父幡然悔悟，由此可见季札的威望。夫子所谓"季子能以义正人"，因为季子身上有大义与正气，让人不得不服。
季札 4	"十字碑"②拓碑碑铭：呜呼！有吴延陵，君子之墓。	存疑文献，相传为孔子所书 10 个古篆墓碑，抗战初毁于兵燹。拓本高 2.26 米，宽 0.93 米。司马迁与见与否不可知，存参。	孔子对季札的盖棺定论，有天纵之资。

① 王德明主编：《孔子家语译注》，广西师范大学出版社 1998 年版，第 436 页。

② "十字碑"今有两块遗存，一块存于江苏省丹阳市延陵镇季子庙，即"延陵镇季札墓碑"，残损严重，唐宋均有重刻，另一块存于丹阳中医院，即"云阳驿季子庙"，乃明正德六年（1511）年依照延陵季子碑摹刻，高 2.45 米，宽 1.07 米。碑文历代均有所著录，如王应麟撰著的《墨华通考》，参见《石刻史料新编》，台湾新文丰出版公司，第 2 辑第 6 册，第 4312—4314 页；魏锡曾撰著的《续语堂碑录》（不分卷），参见《石刻史料新编》，台湾新文丰出版公司，第 2 辑第 1 册，第 774 页。其以此文字所以流传者，源自殷仲容摹本。关于"十字碑"涉及的相关问题，参见常州市政协文史委员会周群《季札评传·"十字碑"之谜及其文化意蕴》，南京大学出版社 2015 年版，第 215—221 页。

续表

人物	材料来源与内容	材料类型	内容考证
子产 1	《论语·公冶长篇第五》：子谓子产："有君子之道四焉：其行己也恭，其事上也敬，其养民也惠，其使民也义。"①	可靠传世文献，司马迁与见。	皇侃以为常恭从，不逆忤人物者行身己于世；侍君亲及在上者必用敬；养民用恩惠，下之遗爱义同此；义者，宜也，使民不夺农时。
子产 2	《论语·宪问篇第十四》：子曰："为命，裨谌草创之，世叔讨论之，行人子羽修饰之，东里子产润色之。"②	可靠传世文献，司马迁与见。	马融以为四贤，皇侃以为才学过超前之三贤，故有资格加添润色，总成其事。
子产 3	《论语·宪问篇第十四》：或问子产，子曰："惠人也。"③	可靠传世文献，司马迁与见。	孔安国《传》以惠人为爱人，子产，古之遗爱也。按：《荀子·大略》中提及孔子将晏子与子产比较过，晏子功用之臣，不如子产之为惠人也。④
子产 4	《礼记·仲尼燕居》：子曰："师，尔过；而商也，不及。子产犹众人之母也，能食之不能教也。"……子曰："礼乎礼！夫礼所以制中也。"⑤	可靠传世文献，司马迁与见。	郑玄言夫子谓子产众人之母，一任慈仁之旧评，然多不矜庄，所以违礼。孔颖达补充子产之恩惠不能教也义，子产犹如人母，能恩慈食之而不能严厉教训之。

---

① 何晏著，孙钦善点校：《儒藏·论语集解（正平版）》，北京大学出版社 2005 年版，第 16 页。

② 何晏著，孙钦善点校：《儒藏·论语集解（正平版）》，北京大学出版社 2005 年版，第 54 页。

③ 何晏著，孙钦善点校：《儒藏·论语集解（正平版）》，北京大学出版社 2005 年版，第 54 页。

④ 参见梁启雄的《荀子简释》，台湾商务印书馆 2005 年版，第 375 页。

⑤ 郑玄、孔颖达著，吕友仁点校：《儒藏·礼记正义》，北京大学出版社 2016 年版，第 1344 页。

续表

人物	材料来源与内容	材料类型	内容考证
子产 5	《左传·昭公十三年》：仲尼谓子产："于是行也，足以为国基矣。《诗》曰：'乐只君子，邦家之基。'子产，君子之求乐者也。"且曰："合诸侯，艺贡事，礼也。"①	可靠传世文献，司马迁与见。	杨伯峻以为君子之所以乐，以其能为国家之根基也。子产所行，纠合诸侯，且制定对霸主贡献之极限，防止探求无厌。
子产 6	《左传·昭公二十年》：及子产卒，仲尼闻之，出涕曰："古之遗爱也。"②	可靠传世文献，司马迁与见。	王念孙以爱为仁，子产之仁爱，有古人之遗风。
子产 7	《左传·襄公三十一年》：郑人游于乡校，以论执政。……仲尼闻是语也，曰："以是观之，人谓子产不仁，吾不信也。"③	可靠传世文献，司马迁与见。	杨伯峻指出孔丘此时年仅十一岁，当是以后闻而论及此。按：此条又见《新序·杂事（四）》④。
子产 8	《说苑·臣术》：子曰："然，吾闻鲍叔之进管仲也，闻子皮之进子产也，未闻管仲、子产有所进也。"⑤	可靠传世文献，司马迁与见。	夫子深责贤者，以不进贤让管仲与子产。
晏婴 1	《论语·公冶长篇第五》：子曰："晏平仲善与人交，久而敬之。"⑥	可靠传世文献，司马迁与见。	皇侃以为与人交结友善，乃善交之验。所以过于常人者，在于人交易绝而平仲与人交而人逾敬。

① 杨伯峻编著：《春秋左传注》，中华书局 2016 年版，第 1509 页。

② 杨伯峻编著：《春秋左传注》，中华书局 2016 年版，第 1580 页。

③ 杨伯峻编著：《春秋左传注》，中华书局 2016 年版，第 1318 页。

④ 参见卢元骏的《新序今注今译》，台湾商务印书馆 1977 年版，第 133、134 页。

⑤ 孟繁红，孟祥庆：《孔子集语译注》，黑龙江人民出版社 2003 年版，第 253 页。

⑥ 何晏著，孙钦善点校：《儒藏·论语集解（正平版）》，北京大学出版社 2005 年版，第 16 页。

续表

人物	材料来源与内容	材料类型	内容考证
晏婴 2	《晏子春秋·杂上》：晋平公欲伐齐，使范昭往观焉。……仲尼闻之曰："夫不出于尊俎之间，而知千里之外，其晏子之谓也。可谓折冲矣！而太师其与焉。"①	可靠传世文献，司马迁与见。	则虞按：此处似作"不出于尊俎之间，而折冲千里之外，其晏子之谓也，可谓知矣"，后"知"与"折冲"易位，因而致讹。按：此条又见于《韩诗外传（八）》②，《新序·杂事（一）》③，略有不同。
晏婴 3	《晏子春秋·外篇第七》：晏子出，仲尼送之以宾客之礼，再拜其辱。反，命门弟子曰："救民之姓而不夸，行补三君而不有，晏子果君子也。"④	可靠传世文献，司马迁与见。	据功而不夸，辅君而不有，君子之行。
晏婴 4	《晏子春秋·谏下》：晏子使于鲁，比其反也，……仲尼闻之，喟然叹曰："……当此道者，其晏子是也。"⑤	可靠传世文献，司马迁与见。	为人臣之道毕具。

① 吴则虞编著，吴受琚、俞震校补：《晏子春秋集释（增订本）》，国家图书馆出版社 2011 年版，第 252—253 页。

② 参见徐芹庭、徐耀环注译的《韩诗外传解译》，圣环图书股份有限公司 2013 年版，第 673—676 页。

③ 参见卢元骏的《新序今注今译》，台湾商务印书馆 1977 年版，第 27 页。

④ 吴则虞编著，吴受琚、俞震校补：《晏子春秋集释（增订本）》，国家图书馆出版社 2011 年版，第 380 页。

⑤ 吴则虞编著，吴受琚、俞震校补：《晏子春秋集释（增订本）》，国家图书馆出版社 2011 年版，第 87—88 页。

续表

人物	材料来源与内容	材料类型	内容考证
晏婴 5	《晏子春秋·问下》：梁秋据晏子曰……仲尼闻之曰："小子识之，晏子以一心事百君者也。"①	可靠传世文献，司马迁与见。	按：此条又见于《孔丛子·诘墨》②。
晏婴 6	《汉诗外传（四）》：晏子聘鲁……孔子曰："善，礼中又有礼。……"③	可靠传世文献，司马迁与见。	晏子知礼。
晏婴 7	《晏子春秋·谏上》：景公之时，……孔子闻之，曰："晏子能明其所欲，景公能行其所善也。"④	可靠传世文献，司马迁与见。	君臣遇合，君义臣行。
晏婴 8	《晏子春秋·谏上》：景公之嬖妾婴子死……仲尼闻之曰："……君子之非贤于小人之是也。其晏子之谓欤！"⑤	可靠传世文献，司马迁与见。	孙星衍曰：言以权诳君，非正也。
晏婴 9	《晏子春秋·杂上》：晏子居晏桓子之丧……孔子曰："晏子可谓能远害矣。不以己之是驳人之非，逊辞以避咎，义也夫！"⑥	可靠传世文献，司马迁与见。	以义远害。

① 吴则虞编著，吴受珺、俞震校补：《晏子春秋集释（增订本）》，国家图书馆出版社 2011 年版，第 222—223 页。

② 参见傅亚庶的《孔丛子校释》，中华书局 2011 年版，第 394 页。

③ 孟繁红，孟祥庆：《孔子集语译注》，黑龙江人民出版社 2003 年第 1 版，第 257—258 页。

④ 向宗鲁：《说苑校证》，中华书局 1987 年版，第 167 页。

⑤ 吴则虞编著，吴受珺、俞震校补：《晏子春秋集释（增订本）》，国家图书馆出版社 2011 年版，第 121 页。

⑥ 吴则虞编著，吴受珺、俞震校补：《晏子春秋集释（增订本）》，国家图书馆出版社 2011 年版，第 285、286 页。

续表

人物	材料来源与内容	材料类型	内容考证
晏婴 10	《晏子春秋·问上》：景公问于晏子曰……孔子闻之曰："此言也信矣！善进，则不善无由入矣！不善进，则善无由入矣。"①	可靠传世文献，司马迁与见。	审择左右。按：此条又见《说苑·政理》②，然"景公"作"齐侯"。
晏婴 11	《晏子春秋·外篇第四》：仲尼之齐……仲尼曰："吾闻晏子事三君而顺焉，吾疑其为人。"……仲尼闻之，曰："语有之：言发于尔，不可止于远也；行存于身，不可掩于众也。吾窃议晏子而不中夫人之过，吾罪几矣！丘闻君子过人以为友，不及人以为师。今丘失言于夫子，讥之，是吾师也。"③	可靠传世文献，司马迁与见。	孔子评价的转变，较为特殊的文献记载。

按：通过上表分析孔子对四君子的评价问题，可以得出如下结论：

1. 从孔子对四君子的评价的文献数量来看，评价晏婴 11 次，子产 8 次，季札 4 次，叔向 1 次。从文献的来源看，晏婴的记载最多，主要是因为有涉及晏子的专书记载，且晏子后学为显扬本学派的学术目的，有利用孔子夸饰晏子的因素；子产的记载文献来源丰富，文本可靠性最强；季札的文献涉及传世与出土两个方面，但是《孔子家语》和"十字碑"的文本可靠性均不足，确凿的孔子评价仅有 2 条；叔向的记载仅 1 次，《孔子家语》转录自《左传》，文献数量最为单薄。

---

① 吴则虞编著，吴受琚、俞震校补：《晏子春秋集释（增订本）》，国家图书馆出版社 2011 年版，第 184、185 页。

② 参见左松超的《说苑集证》，鼎文书局总经销，2001 年 4 月初版，第 432、433 页。

③ 参见左松超的《说苑集证》，鼎文书局总经销，2001 年 4 月初版，第 388、389 页。

2. 从孔子对四君子的评价的内容来看，评价内容深受文献数量的影响。叔向的评价内容最为单薄，仅为遗直之君子；季札 1 和 2 均为知礼与知行礼的方面，季札 3 和 4 为补充性评价，前者体现其以义感人，后者为总体评价，夫子以君子许之；子产的评价具有正反两面，子产 1、3、4、6、7 均涉及孔子对子产遗爱与仁德的评价，且据《荀子·大略》所载[①]可见，这一品质正是子产过于晏婴之所在，但是子产 4 中亦有直斥其不矜庄之嫌，子产 2 涉及才学之富方面，子产 5 涉及其事功之评价，子产 8 则为夫子一贯深责贤者之义，尤其重在其不进贤者方面；晏婴的评价最为丰富，晏婴 1 涉及交友之道，晏婴 2 涉及为贤相之道，晏婴 3、4、5、7 涉及为人臣之道，晏婴 6 涉及知礼方面，晏婴 8 则为仲尼之负面评价（从孙星衍说，然此论非定论，值得商榷），晏婴 9 涉及以义远害方面，晏婴 10 涉及审择左右方面，晏婴 11 则涉及仲尼评价态度之转变，较为特殊。

四、“显”“隐”之间：孔子评价影响下的人物书写与文本处理

以上三节的叙述，有助于明了《史记》所存叔向文献之寡薄与现存文献之富侈（按：司马迁所目及者当更为详实）的情况，也明晰了孔子对于四君子的评价问题。由此可以更加清晰地发现司马迁去取材料时的原则与态度，以及联系孔子评价的影响探讨司马迁的人物书写与文本处理所涉及的诸多问题，笔者将依次申述之：

其一，《史记》取舍叔向文献的原则问题。

《史记》所存叔向之文献虽然寡薄，然而犹有不少互见材料，这其中尤以田氏代齐和政归三家（或六卿）为最，分别涉及三条和两条互见材料。通过仔细比勘《史记》所载叔向的行谊事迹与第二节中论及的八个文献“堆积层”，可知，叔向语晏婴事系第四个“堆积层”，即《春秋》内外传系统内部与外部的交叉互

---

①《荀子·大略》载：“子谓子家驹续然大夫，不如晏子；晏子功用之臣也，不如子产；子产惠人也，不如管仲；管仲之为人，力功不力义，力知不力仁，野人也，不可为天子大夫。”参见王天海《荀子校释》，上海古籍出版社 2005 年版，第 1066 页。

证；季札语叔向事来源自《左传·襄公二十九年》，系《春秋》内外传系统内部。此外，晋平公与叔向对子产之称颂事来源自《左传·襄公三十一年》，叔向预言子比（字子干）事来源自《左传·昭公十三年》，均系《春秋》内外传系统内部。如果仔细检讨《史记》存留的文献材料，可以发现司马迁在存留叔向文献时的一条重要原则，即以《左传》记载为基准且没有使用《国语》所涉及的任何文献记载，甚至连《国语》与《左传》所构成的文献“堆积层”亦复如是。众所周知，《左传》与《国语》于汉代史学家看来当同属春秋内外传这一完整的内部系统①，它们的互见材料如果不是互相抵牾的话，理应具有最重要的存留价值的。在涉及取舍叔向的材料时，司马迁显然利用的均是《左传》所载（包括《左传》单独记载与《春秋》内外传系统内部与外部的交叉互证，而后者缺失了《国语》部分）而有意删汰了《国语》的记载，更遑论《春秋》内外传系统外部的单独记载。实际上，《国语》所涉叔向的言行事迹者 17 条。然多为道德说教之类的常谈，涉及国事者寥寥，甚至有与子朱动气之类的记载，该当太史公所不取。至于《春秋》内外传外部系统间互证材料之不经，姚怡菁在其《晋叔向研究·散见于其他典籍之叔向事迹整理与辨析》中已详辨之，兹不赘述。

其二，《左传》“仲尼曰”“孔子曰”“君子曰”（“君子谓”）真伪问题再辩证。

《春秋》三传里有记“仲尼曰”“孔子曰”“君子曰”（“君子谓”）等，其中以《左传》为多。自宋黄继中首发其覆，学界于“君子曰”（“君子谓”）讨论已久，普遍认为其材料来源和真实性亦驳杂不纯，兹不赘述。②比较而言，“仲尼

①《史记》中司马迁对于《左传》与《国语》的关系的论述有如下记载：“鲁君子左丘明惧弟子人人异端，各安其意，失其真，故因孔子史记具论其语，成《左传春秋》”（《史记·十二诸侯年表序》）和“左丘失明，厥有《国语》”（《史记·太史公自序》）。后之班固敷衍其说，以为：及孔子因鲁史记而作《春秋》，而左丘明论辑其本事以为传（按：此传即《左传》），又纂异同为《国语》。”（《汉书·司马迁论赞》）此外，班固更是直言：“《国语》二十一篇，左丘明著。”（《汉书·艺文志·春秋类》）

② 相关重要成果可参杨念奎：《论〈左传〉之性质及其与〈国语〉之性质》，《史学集刊》1936 年第 2 期，后收录杨念奎著：《绎史斋学术文集》，上海人民出版社 1983 年版。（按：此转引自罗氏说）综合研究成果参见罗军凤的《回归原典：〈左传〉与春秋学源流——〈左传〉的性质之探讨》《清代春秋左传学研究》，人民出版社 2010 年版，第 377—411 页。

曰”“孔子曰”的研究力度则稍显单薄。其中台湾学者李隆献《〈左传〉“仲尼曰”叙事刍论》[①]中关于“仲尼曰”的研究值得重视。该文归纳出《左传》里“仲尼曰”“仲尼谓”“仲尼闻之曰”“仲尼闻……以为”有25条材料，在此基础上，李文以叙事学的视角切入，通过对《左传》史事的举证说明，在“同”的层面上说明了《左传》所征引的“仲尼曰”与叙事脉络相吻合，回应了“仲尼曰”为后人增益说的质疑；在“异”的层面上，分析叙事立场的差异，进而厘清了《左传》“仲尼曰”出于《左传》捏造说的疑义。李文利用叙事学理论解决前贤聚讼久之的问题[②]，并做出了系统的翻样文章，确实令人耳目一新。但是，将西方叙事学理论纳入中国传统经史研究的不足[③]亦显露无疑，李文实际上依然无法从经史考证的实处[④]回应前贤关于“仲尼曰”的两处疑窦（“仲尼曰”为后人增益说和“仲尼曰”出于《左传》捏造说）。目前看来，《左传》中“仲尼曰”的真实性是值得怀疑的。与“仲尼曰”形式相近的“孔子曰”的研究值得关注的有杨兆贵、吴学忠《〈春秋〉三传“孔子曰”研究》，其文从史料的补充价值和学术阐释史层面探讨三传中的“孔子曰”问题，通过列举“孔子参加夹谷之会”“孔子堕三都”“孔子请求鲁哀公讨伐齐田桓”“孔子与获麟”四事得出如下结论：“三《传》‘孔子曰’反映了孔子有圣德，深娴周礼，富于军事、外交才能，善于打击陪臣势力。”以及反映了孔子的“军事思想”和“名号观”。[⑤]涉及夹谷之会的史料，顾立雅（H. G. Creel）不相信此乃史事，并认为可能是后儒附益，然

① 李隆献：《〈左传〉“仲尼曰”叙事刍论》，中国台北《台大中文学报》2010年第33期。

② 宋人首揭端绪（《朱子语类·春秋·纲领》记林黄中语：“《春秋》‘君子曰’最无意思。”）降级清代，经今古文学者论争久之，近世学者颇多从“君子曰”非伪之说，然“仲尼曰”与“君子曰”不可等量齐观亦为一共识。

③ 参见罗军凤的《文化和传统在“中国早期叙事文”中的迷失》，《中国文化研究》2006年第2期。

④ 值得注意的是，详参李文摘要，明言其文回应厘清前贤疑义，而于前言部分又说“故本文于‘君子曰’‘仲尼曰’的真伪问题，不再词费”。虽然李文从他处立论，然而以“几成定论”说回避这一关键问题，终有论文所据不够坚实之嫌。参见李文第1、6—7页。

⑤ 杨兆贵、吴学忠：《〈春秋〉三传“孔子曰”研究》，《人文论丛》2018年第1期。

学者亦多有反驳。[①]除此之外的其他三则材料笔者未见有质疑者，故而三传之“孔子曰”可信度较高。值得注意的是，孙董霞《春秋人物品评的主体及其“君子曰”与“孔子曰”》一文将“孔子曰”作为“君子曰”的特殊形态予以讨论，笔者以为这样的概括颇具启发意义，但是她所列举的材料（如“昭公十五年，孔子评叔向为‘古之遗直’”[②]）是值得商榷的，涉及孔子评价的材料分为“仲尼曰”“孔子曰”等，而这些材料是决然不能含糊看待的，此当为学者所措意。

其三，孔子的评价对司马迁人物书写与文本处理的影响。

明晰了《史记》存留叔向文献的原则问题和《左传》“仲尼曰”“孔子曰”“君子曰”（“君子谓”）真伪问题。结合所罗列的孔子对叔向评价的材料，不难发现，孔子评价叔向的文献材料本身为孤证，且从属于真实性极为存疑的“仲尼曰”，无怪乎司马迁不取此夫子之说。反观孔子对其他三位君子的评价，结合笔者在第三节表格后所得出的结论，均可言直接证据与旁证兼备，文献来源确切，可信度高。为他们留下浓墨重彩的痕迹也符合夫子的期许，所谓“贤贤贱不肖”，使后世之人“见贤思齐”而已矣。至于叔向，一则源于夫子评价其材料之不确，二则源于《左传》所载其言行事迹虽富侈却难逃琐屑，三则源于与晏婴这一政治角色重复性过高，若笔墨均沾则在文本处理层面有雷同之弊。由此，司马迁在文本处理时，虽然面对的是富侈的文献素材（此即所谓“显”也），然而落实到叔向人物的处理上却呈现出截然相反却又合乎情理的缺失色彩，此即所谓“隐”也：相对于其他三君子的记载之显豁全面，司马迁对叔向的人物书写是隐晦的，此其一也；相比于叔向自身存留文献材料之富侈显著，司马迁对叔向的人物书写是隐匿的，此其二也。

---

① 转引自杨文，参见顾立雅（H. G. Creel），高专诚译：《孔子与中国之道》，山西人民出版社 1992 年版，第 44—45 页。

② 孙董霞：《春秋人物品评的主体及其“君子曰”与“孔子曰”》，《青海师范大学学报（哲学社会科学版）》，2016 年 5 月第 3 期。

五、结语

综上所述，本文在系统展现《史记》文本对叔向记载的阙如与先秦两汉关于叔向文本记载的富侈这一“隐”与“显”的矛盾的基础上，详细考论了孔子对四君子的评价问题，并对于其中涉及的相应的材料来源与内容，材料类型和内容考证三方面予以全面揭示。基于以上的文献整理，笔者总结了《史记》取舍叔向文献的原则问题，对《左传》“仲尼曰”“孔子曰”“君子曰”（“君子谓”）真伪问题进行了再辩证，并就孔子的评价对司马迁人物书写与文本处理的影响予以申说。本文以叔向的个案研究为例，具体地揭示了孔子的人物评价对司马迁取舍人物材料的影响，并为人物书写和文本处理等相关问题带来了新的认识。然而，司马迁取舍文献与相应的文本操作问题实则是一个系统且值得深入探索的研究方向，关于这一领域的研究，实有待于更多的个案研究来详实之。

（王晨，清华大学出土文献研究与保护中心博士研究生。）

《史记·张仪列传》“倾危之士”解读

王宏波

一、“倾危之士”

《史记·张仪列传》：“夫张仪之行事，甚于苏秦，然世恶苏秦者，以其先死，而仪振暴其短，以扶其说，成其衡道。要之，此两人真倾危之士哉！”

韩兆琦主译《史记》：“他们两个真正称得上是倾邦覆国的人物啊！”①

颜昆阳在《白话史记》中译作：“这两个人真是使天下国家倾覆危亡的人士啊！”②

司马光在《资治通鉴》中评价范雎：“要之，雎真倾危之士哉！”柏杨译作：“总而言之，范雎是一个危险人物。”“柏杨曰：我们同意范雎是一位危险人物的看法，问题是，在专制政体下参与政治斗争的每一个人，没有一个不是危险人物。范雎必须夺取魏冉的高位，才能实现他的外交政策。”③

韦莹莹指出：“倾危之士”，指代危险人物，因其阴谋狡诈足以倾人家国，故用来比喻对国家和人民有很大危险的人。……“倾危之士”“态臣”“诈人”等后世之称谓集中反映了苏秦历史评价之低劣。④

我们认为，以上四种阐释，没有译出司马迁的本意。

---

① 韩兆琦主译《史记》（文白照本），中华书局 2008 年版，第 1473 页。

② 台湾 14 院校 60 名教授合译《白话史记》，岳麓书社 1989 年版，第 666 页。

③ 柏杨白话版《资治通鉴》第一辑“秦风汉雨”，万卷出版公司 2009 年版，第 353 页。

④ 韦莹莹：《是“倾危之士”还是“进取之士”——对〈史记〉苏秦的重新解读》，《渭南师范学院学报》2016 年第 5 期。

二、“倾危”解读

（一）倾危，危险、不安

《管子·牧民》：“国有四维，一维绝则倾，二维绝则危，三维绝则覆，四维绝则灭。倾可正也，危可安也，覆可起也，灭不可复错也。何谓四维，一曰礼，二曰义，三曰廉，四曰耻。”

由此衍生出来倾危、倾覆、倾国、倾城、巢倾、卵覆等。一般情况之下，倾危表达一种危险、不安的状态，可用作动词、形容词。比如：

1.《史记·李斯列传》胡亥：“废兄而立弟，是不义也；不奉父诏而畏死，是不孝也；能薄而材谫，强因人之功，是不能也：三者逆德，天下不服，身殆倾危，社稷不血食。”

2. 贾谊《过秦论》：“借使秦王论上世之事，并殷、周之迹，以制御其政。后虽有淫骄之主，犹未有倾危之患也”。

3.《后汉纪》：“（刘）备上言曰：……追惟寇贼不枭，国难未已，宗庙倾危，社稷将堕，诚臣深忧碎首之责。”

4.《三国志·法正传》（诸葛）亮叹曰：“法孝直若在，则能制主上令不东行，就复东行，必不倾危矣。”

5. 傅玄《穷武篇·安台行乱第四》：“高则亢，满则盈。亢必危，盈必倾。去危倾，守以平。”

6.《旧唐书·崔胤传》：“其有叠膺异渥，继执重权，遽萌狂悖之心，忽构倾危之计，人知不可，天固难容。”“殊不知漏卮难满，小器易盈，曾无报国之心，但作危邦之计，四居极位，一无可称。岂有都城，合聚兵甲，暗养死士，将乱国经。”

倾危之计，危邦之计，属于同义反复。

（二）倾危，属意危机，危中寻机

倾，有受到吸引、感化、诱惑的意思。比如：《史记·李斯列传》李斯上督责之术："外不可倾以仁义烈士之行，而内不可夺以谏说忿争之辩。"

《后汉书·冯岑贾传》："虽屡获雄将，余众尚众，可稍以恩信倾诱，难卒用兵破也。"①

《汉书·武帝纪》："日者淮南、衡山修文学，流货赂，两国接壤，怵于邪说，而造篡弑，此朕之不德"。"师古曰：怵或体訹字耳，訹者，诱也，音如戌亥之戌。"②

"左倾""右倾"的含义是主观上的"倾左""倾右"。"倾危"是动宾词组，指属意危机、热衷冒险、危中寻机。

《史记·货殖列传》："由是观之，贤人深谋于廊庙，论议朝廷，守信死节隐居岩穴之士设为名高者安归乎？归于富厚也。"③

马克思断言："人们奋斗所争取的一切，都同他们的利益有关"。马克思也说过："无论利己主义还是自我牺牲，都是一定条件下个人自我实现的一种必要形式"。④

苏秦、张仪、范雎之所以积极进取、热衷冒险、救患排难，与他们自身利益密切相关，应对危机、解除危险，为的是显宦、厚禄、高名，实现自身社会阶层的跃升。

三、对纵横家的负面评价

1. 纵横反覆

《荀子·赋》"反辞"，"公正无私，见谓纵横"。

《史记·苏秦列传》："人有毁苏秦者曰：左右反覆之臣也，将作乱。"

《史记·六国年表》："三国终之卒分晋，田和亦灭齐而有之，六国之盛自此始。务在强兵并敌，谋诈用而从衡短长之说起。矫称蜂出，誓盟不信，虽置质

---

① 范晔：《后汉书·冯岑贾传》，中华书局1965年版，第646页。

② 班固：《汉书·武帝纪第六》，中华书局1962年，第174页。

③ 司马迁：《史记·货殖列传》，中华书局1959年版，第3271页。

④《马克思恩格斯选集》第三卷，人民出版社1972年版，第275页。

剖符犹不能约束也。”

《汉书·宣元六王传》汉成帝时东平王刘宇曾上疏朝廷索求诸子及《太史公书》，大将军王凤谓：“《太史公书》有战国纵横权谲之谋，汉兴之初谋臣奇策，天官灾异，地形阨塞，皆不宜在诸侯王。”

《汉书·张汤传》：“边通学短长，刚暴人也，官至济南相。”“（师古）应劭曰：短长术兴于六国时，长短其语，隐谬用相激怒也。”“张晏曰：苏秦、张仪之谋，趣彼为短，归此为长，《战国策》名长短术也。”①

《后汉书·窦融传》李贤注：“《前书音义》曰：以利合为从，以威势相胁曰横。”②

《淮南子·要略》：“晚世之时，六国诸侯，谿异谷别，水绝山隔，各自治其境内，守其分地，握其权柄，擅其政令，下无方伯，上无天子，力征争权，胜者为右。恃连与国，约重致，剖信符，结远援，以守其国家，持其社稷，故纵横修短生焉。”③

《庄子·徐无鬼》：“纵说之诗书礼乐，横说之《金版》《六弢》。”

纵横，其含义如同长短、正反、祸福、阴阳、左右、褒贬、利害，有反覆多变、权谲诡诈的意思。

2. 狂者进取，进取者未必有行

《论语·子路》子曰：“不得中行而与之，必也狂狷乎！狂者进取，狷者有所不为也。”

《管子·八观》：“豪杰不安其位，则良臣出；积劳之人不怀其禄，则兵士不用；民偷处而不事积聚，则囷仓空虚。如是而君不为变，然则攘夺窃盗残贼进取之人起矣。”

《史记·高祖本纪》：“且楚数进取，前陈王、项梁皆败。”裴駰集解引如淳曰：“数进取，多所攻取。”

《淮南子·诠言训》：“故用兵者，或轻或重，或贪或廉，此四者相反而不可

---

① 班固：《汉书·张汤传》，中华书局 1962 年版，第 2645 页。

② 范晔：《后汉书·窦融传》，中华书局 1965 年版，第 798 页。

③ 吕不韦：《吕氏春秋·淮南子》，岳麓书社 1989 年版，第 283 页。

一无也……故轻者可是斗而不可令持守，重者可令埴固而不可令凌敌，贪者可令进取而不可令守职，廉者可令守分而不可令进取。”

《三国志·魏书·武帝纪》（建安十九年十二月）曹操下求贤令曰：“夫有行之士未必能进取，进取之士未必能有行也。陈平岂笃行，苏秦岂守信邪？而陈平定汉业，苏秦济弱燕。由此言之，士有偏短，庸可废乎！有司明思此义，则士无遗滞，官无废业矣。”

《史记·苏秦列传》：“臣闻忠信者，所以自为也，进取者，所以为人也。”

《战国策·燕策·人有恶苏秦于燕王章》：“且夫信行者，所以自为也，非所以为人也，皆自覆之术，非进取之道也。且夫三王之兴，五霸迭盛，皆不自覆也。”“仆者，进取之臣也。”

《战国策·燕策·苏代谓燕昭王》：“仁义者，自完之道也，非进取之术也。”“王曰：自忧不足乎？对曰：……若自忧而足，则臣亦之周负笼耳，何为烦大王之廷耶？”

《苏秦谓燕王章》：“臣进取之臣也，不事无为之主，臣愿辞而之周，负笼操臿，毋辱大王廷。”①

“自复是保守复旧。”②

3. 善取宠乎上

荀子认为苏秦是“善宠乎上”的态臣。《荀子·臣道》：“内不足使一民，外不足使距难，百姓不亲，诸侯不信；然而巧敏佞说，善取宠乎上，是态臣者也。……故用圣臣者王，用功臣者强，用篡臣者危，用态臣者亡。态臣用则必死，篡臣用则必危，功臣用则必荣，圣臣用则必尊。故齐之苏秦，楚之州侯，秦之张仪，可谓态臣者也。”

孟子认为公孙衍、张仪是“以顺为正”的妾妇，算不上是大丈夫。《孟子·滕文公下》景春曰：“公孙衍、张仪岂不诚大丈夫哉？一怒而诸侯惧，安居而天下熄。”孟子曰：“是焉得为大丈夫乎？子未学礼乎？丈夫之冠也，父命之；女子之嫁也，母命之，往送之门，戒之曰：‘往之女家，必敬必戒，无违夫子！’

---

① 文物出版社：《马王堆汉墓帛书·战国纵横家书》，文物出版社 1976 年版，第 16—17 页。

② 文物出版社：《马王堆汉墓帛书·战国纵横家书》，文物出版社 1976 年版，第 18 页。

以顺为正者，妾妇之道也。居天下之广居，立天下之正位，行天下之大道。得志，与民由之；不得志，独行其道。富贵不能淫，贫贱不能移，威武不能屈，此之谓大丈夫。”

苏秦自比为妾妇。《史记·苏秦列传》：“故妾一僵而覆酒，上存主父，下存主母，然而不免于笞，恶在乎忠信之无罪也？夫臣之过，不幸而类是乎！”

4. 倾危、谲诈

《隋书·经籍志》：纵横者，“佞人为之，则便辞利口，倾危变诈，至于贼害忠信，覆邦乱家”。

司马贞《史记·张仪列传·索隐赞》：“仪未遭时，频被困辱。及相秦惠，先韩后蜀。连衡齐魏，倾危诳惑。陈轸挟权，犀首骋欲。如何三晋，继有斯德。”

司马光《资治通鉴》评价范雎：“要之，雎真倾危之士哉！”

倾危，就是进取。倾危“变诈”、倾危“诳惑”，是纵横家为将、为相、为使的行为特征。

《史记·张仪列传》：“夫以一诈伪之苏秦，而欲经营天下，混一诸侯，其不可成亦明矣。”

《汉书·艺文志》：纵横家“及邪人为之，则上诈谖而弃其信”。

扬雄《法言·渊骞》认为张仪、苏秦“诈人也，圣人恶诸”。

潘岳《西征赋》：“苏张喜而诈骋，虞芮愧而讼息。”

陆机《文赋》：“说炜晔而谲诳。”

刘知几《史通·言语》：“剧谈者以谲诳为宗，利口者以寓言为主。”

《旧唐书·经籍志》：“纵横家，以纪辩说诡诈。”

诈伪、诈谖、诈人、诈骋、谲诳、诡诈，是对纵横家的主要印象。

《淮南子·泰族训》：“张仪、苏秦家无常居，身无定君，约从衡之事，为倾覆之谋，浊乱天下，挠滑诸侯，使百姓不遑启居，或从或横，或合众弱，或辅富强，此异行而归于丑者也。”《淮南子》认为苏秦、张仪“为倾覆之谋”“异行而归于丑者也”。

在网络上，有人把“倾危之士”解释为“险诈”“狡诈”。

5. 唇吻策勋、口舌得官

《史记·张仪列传》：“张仪谓其妻曰：视吾舌尚在否？”

《史记·廉颇蔺相如列传》："蔺相如以口舌为劳，而位居我上。"

《史记·刘敬叔孙通列传》："高祖怒，骂刘敬曰：齐虏！以口舌得官，今乃妄言沮吾军。"

《汉书·梅福传》："孝武皇帝好忠谏，说至言，出爵不待廉茂，庆赐不须显功，是以天下布衣，厉志竭精以赴阙廷自衒鬻者不可胜数。"师古曰："谓谏争合意即得官爵，不由荐举及军功也。廉，廉吏也。茂，茂材也。"①

扬雄《解嘲》："画一奇，出一策；上说人主，下谈公卿。目如耀星，舌如电光；一从一横，论者莫当。"

《后汉书·蔡邕传》："或画一策而绾万金，或谈崇朝而锡瑞圭。连衡者六印磊落，合从者骈组流离。"

《后汉书·党锢传》："强者以决胜为雄，弱者以诈劣受屈。至有画半策而绾万金，开一说而锡琛瑞。或起徒步而仕执珪，解草衣而升卿相。"②

刘勰《文心雕龙·诸子》："申、商刀锯以治理，鬼谷唇吻以策勋。"

四、对纵横家的持中评价

1. 其智有过人者

《史记·六国年表》："三国终之卒分晋，田和亦灭齐而有之，六国之盛自此始。务在彊兵并敌，谋诈用而从衡短长之说起。""然战国之权变亦有可颇采者，何必上古。"

《史记·苏秦列传》："其术长于权变。……夫苏秦起闾阎，连六国从，此其智有过人者。吾故列其行事，次其时序，毋令独蒙恶声焉"。

《史记·太史公自序》："天下患秦毋厌，而苏子能存诸侯，约从以抑贪强。"

《史记·苏秦列传》："智者举事，因祸为福，转败为功。"

《史记·樗里子甘茂列传》："方秦之强时，天下尤趋谋诈哉。"

《淮南子·主术训》："物之可备者，智者尽备之，可权者尽权之，此智者所

① 班固：《汉书·梅福传》，中华书局1962年版，第2919页。

② 范晔：《后汉书·党锢传》，中华书局1965年版，第2184页。

以寡患也。”

《淮南子·主术训》：“为智者务于巧诈，为勇者务于斗争。”

《淮南子·兵略训》：“如此，则智者为之虑，勇者为之斗。”

《汉书·元帝纪》：“诏将军、中二千石举明兵法有大虑者。”“师古曰：虑谓策谋思虑。”大虑，即战略、长策。

2. 高才秀士，奇策异智

刘向《战国策》：“战国之时，君德浅薄，为之谋策者，不得不因势而为资，据时而为画。故其谋，扶急持倾，为一切之权，虽不可以临国教化，兵革救急之势也。皆高才秀士，度时君之所能行，出奇策异智，转危为安，运亡为存，亦可喜，皆可观。”

3. 有益于时

荀悦《后汉纪》卷二十一：“袁宏：夫排忧患释疑虑，论形势测虚实，则游说之风有益于时矣。然犹尚谲诈明去就，间君臣疏骨肉，使天下之人专制利害，弊亦大矣。”

4. 权事制宜，通上下之志

《汉书·艺文志》：“纵横家者流，盖出于行人之官……权事制宜，受命不受辞，此其所长也。”

《隋书·经籍志》：“纵横者，所以明辩说、善辞令，以通上下之志也。”

5. 排难之人

王充《论衡·答佞》：“仪秦，排难之人也，处扰攘之世，行揣摩之术。”

苏秦、张仪各为其国，各为其主，扶急持倾，排解危难，有益于时，有利于国。并没有对所事之国家带来“倾危”“倾覆”的结果。《淮南子》贬斥苏秦、张仪为“倾覆之谋”，不合史实。

五、纵横家的特征

1. 为相、为将、为使

《汉书·武帝纪》：“盖有非常之功，必待非常之人，故马或奔踶而致千里，士或负俗累而立功名。夫泛驾之马，跅弛之士，亦在御之而已。其令州郡察吏民有茂材异等，可以为将、相及使绝国者。”

《论语·季氏将伐颛臾》：“危而不持，颠而不扶，则将焉用彼相矣？”

《旧唐书·崔宁传》：“臣备位宰相，危不能持，颠不能扶，宜当万死，伏待斧钺。”①

《魏书·世祖纪》：“古置三公，职大忧重，故曰‘待罪宰相’，将委任责成，非虚宠禄也。”②

《册府元龟·奉使部·机变》：“古者慎使乎之选，重越境之任，故《聘礼》大矣受命不受辞，盖外事不素制也大。《易》曰：‘见机而作，不俟终日。’古语曰：‘变通之际，间不容发。’非夫智略辐辏，计虑周洽者，孰者与于斯乎？若乃受命而行，临事以敏，遇其变故，适与时会，理既先觉，行乎中权，或习俗以遂事，或诡辞以应物，当有疑而立断，将履危而先发，俾夫敌人无所施其诈，智者不能为其谋，用能成命而立功，守节而获考，斯固得专对之义，而成出疆之美矣。”③

2. 大争之世，以攻伐为贤

《史记·平准书》“太史公曰：自是之后，天下争于战国，贵诈力而贱仁义，先富有而后推让。”

《史记·孟子荀卿列传》：“天下务合纵连横，以攻伐为贤。”

《韩非子·八说》：“处多事之时，用寡事之器，非智者之备也；当大争之世，而循揖让之轨，非圣人之治也。”

《淮南子·齐俗训》：“今世俗之士，以功成为贤，以胜患为智，以遭难为愚，以死节为戆，吾以为各致其所极而已。”

《吕氏春秋·士容论·上农》：“民舍本而事末则好智，好智则多诈，多诈则巧法令，以是为非，以非为是。”

《吕氏春秋·季春训·先己》：“当今之世，巧谋并行，诈术递用，攻战不休，

---

① 刘昫：《旧唐书·崔宁传》，中华书局 1975 年版，第 3402 页。

② 魏收：《魏书·世祖纪》，中华书局 1974 年版，第 38 页。

③ 王钦若等：《册府元龟·第 657 卷·奉使部（六）·机变》（校订本）第八册，凤凰出版社（原江苏古籍出版社）2006 年版，第 7579 页。

亡国辱主之愈众，所事者末也。”

《汉书·严安传》：“强国务攻，弱国务守，合纵连横，驰车毂击。”

《过秦论》：“夫兼并者高诈力，安危者贵顺权。推此言之取与守不同术也。”

《汉书·艺文志》：“兵权谋者，以正守国，以奇用兵，先计而后战，兼形势，包阴阳，用技巧者也。”大争之世，攻战不休，力征争权，胜者为右。“以正治国，以奇用兵。”

内政、外交要服务、服从于兼并战争。张仪、苏秦、范雎的智略、谲诈行为，是守国家、持社稷的现实需要。

3. 危言危行

《吕氏春秋·贵直论·直谏》：“言极则怒，怒则说者危，非贤者孰肯犯危？而非贤者也，将以要利矣，要利之人，犯危何益？故不肖主无贤者。”①

《汉书·贾捐之传》：“臣幸得遭明盛之朝，蒙危言之策，无忌讳之患，敢昧死竭卷卷。”②“师古曰：危言，直言也。言出而身危，故云危言。《论语》称孔子曰：邦有道，危言危行。”③

《汉书·梅福传》：“政者职也，位卑而言高者罪也。越职触罪，危言世患，虽伏质横分，臣之愿也。”④

《后汉书·郭泰传》：“（郭）林宗虽善人伦，而不为危言核论，故宦官专权而不能伤也”。李贤：“核犹实也。”⑤

《后汉书·党锢传》：“危言谓不畏危难而直言。《论语》孔子曰：邦有道，危言危行。”⑥

4. 犯危行苦

《淮南子·齐俗训》：“故求是者，非求道理也，求合于己者也；去非者，非

---

① 吕不韦：《吕氏春秋·淮南子》，岳麓书社 1989 年版，第 214—215 页。

② 班固：《汉书·贾捐之传》，中华书局 1962 年版，第 2830 页。

③ 班固：《汉书·贾捐之传》，中华书局 1962 年版，第 2831 页。

④ 班固：《汉书·梅福传》，中华书局 1962 年版，第 2924 页。

⑤ 范晔：《后汉书·郭泰传》，中华书局 1965 年版，第 2226 页。

⑥ 范晔：《后汉书·党锢传》，中华书局 1965 年版，第 2187 页。

批邪施也，去忤于心者也。”“故趋舍合即言忠而益亲，身疏即谋当而见疑。”

《汉书·东方朔传》：“《非有先生论》故伊尹蒙耻辱、负鼎俎、和五味以干汤，太公钓于渭之阳以见文王。心合意同，谋无不成，计无不从，诚得其君也。”①

《吕氏春秋·孝行览·本味》：“故贤主之求有道之士，无不以也，有道之士求贤主，无不行也。相得然后乐，不谋而亲，不行而信，相为殚智竭力，犯危行苦，志欢乐之，此功名所以大成也。”②

《淮南子·缪称训》：“圣人为善若恐不及，备祸若恐不免。蒙尘而欲毋眯，涉水而欲无濡，不可得也。”③

《吕氏春秋·开春论·开春》：“救人之患者，行危苦，不避烦辱犹不能免。”④

《史记·鲁仲连邹阳列传》“鲁连笑曰：所贵于天下之士者，为人排患释难解纷乱而无取也。即有取者，是商贾之事也，而连不忍为也。”

左思《咏史诗》：“吾慕鲁仲连，谈笑却秦军。当世贵不羁，遭难能解纷。功成耻受赏，高节卓不群。”

《淮南子·淑真训》：“夫道有经纪条贯，得一之道，连千枝万叶。是故贵有以行令，贱有以忘卑，贫有利乐业，困有以处危。夫大寒至，霜雪降，然后知松柏之茂也；据难履危，利害陈于前，然后知圣人之不失道。”⑤

《礼记·祭法》：“夫圣王之制祭祀也，法施于民则祀之，以死勤事则祀之，以劳定国则祀之，能御大菑则祀之，能捍大患则祀之。”

纵横家的行事作为，虽然达不到圣人，但至少算得上是功臣。

5. 爵禄富贵

《淮南子·主术训》：“君臣之施者，相报之势也。是故臣尽力死节以与君，君计功垂爵以与臣。”⑥

---

① 班固：《汉书·东方朔传》，中华书局1962年版，第2971页。

② 吕不韦：《吕氏春秋·淮南子》，岳麓书社1989年版，第97页。

③ 吕不韦：《吕氏春秋·淮南子》，岳麓书社1989年版，第116页。

④ 吕不韦：《吕氏春秋·淮南子》，岳麓书社1989年版，第198页。

⑤ 吕不韦：《吕氏春秋·淮南子》，岳麓书社1989年版，第195页。

⑥ 吕不韦：《吕氏春秋·淮南子》，岳麓书社1989年版，第93页。

《管子·法法》："爵不尊，禄不重者，不与图难犯危。以其道为未可以求之也。"

扬雄《法言·渊骞》："乱而不解，子贡耻之；说而不富贵，仪秦耻诸。"

班固《答宾戏》："彼皆蹑风尘之会，履颠沛之势，据徼乘邪以求一日之富贵。"

《三国志·魏书·王卫二刘傅传》卫凯字伯儒："人之所乐者，富贵显荣，所恶者，贫贱死亡也。然此四者，君上之所制，君爱之则富贵显荣，君恶之则贫贱死亡。"

唐太宗李世民《晋书·陆机传》："夫贤之立身，以功名为本，士之居世，以富贵为先。然则荣利人之所贪，祸辱人之所恶，故居安保名，则君子处焉；冒危履贵，则哲士去焉。"

王充认为，苏秦、张仪都是"排难之人"。排除国君之难、国家之难。苏秦、张仪之所以能取得信任，任用为相，收获富贵，必定要实现国君的需求，有超卓的智略、勇于担当、处理危难、挑战风险、遂行责任。

《吕氏春秋·审分览·君守》："凡奸邪险陂之人，必有因也。何因哉？因主所为。"①

苏秦、张仪、范雎，从无所依凭的低下阶层，在历史剧变之中，不次超迁擢升卿相显贵之位，被批评为奸邪险陂、据徼乘邪、冒危履贵、进取投机。

《史记· 越王勾践世家》范蠡喟然叹曰："居家则致千金，居官则至卿相，此布衣之极也。"②

《淮南子·修务训》："若以布衣徒步之人观之，则伊尹负鼎而干汤，吕望鼓刀而入周，百里奚转鬻，管仲束缚，孔子无黔突，墨子无暖席。是故圣人不高山，不广河，蒙耻辱以干世主，非以贪禄慕位，欲事起天下之利而除万民之害"。③

《淮南子·氾论训》："苏秦，匹夫徒步之人也，鞙蹻嬴盖，经营万乘之主，

---

① 吕不韦：《吕氏春秋·淮南子》，岳麓书社 1989 年版，第 42 页。

② 司马迁：《史记·越王勾践世家》，中华书局 1959 年版，第 1752 页。

③ 吕不韦：《吕氏春秋·淮南子》，岳麓书社 1989 年版，第 249 页。

服诺诸侯，然不自免于车裂之患……苏秦知权谋而不知福祸……。”①

苏秦、张仪、范雎，是洞察利害的战略家，参透人性的观察者，果敢进取的投机客，危中求贵的博弈人。他们是匹夫徒步之人，无尺土之资，无军功积劳，无所依凭，为了改变自己的命运，提升所处的阶层，主动迎合国君的欲望和志向，积极进取，从解危之中把握发达的机遇，从排难之中追逐超迁的富贵。

六、苏秦、张仪、范雎的“倾危”之行

1. 苏秦

（1）投机抵巇。《鬼谷子·抵巇》：“巇始有朕，可抵而塞，可抵而却，可抵而息，可抵而匿，可抵而得，此谓抵巇之理也。”“世可以治则抵而塞之，不可治则抵而得之。”

根据《史记·苏秦列传》《战国策·苏秦始将连横》，商鞅死后，苏秦十次上书秦惠王，主张“连横”，以战争征伐诸侯，目的是继承商鞅死后之职位。在秦国受挫后，苏秦研究天下大势，转而提出“合纵”主张。赵国奉阳君李兑死后，苏秦游说赵肃侯，是为了接替奉阳君空出的相位。苏秦迎合赵肃侯，批评赵国大臣是“燕乌集阙”，是一群平庸的“燕雀、乌鹊”，从而与赵肃侯“抵掌”深谈，提出择交、合纵战略，获得信任、任用。这属于《鬼谷子·抵巇》“不可治则抵而得之”。

《孟子》把纵横家比作“妾妇”，够不上“大丈夫”。《史记·苏秦列传》面对燕王惑于谗言，怀疑他的“忠信”。苏秦自称为“进取之士”。苏秦自比为“妾妇”，“妾妇”反映了他的处境和担当，为了维系大局，主动自污，弥补罅漏，“抵而塞之”。

《史记·苏秦列传》：“臣闻客有远为吏而其妻私于人者，其夫将来，其私者忧之，妻曰‘勿忧，吾已作药酒待之矣’。居三日，其夫果至，妻使妾举药酒进之。妾欲言酒之有药，则恐逐主母也，欲勿言乎，则恐其杀主父也。于是乎详僵而弃酒。主父大怒，笞之五十。故妾一僵而覆酒，上存主父，下存主母，然

① 吕不韦：《吕氏春秋·淮南子》，岳麓书社 1989 年版，第 160 页。

而不免于笞，恶在乎忠信之无罪也？夫臣之过，不幸而类是乎！”

《淮南子·说林训》：“苏秦步，曰何步？趋，曰何趋？驰，曰何驰？有为则议，多事固苛。”①

《淮南子·泰族训》：“张仪、苏秦家无常居，身无定君……此异行而归于丑者也。”②

（2）为燕行间。苏秦入齐为相，自蹈险地，为燕国充当间谍。《史记·张仪列传》：“苏秦，封武安君，相燕，即阴与燕王谋伐破齐而分其地。乃详有罪出走入齐，齐王因受而相之。居二年而觉，齐王大怒，车裂苏秦于市。”

《淮南子·诠言训》：“苏秦善说而亡身。”③

《淮南子·说林训》：“管子以小辱成大荣，苏秦以百诞成一诚。”④

《史记·鲁仲连邹阳传》：“苏秦不信于天下，而为燕尾生。”

2. 张仪

（1）冒死入楚。《史记·张仪列传》：“秦强楚弱，臣善靳尚，尚得事楚夫人郑袖，袖所言皆从。且臣奉王之节使楚，楚何敢诛，假令诛臣而为秦得黔中之地，臣之上愿。”

（2）破纵连衡。《史记·太史公自序》：“六国既从亲，而张仪能明其说，复散解诸侯。”李斯《谏逐客书》：“遂散六国之众，使之西面事秦。”司马贞《史记·张仪列传·索隐赞》：“连衡齐魏，倾危诳惑。”

张仪在苏秦死后，先后游说楚、韩、齐、赵、燕五国，拆散合纵，与秦连衡，自己入魏国为相。

3. 范雎

司马光《资治通鉴》“臣光曰：……秦益强大者，穰侯之功也。……若雎者，亦非能为秦忠谋，直欲得穰侯之处，故搤其吭而夺之耳。遂使秦王绝母子之义，失舅甥之恩。要之，雎真倾危之士哉！”

---

① 吕不韦：《吕氏春秋·淮南子》，岳麓书社1989年版，第220页。

② 吕不韦：《吕氏春秋·淮南子》，岳麓书社1989年版，第270页。

③ 吕不韦：《吕氏春秋·淮南子》，岳麓书社1989年版，第174页。

④ 吕不韦：《吕氏春秋·淮南子》，岳麓书社1989年版，第223页。

《史记·范雎蔡泽列传》范雎自陈："今臣羁旅之臣也，交疏于王，而所原陈者皆匡君之事，处人骨肉之间，原效愚忠而未知王之心也。"

范雎未知秦王之心，处人骨肉之间，危言危行，犯颜直谏，抵秦国之隙，绝母子亲情之义、断舅甥骨肉之恩，为秦昭王排除了掣肘之患，提出了远交近攻策略。

《史记·范雎蔡泽列传》范雎："若夫穷辱之事，死亡之患，臣弗敢畏也。臣死而秦治，贤于生也。""生而辱，不如死而荣。士固有杀身以成名，惟义之所在，虽死无所恨，何为不可哉！"蔡泽："身与名俱全者，上也。名可法而身死者，其次也。"

蔡泽所谓的"杀身以成名"，"名可法而身死"，是对纵横家"倾危"较好的注解。

前文所引《德意志意识形态》中的话："无论利己主义还是自我牺牲，都是一定条件下个人自我实现的一种必要形式"。

苏秦、张仪、范雎，在某种程度上，都有一定的自我牺牲精神。

七、《淮南子·泰族训》苏秦、张仪"为倾覆之谋"分析

1. 变乱之秋

《后汉书·蔡邕传》："君臣土崩，上下瓦解，于是智者骋诈，辩者驰说，武夫奋略，战士讲锐。电骇风驰，雾散云披，变诈乖诡，以合时宜。或画一策而绾万金，或谈崇朝而锡瑞珪。连衡者六印磊落，合从者骈组流离。隆贵翕习，积富无崖，据巧蹈机，以忘其危。"①

《资治通鉴》："仪与苏秦皆以纵横之术游诸侯，致位富贵，天下争效慕之。又有魏人公孙衍者，号曰犀首，亦以谈说显名。其余苏代、苏厉，周最、楼缓之徒，纷纭偏于天下，务以辩诈相高，不可胜纪。"

2. 平安之世

苏秦、张仪从"天下争效慕"，到被视作"乱国政""不为君子""异行而归

① 范晔：《后汉书·蔡邕传》，中华书局 1965 年版，第 1982 页。

于丑者”“诈人”“佞人”，这个转变发生在汉武帝时期。

汉武帝实施了“罢黜百家，表彰《六经》”。建元元年（前 140），武帝初即位。《汉书·武帝纪》丞相卫绾奏曰：“所举贤良，或治申、商、韩非、苏秦、张仪之言，乱国政，请皆罢之。”武帝“可”其奏。

《汉书·董仲舒传》元光元年（前 134）董仲舒在贤良对策中提出“诸不在六艺之科孔子之术者，皆绝其道，勿使并进”。元光五年（前 130），公孙弘为官，建议为《五经》博士置弟子员，弟子考试合格可以做官。《汉书·儒林传》：“自此以来则公卿大夫士吏彬彬多文学之士矣。”

在汉武帝倡导儒家思潮的大背景下，商韩苏张之言被认为是“乱国政”。《淮南子》对苏秦、张仪等纵横家的批判，反映了天下一统背景之下承平之世，纵横家已经失掉了存在的社会环境。

《淮南子·泰族训》：“治之所以为本者，仁义也；所以为末者，法度也。”“故百川并流，不注海者不为川谷；趋行蹐驰，不归善者不为君子。”

《淮南子·泰族训》：“张仪、苏秦之从衡，皆掇取之权，一切之术也。非治之大本，事之恒常，可博闻而世传者也。”“张仪、苏秦家无常居，身无定君，约从衡之事，为倾覆之谋，浊乱天下，挠滑诸侯，使百姓不遑启居，或从或横，或合众弱，或辅富强，此异行而归于丑者也。”

在东方朔《答客难》、扬雄《解嘲》、班固《答宾戏》当中，还能看出苏秦、张仪令人艳羡、暴得富贵的传奇经历，在社会上仍存在着广泛影响。

汉武帝摒抑商韩苏张，《淮南子》贬斥苏张于前，司马迁的《史记》犹能秉持“毋令独蒙恶声”“战国之权变亦有可颇采者”的态度，中肯评价苏秦、张仪等为“倾危之士”，无愧“史圣”称誉。

司马贞《史记·张仪列传·索隐述赞》“倾危诳惑”，《隋书·经籍志》“倾危变诈”，司马光“倾危之士”，符合苏秦、张仪、范雎冒险进取的行事特征。

扬雄《解嘲》，战国时“士无常君，国无定臣”。“世乱，则圣哲驰骛而不足；世治，则庸夫高枕而有余。”

东方朔《答客难》：“今则不然：圣帝德流，天下震慑，诸侯宾服，连四海之外以为带，安于覆盂；天下平均，合为一家，动发举事，犹运之掌，贤与不肖何以异哉？”“天下无害，虽有圣人，无所施才；上下和同，虽有贤者，无所立功。故曰：时异事异。”“天下和平，与义相扶，寡偶少徒，固其宜也。”

从汉王朝四海一家、圣帝德流、唯上是从、忠诚秩序、政治安堵的现实需要出发，批评张仪、苏秦“家无常居，身无定君，约从衡之事，为倾覆之谋，浊乱天下，挠滑诸侯，使百姓不遑启居”，明显是脱离了战国的历史条件，不符合历史唯物主义的评价标准。

《汉书·景帝纪》：“人不患其不知，患其为诈也；不患其不勇，患其为暴也；不患其不富，患其亡厌也。其唯廉士，寡欲易定。”①

《汉书·窦田灌韩传》：“天下幸而安乐无事，蚡得为肺腑，所好音乐狗马田宅。蚡所爱倡优巧匠之属，不如魏其、灌夫日夜招聚天下豪杰壮士与议论，腹诽而心谤，不仰视天儿俯画地，睥睨两宫间，幸天下有变而欲立功。臣乃不知魏其等所为！”《汉书·窦田灌韩传》瓒曰：“婴不知时变。”

“天下有变，谓因国家变难之际得立大功矣”。“师古曰：瓒说是也”。田蚡的辨辞，加上汉武帝对于“招聚天下豪杰壮士”的忌惮，把“不知时变”的窦婴送进了死地。

王充《论衡·定贤篇》：“以权诈卓谲，能将兵御众为贤乎？是韩信之徒也。向令韩信用权变之才，为若叔孙通之事，安得谋反诛死之祸哉？有功强之权，无守平之智，晓将兵之计，不见已定之义，居平安之时，为反逆之谋，此其所以功灭国绝，不得名为贤也。”

《宋书·谢灵运传》《撰征赋》：“观让通而告狶，曷始智而终愚。”

《后汉书·邓寇传》：范晔评论“虽邓寇之高勋，耿贾之鸿烈，分土不过大县数四”。“故势疑则隙生，力侔则乱起。”②

《旧唐书·王琚传》：“或有上说于玄宗曰：‘彼王琚、麻嗣宗谲诡纵横之士，可与履危，不可得志。天下已定，宜益求纯朴经术之士’。玄宗乃疏之。”③

纵横之士，追求富贵，轻死重利，可与履危；平安之世，功臣难用，君主忌惮其为诈、为暴、无厌，患其智诈反覆，不忠于上，难与共治平。

---

① 班固：《汉书·景帝纪》，中华书局1962年版，第152页。

② 范晔：《后汉书·邓寇传》，中华书局1965年版，第787页。

③ 刘昫：《旧唐书·王琚传》，中华书局1975年版，第3251页。

《旧唐书》评价刘幽求："刘徐公负不羁之材，逢抵巇之运，遂能奋命决策，扶力中兴，朝为徒步之人，夕据公侯之位，苟非轻死重利，不耻不义之富，安及此哉！"

宋祁《新唐书》："（刘）幽求之谋，（钟）绍京之果，（崔）日用之智，（王）琚之辩，皆足济危纾难，方多故时，必资以成功者也。雄迈之才，不用其奇则厌然不满，诚不可与共治平哉！姚崇劝不用功臣，宜矣。然待幽求等恨太薄云。"

"治平尚德行，有事赏功能"。《汉书·武帝纪》："盖有非常之功，必待非常之人，故马或奔踶而致千里，士或负俗累而立功名。夫泛驾之马，跅弛之士，亦在御之而已。其令州郡察吏民有茂材异等，可以为将、相及使绝国者。"

汉武帝讨伐匈奴、开疆拓土，又重视选拔茂材异等，为将、为相及可使绝国者。

综上所述，"倾危"就是"冒危""犯危"，就是"进取""为人"。"倾危"反映了苏秦、张仪、范睢为代表的群体，入危邦、立危墙、处危局，危言危行，犯危救危，履危扶危，"犯危行苦、志欢乐之"，君臣相契，建功立业的行为特征。"倾危"与《史记·苏秦列传》"忠信者，所以自为也，进取者，所以为人也"，与《战国纵横家书·苏秦谓燕王章》"臣进取之臣也，不事无为之主"的自述互相印证。《淮南子·泰族训》评价苏秦、张仪"为倾覆之谋"，是受到了汉武帝"罢黜百家，表彰六经"的影响。

（王宏波，宝鸡市社会科学院副研究员、宝鸡炎帝与周秦文化研究会副会长兼秘书长、《宝鸡社会科学》执行编辑。）

《史记·循吏列传》与儒家的德政思想蠡测

韩　越

《史记》作为中国第一部纪传体通史，鲁迅誉之“史家之绝唱，无韵之离骚”，同时具备极高的史学价值和文学价值。《史记》反映了司马迁“究天人之际，通古今之变，成一家之言”的思想追求。其中，《循吏列传》中的“循吏”群体，代表了司马迁的政治思想在吏治方面的体现。司马迁的思想受到了儒家、道家等的影响，于各家学说各取所长而自成一派，“（司马迁思想）以道家为根基，以儒家为主干”[①]是司马迁思想研究中具有代表性的观点之一。《史记·循吏列传》通过对孙叔敖、子产、公仪休、石奢、李离等五位春秋战国时期著名官吏的事迹的记载和评述，体现出司马迁“德主刑辅，杂以无为”的吏治思想。

一、《循吏列传》与司马迁的吏治思想

司马迁在《史记》中开创性地提出了“循吏”的概念：“奉法循理之吏，不伐功矜能，百姓无称，亦无过行。作《循吏列传》第五十九。”[②]司马贞《史记索隐》为其解题曰：“（循吏）谓本法循理之吏也。”[③]日本学者泷川资言在《史记会注考证附校补》中引用宋真宗赵恒言：“法令为文，刑罚为武。‘奉职循理’

① 朱枝富：《司马迁政治思想通论》，延边大学出版社 1999 年版，第 13 页。

② 司马迁著，裴骃集解，司马贞索隐，张守节正义：《史记》，中华书局 2014 年版，第 4025 页。

③ 司马迁著，裴骃集解，司马贞索隐，张守节正义：《史记》，中华书局 2014 年版，第 3767 页。

四字，乃太史公‘循吏’之本旨。”[①]这里，“本”即为“奉”，“法”即“官法”（也就是“职”）。“本法循理”、“奉职循理”与“奉法循理”义同。可见，太史公是在为这些能够奉法循理的官吏作传，以彰后世为官者，并抒发自己的吏治思想。这种为各时期良吏作传的举措为后代正史所效仿，除《三国志》《周书》《旧五代史》《新五代史》而外，自《汉书》而至《清史稿》，或直接沿用《史记》体例而作《循吏传》，或变言而曰“良吏”“良政”“能吏”。[②]这些正史的相关内容对司马迁吏治思想各有偏重和发展，成为各时期正统政治思想（代表朝廷）在吏治方面的重要表现。

就《循吏列传》而言，司马迁挑选了五位春秋战国时期的著名官吏，从不同维度体现出了他的吏治思想。写孙叔敖，提到了两件事。第一件事是楚庄王认为楚国货币重量太轻，于是下令把小币改铸为大币。但这样一来，人们用起货币来很不方便，百姓“皆去其业”。当时楚国管理市场的官员向孙叔敖报告了这个情况，孙叔敖马上请求楚庄王恢复旧币，政令颁布第三天，楚国市场就恢复了原貌。第二件事是楚国民众爱坐矮车，楚王认为矮车不便于驾马，于是想下令把车的底盘改高。而孙叔敖表示反对，他认为政令多了，百姓会无所适从。他建议加高门槛，这样，人们乘车出入，自然就会把车子底盘改高。这两件小事体现了道家无为而治的思想，楚王欲“为”，而孙叔敖劝其“无为”，也就是“不非为”，做事不违背事物之“理”，结果是“此不教而民从其化”；又体现了儒家的民本思想，以上两件事都是孙叔敖以利民、导民为目的的举措。在具体写这两件事之前，司马迁还介绍了孙叔敖一些其他事迹：

> 孙叔敖者，楚之处士也。虞丘相进之于楚庄王，以自代也。三月为楚相，施教导民，上下和合，世俗盛美，政缓禁止，吏无奸邪，盗贼不起。秋冬则劝民山采，春夏以水，各得其所便，民皆乐其生。[③]

---

① 泷川资言：《史记会注考证附校补》，中华书局1959年版，第3099页。

② 李大明：《〈史记·循吏列传〉与历代正史〈循（良）吏〉的设置》，《中华文化论坛》2013年第8期。

③ 司马迁著，裴骃集解，司马贞索隐，张守节正义：《史记》，中华书局2014年版，第3767页。

孙叔敖身为楚相，用施教导民的方法，三个月就能够使楚国“上下和合，世俗盛美”；政令宽缓，体现出他心怀仁义，以德治国；有禁必止，刑罚是禁止奸邪的手段。就如司马迁在《循吏列传》开头讲到的“法令所以导民也，刑罚所以禁奸也”，孙叔敖颁布政令就是为了教导民众，禁止奸邪；“吏无奸邪”，就是说官吏能够“奉法循理”，遵循官法，不倚仗权势而为非作歹。在这样“上下和合，世俗盛美”的社会环境中，官吏们不胡作非为，盗贼奸邪也就不再出现了。他导民利民，秋冬两季鼓励人们进山采伐林木，春夏时再教导人们借上涨的河水把木材运出山外。“春夏以水”处，裴骃《史记集解》引徐广言：“乘多水时而出材竹”①，这正是遵循并利用自然规律，以便利民生。孙叔敖处处为民生考虑，不愧为一代良相。

第二位循吏是郑国的子产。在记述子产的事迹时，司马迁没有像写叔孙敖那样罗列出具体的事件，而是用对比的手法写了子产为政前和为政后郑国的社会状况，将为政前郑国的混乱不堪与为政五年后郑国表现出的类似于孔子口中“大同社会”的祥和景象相对比。子产是春秋时期著名的政治家，清初思想家王源誉之“子产乃终春秋第一人”②，清人赵青黎亦誉之“郑子产，春秋第一流人，其美不胜述”③。《左传》记载了许多与子产有关的事件，明代唐锡周曰：“后半部《左传》，全赖此人生色。”④孔子对子产相当推崇：《论语·公冶长》孔子评价子产“有君子之道四焉”；《论语·宪问》孔子称子产“惠人也”；《史记·郑世家》中，晋平公称赞子产是“博物君子”⑤，又言“孔子尝过郑，与子产如兄弟云。及闻子产死，孔子为泣曰：‘古之遗爱也！’”⑥，也许正是因为子产在当

---

① 司马迁著，裴骃集解，司马贞索隐，张守节正义：《史记》，中华书局 2014 年版，第 3768 页。

② 郑克堂：《子产评传》，“国民政府军事委员会”印行本，1936 年版，第 132 页。

③ 郑克堂：《子产评传》，“国民政府军事委员会”印行本，1936 年版，第 134 页。

④ 郑克堂：《子产评传》，“国民政府军事委员会”印行本，1936 年版，第 130 页。

⑤ 司马迁著，裴骃集解，司马贞索隐，张守节正义：《史记》，中华书局 2014 年版，第 2138 页。

⑥ 司马迁著，裴骃集解，司马贞索隐，张守节正义：《史记》，中华书局 2014 年版，第 2140 页。

时太过出名，其事迹早已深入人心，故司马迁在《循吏列传》中并未介绍子产的具体事迹，而是对其为政进行了侧面描写：

子产者，郑之列大夫也。郑昭君之时，以所爱徐挚为相，国乱，上下不亲，父子不和。大宫子期言之君，以子产为相。为相一年，竖子不戏狎，斑白不提挈，僮子不犁畔。二年，市不豫贾。三年，门不夜关，道不拾遗。四年，田器不归。五年，士无尺籍，丧期不令而治。治郑二十六年而死，丁壮号哭，老人儿啼，曰："子产去我死乎！民将安归？"①

子产为政一年，浪荡子不再轻浮嬉戏，老年人不必手提负重，儿童也不用下田耕种；为政两年，市场上买卖公平，不预定高价了；三年，人们夜不闭户，路不拾遗；四年，农民收工不必把农具带回家；五年，男子无须服兵役，遇有丧事则自觉敬执丧葬之礼。关于"士无尺籍"，"尺籍"是书写军令、军功等的簿籍，战士们不再需要尺籍来记录军功；"丧期不令而治"，不需下令，民间就可以很好地遵守丧礼。这都是子产善于以德治国的结果。《左传》中有非常丰富的关于子产的记载，较为著名的如不毁乡校（《左传·襄公三十一年》）、郑人铸刑书（《左传·昭公六年》）、论为政宽猛（《左传·昭公二十年》）等，均可以与《循吏列传》互参。

第三位是鲁国国相公仪休，他治国"奉法循理，无所变更，百官自正。使食禄者不得与下民争利，受大者不得取小"，他奉法循理，以身作则，官员们都自发向他学习，所以不需要改变什么规则，百官即能"自正"。《循吏列传》还记载了他谨遵官法、不与民争利的三件事：

客有遗相鱼者，相不受。客曰："闻君嗜鱼，遗君鱼，何故不受也？"相曰："以嗜鱼，故不受也。今为相，能自给鱼；今受鱼而免，谁复给我鱼者？吾故不受也。"

---

① 司马迁著，裴骃集解，司马贞索隐，张守节正义：《史记》，中华书局 2014 年版，第 3769 页。

食茹而美，拔其园葵而弃之。见其家织布好，而疾出其家妇，燔其机，云“欲令农士工女安所雠其货乎”？①

司马贞《史记索隐》注“雠”：音售。②公仪休因为谨遵官法，故不受客之鱼；为民生考虑，不与民争利，故拔园葵、出家妇。按常理来说，公仪休没有必要这么做，但这些其实都是他出于身为一国之相，以身作则，以期上行下效的目的。《论语·颜渊》记载，季康子曾向孔子询问政事，孔子答道：“政者，正也。子帅以正，孰敢不正？”③季康子时任鲁国正卿，孔子用同音的“正”来解释“政”，认为为政者注重道德修养，以身作则，那么上行下效，也就是《循吏列传》中提到的“良民惧然身修者，官未曾乱也”④。

位于《循吏列传》第四、五位的石奢和李离，这两位的入传曾经受到明代学者陈仁锡的质疑：“汉之循吏，……奢、离二人得事，未见为循吏。”⑤（按：原文“得事”疑有误，当作“行事”，待查。⑥）其实，考察《酷吏列传》的创作，就可以体会到司马迁作《循吏列传》有其现实针对性。泷川资言《史记会注考证附校补》引陈子龙言：“太史公传循吏，无汉以下者；传酷吏，无汉以前者，寄慨深矣。”⑦汉武帝时期酷吏当道，司马迁本人曾受宫刑之痛，受尽酷吏的折磨，深知严刑峻法的弊端。“奉职循理，亦可以为治，何必威严哉？”司马迁列出石奢、李离两位官吏以法律己的事迹，与武帝时期滥用刑罚、为法不公的酷吏政治暗暗形成对比。制定法律只是法治的开始，法律的执行才是重中之重，官

① 司马迁著，裴骃集解，司马贞索隐，张守节正义：《史记》，中华书局 2014 年版，第 3770 页。

② 司马迁著，裴骃集解，司马贞索隐，张守节正义：《史记》，中华书局 2014 年版，第 3770 页。

③ 杨伯峻：《论语译注》，中华书局 1958 年版，第 127 页。

④ 司马迁著，裴骃集解，司马贞索隐，张守节正义：《史记》，中华书局 2014 年版，第 3767 页。

⑤［日］泷川资言：《史记会注考证附校补》，上海古籍出版社 1986 年版，第 1937 页。

⑥ 李大明：《〈史记·循吏列传〉与历代正史〈循（良）吏〉的设置》，《中华文化论坛》2013 年第 8 期。

⑦［日］泷川资言：《史记会注考证附校补》，上海古籍出版社 1986 年版，第 1940 页。

吏在执法过程中理应公正不阿。司马迁将石奢、李离的事迹写入《循吏列传》，重点并非在于他们的政绩，而是他们意外违法却能以法律己，赞扬他们违法必究、勇于自律的精神。[①]

石奢是楚昭王时期的国相，“坚直廉正，无所阿避”是司马迁对他为官的评价。石奢出行属县，恰逢途中有凶手杀人，他追捕凶犯，发现凶犯竟是自己的父亲，他放走了犯法杀人的父亲，违反了法律，他为了维护法律的权威性“自刎而死”。“不私其父，非孝子也；不奉主法，非忠臣也。”该事件据查最早见于《吕氏春秋·高义》。石奢私其父而奉主法，同时体现了儒家和法家的思想。而正是这样的石奢，结局却是“伏诛而死”，原因是“臣职也”。从中也可看出司马迁眼中儒家理想与法家规则的矛盾。李离是晋文公时期的法官。因“过听杀人”而“自拘当死”“伏剑而死”，使晋文公能够“正国法”，也体现了循吏奉守官法，以身作则的精神。《韩诗外传》有记载李离之事，并有君子言，称李离“忠矣仁矣”[②]。司马迁对事件有所删减，重点突出李离之行能使晋文公得以“正国法”。

石奢和李离入传，应该说有一部分原因是司马迁欲体现其“德主刑辅”的吏治思想。儒家的德政思想始于周公，成于孔子，孟子、荀子又进行了继承和发展。荀子将法治思想融入德政思想之中，实现“王道”，德治法治缺一不可。司马迁深谙历史，深知法治的重要性。但知人论世，联系到他所处的时代背景，汉武帝时期酷吏政治盛行，并且越到汉武帝后期，酷吏就越为残忍，品行也越发卑劣。[③]治国真正需要的是石奢、李离这样的秉法公正的官吏，而不是品行卑劣的酷吏。因为刑罚作为德政的辅助手段，不能够违背以德化民的基本原则。《循吏列传》开篇说道：“法令所以导民也，刑罚所以禁奸也。文武不备，良民惧然身修者，官未曾乱也。奉职循理，亦可以为治，何必威严哉？”[④]法律和命令是

① 陈金花：《论司马迁的吏治观》，《湖北社会科学》2007 年第 1 期。

② 许维遹：《韩诗外传集释》，中华书局 1980 年版。

③ 刘晋梅：《〈史记·酷吏列传〉的政治讽喻性探析》，《渭南师范学院学报》2019 年第 4 期。

④ 司马迁著，裴骃集解，司马贞索隐，张守节正义：《史记》，中华书局 2014 年版，第 3767 页。

用来引导民众的，刑法和各种惩罚是用来防止民众作恶的。在文法与刑律不完备时，善良的百姓依然心存戒惧地自我约束修身，是因为居官者行为端正不曾违乱纲纪。只要官吏奉公尽职按原则行事，就可以用它做榜样治理好天下，为什么非用严刑峻法不可呢？这段话揭示了司马迁吏治观对儒家、法家、道家政治思想的综合性诠释：在文法刑律、德行和“循理”中，德行是最为重要的，“文武不备”之时，只要官员德行端正，良民依然会“惧然身修”；法令、刑罚是德行端正的官员引导和管理民众的工具，所以导民禁奸；而“循理”就像是一条红线，夹杂和贯穿在良吏治民过程的始终。

二、儒家德政思想与司马迁的吏治思想

“德”字最早见于商周甲骨，而儒家的德政思想源于周公。西周初年的周公对德政进行了比较全面的论述，从《尚书》中，可以看出周公的德政思想主要体现在：辅佐周王施行德政，劝诫周王与诸侯施行德政，尚贤任能以施行德政三方面。[①]在《史记·鲁周公世家》中，还记载了周公提出的要顺从民意的可贵民本思想：“顾天及民之从也”[②]。春秋战国时期，以孔子、孟子、荀子为代表，儒家进一步发展了周公的德政思想。对先秦时期儒家德政思想进行归纳，我们可以发现：

“修己正身”是德政思想对为政者自身必要条件的规定。《论语·子路》有言：“其身正，不令而行；其身不正，虽令不从。”[③]（为政者）如果自身行为端正，不用发布命令，事情也能推行得通；如果本身不端，就是发布了命令，百姓也不会听从。《论语·泰伯》有言：“君子笃于亲，则民兴于仁；故旧不遗，则

① 潘泉：《先秦儒家德政思想的考察》，《西南科技大学学报（哲学社会科学版）》2007 年第 5 期。

② 司马迁著，裴骃集解，司马贞索隐，张守节正义：《史记》，中华书局 2014 年版，第 1834 页。

③ 杨伯峻：《论语译注》，中华书局 1958 年版，第 134 页。

民不偷。”[①]《论语·颜渊》载季康子问政于孔子，孔子答：“政者，正也。子帅以正，孰敢不正？”[②]儒家对于为政者自身德行的要求是很高的，必须本身符合“君子”的标准。“君子”在古代的含义有掌握政权的贵族男子、德行高尚的男子、君子儒士的多重意蕴，这同时也是司马迁对“循吏”的期许。故司马迁记载了孔子对子产评价：“(子产死)孔子为泣曰：‘古之遗爱也！’”[③]裴骃《史记集解》引贾逵注“爱，惠也”[④]。《论语·公冶长》中，孔子评价子产：“子谓子产：‘有君子之道四焉：其行己也恭，其事上也敬，其养民也惠，其使民也义。’”[⑤]《论语·宪问》有人询问孔子，子产是一个什么样的人，孔子回答道：“惠人也。”[⑥]可见，子产在孔子心目中是君子的典范。这样的子产，是符合为政者“修己正身”的要求的。公仪休恪守官法拒不受鱼，不与民争利，拔园葵、出家妇，“无所变更”而“百官自正”，正是这位国相修己正身，上行下效的结果。

“重民惠民”是德政思想向为政者提出的对民众的态度的要求。《尚书·虞书·大禹谟》有“德惟善政，政在养民”[⑦]，修德主要表现在处理好政事，为政的中心在于养育人民；《孟子·尽心下》提出了“民为贵，社稷次之，君为轻”[⑧]；《荀子·王制》有“君者舟也，庶人者水也。水则载舟，水则覆舟”[⑨]。暴秦横征暴敛不得民心，故二世而亡。司马迁以史为鉴，《循吏列传》很突出地体现出他重民惠民的思想。排在《循吏列传》首位的孙叔敖，施教导民，春夏秋冬劝民众因时制宜，让百姓有了谋生之道；百姓使用大币多有不便，便劝楚王恢复

---

① 杨伯峻：《论语译注》，中华书局1958年版，第77页。

② 杨伯峻：《论语译注》，中华书局1958年版，第127页。

③ 司马迁著，裴骃集解，司马贞索隐，张守节正义：《史记》，中华书局2014年版，第2140页。

④ 司马迁著，裴骃集解，司马贞索隐，张守节正义：《史记》，中华书局2014年版，第2140页。

⑤ 杨伯峻：《论语译注》，中华书局1958年版，第46页。

⑥ 杨伯峻：《论语译注》，中华书局1958年版，第146页。

⑦ 王世舜著，王翠叶译注：《尚书》，中华书局2012年版，第286页。

⑧ 方勇译注：《孟子》，中华书局2015年版，第107页。

⑨ 方勇著，李波译注：《荀子》，中华书局2011年版，第290页。

旧币；庳车不便于用马，他考虑到民众对命令的接受度，建议下令增高门槛而使民众自然而然地增高车辆。司马迁评价孙叔敖为政“上下和合”“民皆乐其生”，孙叔敖施教导民，重民惠民，由他治理的楚国“世俗盛美”。对郑相子产，司马迁采用了侧面描写表现子产重民惠民。《史记·郑世家》评价子产“为人仁爱人”①，他治理郑国二十六年去世，国内的年轻人、老人都为之悲泣。如果不是施行仁政、重视民生，郑国百姓怎么会认为子产是“郑所以存者”②？又怎么会在子产死后提出“子产去我死乎！民将安归？”③的问题！子产无疑是一位心系百姓的良相。

“教化百姓”是德政思想对为政者提出的治民要求，核心是“德”与“礼”④，与严刑峻法的刑罚相对。“教化”是中国古语，在古籍中出现频率很高。“教”属于会意字，从“攴”，小篆“攴”像以手持杖或执鞭。⑤许慎《说文解字》：“教，上所施下所效也。化，教行也。”⑥《辞海》：“儒家所倡导的政教风化，也指教育感化。”教化就是统治者用一定的方法来引导和启蒙民心，形成好的社会风气，使民众得到感化和熏陶，从而达到稳定和巩固社会秩序的目的。《周易》贲卦卦辞就有“观乎天文，以察时变；观乎人文，以化成天下”⑦之言。《论语·为政》中，孔子提出：“道之以政，齐之以刑，民免而无耻。道之以德，齐之以礼，有耻且格。”⑧这段话也被司马迁在《酷吏列传》中引用。用强权手

① 司马迁著，裴骃集解，司马贞索隐，张守节正义：《史记》，中华书局 2014 年版，第 2140 页。

② 司马迁著，裴骃集解，司马贞索隐，张守节正义：《史记》，中华书局 2014 年版，第 2137 页。

③ 司马迁著，裴骃集解，司马贞索隐，张守节正义：《史记》，中华书局 2014 年版，第 3769 页。

④ 李晶晶：《司马迁教化观研究》，辽宁大学 2011 年硕士学位论文，第 8 页。

⑤ 姜竹青：《中国汉代思想政治教育的教化形态研究》，东北师范大学 2019 年博士学位论文，第 6 页。

⑥ 许慎：《说文解字》，天津古籍书店 1991 年版，第 168 页。

⑦ 杨天才著，张善文译注《周易》，中华书局 2011 年版，第 207 页。

⑧ 杨伯峻：《论语译注》，中华书局 1958 年版，第 11 页。

段、法治禁令来管理百姓，使用刑法来约束他们，老百姓只能免予犯罪受惩罚，却没有了廉耻之心；用道德引导百姓，用礼制去统一百姓的言行，不但懂得廉洁是非，而且从心里归服。这就是严刑峻法与用儒家的道德和礼教化百姓的区别。孟子进一步强调教化的重要性："仁言，不如仁声之入人深也。善政，不如善教之得民也。善政民畏之，善教民爱之；善政得民财，善教得民心。"[①]善于教化百姓，才能够得到民心，而得民心者得天下。汉代是第一个在全国范围内实施教化的时代，[②]统治者通过一系列措施，确立了教化的政策和模式，开中国教化之先河。生活在汉代的司马迁，本身处在全民教化的氛围之中，《史记》"究天人之际，通古今之变"，对社会及人进行了历史的探索，"成一家之言"，以史为鉴，对百姓教化的问题也有很深的思考。《史记·秦始皇本纪》中，指出秦二世而亡的原因是"仁义不施"，"施"有施政、施教之义；《史记·孝文本纪》中，指出汉文帝治国"专务以德化民"[③]；在《循吏列传》中，作为秉承统治阶级意志、协调管理百姓事宜的官吏，是承担教化百姓任务的重要角色之一。孙叔敖被列为循吏第一，是教化百姓取得卓越政绩的典范。司马迁在论其事迹时，首先就提到了"施教导民"四字。《循吏列传》开篇也提到"法令所以导民也"，在司马迁看来，法与政令也是用来教导民众的，这里的"法""令"有反向教化的意味（告诫民众不该做什么），教化百姓在司马迁吏治思想中的重要性不言而喻。

三、道家、法家思想与司马迁的吏治思想

如前所述，司马迁的吏治思想受到了儒家德政思想的深刻影响，但司马迁的吏治思想又不仅仅局限于儒家的德政思想，它是一个自成体系的理论，简而言

① 方勇译注：《孟子》，中华书局2015年版，第190页。

② 姜竹青：《中国汉代思想政治教育的教化形态研究》，东北师范大学2019年博士学位论文，第14页。

③ 司马迁著，裴骃集解，司马贞索隐，张守节正义：《史记》，中华书局2014年版，第537页。

之就是“德主刑辅，杂以无为”。朱枝富在《司马迁政治思想通论》提出了这样的观点：“(司马迁)以道家为根基，以儒家为主干，以其他各家为枝叶，兼容并包，熔铸出新，从而形成了既融汇了儒、道各家，但又不同于儒家也不同于道家的全新的政治思想体系。司马迁对各家学说的继承和吸收并不是简单地排列在一起，而是互相渗透融合为一体。”①春秋战国，百家争鸣，司马迁以史为鉴，用理性的眼光审视历史，对各家学说取其精华去其糟粕，形成自己的思想理论，并以《史记》为载体，在诉说历史的同时向读者展示自己自成体系的思想，寄托自己悲天悯人的情怀。司马迁的吏治思想受到道家、法家影响也很深。

司马迁非常推崇汉初的无为之治，汉文帝为政顺应民心、因循自然，他这样描述文帝时代：“百姓无内外之徭，得息肩于田亩，天下殷富，粟至十余钱，鸣鸡吠狗，烟火万里”②。余英时在《士与中国文化》中，从时代背景出发，提出“司马迁所谓‘循吏’，是指文、景时代黄老无为式的人物”③。“循”在《说文解字》中的解释是“行顺也。从彳 盾声详遵切。”“循”是一个与道家思想联系非常密切的概念。因循思想在道家思想中具有非常重要的地位，《管子》《吕氏春秋》，以及1973年在马王堆汉墓出土的《黄老帛书》中都有着丰富的关于因循的论述。《老子·德经》第五十七章有“(圣人言)我无为，而民自化”；在《循吏列传》中，孙叔敖的施政手段被司马迁评价为“不教而民从其化”④，这是对孙叔敖为政极高的评价。公仪休不受鱼，从儒家角度来看是他为官清廉，从道家角度又能看到公仪休对黄老辩证法的把握：公仪休本人是很爱吃鱼的，但别人送他鱼他却不肯接受，“以嗜鱼，故不受也。今为相，能自给鱼；今受鱼而免，谁复给我鱼者？”他看到了眼前利益与长远利益的矛盾，“受”与“给”的矛盾。公仪休对鱼的喜爱是私欲，“是以圣人后其身而身先，外其身而身存。非以其无

① 朱枝富：《司马迁政治思想通论》，延边大学出版社1999年版，第13页。

② 司马迁著，裴骃集解，司马贞索隐，张守节正义：《史记》，中华书局2014年版，第1242页。

③ 余英时：《士与中国文化》，上海人民出版社2003年版，第155页。

④ 司马迁著，裴骃集解，司马贞索隐，张守节正义：《史记》，中华书局2014年版，第3768页。

私邪？故能成其私”。所以他选择不接受别人给的鱼，能够长久地有鱼可吃。可见，《循吏列传》中不仅有包含着因循思想，还包含着朴素的矛盾辩证法，这些都是道家思想之精华。

司马迁也很重视法治的作用，在《史记·律书》中，司马迁提出“教笞不可废于家，刑罚不可捐于国”。刑罚虽然是德政的辅助手段，但也是不可替代的，有着规正民众行为、禁止奸邪的作用。他推崇《循吏列传》中石奢、李离那样执法公正、刚正不阿的循吏，抨击《酷吏列传》中张汤、杜周、王温舒那样执法不公、阿谀奉承的酷吏。韩非言“法不阿贵，绳不挠曲”[①]，在法的重要性得到重视的时候，实施的公平公正就举足轻重了。如前所述，石奢和李离的入传，体现了司马迁“德主刑辅”的吏治思想。汉武帝时期酷吏政治盛行，治国真正需要的是石奢、李离这样秉法公正的官吏，而不是品行卑劣的酷吏。他主张以德统法，以石奢、李离为代表的循吏都有着君子的德行，这样的官吏执行法律才能够做到执法公正，管理民众才能够做到上行下效。总的来说，“刑罚不可捐于国”，法治作为德政的辅助手段，不能够违背以德化民的基本原则。

四、结语

综上所述，司马迁以五位循吏事迹入传，抒发自己的吏治思想，作《循吏列传》，并为后世所效仿。司马迁的吏治思想，简言之就是“德主刑辅，杂以无为”。儒家的德政思想是司马迁吏治思想的核心内容，修己正身、重民惠民、教化百姓的思想在《循吏列传》中多有体现。同时，司马迁的吏治思想还受到道家的因循无为思想、法家的法治思想的影响，自成体系。本文以《循吏列传》为切入点，对司马迁的吏治思想做了简要的分析。欲更全面深入地了解司马迁的吏治思想与儒释道家之关联，还待学界更深入的研究和更广泛的讨论。

（韩越，陕西师范大学出版社编辑。）

---

① 王先慎：《韩非子集解》，中华书局 1998 年版，第 38 页。

《刺客列传》悲剧意蕴的生成探析

王 悦

《史记》全书 130 篇，写人物的有 112 篇。据统计，《史记》中写悲剧人物的共有 77 篇，其中以悲剧人物名字为题的共 57 篇，未以悲剧人物名字为题，但写到悲剧人物的有 20 多篇。据韩兆琦先生考订，“《史记》全书所写的悲剧人物大大小小约有一百二十多个”。除了悲剧人物众多，《史记》的行文风格、场面描写等也共同营造了浓厚的悲剧气氛。韩兆琦指出：“《史记》的故事情节多是矛盾尖锐，冲突强烈，剑拔弩张，惊心动魄。这一点和古希腊的悲剧，和英国、法国悲剧很相似，而和我国宋元以来悲剧故事的那种好写小人物，好写市井生活大不相同。”①这样看来，《史记》可以说是一部大的悲剧汇总，它的艺术感染力很大程度上来自悲剧意蕴。

一、悲剧意蕴释义

悲剧一词源于古希腊，经过长期发展，至少有 3 种基本含义：一是作为戏剧类型的悲剧，二是现实生活中的悲剧，三是美学范畴的悲剧。②叔本华曾指出：“关于悲剧……这种最高的诗的造诣的目的，在于表现人生的可怕方面，难以言说的痛苦、人类的不幸、罪恶的胜利、机遇的恶作剧，以及正直无辜者不可挽救的失败，都在这里展示给我们看。”③恩格斯的论断为，“历史的必然要求和这

① 韩兆琦：《史记通论》，广西师范大学出版社 1996 年版，第 178 页。

② 唐会霞：《史记悲剧艺术论》，西北大学 2003 年硕士论文，第 1 页。

③ 伍蠡甫：《西方文论选》（下卷），上海译文出版社 1979 年版，第 331—332 页。

个要求的实际上不可能实现之间的悲剧性冲突”①。鲁迅先生的定义是，“悲剧是将人生有价值的东西毁灭给人看”②。

关于文学作品的意蕴，童庆炳提到，文学作品同时具有三个层面：语言层面、意象层面、意蕴层面。文学意蕴层面是文本结构的纵深层次、最高境界，指文本所蕴含的思想、感情等各种内容，是文字本身属性的拓展和延伸，蕴含着似乎特殊而无限的意味。文学意蕴是文字水平和内心境界达到一定程度的产物，是文字和社会、文字和大众、文字和天地所达成的一种联通。③

综合以上论述，悲剧意蕴应为文本所蕴含的，包括悲剧思想和悲剧感情，但不限于这两者的各种内容，如悲剧性、悲剧精神等。本文着重于悲剧精神的论述，其他方面也有涉及。“悲剧精神则是对悲剧在文化观念上的把握，是人类实践过程中形成的意识内容，并外化为一种精神状态，这种精神状态被称作悲剧精神。”在戏剧领域，尼采率先将悲剧精神视为悲剧最核心的本质特征。王富仁以中国文学为研究对象，指出悲剧是由悲剧意识和悲剧精神两个要素构成的，悲剧精神即为人类在实践的过程中，在苦难与毁灭面前所迸发出的抗争性的精神。④本文选取刺客为研究对象，探究其悲剧意蕴的生成。刺客的职业在正史中不被人们承认，但司马迁为其作合传，这与他本人的悲剧思想也有关。

二、刺客的职业特点及悲剧精神

（一）刺客的职业特点

戈春源在《刺客史》中的界定：“刺客是用武器采取突袭方式，以暗中杀人或毁人为必要手段而达成某种目的的人。”⑤刺客最早因土地争夺而在原始社会

① 恩格斯：《马克思恩格斯论艺术》，人民文学出版社 1960 年版，第 40—41 页。

② 鲁迅：《再论雷峰塔的倒掉》，《鲁迅全集》卷一，人民文学出版社 1981 年版，第 192—193 页。

③ 童庆炳：《文学理论教程》，高等教育出版社 2004 年版，第 213—214 页。

④ 王富仁：《悲剧意识与悲剧精神》，江苏社会科学 2004 年版，第 115 页。

⑤ 戈春源：《刺客史》，上海文艺出版社 1999 年版，第 2 页。

出现，之后成为各种斗争的工具，包括为政治、为军事、为复仇等，影响了很多历史事件的走向。

启用刺客风险极大，却是代价最小、收益最大的一个办法，尤其在政治斗争中，刺客的作用越来越突显。刺客若一击即中则策划者获益无穷，牺牲的只是刺客一人而已。刺杀行为虽非法，但历代都层出不穷的原因。刺客行动具有隐蔽性、突袭性、冒险性的特点。[①]刺客的刺杀对象一般都地位高、权势大、受保护，刺杀行为无异于以卵击石。刺客在刺杀现场的行动多为孤军奋战，前期策划者不会参与正式刺杀，这对刺客的身心素质都是极大考验。刺客行动风险大、保密性强，且以生命为代价，决定了他们的活动从始至终都只能在暗地里进行。他们的社会地位低，身份认同弱。从职业特点来看，刺客身份具有天然的悲剧性。刺客非一般人可当，首要条件是要有武力，其次是勇力、智谋、魄力。这些超常能力使他们超出常人，却也促使策划者招徕刺客，将他们推向了刺杀行动，这是刺客悲剧的一个推进因素。策划者的参与，造成刺客行动的被动性，他们很少有主动献身的勇士，而是有报恩、钱财等方面的迫不得已，他们的命运是不自主的，从选择当刺客的第一刻起，就注定了他们的悲剧结局。

从《刺客列传》中五个刺客的刺杀来看，刺客行动由体现个人意志发展为体现集体意志。曹沫、豫让的行动出于自主，专诸、聂政、荆轲的行动就由策划者推动，特别是荆轲的行动，肩负着国家存亡之责，其间，投入了大量的人力物力。集体意志的刺杀，策划非一人之功，但最重要、最中心的一环在刺客，刺客是被集体推出去的活动因子。刺客任务的完成（不论失败或成功），即代表着生命的结束。刺客的壮烈在于以生命换取生命，在他们成功或失败的那一刻，生命也戛然而止，所有的勇力、智慧在生命的最后一击中发挥得淋漓尽致。

（二）刺客的悲剧精神

刺客的悲剧之所以意蕴深厚，不仅在于刺杀行动的凶险、刺客下场的悲惨，更深入人心的是刺客身上体现出来的悲剧精神。有学者提出，《史记》的悲剧精

---

① 戈春源：《刺客史》，上海文艺出版社 1999 年版，第 5—10 页。

神具有抗争的目的性、生存的坚韧性、死亡的超越性、结局的彻底性[1]，这在刺客身上也同样适用。

知其不可而为之，这是刺客身上最能体现儒家思想的一面，也是最具悲剧精神的一面。儒家尚勇，主张杀身成仁。《论语·卫灵公》中有，子曰："志士仁人，无求生以害仁，有杀身以成仁。"《论语·为政》中有，子曰："见义不为，无勇也。""从行为气质上说，儒家的阳刚好勇一派，与侠的人格气质接近。"[2]儒家抱着积极入世的心态，以满腔热血投入社会，"这一价值理念，不是择善固执的口号标榜，亦非'死马当作活马医'的自我安慰，而是由经史人文传统而来的应世智慧与终极关怀。人能弘道的经验理性，参赞天地的责任伦理，忧患恻隐的不容已之情，事上磨炼的生命试炼"[3]。刺客深知结局如何，却还是抱着坚定的信念头也不回地走下去，与儒家杀身成仁、舍生取义的思想有关。

豫让凭着对旧主的忠心孤身犯险，明知山有虎偏向虎山行的气魄是他的闪亮之处，在实现理想的漫长黑夜里，豫让无疑是执火人。荆轲刺秦似乎比豫让多了几重成功的可能，比起豫让单枪匹马，燕太子丹为荆轲做足了准备，但荆轲的行动延宕许久，后在燕太子丹的催促下才上路。文人气质浓郁的荆轲，不是非得以武力来实现自我，从读书、交友、游说等可看出，荆轲的志向更倾向于以自己的聪明才智来实现抱负。与前几个刺客相比，荆轲因为学养，对刺杀行动势必要思虑良久，荆轲不会简单地慷慨就义，也不会凭一腔孤勇以身犯险。虽有田光、燕太子丹、秦舞阳为助，但最终的实行、决断还在荆轲一人。荆轲的"知其不可而为之"主要阻碍是他太知其可为，他知道倘若自己成功将给燕国带来莫大的利益，也知道自己失败后的下场。与豫让相比，荆轲要突破的不只是刺杀的凶险程度，更是自我的思转千回。荆轲最终迈出了那一步，自此"风萧萧兮易水寒，壮士一去兮不复还"的苍凉悲壮成了荆轲的高光时刻。

"士为知己者死"是刺客的另一鲜明特点。《刺客列传》中最令人惊心的刺

---

① 刘兴林：《司马迁的生命意识与〈史记〉悲剧精神》，《武汉大学学报（哲学社会科学版）》1999 第 6 期，第 62—66 页。

② 韩云波：《中国侠文化：积淀与传承》，重庆出版社 2004 年版，第 5 页。

③ 孙海燕：《儒家"知其不可而为之"精神发微》，《广东社会科学》2017 年第 2 期。

客是豫让。豫让有两次刺杀行动，这两次他都有自残行为，第一次进宫当宦人，第二次更是漆身为厉，吞炭为哑，行乞于市，刺杀不成，还要三击刺衣，这份执着与忠心感人不已。关于豫让何以如此执着，《刺客列传》里写道，豫让遁逃山中，曰："嗟乎！士为知己者死，女为悦己者容。今智伯知我，我必为报仇而死，以报智伯，则吾魂魄不愧矣。"聂政则明确说："政将为知己者用。"其余三人的刺杀行动也能明显看出刺客知恩图报的特点。"士为知己者死"的感人之处在于，或"不欺其志"，或"以死明忠信"，他们与"知己"之间有为"信义"而死的关联，他们将己身生命交付。如司马迁所说："曹子匕首，鲁获其田，齐明其信；豫让义不为二心。作刺客列传第二十六。"[①]"其义或成或不成，然其立意较然，不欺其志，名垂后世，岂妄也哉！"[②]刺客表现出的为恩、为信、为义之大义凛然是带有悲剧色彩的，决绝而孤独，坚定而无望。

在刺客身上还鲜明地体现出实现自我与承担社会责任的冲突，夹在冲突间的刺客又蒙上了一层悲剧阴影。对刺客自身来说，刺杀或许是实现自身价值的一个契机。刺客出身低微，无显赫身世，改变命运的机会少之又少，成为刺客发挥自己的能力或许是一个不错的选择，纵使失去生命，也可博得青史留名的可能，好过碌碌无为的一生。刺客的自我意识是很强的，他们之所以毅然决然，与实现自身价值分不开。豫让第二次刺杀时，赵襄子有这样一句话："子之为智伯，名既已成矣。"[③]这句话揭示了豫让多次刺杀的另一动机，即求名求利，其他刺客也有类似动机。专诸死后，其子为上卿，不排除专诸求之的可能。聂政平衡得较好——他因侍奉老母拒绝了严仲子，老母既去，姐姐已嫁，聂政唯一的牵挂就是实现自我了。聂政的做法值得肯定，他实现了自我价值与社会责任的统一。荆轲的刺杀则有更深广的含义，他之所以答应太子丹，是为大义、为国家、为知己、为报负。

最终，这几人都未拒绝刺杀任务，由于刺杀牵涉重大，刺客所表现出来的果断和勇敢就不只是为了一己报恩之私，更有为知己、为理想、为国为民的大义。

---

① 司马迁：《史记》卷一百三十。

② 司马迁：《史记》卷八十六。

③ 司马迁：《史记》卷八十六。

刺客们或许未能尽心照料家庭，失去了享受和平安宁生活的机会，但在其中实现了自我价值、承担了更重的社会责任，他们这种牺牲小我成就大我的舍身精神也成为后世标榜的大义。

刺客在行刺的过程中，还会因狭隘道德观产生的矛盾，而怀疑自己行为的合理性。这也是形成刺客悲剧意蕴的一个原因。以豫让为例，他看重的是主客双方的互相欣赏，对范氏、中行氏他毫无感情，对智伯忠心不渝，刺杀赵襄子时，又因赵襄子的宽恕而心怀感恩，在刺杀行动中处处被赵襄子压制。他那不能忠于二主的观念实际上并未对他的刺杀行动带来什么助益，反而因为他的忠心，使他无法回报赵襄子的义，最终只能以死谢罪。

三、司马迁的创作思想及艺术塑造

（一）司马迁的创作思想

“文学创造的发生阶段可以分为富有主体性的材料储备、艺术发现和创作动机等三个环节。”[①]司马迁的创作过程也符合这一规律。司马迁生于史官家庭，积累了大量的史学资料，并有其父的史学思想作指导，早年又有壮游经历，使他萌发了自觉的艺术发现和创作动机，之后李陵之祸更使他探究人生、命运的真理，在史书中上下求索。值得注意的是，创作过程的主体性对创作影响巨大。司马迁的个人经历使他有发愤著书的志愿，也使他思想中多了一份慷慨激昂、反抗强暴的因素，这对《史记》的创作有着不可磨灭的影响，我们难以想象相反情况下《史记》的另一面貌，这是司马迁之不幸，却是文学之大幸。

“文学作为审美意识形态，看起来只是一次远离社会生活的个体审美事件，但归根到底总是与某种思想、观念、意识联系在一起的。”[②]汉武帝时代“罢黜百家，独尊儒术”，司马迁必然会受儒家思想的影响，这主要表现在他的仁义主旨和“立功立德立言”的三不朽精神。《太史公自序》有言：“曹子匕首，鲁获

① 童庆炳：《文学理论教程》，高等教育出版社2004年版，第124页。

② 童庆炳：《文学理论教程》，高等教育出版社2004年版，第59页。

其田，齐明其信；豫让义不为二心。作刺客列传第二十六。”这是司马迁为刺客立传的出发点，司马迁通过考察长时段历史中的刺客活动，发现他们既有“士为知己者死”的义，也有“义不为二主”的忠信，还有荆轲身上儒侠兼具的义。[①]显然，司马迁看重的是刺客们对知己者的信义和忠诚。刺客体现了司马迁赞同的仁义思想，故专为刺客列传，从《刺客列传》传主的选择上可以看出司马迁选择那些有勇有义的刺客，而非只注重其刺客身份。司马迁也受道家影响，非常珍视个人生命。他以道诋儒，拓展“三不朽”的内涵，礼赞那些忍辱负重发愤为作的顽强生命，除刺客外，还有屈原、项羽等典型人物，司马迁用作品践行了自己的生命观。

“司马迁这种思想的采各家之所长、避各家之所短的特征（尤其是儒道两家）是贯穿于整部《史记》的内容”，从而形成自己的“一家之言”。有学者论道：

> 司马迁的政治思想体现为儒道互补：向往大同世界，排斥小国寡民；推崇无为而治，摒弃繁文缛礼；融合儒道的尚德精神，抨击汉武帝诸项弊政。司马迁的哲学思想体现为儒道互补：主导方面是道家的宇宙观和朴素辩证法，他融合儒道人生哲理，形成了更为进步的人生观。司马迁鄙视汉儒的势利，不取庄子的消极，其人生观的主旋律是先秦儒家积极进取的阳刚精神，而以黄老抱朴守拙的阴柔特制为基调，讲究以进取为前提的谦让，是一种有机的结合。[②]

“要创作或者欣赏一部出色的悲剧，都必须对生活的阴暗面、对命运的捉弄以及邪恶和不正义的存在深有同感。但与此同时，又不必回避悲剧中这些不幸的因素。”[③]这正与司马迁“其文直，其事核，不虚美，不隐恶”的“实录”精神相合，若非如此，只根据作者主观意愿作取舍，《史记》的悲剧性和艺术魅力都会大打折扣。

---

① 张桂萍：《论〈史记〉刺客、游侠传的仁义主旨及其多维视角》，《西南大学学报（社会科学版）》2017 年第 1 期。

② 萧枫：《二十四史精华》（一），当代中国出版社 2002 年版，第 6—8 页。

③ 朱光潜：《悲剧心理学》，人民文学出版社 1983 年版，第 153 页。

（二）《刺客列传》的艺术塑造

司马迁在塑造刺客时，运用最出彩的艺术手法是语言描写。一方面，司马迁的叙述语言倾注了自己的情感，精练简洁，富有表现力，有雄深雅健之风。另一方面，《刺客列传》中的人物语言是悲剧意蕴形成的基石。这些语言简洁地道出刺客坚定的意志，揭示刺客献身的原因，并成为后世之士的行事准则，是奠定《刺客列传》悲剧意蕴的文学手段。如公子光对专诸所说的“光之身，子之身也”，豫让的“士为知己者死，女为悦己者容”，聂政的“政将为知己者用”，荆轲的“壮士一去兮不复还”。这一句句振聋发聩的话，读来荡气回肠、慷慨激昂，昭示了刺客的内心，光亮了后人的心灵，也是司马迁对刺客行为的理解和赞赏。

环境描写也是形成悲剧意蕴的重要手段。通过描写刺杀行动的凶险、刺杀场面的惊骇、人物命绝的悲壮，将读者带入特定情境，悲剧意蕴层层递进，扣人心弦。再者，善于挖掘边缘群体的故事是《史记》在艺术性上的一大突破，闾巷之人入传正是司马迁先进思想的体现，刺客因身份特殊向来不被世人认同，司马迁却为他们单独立传。

此外，非传主人物也常有生动感人的故事，如赵襄子对豫让的宽恕是建立在他理解豫让的“义”的基础上的。再如聂政的姐姐聂荣，得知弟弟的所作所为后，体谅聂政的良苦用心，理解聂政的抱负，并不惜自殁于市，大呼天者三，为弟弟正名。聂政的故事因有聂荣，而愈加深刻感人，这名女子胆识超人、见识非凡，也当得起英雄一词了。荆轲失败后，高渐离忍辱负重再刺秦王，将故事的悲剧性渐次递进。对传主故事的讲述涉及许多人物及人物之间的相互关系，不但写人物在重要事件中的表现，也写他们的若干生活细节，因而能展示其较完整的面貌，让读者产生联想，对悲剧意蕴的形成有推动作用。如田光的献身、燕太子丹的忍辱与筹划，高渐离与荆轲的知交，无疑构成了刺客故事的浓重背景，在“易水诀别”这一幕，众多人物的登场，将悲剧气氛推向了高潮。

四、悲剧快感

《刺客列传》悲剧意蕴的形成除了上述因素外，还涉及“悲剧快感”的问题。从文学接受来看，读者对文本的阅读体验相当于再创作，《刺客列传》的悲剧意蕴之所以被挖掘被体验，与读者的悲剧快感很有关联。

“悲剧比别种戏剧更容易唤起道德感和个人感情……悲剧描绘的激情都是最基本的，可以毫无例外地感染一切人”①，悲剧之所以有这样超强的感染力，与接受者在欣赏悲剧时心理上产生的悲剧快感有关。《史记》恒久的艺术魅力也来自于此。运用悲剧快感的相关理论来分析《刺客列传》，可以清楚地看到悲剧快感对形成悲剧意蕴的作用。

据朱光潜在《悲剧心理学》中的论断，悲剧中能打动人们的那些人物，往往地位越高，之后的沉沦显得越惨，悲剧性越强。悲剧主角往往还是非凡人物，激情和意志都具有可怕的力量。“对于悲剧来说，致命的不是邪恶，而是软弱。”②“‘心灵的伟大’正是悲剧中关键所在，从审美观点看来，这种伟大是好人还是坏人表现出来的好像并无关大局。”③“悲剧总是有对苦难的反抗。悲剧人物身上最不可原谅的，就是怯懦和屈从。悲剧人物可以是一个坏人，但他身上总要有一点英雄的宏伟气质。”④

由此分析，就可进一步解释《刺客列传》浓厚的悲剧意蕴。五个刺客都对命运做了反抗，即前文探讨过的“知其不可而为之”。曹沫想反抗的是成见，豫让想反抗的是“怀二心以事其君”者，专诸和聂政反抗的是平庸的人生，荆轲的刺杀带有对秦一统的反抗。如果刺客身上缺少这点反抗，他们的故事将失去大半感染力。“痛苦在悲剧中被感觉到并得到表现，与此同时，它那郁积的能量就得到宣泄而缓和。这种郁积能量的缓和不仅意味着消除高强度的紧张，而且也

---

① 朱光潜：《悲剧心理学》，人民文学出版社 1983 年版，第 31 页。

② 朱光潜：《悲剧心理学》，人民文学出版社 1983 年版，第 96 页。

③ 朱光潜：《悲剧心理学》，人民文学出版社 1983 年版，第 97 页。

④ 朱光潜：《悲剧心理学》，人民文学出版社 1983 年版，第 153 页。

是唤起一种生命力感，于是这就引起快感。”[①]“这是往往伴随着洋溢的生命与紧张的活动而起的快感。”[②]正因为刺客在不同程度上有所反抗，让读者看到了挣扎向上的生命力，那种令人生畏而又使人振奋鼓舞的力量使读者获得了直面困难的勇气和力量，反过来对文本的悲剧意蕴有了更深的记忆和理解，完善了悲剧意蕴的最终形成。

结　语

关于《刺客列传》悲剧意蕴的生成，本文从人物形象（刺客）、作者、读者三个大的方面进行了探析。总的说来，《刺客列传》悲剧意蕴的生成因素包括：刺客身份的特殊性及其影响下的悲剧精神，司马迁的创作思想和人物塑造手段，读者在阅读中产生的悲剧快感。前两者基于现成的文本，末者则从文学接受来探讨读者对作品意蕴的再创造。探析《刺客列传》悲剧意蕴的生成，可以看到文学作品自创作到被接受的过程，明白《刺客列传》的艺术感染力从何而来，也有助于深入理解刺客这一群体，探寻司马迁创作《刺客列传》的思想。

（王悦，陕西师范大学文学院中国古典文献学硕士研究生。）

① 朱光潜：《悲剧心理学》，人民文学出版社 1983 年版，第 171 页。

② 朱光潜：《悲剧心理学》，人民文学出版社 1983 年版，第 91 页。

司马迁《史记》对“汉家发祥地”的书写

梁中效

汉朝凭汉水而兴，汉族因汉朝而名。因此，探讨《史记》对“汉家发祥地”的书写，不仅可深化西汉历史的研究，更有着促进汉民族研究与中国优秀传统文化传承的现实意义。

一、刘邦汉国与汉中

司马迁对汉家发祥地汉中与巴蜀格外重视，不仅有专程考察，而且在《史记》中形成了独特的书写体例。他在《史记·高祖本纪》和汉初功臣传中，对汉家发祥地有浓墨重彩的书写。刘邦与汉初三杰密切合作，去汉中建立汉国，顶住了项羽集团的巨大压力，转危为机，抓住机遇，扭转局势，完成了在汉中的华丽转身，也让汉水上游的汉中成为大汉王朝的发祥地。

公元前206年正月，项羽自立为西楚霸王，辖梁、楚地九郡，都彭城。没有分封先打进关中的刘邦为“关中王”，而是三分关中，封秦降将章邯为雍王、司马欣为塞王、董翳为翟王，使他们困扼刘邦于秦岭之南的汉中。“更立沛公为汉王，王巴、蜀、汉中，都南郑。”①实际上，范曾等人原计划将刘邦逼进四川盆地，是张良通过项伯争取到汉中郡。《集解》引如淳曰：“本但与巴蜀，故请汉中地。”《史记·留侯世家》记载：“汉元年正月，沛公为汉王，王巴蜀。汉王赐良金百溢，珠二斗，良具以献项伯。汉王亦因令良厚遗项伯，使请汉中地。项

① 司马迁：《史记》，中华书局1999年版，第258页。

王乃许之，遂得汉中地。”[①]张良不仅帮助刘邦取得了汉中，为后来北定三秦奠定了基础。而且千方百计在项羽面前掩饰刘邦欲夺取关中、争夺天下的意图。《史记·记载》记载：“四月，兵罢戏下，诸侯各就国。汉王之国，项王使卒三万人从，楚与诸侯之慕从者数万人，从杜南入蚀中。去辄烧绝栈道，以备诸侯盗兵袭之，亦示项羽无东意。”[②]这实际上是采纳了张良的意见。“汉王之国，良送至褒中。遣良归韩。良因说汉王曰：‘王何不烧绝所过栈道，示天下无还心，以固项王意。’乃使良还。行，烧绝栈道。”“韩王成以良从汉王故，项王不遣成之国，从与俱东。良说项王曰：‘汉王烧绝栈道，无还心矣。’乃以齐王田荣反，书告项王。项王以此无西忧汉心，而发兵北击齐。”[③]由此可见，刘邦汉国获得汉中地，在地理上毗邻关中，既便于进兵关中，消灭三秦，又利于运输巴蜀粮草，与项羽争雄。因此，刘邦崛起汉中，以此为汉家发祥地，张良可谓第一功臣。在这一过程中萧何干了三件大事，巩固了刘邦汉家发祥地的地位。首先，将大秦帝国最机密的文献档案带到了汉中。刘邦集团进了咸阳城，诸将皆争抢金银财宝，“何独先入收秦丞相御史律令图书藏之。沛公为汉王，以何为丞相。项王与诸侯屠烧咸阳而去。汉王所以具知天下厄塞，户口多少，强弱之处，民所疾苦者，以何具得秦图书也”[④]。其次，萧何月下追韩信，将其推荐给刘邦。“汉王以信为大将军”。再次，萧何镇守汉中，确保了刘邦夺取关中无后顾之忧。“汉王引兵东定三秦，何以丞相留收巴蜀，填抚谕告，使给军食。”[⑤]韩信被刘邦拜为大将后，提出了著名的“汉中对”，坚定了刘邦夺取关中的信心。“大王之入武关，秋毫无所害，除秦苛法，与秦民约法三章耳，秦民无不欲得大王王秦者。于诸侯之约，大王当王关中，关中民咸知之。大王失职入汉中，秦民无不恨者。今大王举而东，三秦可传檄而定也。”[⑥]实际上，刘邦集团的骨干大都有此想法，韩王信就对刘邦讲：“军吏士卒皆山东之人也，日夜跂而望归，及其锋而用之，

① 司马迁：《史记》，中华书局 1999 年版，第 1628 页。

② 司马迁：《史记》，中华书局 1999 年版，第 259 页。

③ 司马迁：《史记》，中华书局 1999 年版，第 1629 页。

④ 司马迁：《史记》，中华书局 1999 年版，第 1612 页。

⑤ 司马迁：《史记》，中华书局 1999 年版，第 1612 页。

⑥ 司马迁：《史记》，中华书局 1999 年版，第 2027 页。

可以有大功。天下已定，人皆自宁，不可复用。不如决策东乡，争权天下。”① 这样，刘邦与“汉初三杰”面对项羽集团的打压，在未进入汉中前，已萌发了以汉中为基地，夺取天下的念头。张良是“明修栈道，暗度陈仓”的策划者，而刘邦与萧何、韩信等人则是具体实施者。

公元前206年八月，刘邦声东击西，“汉王用韩信之计，从故道还，袭雍王章邯。邯迎击汉陈仓，雍兵败，还走；止战好畤，又复败，走废丘。汉王遂定雍地。东至咸阳，引兵围雍王废丘，而遣诸将略定陇西、北地、上郡。令将军薛欧、王吸出武关，因王陵兵南阳，以迎太公、吕后于沛”。“二年，汉王东略地，塞王欣、翟王翳、河南王申阳皆降。”②刘邦至此，平定三秦，完全控制了关中大地与函谷关外之地，为东向逐鹿中原奠定了基础。

总之，刘邦集团在汉国国都南郑（今汉中市汉台区）虽然只驻扎了四个月左右，但在瞬息万变、险象环生的艰难时刻，上下齐心、转危为机；刘邦实现了人生的华丽转身，由农民起义领袖转变为杰出的政治家；刘邦集团在汉中制定了明确的夺取天下的战略与策略，确定了先夺取关中，然后再决战中原，最后击败项羽的战略步骤。司马迁在《史记·太史公自序》中说：“子羽暴虐，汉行功德；愤发蜀汉，还定三秦；诛籍业帝，天下惟宁，改制易俗。作高祖本纪第八。”③在《史记·高祖本纪》中又说：“故汉兴，承敝易变，使人不倦，得天统矣。”④汉中是夏商周三代以来的名城名地，按照司马迁的正统观，汉直接继承周，在夏人尚忠、殷人尚鬼、周人尚文传统的基础之上，直接绍继尧舜禹上三代的传统，故“得天统矣”。而汉中则成为大汉王朝的龙兴之地。

二、汉初功臣与汉中

刘邦为汉王是其人生最艰难的时期，也是刘邦集团的低潮时期，更是刘邦君

---

① 司马迁：《史记》，中华书局1999年版，第2039页。

② 司马迁：《史记》，中华书局1999年版，第260—261页。

③ 司马迁：《史记》，中华书局1999年版，第2495页。

④ 司马迁：《史记》，中华书局1999年版，第277页。

臣化险为夷、转危为机的领导核心与骨干队伍的形成时期，因此，进出汉中就成为汉初功臣的重要标志。

司马迁在《史记・六国年表》中说："汉之兴，自蜀汉。"[①]将汉中视为西汉王朝的发祥地。在《史记》的书写体系中，凡是刘邦的原从功臣，在生平事迹中都标明"入汉""入汉中""出汉中"，以示与一般功臣的区别。[②]例如：曹参在汉初是仅次于"三杰"的著名功臣。《史记・曹相国世家》："前攻秦军蓝田南，又夜击其北，秦军大破，遂至咸阳，灭秦。项羽至，以沛公为汉王。汉王封参为建成侯。从至汉中，迁为将军，还定三秦。"《史记・周勃世家》："破秦军于蓝田，至咸阳，灭秦。项羽至，以沛公为汉王。汉王赐勃爵为威武侯。从入汉中，拜为将军。还定三秦。"《史记・韩信列传》："沛公立为汉王，从入汉中。"《史记・卢绾列传》："高祖初起沛，卢绾以客从，入汉中为将军，常侍中。"《史记・樊哙列传》：沛公为汉王，"汉王赐哙爵为列侯，号临武侯。迁为郎中，从入汉中"。《史记・郦商列传》：郦商"别将攻旬关，定汉中"。《史记・夏侯婴列传》："复为太仆，从入蜀、汉。"《史记・灌婴列传》："沛公立为汉王，拜婴为郎中，从入汉中。"《史记・张丞相列传》：随刘邦西入武关，至咸阳。"沛公立为汉王，入汉中，还定三秦。"《史记・傅宽列传》："沛公立为汉王，汉王赐宽封号共德君。从入汉中，迁为右骑将。从定三秦。"《史记・蒯成侯列传》："蒯成侯緤者，沛人也，姓周氏。常为高祖参乘，以舍人从起沛。至霸上，西入蜀、汉，还定三秦。"汉中是西汉王朝的革命圣地，因此班固在《汉书・五行志》中说："汉家本起于蜀、汉。"[③]东汉著名思想家王充在《论衡》中也说："秦起于秦，汉兴于汉中。"[④]东汉《石门颂》摩崖石刻也说："高祖受命，兴于汉中，道由子午，出散入秦，建定帝位，以汉诋焉。"[⑤]这一切证明，"汉朝"之汉，来源于汉中。正因为汉中是西汉王朝的发祥地，因此，司马迁在《高祖功臣侯者年

---

① 司马迁：《史记》，中华书局 1999 年版，第 537 页。

② 梁中效：《汉中在西汉历史上的地位》，《陕西理工大学学报》2009 年第 2 期。

③ 班固：《汉书》，中华书局 1999 年版，第 1128 页。

④ 王充：《论衡》，上海人民出版社 1974 年版，第 430 页。

⑤ 薛凤飞：《褒谷摩崖校释》，湖北人民出版社 1999 年版，第 66 页。

表》中，格外强调了功臣与汉中的关系，将进出汉中视为汉初功臣身份的重要标志。

现以《高祖功臣侯者年表》为主，参以列传和《惠景间侯者年表》、《汉兴以来将相名臣年表》，将汉初功臣侯者与汉中的关系列表如下：

序号	功臣姓名	国名	功臣侯者功绩（与汉中关系）	史料出处
1	曹参	平阳	“以将军入汉” “从至汉中，迁为将军”	《高祖功臣侯者年表》 卷五十四《曹相国世家》
2	靳歙	信武	“入汉，以骑都尉定三秦” “沛公立为汉王，赐歙爵建武侯，迁为骑都尉”	《功臣侯者年表》 卷九十八《靳歙传》
3	王吸	清阳	“入汉，以将军击项羽功”	《功臣侯者年表》
4	夏侯婴	汝阴	“入汉中，全孝惠、鲁元，侯” “复为太仆，从入蜀、汉”	《功臣侯者表》 卷九十五《夏侯婴传》
5	傅宽	阳陵	“为骑将，入汉，定三秦” “从入汉中，迁为右将军”	《功臣侯者表》 卷九十八《傅宽传》
6	召欧	广平	“为连敖，入汉，以骑将定燕、赵”	《功臣侯者表》
7	薛欧	广平	“为郎中，入汉，以将军击项羽”	《功臣侯者表》
8	陈濞	博阳	“以刺客将，入汉，以都尉击项羽荥阳”	《功臣侯者表》
9	吕泽	周吕	“以吕后兄初起以客从，入汉为侯。还定三秦，将兵先入砀”	《功臣侯者表》
10	张良	留	“为汉王请汉中地” “汉王之国，良送至褒中”	《功臣侯者表》 卷五十五《留侯世家》
11	萧何	酂	“以客起从入汉，为丞相” “丞相萧何守汉中”	《功臣侯者表》 《汉兴以来将相名臣年表》
12	郦商	曲周	“别定汉中及蜀，定三秦” “别将攻旬关，定汉中”	《功臣侯者表》 卷九十九《郦商传》
13	周勃	降	“入汉，定陇西，击项羽” “从入汉中，拜为将军，还定三秦”	《功臣侯者表》 卷五十七《周勃世家》

续表

序号	功臣姓名	国名	功臣侯者功绩（与汉中关系）	史料出处
14	樊哙	舞阳	"入汉，定三秦，为将军" "迁为郎中，从入汉中"	《功臣侯者年表》 卷九十五《樊哙传》
15	灌婴	颍阴	"入汉，定三秦，食邑" "拜婴为郎中，从入汉中"	《功臣侯者年表》 卷九十五《灌婴传》
16	周昌	汾阴	"入汉，出关，以内史坚守敖仓"	《功臣侯者年表》
17	武儒	梁邹	"入汉，以将军击定诸侯功"	《功臣侯者年表》
18	董渫	成	"入汉，定三秦"	《功臣侯者年表》
19	孔藂	蓼	"以左司马入汉，为将军"	《功臣侯者年表》
20	陈贺	费	"以左司马入汉，用都尉属韩信"	《功臣侯者年表》
21	周灶	隆虑	"入汉，以长铍都尉击项羽"	《功臣侯者年表》
22	丁复	阳都	"入汉，定三秦"	《功臣侯者年表》
23	郭蒙	东武	"入汉，为越将军，定三秦"	《功臣侯者年表》
24	陈武	棘蒲	"三岁十月入汉，击齐历下军田既"	《功臣侯者年表》
25	庄不识	武疆	"以骑将入汉，还击项羽"	《功臣侯者年表》
26	吕博	贳	"入汉，定三秦"	《功臣侯者年表》
27	摇毋馀	海阳	"入汉，定三秦，以都尉击项羽"	《功臣侯者年表》
28	蛊逢	曲城	"入汉，定三秦，以都尉破项羽"	《功臣侯者年表》
29	陈涓	河阳	"以二队将入汉，击项羽"	《功臣侯者年表》
30	韩信	淮阴	"亡从入汉，为连敖典客，萧何言为大将军"	《功臣侯者年表》
31	彨昭	芒	"入汉还定三秦，以都尉击项羽"	《功臣侯者年表》
32	阎泽赤	故市	"入汉，为河上守"	《功臣侯者年表》
33	戎赐	柳丘	"以二队将入汉，定三秦"	《功臣侯者年表》
34	周定	魏其	"以郎中入汉，为周信侯，定三秦"	《功臣侯者年表》

续表

序号	功臣姓名	国名	功臣侯者功绩（与汉中关系）	史料出处
35	沛嘉	平	“以郎中汉，以将军定诸侯”	《功臣侯者年表》
36	（侯）涓	鲁	“入汉，以将军从定诸侯”	《功臣侯者年表》
37	尹恢	故城	“入汉，以将军击诸侯”	《功臣侯者年表》
38	（侯）襄	棘丘	“以治粟内史入汉”	《功臣侯者年表》
39	郭亭	阿陵	“以塞疏（路）入汉”	《功臣侯者年表》
40	单宁	昌武	“以郎中入汉，定三秦”	《功臣侯者年表》
41	丙倩	高苑	“入汉，定三秦，以中尉破籍”	《功臣侯者年表》
42	丁义	宜曲	“以骑将入汉，定三秦”	《功臣侯者年表》
43	华无害	绛阳	“入汉，定三秦”	《功臣侯者年表》
44	刘钊	东茅	“以二队入汉，定三秦”	《功臣侯者年表》
45	唐厉	斥丘	“以左司马入汉，以亚将攻籍” “为汉中尉，击布”	《功臣侯者年表》
46	戴野	台	“用队率入汉，以都尉击籍”	《功臣侯者年表》
47	王陵	安国	“入汉，守丰”	《功臣侯者年表》
48	丁礼	乐成	“入汉，定三秦”	《功臣侯者年表》
49	周緤	蒯成	“入汉，定三秦” “西入蜀、汉，还定三秦”	《功臣侯者年表》 卷八十九《周緤传》
50	陈夫乞	高胡	“入汉，以都尉击籍”	《功臣侯者年表》
51	元顷	厌次	“入汉，以都尉守广武”	《功臣侯者年表》
52	陈胥	復阳	“以将军入汉，以右司马击项籍”	《功臣侯者年表》
53	示诉	阳河	“以中谒者从入汉，以郎中骑从定诸侯”	《功臣侯者年表》
54	华寄	朝阳	“以连敖入汉，以都尉击项羽”	《功臣侯者年表》
55	杜得臣	棘阳	“入汉以郎将迎左丞相军以击项籍”	《功臣侯者年表》
56	许温	柏至	“以说卫入汉，以中尉击籍”	《功臣侯者年表》

续表

序号	功臣姓名	国名	功臣侯者功绩（与汉中关系）	史料出处
57	陈遬	猗氏	"入汉，以都尉击项羽"	《功臣侯者年表》
58	空中	清	"以弩将初起，从入汉，以都尉击项羽"	《功臣侯者年表》
59	留胜	疆	"以入汉，以都尉击项羽"	《功臣侯者年表》
60	秦同	彭	"以弩将入汉，以都尉击项羽"	《功臣侯者年表》
61	魏选	甯	"入汉，以都尉击臧荼功"	《功臣侯者年表》
62	张说	安丘	"以执铍入汉，以司马击籍"	《功臣侯者年表》
63	纪通	襄平	"入汉，定三秦"	《功臣侯者年表》
64	周成	高京	"入汉，围取诸侯"	《功臣侯者年表》
65	孙赤	堂阳	"以郎入汉，以将军击籍"	《功臣侯者年表》
66	高邑	祝阿	"以上队将入汉，以将军定魏太原"	《功臣侯者年表》
67	赵衍	须昌	"以谒者汉王元年初起汉中"	《功臣侯者年表》
68	吕臣	宁陵	"以郎入汉，破曹咎成皋"	《功臣侯者年表》
69	单父圣	中牟	"入汉以郎中击布"	《功臣侯者年表》
70	周聚	博阳	"以队卒入汉，击籍成皋"	《功臣侯者年表》
71	郦疥	高梁	"以列侯入汉，还定诸侯"	《功臣侯者年表》
72	陈仓	纪	"以骑将入汉，以将军击籍"	《功臣侯者年表》
73	棘赤	煮枣	"别以郎将入汉，击诸侯"	《功臣侯者年表》
74	毛泽	张	"以郎将入汉，从击诸侯"	《功臣侯者年表》
75	朱濞	鄢陵	"入汉，以都尉击籍"	《功臣侯者年表》
76	阳成延	梧	"入汉，后为少府，作长乐、未央宫"	《惠景间侯者年表》
77	齐受	平定	"以家车吏入汉，以骁骑都尉击项籍"	《惠景间侯者年表》
78	朱通	中邑	"以执矛从高祖入汉，以中尉破曹咎"	《惠景间侯者年表》
79	徐厉	松兹	"以郎中入汉，还，得雍王邯家属功"	《惠景间侯者年表》
80	吕它	俞	"入汉，以都尉定诸侯"	《惠景间侯者年表》

续表

序号	功臣姓名	国名	功臣侯者功绩（与汉中关系）	史料出处
81	申屠嘉	故安	“举淮阳守从高祖入汉功侯”	《惠景间侯者年表》
82	张苍	北平	“沛公立为汉王，入汉中，还定三秦”	卷九十六《张丞相传》
83	卢绾	长安	“入汉中为将军，常侍中”	卷九十三《卢绾传》
84	韩信	韩王	“沛公立为汉王，韩信从入汉中”	卷九十二《韩信传》

由上表可以清晰地看出，高祖时期的功臣大半数以上都曾进出汉中。高祖功臣 137 人，84 人“入汉中”或“起汉中”，占功臣总数的 60%以上，而且这些人都是刘邦最坚定的追随者，是刘邦征战四方、建立汉朝的核心力量。进出汉中成为汉初功臣最自豪的人生经历和最耀眼的政治资本。《史记》卷九十三《陈豨传》记载，陈豨反叛，高祖亲至邯郸平定，为了收买人心，决定提拔赵地四位壮士为将，“封之各千户”，左右谏曰：“从入蜀、汉，伐楚，功未遍行，今此何功而封？”由此可见，“入汉中”已是衡量汉初将相是否为元从功臣的主要资格和重要标志。

三、司马迁汉家发祥地书写的影响

司马迁对“汉家发祥地”的书写，不仅影响了《汉书》等正史对汉初历史的记载，而且也影响了文学艺术创作对汉家发祥地的描述与渲染，让汉初历史的主人公刘邦和“汉初三杰”的形象深入人心，更让“汉”文化符号由秦巴腹地走向全国和世界。

首先，班固《汉书》全面继承并完善发展了司马迁的汉家发祥地书写。班固生当谶纬迷信盛行的东汉，因此格外强调了天人合一的君权神授理论。《汉书·高祖本纪》中明确指出“汉承尧运”。“陶唐氏既衰，其后有刘累，学扰龙。”刘向云“战国自秦获于魏。秦灭魏，迁大梁，都于丰”。“是以颂高祖云：‘汉帝本系，出自唐帝。降及于周，在秦作刘。涉魏而东，遂为丰公。’丰公。盖太上皇父。”“由是推之，汉承尧运，德祚已盛。断蛇著符，旗帜上赤，协于火德，自然之应，得天统矣。”[1]实际上，从司马迁开始，就注意天人之间的关系。“汉”的本意是什么？《左传》曰：“汉，水祥也。”《史记・天官书》认为“汉”或“天汉”是与地上的汉水有关，其本意是指地上的汉水。“星者，金之散气，其本曰火。星众，国吉；少则凶。”“汉者，亦金之散气，其本曰水。汉，星多，多水，少则旱，其大经也。”《集解》孟康曰：“星，石也。”《索隐》案：“水生于金，散气即水气。《河图括地象》曰：‘河精为天汉’也。”[2]这也间接证明河汉的汉水上游是天人合一的人间福地。班固在《汉书・五行志》中云：“星孛及汉；汉，水祥也。”[3]《汉书・天文志》中又说：“星者，金之散气，其本曰人。星众，国吉，少则凶。汉者，亦金之散气，其本曰水。汉，星多，多水，少则旱，其大经也。”颜师古注：孟康曰：“星，石也，金石相生，人与星气相应也。”孟康曰：“汉，河汉也。水生于金。多少，谓汉中星也。”[4]两相比较，班固更强调“天人感应”，将司马迁的“星者，金之散气，其本曰火”，改为“其本曰人”，实则意为“人与星气相应也”。那么刘邦崛起汉中，是得自“天统”，即君权天授。《汉书・萧何传》说：刘邦起初对被封汉王火冒三丈，准备与项羽拼个鱼死网破。萧何劝谏曰：“《周书》曰‘天予不取，反受其咎’。语曰‘天汉’，其称甚美。夫能诎于一人之下，而信于万乘之上者，汤、武是也。臣愿大王王汉中，养其民以致贤人，收用巴、蜀，还定三秦，天下可图也。”汉王曰：“善。”汉中既然吉祥福地，汉因之而兴。一旦此地天灾人祸，汉朝也会固之而亡。西汉成帝河平三年（前26）、元延三年（前10）蜀地地震，山崩堵塞江水。班固在《汉书・五行志》中说：“国必依山川，山崩川竭，亡之徵也”；“国主山川，山崩川竭，亡之徵也”。“汉家本起于蜀汉，今所起之地山崩川竭”，“殆必亡矣。其后三世亡嗣，王莽篡位”[5]。这种天人合一的思想，在《汉书・叙传》中也有进一步发挥：“汉绍尧运，以建帝业”。“皇矣汉祖，纂尧之绪，实天生德，聪明神武。秦人不

---

① 班固：《汉书》，中华书局1999年版，第59页。

② 司马迁：《史记》，中华书局1999年版，第1147页。

③ 班固：《汉书》，中华书局1999年版，第1223页。

④ 班固：《汉书》，中华书局1999年版，第1064页。

⑤ 班固：《汉书》，中华书局1999年版，第1182页。

纲，罔漏于楚，爰兹发迹，断蛇奋旅。神母告符，硃旗乃举，粤蹈秦郊，婴来稽首。革命创制，三章是纪，应天顺民，五星同晷。项氏畔换，黜我巴、汉，西土宅心，战士愤怒。乘畔而运，席卷三秦，割据河山，保此怀民。股肱萧、曹，社稷是经，爪牙信、布、腹心良、平、龚行天罚，赫赫明明。述《高纪》第一。”① 汉初君臣都强调刘邦并未认命，而是抓住机遇，奋发蜀汉，“应天顺民，席卷三秦，割据河山，保此怀民”。

其次，魏晋时期的天下大乱，让汉家发祥地的文化地位更加深入人心。常璩在《华阳国志·汉中志》中说：“《诗》曰：‘滔滔江汉，南国之纪。’其应上昭于天。又曰：‘惟天有汉。’”“其分野，与巴、蜀同占。其地东接南郡。南接广汉。西接陇巴、阴平。北接秦川。厥壤沃美。赋贡所出，略侔三蜀。”这块富饶美丽的土地是刘邦大汉王朝的发祥地：汉高帝既克秦，获子婴，当王关中。项羽封高帝为汉王。王巴、蜀、汉中四十一县。帝不悦。丞相萧何谋曰：“虽王汉之恶，不犹愈于死乎？且语曰‘天汉’，其称甚美。夫能屈于一人之下，则伸于万乘之上者，汤、武是也。愿大王王汉中，抚其民以致贤人。收用巴蜀，还定三秦，天下可图也。”帝从之。都南郑。及高帝东伐，萧何居守汉中，足食足兵。既定三秦，萧何镇关中。资其众，卒平天下。高帝九年，以田叔为汉中守。治西城。属县十二。叔既馈以军饷，又致名材，立宫室。帝嘉之。然以帝业所兴，不封藩王。② 刘邦的成功，让汉中名扬天下，其天人合一的吉祥福地更被进一步认可：“汉沔彪炳，灵光上照，在鉴为云汉，于地画为梁州，萧公之云，不亦宜乎。”③三国初年，刘备从曹操手中夺得汉中，自称“汉中王”，标志着蜀汉政权的建立。后来，诸葛亮等人劝刘备称帝，讲了一段意味深长的话。“又前关羽围樊、襄阳，襄阳男子张嘉、王休献玉玺，玺潜汉水，伏于渊泉，晖景烛耀，灵光彻天。夫汉者，高祖本所起定天下之国号也，大王袭先帝轨迹，亦兴于汉中也。今天子玉玺神光先见，玺出襄阳，汉水之末，明大王承其下流，授与大王以天子之位，

① 班固：《汉书》，中华书局 1999 年版，第 3107—3108 页。

② 任乃强：《华阳国志校补图注》，上海古籍出版社 2007 年版。

③ 任乃强：《华阳国志校补图注》，上海古籍出版社 2007 年版。

瑞命符应，非人力所致。”[1]这既证明了西汉刘邦“汉王”发祥于汉中，亦证明蜀汉刘备的“汉中王”崛起于汉中。二者“应天顺民”，不仅让西汉、东汉、蜀汉一脉相承，形成了长达469年的汉文化时代（前206—263年），融合生成了世界上最大的文化民族——汉族，也让“三汉”文化对中国和世界产生了深远的影响，使“汉文化”成为中华优秀传统文化的代名词。

（梁中效，陕西理工大学教授、硕士生导师，陕西省司马迁研究会副会长。）

① 陈寿：《三国志》，中华书局1985年版，第888页。

《史记·将相表》中的“倒书”浅析

马 萌

司马迁撰著的《史记》以本纪、列传人物为纲时间为纬反映历史事件，开创了我国纪传体通史的先河。五体之一的“史表”载录各个历史时期王朝将相及其历史事件，为司马迁所首创，高度浓缩了本纪、世家、列传各篇涉及的人物和事件、事件与事件之间的关联，同时也弥补了纪传体挂一漏万的不足，不可或缺。

《史记》中的“史表”共有 10 篇，可分两类：一类是大事年表，“年经事纬，纵横互订”；另一类是人物的年表，一些传不胜传的人物就以表载之。《汉兴以来将相名臣年表第十》（又称“将相表”）应当属于人物年表，其中的“倒书”（“倒文”）格式，为其独有，千古之谜，等待破解。

此表分大事记、相位、将位、御史大夫位四栏。大事记主要记载君主、诸王的崩、薨；将位、相位、御史大夫位三栏，主要记载将、相、御史大夫的卒、免、迁。所谓“倒书”（“倒文”），包括两个方面：一是错位，丞相薨、免、卒书于大事记栏，太尉废置书于相位栏，御史大夫卒、迁书于将位栏；二是“倒书”（“倒文”），凡是错位提升一栏书写的内容，全部用“倒书”（“倒文”），即“相位”栏中记载的丞相被免职，便错位上移至“大事记”栏中写成倒文；“将位”栏中将军、太尉去职，则在“相位”栏中写成倒文；“御史大夫”栏中御史大夫去职，则在“将位”栏中写成倒文。倒写文字一般为死亡、去职，但也有置太尉官倒写的。

据《史记·太史公自序》裴骃【集解】和《汉书·司马迁传》颜师古注中张晏所言，《史记》原文亡佚 10 篇，而《将相表》恰为 10 篇中唯一的一个表，且此表记事延伸至汉成帝鸿嘉元年（前 20），前后繁简不一，班固云“司马迁记事讫于天汉，自此之后，后人所续”，裴骃以为自天汉以后，后人所续，即褚先生（褚少孙）所补。且《将相表》前无序文，与其他篇不同，有学者猜测说是司马迁在序文中发表了过激的言辞，被汉武帝“怒而削之”。

至于倒文出现的原因及含义仍未定论。自清代以来，汪越、徐克范等学者书《读〈史记〉十表》，对《将相表》倒书之原因推测，开创后人研究之先河。汪越在征引了司马贞、张守节、郑樵、王应麟等对《史记》中“史表”的评论之后，作了按语，他说“按表者纪月编年，聚而为绘图指掌，经纬纵横，有伦有脊；其书法谨严，几于《春秋》，大义数十，炳若日星矣。至所不言，尤寓褒讥，未易测识。后人欲穿凿立论，复所未安。试会本纪、世家、列传，穷厥事理，当自得之也”。

汪越在《读史记十表》中说：“《大事记》附表丞相薨、卒、免及自杀者何？重相也。……不于《相位》书，而表于《大事记》，正以见相之重也。”又说：“然则太尉置、罢，表于相位而倒置，御史大夫死、抵罪、自杀，表于将位而倒置，何也？恐此或便观览，未必有深义也。”（汪越《读〈史记〉十表》，《二十五史补编》，北京图书馆出版社）简单地说，汪越认为“大事记”栏中写丞相薨、卒、免等内容，是表示对丞相的尊重，而倒书是为了与皇帝、太后、诸王等主上的崩、薨有所区别。而“相位”“将位”两栏的倒书，他则认为就是方便阅读，没有特殊含义。

在汪越之后，众多学者如陈直、施之勉、李解民、张大可、周一平等人都就倒书问题发表了各自观点，总体来说可以分为两派：一派认为倒书有特别的用意，一派认为没有微言大义。为了解开读者们心中的疑惑，中华书局曾在《人民日报》上发表文章，介绍了三种观点：第一种是“凡是将相死、罢免等，在大事记中改换字的写法，即将字倒过来写”；第二种是“前一栏倒写的文字是下一栏的注释或帮助文字”；第三种是“倒文很有可能原来是写在简背面的，后人不明其义，转抄时就将简背文字用倒文的形式来表示了”。

我们认为这几种观点中，第二种应该是最合理的解释。凡是认为倒书有微言大义的观点，都面临一个问题，那就是倒书的内容不仅仅涉及丞相、太尉、御史大夫的死或者罢免，还包括其他内容。如“置太尉官”“罢太尉官”记的是官职的置罢，“青翟为太子太傅”讲的是官员的改任，“五月甲申，贤老，赐金百斤”说的是大臣致仕。这些内容都谈不上有什么微言大义在里面。若要弄清楚倒书出现的原因，还是要从倒书的具体内容入手。

笔者统计，《将相表》中的“倒书”（“倒文”），自汉初至武帝天汉元年（前206—前100），丞相薨、免、卒“倒书”共23条，太尉废置“倒书”9条，御史大夫“倒书”5条；武帝天汉二年至成帝鸿嘉元年（前99—前20）丞相薨、免、卒“倒书”共15条，太尉废置“倒书”10条，御史大夫“倒书”7条。共计69条。

倒书共69条，可分为记大臣与记官职两大类。其中记大臣死亡的有38条，包括死、薨、卒、自杀、斩、腰斩、自刺杀七种情况；记大臣去职的有23条，包括抵罪、免、罢、老、夺印、改任六种情况。记官职的内容包括：罢太尉官4条，置太尉官3条，置司徒官1条。上述倒书内容，多数与正书内容密切相关。表中的正书所记，多为大臣任、迁、徙，另记大臣任职期间重要事件。仔细研究表中的倒书，我们发现，凡倒书者，大多数有与之对应的文字，且倒书之事在前（个别为同时），与之对应之事在后（个别为同时），或在同一年，或在次年，或后几年。在同一年对应者，倒书原应所属之栏（即下栏）有字，不在同一年对应者，下栏无字。下面举几个例子予以说明：

高皇帝四年“将位”栏倒书：“周苛守荥阳，死。”“御史大夫位”栏正书：“御史大夫汾阴侯周昌。”

高皇帝五年“相位”栏倒书：“罢太尉官。”“将位”栏正书：“后九月，绾为燕王。”

孝惠二年“大事记”栏倒书：“七月辛未，何薨。”“相位”栏正书：“七月癸巳，齐相平阳侯曹参为相国。”

以上3条为同年对应之例。周苛死在周昌为御史大夫之前；“罢太尉官”与“绾为燕王”可以认为一前一后，也可以认为是同时发生；“七月辛未”在“七月癸巳”前二十余日。我们发现，倒书之文皆可以视为与之对应的正书文字的“背景材料”，或者说是“补充说明”。周昌为御史大夫，是因为周苛战死；“绾为燕王”，同时“罢太尉官”；萧何薨，故而曹参继之。

孝惠五年“大事记”栏倒书：“八月乙丑，参卒。”

孝惠六年“相位”栏正书：“十月己巳，安国侯王陵为右丞相。曲逆侯陈平为左丞相。”

征和元年“大事记”栏倒书：“冬，贺坐为蛊死。”

征和二年“相位”栏正书：“三月丁巳，涿郡太守刘屈氂为丞相，封彭城侯。”

以上二例是相对应的倒书、正书不在同一年之例。但所记之事相差也不过几个月，联系亦是十分密切，因为事情没有发生在同一年，所以不能上下栏呼应。征和元年的倒书大概已经不是司马迁的原文，但体例一仍其旧。

从倒书的内容看，无论其在“大事记”“相位”“将位”中的哪一栏，都是记载大臣的结局，性质一样，不应该区别对待。总结说来，就是：正书言其始，倒书言其终，而其间的纽带是职官的更替。正书是经，见其更替；倒书是纬，补其不足。

附录：

史記卷二十二

漢興以來將相名臣年表第十

	公元前206	205	204
	高皇帝元年	二	三
大事記 索隱 謂誅伐、封建、薨叛。	春，沛公爲漢王，之南鄭。秋，還定雍。	春，定塞、翟、魏、河南、韓、殷國。夏，伐項籍，至彭城。立太子。還據滎陽。	魏豹反。使韓信別定魏，伐趙。楚圍我滎陽。
相位 索隱 置立丞相、太尉三公也。	一 丞相蕭何守漢中。	二 守關中。	三
將位 索隱 命將興師。		一 太尉長安侯盧綰。	二
御史大夫位 索隱 亞相也。	御史大夫周苛守滎陽。		

漢興以來將相名臣年表第十

181 七	趙王幽死，以呂祿爲趙王。梁王徙趙，自殺。	九 七	四	
180 八	七月，高后崩。九月，誅諸呂。後九月，代王至，踐皇帝位。 後九月，食其免相。	十 七月辛巳，爲帝太傅。九月丙戌，復爲丞相。 八	五 隆慮侯竈集解徐廣曰：「姓周。」爲將軍，擊南越。	御史大夫蒼。
179 孝文元年	除收孥相坐律。立太子。賜民爵。	十一 十一月辛巳〔八〕，平徙爲左丞相。太尉絳侯周勃爲右丞相。	六 勃爲相，潁陰侯灌嬰爲太尉。	
178 二	除誹謗律。皇子武爲代王，參爲太原王，勝爲梁王〔九〕。 十月，丞相平薨。	一 十一月乙亥，絳侯勃復爲丞相。	一	

一一三三五

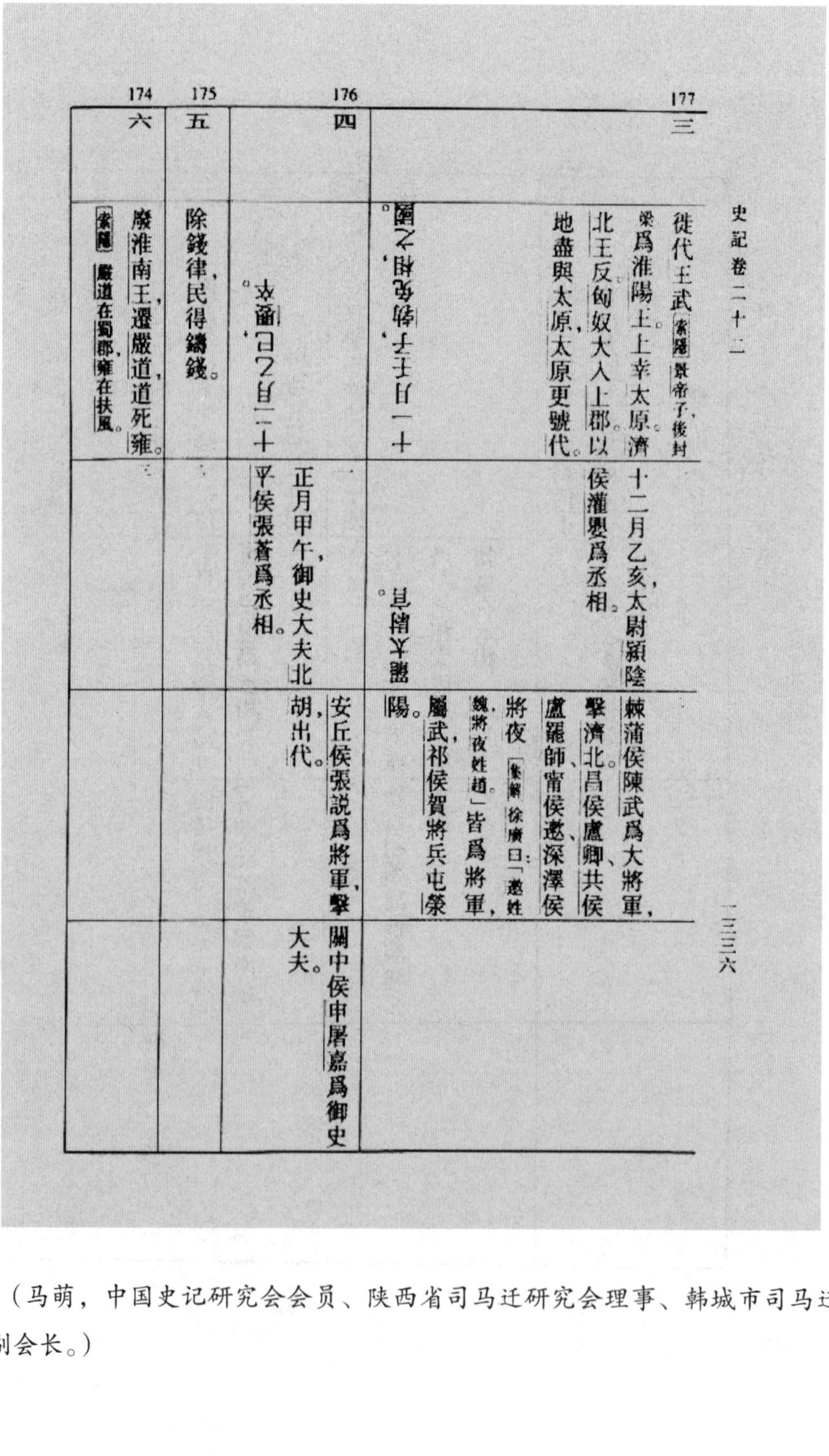

史記卷二十二

177 三	徙代王武[索隱]景帝子，後封梁。為淮陽王。上幸太原。濟北王反，匈奴大入上郡。以地盡與太原，太原更號代。十一月壬子，勃免相，之國。	十二月乙亥，太尉潁陰侯灌嬰為丞相。罷太尉官。	棘蒲侯陳武為大將軍，擊濟北。昌侯盧卿、共侯盧罷師、甯侯遬、深澤侯將夜[集解]徐廣曰：「遬姓魏，將夜姓趙。」皆為將軍，屬武。祁侯賀將兵屯滎陽。	
176 四	十二月乙巳，嬰卒。	正月甲午，御史大夫北平侯張蒼為丞相。	安丘侯張說為將軍，擊胡，出代。	關中侯申屠嘉為御史大夫。
175 五	除錢律，民得鑄錢。			
174 六	廢淮南王，遷嚴道，道死雍。[索隱]嚴道在蜀郡，雍在扶風。			

一一三六

（马萌，中国史记研究会会员、陕西省司马迁研究会理事、韩城市司马迁学会副会长。）

《史记》中女性的婚姻形态研究

熊孝容

众所周知，司马迁在《报任安书》中谈其创作《史记》之目的为“究天人之际，通古今之变，成一家之言”。在天与人的关系上，司马迁尤其彰显人的历史主体性及其价值。然而，在他所记录的大写的人中，男人作为那个世界的主宰，几乎占据了整个历史舞台。因此，若赋历史以性别，它无疑是雄性。但就在这男性雄霸的天地之中，女性人物在维系家庭及推动政治历史发展过程中的重要作用也不容忽视。

《史记》中涉及的个体女性形象有 400 多位，其中《吕太后本纪》和《外戚世家》专门记录了女性，其他女性则穿插于历史人物的描写中，大约占总人数的 10%。其中有 114 人的出场与她们的婚姻相关，而在《史记》中事迹被详细记载且相关事件与其婚姻有关的女性经过统计多达 52 人，具体详见本文文后附录。可见《史记》女性的事迹记载多与她们的婚姻生活有直接或间接的关联，从婚姻角度入手研究《史记》女性的生存状态是很有必要的。

一、《史记》中女性的婚姻形态表征

在《史记》中的女性常常由于无法选择的婚姻而深陷于政治漩涡之中。吕后是尊其父命而嫁与刘邦；薄太后则是刘邦为汉王时击败魏王豹所掠得；窦太后乃吕后赐予代王；王太后是由其母强行从夫家接回后送入宫中；卫子夫则是平阳公主送予武帝。可以说这些女性无论出身贵贱，都没有选择夫君的权利，她们的政治人生始于被迫。她们是以丧失权利为基础获得权力。婚姻的被迫造成女性对命运的无可把握，女性要比男性承受更多生活的重压。但与此同时，也出现了很多敢于追求自由恋爱的女性，她们更看中个人精神幸福，这使她们突破了封建家长的束缚，努力追求自我。

（一）政治联姻中女性的责任

政治联姻，通常是男女双方利益集团出于政治利益的目的而安排男女结合的包办婚姻，带有双方亲善和结盟的默认因素，男女个人在婚前大多没有感情基础。这种婚姻关系从利益角度出发，往往忽略个人感情因素。政治联姻在古代对统治阶级具有非常重要的政治作用，统治阶级重视婚姻，在战争年代表现得尤为突出。试举两例加以说明。

1. 平原君夫人，魏女，信陵君姐。其事迹详细记载在《魏公子列传》中，并且相关事件记载与婚姻有关。

平原君夫人，她是魏昭王的女儿，魏公子信陵君的姐姐。她嫁到赵国，成为赵惠文王的弟弟、平原君赵胜的夫人。据《魏公子列传》所描述，在秦国派兵攻打赵国之时，危难关头，平原君依托夫人的关系，数次写信给魏王和信陵君，“请救于魏”①。魏王迫于秦国威胁，虽然发兵却仍在观望，不敢救援赵国。平原君在这危急时刻，直接派使者责备信陵君说：“胜所以自附为婚姻者，以公子之高义，为能急人之困。今邯郸旦暮降秦而魏救不至，安在公子能急人之困也！且公子纵轻胜，弃之降秦，独不怜公子姊邪？”②信陵君听说之后果然非常焦急，“约车骑百余乘，欲以客往赴秦军，与赵俱死。”③宁死也要维护自己的信用，最后信陵君突破重重阻力，窃符救赵，使赵国暂时解除了危机。在信陵君“窃符救赵”的故事中，赵国和魏国有共同的敌人，抗击敌人是两国共同的利益所在。因此，两国可以通过政治联姻的方式结为同盟，平原君夫人就是两国结盟的桥梁和标志，当赵国受到攻击时，平原君通过平原君夫人来请求魏国帮助，两国以这样的方式巩固了己方的政治力量。

2. 秦女，又称辰嬴、怀嬴，或文嬴，秦穆公宗女。先为晋怀公圉之妻，后

---

① 韩兆琦译注：《史记·魏公子列传》，中华书局 2010 年版，第 5083 页。

② 韩兆琦译注：《史记·魏公子列传》，中华书局 2010 年版，第 5083 页。

③ 韩兆琦译注：《史记·魏公子列传》，中华书局 2010 年版，第 5083 页。

再嫁晋文公，生公子乐。其事迹主要见于《晋世家》、《十二诸侯年表》和《秦本纪》。

秦穆公八年，晋惠公让太子圉到秦做人质，秦穆公将其女许嫁给他。秦穆公十三年，晋惠公病重，他生有几个儿子，太子圉担心晋国大夫看轻他而立其他公子为太子，遂与秦女商议逃回晋国。在这种危急关头，秦女落落大方，不卑不亢，对公子圉说："子一国太子，辱在此。秦使婢子侍，以固子之心。子亡矣，我不从子，亦不敢言。"[①]她以大局为重，让太子圉归国继位，并且太子圉在后期成为晋怀公。秦女既有大国公主的从容镇定，又有妻子的温柔体贴；既保护了自己的名誉，又维护了丈夫的面子和权益，使两个国家的利益不受损失，可谓智慧女之典型。

后来晋怀公被杀，秦女再次被秦穆公嫁给晋文公重耳，称为文嬴。由于秦穆公不听百里奚等人的谏议，贸然发动秦晋崤之战。秦军大败，三位名将被俘，即将被杀。此时晋文公已经去世，文嬴利用自己太夫人的身份，对晋襄公说："秦欲得其三将戮之。""公许，遣之。"[②]她深通人性的弱点，特意以话语相激，引起晋襄公借仇人之手而除敌的快意心理，释放三将，使父亲秦穆公避免了爱将被杀的惨痛损失。她用智慧，成功处理了国与家、丈夫与父亲的矛盾，是一个成功的女儿、妻子和政治家。

对统治者们来说，政治婚姻最重要的作用就是双方结为同盟，这种同盟关系可以巩固己方力量，维护和稳定双方关系，有时甚至可以达到干预对方内政的效果。无论男女，婚姻都是人生大事，而对于联姻的贵族女性来说，她们在婚姻中的角色却有些微妙。她们可以很重要，因为联姻活动中必须有一位女性的角色，然而她们也可以很轻微，因为联姻的双方并不在意是哪位女子，只要出身于这个政治集团就可以了。

（二）残酷战争的牺牲品

《史记》中还有一些女性，她们是国家战争失败的牺牲品。《史记》多战争

① 司马迁：《史记·晋世家》，上海古籍出版社 2016 年版，第 1178 页。

② 司马迁：《史记·晋世家》，上海古籍出版社 2016 年版，第 1191 页。

记载，战败的诸侯国通常只有两种结果，被吞并或是议和，而这两种结果都伴随着一定的代价，战败国要向战胜国献出自己的土地和财物，有时也要献出一些妇女。这些妇女就成了国家、战争失败的牺牲品，她们的婚姻虽然也是联姻，却并非是双方平等条件下利益互换的联姻，而是战败国向战胜国屈服的证明。她们或是通过联姻，或是作为俘虏来到另一个国家，境遇之艰难可想而知。

1. 褒姒，周幽王后，伯服之母。其事迹详细记载在《周本纪》《秦本纪》《十二诸侯年表》《郑世家》《外戚世家》《匈奴列传》中，并且相关事件与婚姻有关。

褒姒，她具有悲剧的命运，生来便身不由己。太史公用春秋笔法，将二龙复仇的传说糅进历史，通过对一个看似荒诞的女子命运神话的描述，将“所讥盛衰大指著于篇”。幽王东征，降服褒国。褒国国君把褒姒当作礼物来讨好幽王。当时褒姒才十四岁。对一个十四岁的女孩来说，远离故国和家人，纵然赢得君王万般宠爱，也解不开心中的抑郁愁结。所以“褒姒不好笑，幽王欲其笑万方，故不笑”[①]。周幽王为了让褒姒笑，点燃了烽火，诸侯见到烽火，全都赶来了。赶到之后却不见有敌寇，场面很是滑稽，褒姒看了果然哈哈大笑。幽王很高兴，为她多次点燃烽火，后来这烽火便失去了它的信用，诸侯们也来得越来越少。后来申侯联合缯国、犬戎一起攻打幽王，幽王点燃烽火召集诸侯。诸侯们再也没有派救兵来了。幽王就被申侯杀死在骊山脚下，申侯俘虏了褒姒，把周的财宝都抢走了，褒姒下落不明。周朝大夫痛恨褒姒，甚至作诗咒骂，充满怨毒之意。褒姒被认为是灭周罪人，成了红颜祸水的代名词。褒姒的悲剧，其实是一出命运的悲剧。悲剧在于，褒姒对于自己的命运不能掌控，是残酷战争中的牺牲品。

2. 又如《史记·匈奴列传》记载，孝文帝继位初期，国家就推行和亲政策。在汉朝与匈奴的对战中，匈奴修书请求和亲，汉朝就商议攻打和和亲哪种政策更有利。公卿皆曰：“单于新破月氏，乘胜，不可击。且得匈奴地，泽卤，非可

① 司马迁：《史记·周本纪》，上海古籍出版社 2016 年版，第 118 页。

居也。和亲甚便。”[①]于是汉朝答应了匈奴的请求，孝文帝就送皇族公主去做单于的阏氏。军臣单于继位第四年，匈奴又破坏和亲盟约，大举进攻中原地区，孝景帝平定动乱，又和匈奴和亲，开放边境贸易，赠送匈奴礼物，并且派遣公主下嫁。乌维单于继位第三年，汉朝向西与月氏和大夏通好，并把公主嫁给乌孙王，以此离间匈奴和西域各国的关系。尽管是皇族公主，其婚姻形态也是不幸的。她们是国家战败时献给敌国，拉近与邻邦或敌国的关系，以方便外交，寻求外力，巩固统治者政治统治的工具，她们是残酷战争的牺牲品。

（三）敢于追求自主婚姻的女性

司马迁在《外戚世家》中，谈夫妻关系：“夫妇之际，人道之大伦也。礼之用，唯婚姻为兢兢。”[②]认为夫妻关系体现了儒家的伦理道德。但因为其特殊的遭遇以及秉笔实录的精神，他对女性，特别是对敢于追求自主婚姻的女性，表达了肯定。因此，在《史记》中还有一些女性，她们更看中个人精神幸福，她们突破了封建家长的束缚，努力追求自我。与前面提到政治联姻的女性相比，这类女性的事迹表现出与众不同的反叛精神，也颇具浪漫主义色彩，这着重体现在她们对爱情的执着上。

1. 卓文君，卓王孙之女，司马相如之妻。其事迹主要见于《司马相如列传》。

她是汉代临邛大富豪卓王孙的掌上明珠。卓王孙十分富有，书中记载“卓王孙家僮八百人”[③]。“是时文君新寡，好音，故相如缪与令相重，而以琴心挑之”[④]。对相如这样一个雍容闲雅、才华横溢的翩翩公子，心悦而好之。但是司马相如却家贫如洗，年少孤贫，卓王孙并不看好，卓文君不顾父亲的反对，“文君夜亡奔相如，相如乃与驰归成都。家居徒四壁立”[⑤]。惹得父亲卓王孙大骂曰：

① 司马迁：《史记·匈奴列传》，上海古籍出版社 2016 年版，第 2224 页。
② 司马迁：《史记·外戚世家》，上海古籍出版社 2016 年版，第 1445 页。
③ 司马迁：《史记·司马相如列传》，上海古籍出版社 2016 年版，第 2295 页。
④ 司马迁：《史记·司马相如列传》，上海古籍出版社 2016 年版，第 2295 页。
⑤ 司马迁：《史记·司马相如列传》，上海古籍出版社 2016 年版，第 2295 页。

“女至不材，我不忍杀，不分一钱也。”[1]作为一个富豪之女，很长一段时间，文君感到很不快乐。她说：“长卿（相如）第俱如临邛，从昆弟假贷犹足为生，何至自苦如此。”[2]司马相如就同文君来到临邛，把自己的车马全部卖掉，盘下一家酒店，做起了卖酒的生意。唐代大诗人杜甫寓居成都时作《琴台》诗云：“酒肆人间世，琴台日暮云。”说的就是卓文君回到成都后，生活窘迫，文君典当了首饰开起一家酒铺，她亲自当垆卖酒，清贫而自信地活着。《司马相如列传》虽以司马相如命名，但在这个故事中，卓文君却是绝对的主角，她质朴勇敢和机智的形象让读者津津乐道。

2. 君王后，即齐襄王夫人，其事迹在《田敬仲完世家》与《田单列传》中均有记载。

齐国被燕人占领，齐湣王逃难，又被楚将淖齿所杀。其子法章变名姓流落民间，为莒太史敫家的仆人，为其照看菜园。太史敫女慧眼认出法章非常人，对法章爱惜怜悯，偷偷资助衣食，并私订终身。后莒人和齐大臣找到法章，立为齐襄王，敫女遂成为君王后。君王后、襄王的爱情传奇，为后世的爱情传奇定了一个基调：即才子落魄，小姐后花园相会相助，私订终身。后来才子飞黄腾达，结局团圆并皆大欢喜。

3. 外黄女，其详细事迹主要见于《张耳陈馀列传》。

张耳是魏国大梁人。他年轻的时候，做过魏公子无忌的门客。张耳曾被本地削除名籍，逃亡在外地，后来来到外黄。在外黄有一富豪人家的女儿，长得特别漂亮，但是却嫁给了一个愚蠢且平庸的男人，于是她就逃离了她的丈夫，去投奔她父亲以前的门客。乃谓女曰：“欲必求贤夫，从张耳。”[3]意思就是说如果一定要嫁个有才能的丈夫，就嫁给张耳吧。女子听从了他的建议，终于断绝了同以前丈夫的关系，改嫁张耳。张耳这时已经从以前的困境中摆脱出来，并开始广泛交游，女子家里给张耳的供给十分丰厚，张耳也因此可以招待很远的门客，于是后来在魏国外黄做了县令，由此发迹。

---

① 司马迁：《史记 · 司马相如列传》，上海古籍出版社 2016 年版，第 2295 页。

② 司马迁：《史记 · 司马相如列传》，上海古籍出版社 2016 年版，第 2295 页。

③ 司马迁：《史记 · 张耳陈馀列传》，上海古籍出版社 2016 年版，第 1951 页。

这些女性的故事表现了她们对个人情感和幸福生活的追求。但从以上几个例子中可以看出，她们或是官员的家眷，或是出身富户，既不是背负国家命运的贵族联姻女性，也不是一穷二白的普通百姓。她们处于社会阶层相对中间的位置上，与平民百姓相比，她们可以接受文化教育；与贵族女性相比，她们的责任又没有那么重大。从这一方面来说，可能是这些女性的幸运之处。同时，当时人们对男女婚恋的宽容态度也为她们的成功提供了必不可少的社会条件。

二、《史记》中女性的婚姻形态探源

（一）封建社会的思想痼疾

春秋战国时期，女子从出生开始就有了与男性不同的待遇。孔子云："唯女子与小人难养也。"将女子与小人并举，可见对女子持不公正态度。战国末期，韩非提出"三纲"：臣事君，子事父，妻事夫。时至汉朝，在以吸收和传承以往的女性观念基础之上，西汉初期又进一步提倡、宣传、扩散女子的贞节观念。到汉武帝时期，因为汉武帝"罢黜百家，独尊儒术"，所以当时的儒家代表董仲舒应武帝的尊奉要求，根据孔、孟的"君君、臣臣、父父、子子"的伦理纲常，提出"三纲五常"即：君为臣纲、父为子纲、夫为妻纲。由于生活在这样一个社会大背景下，司马迁也难逃封建社会思想的痼疾，在《史记·外戚世家》提道："夫妇之际，人道之大伦也。礼之用，唯婚姻为兢兢。"[①]这些女性渴望得到幸福的婚姻、美满的家庭，但是却要听从于"父母之命、媒妁之言"，失去了自由选择的权利：她们望子成龙、女成凤，但是她们的知识水准有限，为子女争取的能力有限，更重要的是古代社会中的进阶制度、门第制度、继嗣制度等重重设卡，所以她们很难达到自己的预期目的。

因此在封建社会中，对女子地位的约束不仅存在于口头上，更存在于文化制度之中，儒家思想在一定程度上的确有利于加强统治者的政治统治，但同时它

① 司马迁：《史记·外戚世家》，上海古籍出版社 2016 年版，第 1445 页。

也是铐在人们头上的思想枷锁，是对女性思想禁锢的一把利器。统治者通过文化的宣传和制度的制定、实施，逐渐禁锢人们的思想，尤其是女性的思想。最后让人们统一于同一个认识：女性的从属地位是一种客观的必然。从此，女性不再反抗，“本分”地被男人控制于股掌之中。

（二）动荡不安的时局

《史记》系统地记载了从黄帝涿鹿之战到汉武帝兵征大宛这三千年间的 500 多次战争，光重大战役就记录了近 80 次，有关战争的内容差不多占了《史记》全书四分之一篇幅。春秋战国时期，社会环境较为特殊，各诸侯国之间纷争不断，强大的诸侯国想要成为霸主、吞并其他国家，而相对弱小的诸侯国也要努力挣扎求生，联姻是这些国家处在这样的环境中必不可少的交往手段。联姻女性不同于平民百姓之家的女性，她们大多是出身社会上层的贵族，联姻行为是家族出于利益的需要，她们带着任务和责任嫁到另一个家族或国家。诸侯之间的嫁娶之事，就是为了维系诸侯国之间的联盟关系。

另外还出现了一种外交政策，名为“和亲”，是一种以血缘关系为基础建构起来的社会制度关系。统治者企图通过外交的政治婚姻，以血缘关系为纽带，拉近与邻邦或敌国的关系，以方便外交，寻求外力，巩固自己的政治统治。“和亲”比一般的政治婚姻又多了一份责任，主要体现在“和”字上，也就是说，通过这种政治外交婚姻，可以寻求与敌国之间暂时的和睦相处或者以此平息战乱。因此就有这样一批女子牺牲在“和亲”的政策下，她们孤身远嫁异国，客死他乡，悲哀、无奈的泪水洒在“和亲”的路上。例如《史记·刘敬叔孙通列传》中记载的汉高祖时期的某女子代替长公主刘嫖出嫁匈奴。《史记·外戚世家》中汉景帝时期将南宫公主和亲于匈奴。《史记·匈奴列传》中记载汉武帝时期，西通月氏、大夏，又嫁公主给乌孙国国王，以此来分散匈奴来自西方的援救。《史记·大宛列传》中记载，汉武帝时期，乌孙国以千匹马聘汉女，汉遣宗室女江都翁主和亲等。就个人遭遇而言，她们是悲哀的，令人怜悯的，但是对整个国家民族而言，她们是伟大的，令人钦佩的。

（三）司马迁进步的妇女观

《史记》中对女性的书写折射出司马迁较为进步的妇女观。综观其妇女观的形成，除了汉代社会妇女地位本身相对较高的客观原因外，更主要的是其自身的原因。其一，对个体人格的尊重。率先为女性树碑立传，如《吕太后本纪》，让女性走进历史，不论尊卑贵贱与性情善恶，均给予尊重给予记载，还历史以真实和自然。其二，自身的遭遇。李陵事件使司马迁陷于极大的痛苦之中，他力图挣脱封建桎梏的牢笼，使自身屹立于天地之间的人格魅力，没有肉体的永恒，只有精神的永恒。故此，他笔下的人物不以地位分尊卑贵贱，而以人格魅力流芳千古。其三，秉笔实录的精神。真实之于历史，犹如双目之于人身，早在春秋时期就出现了一批以秉笔直书闻名于世的古代史官，如晋太史董狐、齐太史伯仲叔季四兄弟、齐南史氏。司马迁秉承先秦史官遗风，一部《史记》就是秉笔直书的集中体现。司马迁对于女性的态度是公正的、进步的，他重视女性人物在社会生活及家庭生活中的作用，他将吕后载入帝王本纪之中，对于吕后的政治业绩给予肯定，专设《外戚世家》将后宫嫔妃合传传世，认识到了女性人物在维系家庭及推动政治历史发展中的重要作用。

三、《史记》中女性的婚姻形态影响

（一）后世文学对《史记》女性婚姻形态写作的因袭

女性形象启发了一些以特定环境为主要故事背景的文学作品，这些文学作品在后代逐渐壮大，形成了相关文学主题，为后世文学写作留下大量的题材。女性人物在这类文学作品中或作为主角、或作为陪衬，都推动了故事情节的发展，尤其是为历史演义故事增添了绮丽和神秘的色彩。

《史记》可谓是古代才子佳人小说的先驱者，卓文君与君王后都是女子自嫁、慧眼识英雄这类故事情节的始祖。君王后与卓文君的经历相类似，都是女子违背父亲的意志，自行嫁娶。但在君王后的故事中，她是作为主要人物出现的。尚在闺中的君王后见到蒙难灌园的齐国王子法章，互生情意，两人便私下结合。直到法章被人找到，她才惊觉爱人竟是齐国王子，并且其将要继承齐国王位，她自己也成为齐国王后。如钟惺评论："君王后，英雄也，不自嫁何以为君王后？"君王后的人物故事非常具有传奇性，同时还具有大部分读者喜闻乐见的圆满结局，后代许多文学作品都脱胎于此。

一些文学家借鉴和改编了君王后大胆冲破束缚自行嫁娶的故事，创作了许多深受读者欢迎的爱情喜剧作品。例如明代张凤翼所作的《灌园记》就是直接从中取材，主要内容为齐湣王治国昏庸，世子法章使人向父亲劝谏，却被发配到莒州，法章化名王玄，在太史敫家中当仆人，太史敫之女君后心慕法章，在侍女的帮助下与法章私下结合，后来田单用兵打败了燕国，将法章接了回来，法章与君后、田单与侍女结为两对夫妇，成就欢喜结局。

在唐代繁荣起来的传奇作品以及各地戏剧中的以男女爱恋为主题的文学作品中，常常可以看到此类女子自行嫁娶、慧眼识英雄的情节套路。如元稹的《莺莺传》中少女崔莺莺反抗传统礼教私自与张生交换信物。白行简《李娃传》中，李娃救助沦为乞丐的郑生，后来郑生中举为官并与李娃结为夫妇，李娃也被封为开国夫人。这些内容都与《史记》中卓文君、君王后的故事有着因袭关系，可见《史记》的确为他们提供了创作的灵感和启发。综观我国古代的小说，很多小说人物的主角都是女性人物，讲述的都是女性人物的成长史，或多或少都会涉及她们的婚姻问题。无论结局是妥协还是成功，或者是迷茫，最重要的是女性作为人物主角得到了文学创作者的重视。

（二）父权文化下女性生存困境的反思

"父权"和"夫权"，都意指以男性为中心的权力，这种以男性为中心的权力运作形式又引发出一系列的以男性为中心的思想和维持权力运作的社会制度。"父"和"夫"都是家庭构成的重要因素，他们既是家庭成员的重要角色，又是与女子有着重要关系的两个人，从一个古代女性视角来说，"父"和"夫"是两个操控她、决定她一生命运的人。"父权"意味着父亲对女儿的掌控权利、女儿对父亲的顺从义务；"夫权"也意味着丈夫对妻子的掌控权利、妻子对丈夫的服从义务。古代女性的生存生活范围窄小，没有交际圈的女性人物，从婚姻到生命的结束，恐怕自己的命运都不由自己掌控，而是由他人，包括其父母、丈夫等人的手中。而且身份地位越高，利用价值越大，自己的命运越难自我掌控。

以贵族女性的代表吕后为例，吕后的婚姻是由父亲决定的，《汉高祖本纪》中记载“臣有息女，愿为季箕帚妾”。只此一言，吕雉就只能嫁给刘邦做妻子，就连母亲的请求，也是父亲一句“此非儿女子所知也”就被轻而易举地推翻了。女子的命运就是如此，“父母之命，媒妁之言”，吕雉没有也不能有反抗只有屈服。从此刻开始跟在刘邦身边，她忍受养儿育女的艰难，战争的迫害，情敌的挑衅，刘邦的背叛以及朝堂的尔虞我诈。就算作为一个有着强烈自我意识的政治人物，吕雉也是被命运一步步推着往前走。这所有的一切，造就了他日的吕后，但这一切是出自真心与自愿吗？不是的，是周围的人，是她亲密的亲人拽着命运的绳索将她拉到权力的制高点及人性的极限，所以才有了后面“人彘”的残忍行径。权倾天下的吕后如此，那些在后宫中小儿女的命运更是可想而知。她们是命不由己的悲哀者，纵然有着高贵的血统，锦衣玉食的华服美食，也不过是被圈养起来的宠物一般，最终都沦为了政治斗争的牺牲品、战争的祭品。

进入父系氏族社会以来，女性的地位一降再降，女性在千百年的封建社会之中，一直存在于男权的掌控之下，随着封建社会意识控制的加深，女性的社会地位始终受到禁锢，但哪里有压迫哪里就有反抗，女性的反抗斗争也一直随着男权压迫的存在而存在。女性的自我意识慢慢觉醒，追根溯源，《史记》的贡献不可抹杀。司马迁第一次将人物作为文本的主体，认识到了人的价值的重要性，当然，这些人包括女性人物。司马迁笔下风姿多彩的女性形象，及其对于女性人物的重视，为后世文学文本中女性的塑造树立了表率，他笔下那些具有独立意识的女性形象在后世文学中，被创作者延绵不绝地反复咏叹。

（三）后世女性运动的召唤之音

司马迁对于女性的重视、尊重及客观的态度，以及将女性作为历史主体的一部分载入史册的笔法态度，对于后世的文学创作有重大的意义。纵观我国古代文学的历史长河之中，塑造了千千万万值得我们记住的女性形象，她们的抗争与挣扎，不羁与洒脱，自主的独立人格也总在若隐若现之中显现，这不得不说是《史记》开的好头，是司马迁女性观的影响。例如作为我国古代小说集大成者的《红楼梦》，完全是一个女儿国的世外桃源。曹雪芹将这些女性人物放在一起，有掌权独立的王熙凤、有为爱坚持的林黛玉、有豪放不羁的史湘云、有桀骜孤高的晴雯，还有不与世俗合流的妙玉等等，这些女性形象的大集合，高度体现了曹公对于人性的探索。虽然她们的结局都悲惨可怜，但不能否认曹雪芹的这种探索的价值。由于封建制度的禁锢，处在制度之下的人不可能有超越制度意识太高的思想意识，但他们隐约意识到的危机及其对女性人物的书写，正体现了女性意识的自我觉醒，是后世女性运动的召唤之音。

总之，本文从婚姻角度入手，以《史记》中女性的婚姻形态为主要对象，研究和分析了她们的婚姻形态的表征，并针对这些表征，分析了其产生的内在因素，对其探源，以期透过她们的生存状态体察当时社会的政治变化和思想变化。对女性来说，联姻行为是家族出于利益的需要，她们带着任务和责任嫁到另一个家族或国家。她们的婚姻背负着复杂的利益关系，甚至是家国兴亡的大事，女性的政治联姻是牺牲了个人幸福为父国换取一个有利的政治环境。对于出身战败国的女性，她们是战争失败的牺牲品，她们的婚姻也带有一层屈辱的含义。但与此同时，也有一批女性，她们更看中个人精神幸福，这使她们突破了封建家长的束缚，努力追求自我。造成上面这些局面的原因有很多：一、封建社会思想的痼疾，儒家思想、“三纲五常”对女性婚姻的束缚；二、动荡不安的时局，春秋战国时期的社会环境较为特殊，各诸侯国之间纷争不断，强大的诸侯国想要成为霸主、吞并其他国家，而相对弱小的诸侯国也要努力挣扎求生，联姻是这些国家处在这样的环境中必不可少的交往手段；三、司马迁进步的妇女观，司马迁对女性的态度是公正的、进步的。他重视女性人物在社会生活及家庭生活中的作用。除此之外，《史记》中女性的婚姻形态也产生了较大的影响，主要体现在为后世文学的女性婚姻写作提供素材和对父权文化下女性困境的反思以及成为后世女性运动的召唤之音。

附录：

《史记》中其事迹被详细记载且相关事件与婚姻有关的女性统计表

序号	人物称谓	生活时代	人物出生	人物关系	出现篇章	婚姻双方关系	人物形象	主要/陪衬人物	表现性格	备注
1	尧之女（娥皇）	上古		尧之女，舜之妻	《五帝本纪》	国君与臣子	中性	陪衬	无	
2	尧之女（女英）	上古		尧之女，舜之妻	《五帝本纪》	国君与臣子	中性	陪衬	无	
3	舜之后母	上古		瞽叟后妻，舜之后母，生象	《五帝本纪》	未知	负面	陪衬	单一	
4	简狄	夏		有娀氏（部落）之女，帝喾次妃	《殷本纪》《外戚世家》	部落之间	正面	陪衬	无	
5	姜嫄	上古		帝喾元妃，后稷之母	《周本纪》《三代世表》《外戚世家》	部落之间	正面	陪衬	单一	
6	褒姒	周		周幽王后，伯服之母	《周本纪》《秦本纪》《十二诸侯年表》《郑世家》《外戚世家》《匈奴列传》	王室与诸侯	负面	陪衬	单一	
7	翟后	春秋		翟人之女，周襄王后	《周本纪》《匈奴列传》	王室与诸侯	负面	陪衬	单一	
8	宣太后	战国	贵族	楚女，秦惠王妾，秦昭王之母	《周本纪》《六国年表》《魏世家》《苏秦列传》《樗里子甘茂列传》《穰侯列传》《范雎蔡泽列传》《匈奴列传》	匈奴之间	中性	陪衬	无	

续表

序号	人物称谓	生活时代	人物出生	人物关系	出现篇章	婚姻双方关系	人物形象	主要/陪衬人物	表现性格	备注
9	秦缪姬	春秋	贵族	晋献公之女，申生姊，秦缪公夫人	《秦本纪》《十二诸侯年表》《齐太公世家》《晋世家》	诸侯之间	正面	主要	单一	
10	骊姬	春秋		晋献公夫人，奚齐之母	《秦本纪》《十二诸侯年表》《晋世家》《赵世家》《刘敬叔孙通列传》《龟策列传》《太史公自序》	诸侯之间	负面	陪衬	单一	
11	吕后	秦汉	平民	汉高祖之妻，孝惠帝之母	《项羽本纪》《高祖本纪》《吕太后本纪》《汉兴以来诸侯王年表》《历书》《平准书》《外戚世家》《楚元王世家》《齐悼惠王世家》《留侯世家》《陈丞相世家》《张耳陈馀列传》《魏豹彭越列传》《黥布列传》《淮阴侯列传》《韩信卢绾列传》《樊郦滕灌列传》《张丞相列传》《郦生陆贾列传》《刘敬叔孙通列传》《季布栾布列传》《匈奴列传》《南越列传》《刘淮王衡山列传》《儒林列传》	平民之间	负面	主要	多面	

续表

序号	人物称谓	生活时代	人物出生	人物关系	出现篇章	婚姻双方关系	人物形象	主要/陪衬人物	表现性格	备注
12	薄太后	汉	平民	汉高祖嫔妃，孝文帝之母	《高祖本纪》《吕太后本纪》《孝文本纪》《孝景本纪》《汉兴以来将相名臣年表》《惠景间侯者年表》《外戚世家》《绛侯周勃世家》《袁盎晁错列传》《张释之冯唐列传》《淮南王衡山列传》《儒林列传》《酷吏列传》	国君与平民	正面	主要	多面	
13	窦太后	汉	平民	孝文帝皇后，孝景帝之母	《孝文本纪》《孝景本纪》《孝武本纪》《汉兴以来将相名臣年表》《封禅书》《外戚世家》《楚元王世家》《绛侯周勃世家》《梁孝王世家》《袁盎晁错列传》《万石张叔列传》《田叔列传》《魏其武安侯列传》《韩长孺列传》《酷吏列传》《儒林列传》	国君与平民	负面	主要	多面	
14	王太后	汉	平民	孝景帝皇后，孝武帝之母	《孝景本纪》《孝武本纪》《惠景间侯者年表》《外戚世家》《齐悼惠王世家》《魏其武安侯列传》《韩长孺列传》《酷吏列传》《佞幸列传》	国君与平民	负面	主要	多面	

续表

序号	人物称谓	生活时代	人物出生	人物关系	出现篇章	婚姻双方关系	人物形象	主要/陪衬人物	表现性格	备注
15	卫皇后	汉	平民	孝武帝皇后	《汉兴以来将相名臣年表》《外戚世家》《卫将军骠骑列传》《平津侯主父列传》	国君与平民	中性	陪衬	单一	
16	怀嬴	春秋	贵族	晋怀公夫人，晋文公夫人	《秦本纪》《十二诸侯年表》《晋世家》	诸侯之间	中性带有悲剧色彩	陪衬	多面	
17	咎如长女	春秋		咎如女，晋文公夫人，伯鯈、叔刘之母	《晋世家》《赵世家》	诸侯之间	正面	陪衬	单一	
18	邯郸姬/吕不韦姬	战国	平民	吕不韦姬，秦庄襄王夫人，秦始皇之母	《秦始皇本纪》《六国年表》《吕不韦传》	国君与平民	负面	陪衬	单一	
19	鲁元公主	秦汉	皇族	汉高祖与吕后之女	《项羽本纪》《吕太后本纪》《惠景间侯者年表》《外戚世家》《齐悼惠王世家》《张耳陈馀列传》《樊郦滕灌列传》《刘敬叔孙通列传》	国君与臣子	中性	陪衬	无	
20	戚夫人	秦汉	平民	高祖妃，赵王如意之母	《高祖本纪》《吕太后本纪》《外戚世家》《留侯世家》《樊郦滕灌列传》《张丞相列传》	国君与平民	负面	陪衬	单一	

续表

序号	人物称谓	生活时代	人物出生	人物关系	出现篇章	婚姻双方关系	人物形象	主要/陪衬人物	表现性格	备注
21	吕媭	秦汉	平民	吕后女弟，樊哙妻	《吕太后本纪》《高祖功臣侯者年表》《陈丞相世家》《樊郦滕灌列传》	臣子之间	负面	陪衬	多面	
22	孝惠皇后	汉	皇族	宣平侯张敖，鲁元公主之女	《吕太后本纪》《外戚世家》	国君与臣子	中性带有悲剧色彩	陪衬	无	
23	诸吕女	汉	官眷		《吕太后本纪》	臣子之间	负面	陪衬	单一	
24	武姜	春秋	贵族	申侯女，郑武公夫人，郑庄公，共叔段之母	《十二诸侯年表》《郑世家》	诸侯之间	负面	陪衬	单一	
25	蔡女	春秋	贵族	陈厉公夫人	《陈杞世家》《田敬仲完世家》	诸侯之间	负面	陪衬	单一	
26	鲁恒公母	春秋	贵族	鲁恒公母，鲁惠公夫人，宋女	《十二诸侯年表》《鲁周公世家》《宋微子世家》	诸侯之间	中性	陪衬	无	
27	文姜	春秋	贵族	鲁桓公夫人，齐僖公之女，齐桓公之妹	《十二诸侯年表》《齐太公世家》《鲁周公世家》	诸侯之间	负面	陪衬	单一	
28	哀姜	春秋	贵族	齐桓公女弟（鲁庄公夫人）	《十二诸侯年表》《齐太公世家》《鲁周公世家》	诸侯之间	负面	陪衬	单一	

续表

序号	人物称谓	生活时代	人物出生	人物关系	出现篇章	婚姻双方关系	人物形象	主要/陪衬人物	表现性格	备注
29	雍纠妻	春秋	官眷	雍纠妻，祭仲之女	《郑世家》	臣子之间	中性	主要	单一	
30	蔡姬	春秋	贵族	蔡穆侯之妹，齐桓公妾（管蔡世家称夫人）	《十二诸侯年表》《齐太公世家》《管蔡世家》《管晏列传》	诸侯之间	中性	陪衬	单一	
31	棠姜/郭姜/东郭女	春秋		棠公妻，崔杼妻	《齐太公世家》	未知	中性带有悲剧色彩	陪衬	无	
32	季姬	春秋	贵族	鲁季康子之妹，齐悼公夫人	《齐太公世家》	国君与臣子	负面	陪衬	单一	
33	孟女	春秋		鲁党氏长女，公子斑之母	《鲁周公世家》	国君与臣子	中性	陪衬	单一	
34	齐女	春秋	贵族	卫宣公夫人，卫惠公之母	《卫康叔世家》	诸侯之间	中性	陪衬	单一	
35	齐女	春秋	贵族	齐宗室女，晋文公夫人	《晋世家》	诸侯之间	正面	主要	单一	
36	赵朔妻（庄姬）	春秋	贵族	晋成公姊，赵朔妻	《赵世家》	国君与臣子	正面	陪衬	单一	

续表

序号	人物称谓	生活时代	人物出生	人物关系	出现篇章	婚姻双方关系	人物形象	主要/陪衬人物	表现性格	备注
37	孟姚/娃嬴	战国		赵惠文王之母	《赵世家》	国君与臣子	中性	陪衬	单一	
38	赵襄子姊	春秋末年	贵族	代王夫人	《赵世家》《张仪列传》	诸侯之间	悲剧人物	陪衬	单一	
39	燕后	战国	贵族	赵惠文王，赵威后之女，燕王后	《赵世家》	诸侯之间	中性	陪衬	单一	
40	君王后	战国	官眷	齐襄王夫人	《田敬仲完世家》《田单列传》	国君与臣子	正面	主要	多面	
41	颜氏女	春秋	平民	孔子之母	《孔子世家》		中性	陪衬	单一	
42	平阳公主	汉	皇族	孝景帝、王太后女	《外戚世家》《卫将军骠骑列传》《佞幸列传》	国君与臣子	负面	陪衬	多面	
43	陈皇后	汉	皇族	刘嫖女，汉武帝皇后	《外戚世家》《卫将军骠骑列传》《酷吏列传》					
44	娥	汉	平民	修成君之女	《外戚世家》《淮南王衡山列传》		中性	陪衬	单一	
45	张氏女	秦汉	富人	户牖富人张负女孙	《陈丞相世家》		中性	陪衬	无	
46	晏子之御者妻	春秋	平民		《管晏列传》		正面	主要	单一	
47	魏公主	战国初期		魏公主，魏相公叔妻	《孙子吴起列传》	国君与臣子	中性	陪衬	无	

续表

序号	人物称谓	生活时代	人物出生	人物关系	出现篇章	婚姻双方关系	人物形象	主要/陪衬人物	表现性格	备注
48	平原君夫人	战国	贵族	魏女，信陵君姊，赵平原君夫人	《魏公子列传》	诸侯之间	正面	陪衬	单一	
49	楚考烈王后	战国	平民	赵人李园女弟，楚考烈王后	《春申君列传》	国君与臣子	负面	陪衬	单一	
50	张耳妻	秦汉	富人	外黄富人女，张耳妻	《张耳陈馀列传》		中性	陪衬	单一	
51	卓文君	汉	富人	卓王孙之女，司马相如之妻	《司马相如列传》		正面	主要	多面	

（熊孝容，延安大学文学院硕士研究生。）

《史记》故事中的管理学

董群艺

“韩信跳槽”是妇孺皆知的故事。韩信最初是投奔霸王项羽的，还努力向霸王献计献策。但霸王出身贵族，又是个“力拔山兮气盖世”的实力派领袖，平日里眼高过顶惯了。韩信一则出身卑微，二则还钻过屠夫的裤裆，霸王如何能将他放在眼中？见韩信身高、相貌还可以，安排个警卫员职务，天天在帐篷外站岗放哨。待到萧何月下追韩信后，韩信一下子青云直上，拜为“大将军”，掌管一个国家的军事指挥权，相当于现在的军委主席。受到重用的韩信终于一展其运筹帷幄的灼灼才华，帮刘邦平定天下。

同样一个韩信，在项羽那里是明珠投暗，在刘邦处却能“人尽其材，才尽其用”，韩信最终封为“淮阴侯”，成就职业经理人最高地位，原因何在？

一、好行业不如好职位，好企业不如好老板

不少人才在选择自己的职业生涯发展道路时都难免“求高求大求全求稳”。求高，高薪水，高职位；求大，大企业、大品牌；求全，制度全，管理好；求稳，历史长，发展稳。严格意义上来说，抱着这种观念和心态求职的，相当于放弃了自我，提前进入“退休”状态。除慈善、公益机构外，没有一个老板愿意将自己的企业变成“敬老院”，要想获得好的回报，就必须做出数倍于回报的牺牲和奉献。因此，尽可能找准你的定位，找出你的特长和潜力所在，找到你最适合的职位。这样，才能淋漓尽致地发挥你的才华。此外，世有伯乐，然后才有千里马，有明君才有贤臣，人才只有遇上会欣赏你，肯重用你的雇主才能发挥“中流砥柱”的作用，如若不然，轻则成为弄臣、玩臣的花瓶摆设，重则

如范增无用，甚或如海瑞被贬，如岳飞被杀。

二、找到能替你“上传天意”的说客

韩信能死里逃生，靠的是滕公的“奇其言”；能封坛拜将，靠的是萧何的“必欲争天下，非信无所与计事者”。新入职者，同事一般会自然生出排挤之心，认为分了自己一杯羹，空降之高层还会被觊觎职位日久者视为“夺食”之人，难免“怀恨在心”。如果一味谦逊、退让，你的工作没有创新、突破，时间一长，雇主难免会后悔自己花大价钱买了个假古董。怎么办？开展情感营销，从雇主最亲近、最信任的人入手，多交流，多请教，让他们先知道你的想法，熟悉你的为人处世风格，理解你的生产、经营、管理思路，掌握人脉以后，再着手推进你的变革和创新，外部阻力小了，成绩更容易实现，老板得到了你的使用价值，自然就更加信任和倚重你。

三、适度、适当地“以退为进”

这是高智商的人玩的游戏，成功率也较低，所以一般不被提倡和赞成，以免自绝后路和玩火自焚。这么几类人可以和老板谈条件：1. 掌握了公司最核心的技术，并且，只有你独自一人掌握了；2. 掌握了公司最重要、绝大部分的客户资源，客户唯你马首是瞻，合作方非你不可；3. 确实做出了全体同事心服口服的成绩，老板不为你加薪提职，谁都为你叫屈；4. 你的老板是真正大度大方之人，并且十分认同“欲取之，先予之”的舍得哲学观。永远记住：没有最后一条，其他三点纵然全部具备，都请免开尊口。宁愿选择跳槽，都不要去和“抠门”的老板讨价还价。否则，你落不到实际好处，即便跳槽到别的公司，对方做你的职业背景调查时，都难免被老东家背后放的冷箭射下马来。

我读《史记》的原因很简单，因为《史记》记录了中国古代最重要的故事，而《史记》记载的这些故事是未来中国文化发展的原命题。许多明清史学家、文人、诗人的作品中的故事都来源于《史记》。《史记》构成了中国历史比较完整的故事框架。（作者解读：不读《史记》，谈历史就找不到方向，谈中国文化就找不到源头）《史记》给我的最大贡献就是提供了中国古人看待历史的视觉和方法。当我们看历史事件的时候，我们首先要用中国人、用《史记》的视觉去判断它的价值，这是一个很重要的向度。

我读《史记·货殖列传》，所洞悉的是，从春秋末期到西汉中期大约300年间，是“布衣匹夫之人”走上历史前台，创造商品经济兴旺活跃的伟大时代。

当时的社会情景，我们今天仍可以从司马迁的笔下获知：举国上下，无论是天子，还是农、工、商、贾、畜长，或是军壮战士、闾巷少年、赵女郑姬、游闲公子，以及弋射渔猎之徒、搏戏驰逐斗鸡走狗之辈，乃至医方诸食技术之人、舞文弃墨之吏、普天之下所有社会人等，为了利益蜂拥而至，乐此不疲，为了利益各奔东西，劳累奔波，史称“富商大贾周流天下，交易之物莫不通，得其所欲”。这是一幅郡国富民，利用手中的巨大资货，狂热地扑向流通领域，逐利成为巨富的引人注目的画卷。当时有经营农业、畜牧业、工矿业、山泽开发业者，以其势力和财货集大商人、手工业作坊主、高利贷者于一身。马克思在《资本论》中，以“商人直接支配生产”，“商业支配产业”（见《资本论》第三卷413、408页）来描述最早在中国这样一个东方大国发生的市场经济兴起的那样一种状况。

当代中国人至今念念不忘“陶朱事业，端木生涯”的故事。陶朱就是春秋时的范蠡，吴越争霸时，范蠡为越国大将军。吴国被灭后，范蠡功成身退，经商致富，被称为陶朱公。据说范蠡离开越国时还带走了那位传奇美女西施，二人一起在五湖逍遥快活。端木指的是端木赐，端木赐是他的名字，他还有一个大名鼎鼎的字——子贡。子贡是孔子的杰出弟子，性格活泼，而且才思敏捷、利口巧辞，曾经经商于曹、鲁两国间，富至千金，是一个典型的智商和情商都很高的人才。我曾阅读多种记载子贡的史书。惜墨如金的司马迁在皇皇巨著《史记》中，记载亚圣孟子仅用215个字，而写子贡却用了5000字，足见这位大史学家对子贡推崇之深。值得寻味的是，人们今天想起子贡，不只是赞颂子贡精通六艺的才学和能言善辩的风采，更多地把他当作中华儒商的始祖，“跨国企业”的掌门人来顶礼膜拜。不过，司马迁记载的一则寡妇创业致富的故事，让人感觉更亲近更具有榜样的力量。清，本是她的姓名。因她早年丧夫成为寡妇，出生巴郡，故称巴寡妇清。原来，寡妇清所在的家乡地下埋藏着丰富的朱砂矿。早在她的祖辈一代，便发现了朱砂，并将朱砂冶炼提取水银销售。经过几代人的辛勤经营，积累了不少财富。她的丈夫英年早逝后，面对地方封建势力的世俗偏见和族人的觊觎、侵犯，寡妇清毅然维护、继承了采砂炼丹的祖传实业。由于她有胆有识，精明能干，经营有方，善于应对，她经营的采砂炼丹实业红火兴旺，积累的财富不可计数，终于成为闻名天下的巨商富户，寡妇清是中国历史上第一个女实业家，比南宋著名纺织家黄道婆早一千四百年。

在这里，司马迁揭示的是一种平民创业的观念。《史记·太史公自序》中，司马迁道出他写《货殖列传》的动机是："布衣匹夫之人，不害于政，不妨百姓，取与以时而息财富，智者有采焉。作货殖列传第六十九。"意思是说，《货殖列传》中所列举的人，都是布衣匹夫，都是平民，都是一些商人、工矿业者，除了齐太公望、管子（仲）、越王勾践、魏李克不计外，有计然、范蠡、子贡、白圭、猗顿、郭纵、巴寡妇清、蜀卓氏、程郑、宛孔氏、曹邴氏、周人师氏，关中的田啬、田兰、栗氏、杜氏等，共 16 人；还有兼营商业者乌氏倮、刀间（刀，或作刁）等 2 人；另有高利贷者无盐氏 1 人，还有农业主、畜牧业主，乌氏倮、宣曲任氏、桥姚，这些人在创业致富的过程中，遵纪守法经营，没有借助于政治势力，没有妨害百姓，应该表扬，世人也可以借鉴，可以模仿。

司马迁肯定平民创业，是基于他对人性的深刻洞察。司马迁承认人在经济生活中的利己性，以人性好利作为经济发展动力，提出"善者因之"说，这是献给中国人的伟大观念。"善者因之"，是说人没有不求富足的，政府应顺应自然规律与经济规律，不能强加干涉，让其正常发展，促其经济繁荣，增多财富，是可以裕民的。人性假定是亚当·斯密经济学的第一块基石，经济学的大厦就建筑在这块基石之上。反观中国，老子"至治之极"的理想为什么会在神农时代之后就消失了呢？就因为他对人性的假定，不符合真实的人性。

（董群艺，韩城市政协副秘书长、陕西省司马迁研究会理事、韩城市司马迁学会副秘书长。）

《史记》所见丝织品种类

刘宏伟

《史记》是一部百科全书式的经典巨著，涉及社会生活的各个方面。近年来，诸多专家学者在《史记》本体研究中，已经深刻地认识到《史记》与史学、哲学、文学、民族学、地理学、其他社会科学以及自然科学等等学科之间的密切关系。特别是在研究《史记》与自然科学的关系时，尤其注意到与天文学、地理学、医学、建筑学的关系问题，《史记》中的服饰文化研究却是个薄弱环节。仅以其中所记述的丝绸种类而言，《史记》就是一部研究丝绸文化不可或缺的文化典籍。

一、《史记》记述了丝绸的发明与传播

历史是诉诸证据的科学。由于“丝绸”不仅仅是中外商业交流的商品，而且是一个文化象征符号，表征着“丝绸”本身在丝路沿线国家经济上的交流与合作、文化上的多元与融合，因此，丝绸之路、丝绸文化都很值得我们关注和研究。

2015 年 10 月，笔者应邀参加“纪念司马迁诞辰 2160 周年《史记》与人文精神学术研讨会”暨中国史记研究会第 14 届年会，提交了论文《〈史记〉与丝绸文化》。在文章中，详细阐述了司马迁对丝绸文化的三个方面贡献：一是记述了丝绸的发明与发现；二是详细记述了张骞出使西域的历史史实与凿通丝绸之路的伟大贡献；三是记录了上古至汉朝初期人们使用、流通、交换丝绸的各种情况，是研究丝绸文化的第一手珍贵资料。这篇论文后来发表于《渭南师范学院学报》2016 年第 1 期。在此，就不再详述《史记》中关于丝绸的发明与传播的

具体内容了。

要说明的是，在撰写《〈史记〉与丝绸文化》一文过程中，我翻阅了大量关于丝绸文化方面的书籍、资料，越来越深刻地认识到《史记》百科全书的重大意义，认识到通过《史记》文本可以更加深入地研究丝绸文化，挖掘其内涵，揭示其意义。于是，产生了从《史记》所见丝织品种类研究西汉早期以前社会经济发展的想法，并不断搜集、查阅典籍资料，厘清思路和研究脉络，形成了这篇论文。

二、《史记》中所见丝绸种类

据《史记·大宛列传》记载，建元二年（前 139），张骞带领 100 多名随从从长安出发，日夜兼程向西进发，不料在途中被匈奴俘虏，“留骞十余岁，与妻，有子，然骞持汉节不失”。就这样，张骞在匈奴那里度过了长达十余年的软禁生活。后来，他们找机会逃出匈奴，历尽艰辛又继续西行，先后到达大宛国、大月氏、大夏、康居。公元前 126 年，张骞和堂邑父两个人几经周折返回长安。张骞的首次西行，被史学界誉为“凿空”，即空前的探险。这是历史上中国政府派往西域的第一个使团。

公元前 119 年，张骞时任中郎将，第二次出使西域。历经四年时间，他和他的副使先后到达乌孙国、大宛、康居、大月氏、大夏、安息、身毒等国，促进了西域与长安的交流，推动了中原与西域之间的物质文化交流。之后，“丝绸之路”这条东西方交流之路开始进入繁荣的时代。

从汉朝之后，西域与中原之间商贸往来就是靠张骞当年走过的这条路，中国的丝绸、瓷器、铁具、造纸等源源不断运往西域，西域的葡萄、黄瓜、芝麻等食品和地毯等日用品以及狮子、犀牛、汗血马（大宛）等动物带到中国。张骞出使西域，还带回来许多农作物种子，有葡萄、苜蓿、石榴、核桃、红蓝花、胡麻、蚕豆、豌豆、黄瓜、胡萝卜、大蒜、香菜、胡椒、芝麻等，包括坚果、水果、蔬菜等几类，自西汉推广种植以后，它们成了中国最常见也最受欢迎的食物之一，丰富了当地的作物资源，改善了人民生活。

需要关注的是，自宋元之际棉花栽培技术才传入江南和中原，在明代普遍种植之前，丝绸在中国人的日常生活中占有十分重要的地位，特别是作为服饰，出现了多种多样的品种、门类，甚至形成了一种丝绸服饰文化。

汉代以前，人们主要是以丝织品和麻布为原料制成衣服穿在身上御寒。所以，早先的服饰之类大多带有“糸”旁。《史记》中就为我们保留了许许多多的丝绸种类。

纤：细纹的绸帛。喻吝啬。《史记·货殖列传》：“周人既纤，而师史尤甚。”

约：缠束，环束，引申为检束。约束：控制、管束。《史记·六国年表》：“矫称蜂出，盟誓不信，虽置质剖符，犹不能约束也。”《史记·孙吴列传》：“约束既布，乃设鈇钺。”

纯 tun：匹、段，指绸帛。《史记·苏秦列传》：“锦绣千纯。”

纷：旗上的飘带。《离骚》：“纷吾既有此内美兮，又重之以修能。”《史记·滑稽列传》：“天道恢恢，岂不大哉！谈言微中，亦可以解纷。”这里的“纷”是引申义，是纠纷的意思。

纷华，亦作“芬华”。繁华富丽，荣耀。《史记·礼书》：“自子夏，门人之高弟也，犹云‘出见纷华盛丽而说，入闻夫子之道而乐，二者心战，未能自决’，而况中庸以下，渐渍于失教，被服于成俗乎？”

纪：找出散丝的头绪。《说文·糸部》：“纪，别丝也。”“本纪”之意是法则、纲纪。《史记》将中国古代纪传体史书中的帝王传记标为《本纪》。司马贞在《史记索隐》中明确指出：“纪者，记也，本其事而记之，故曰本纪。又纪，理也，丝缕有纪。而帝王书称纪者，言为后代纲纪也。”

绂：1. 同市，古代作祭服的蔽膝。2. 亦作韨，系印的丝带。《汉书·匈奴传下》：“解故印绂，奉上将率，受著新绂。”

纑：1. 麻缕。2. 苎麻属植物。《史记·货殖列传》：“夫山西饶材，竹、谷、纑、旄，玉石。”裴骃集解引徐广曰：“纑，苎属，可以为布。”

绅：1. 古代士大夫束在衣外的大带。《史记·仲尼弟子列传》：“子张书诸绅。”邢昺疏：“以带束腰，垂其条以为饰，谓之绅。”引申指束绅的人士。如：乡绅。也指束带。又如《史记·五帝纪赞》：“荐绅先生难言之。”《史记·封禅书》：“搢绅者不道。”均指士大夫。

絮：粗丝绵。《史记·夏本纪》：“其篚纤絮，锡贡磬错。浮於雒，达于河。”

《史记·货殖列传》："茧出取帛絮，予之食。"《史记·匈奴列传》："初，匈奴好汉缯絮食物……故约，汉常遣翁主，给缯絮食物有品，以和亲，而匈奴亦不扰边。"

緺：紫青色的绶带。《史记·滑稽列传》："及其拜为二千石，佩青緺。"

絻：同"冕"。古礼冠。《史记·礼书》："郊之麻絻。"

绮：有花纹的丝织品。颜师古注："绮，文缯也，即今之细绫也。"《史记·田叔列传》："今徒取富人子上之，又无智略，如木偶人衣之绮绣耳，将柰之何？"《史记·孟尝君列传》："今君后宫蹈绮縠而士不得短褐，仆妾余粱肉而士不厌糟糠。"《史记·滑稽列传》："洗沐之，为治新缯绮縠衣，间居斋戒。"古称质地轻薄纤细透亮、表面起皱的平纹丝织物为縠，也称绉纱。

缇：1. 细布。《子虚赋》："被阿缇。"李善注引张揖曰："阿，细缯也；缇，细布也。"2. 裳的下饰。《史记·孝文本纪》中记述了当时一位聪明的女孩勇敢救父的故事，这个女孩的名字就叫缇萦。

绵：丝绵。《广韵·二仙》："精曰绵，粗曰絮。"《史记·苏秦列传》："绵绵不绝，蔓蔓奈何？"《史记·刘敬叔孙通列传》："所徵三十人西，及上左右为学者与其弟子百余人为绵蕞野外。"《史记·司马相如列传》："长眉连娟，微睇绵藐；色授魂与，心愉于侧。"

绶：古代系帷或印纽的丝带。《史记·范雎蔡泽列传》："怀黄金之印，结紫绶于要。"

绸：丝织物类名。《史记·司马相如列传》："揽欃枪以为旌兮，靡屈虹而为绸。"

绨：古代丝织物名。绨袍：粗绨做的袍。《史记·范雎蔡泽列传》："须贾意哀之，留与坐饮食，曰：'范叔一寒如此哉！'乃取其一绨袍以赐之。……然公之所以得无死者，以绨袍恋恋，有故人之意，故释公。乃谢罢。入言之昭王，罢归须贾。"

缟素：泛指白色丝织物。《史记·高祖本纪》："天下共立义帝，北面事之。今项羽放杀义帝于江南，大逆无道。寡人亲为发丧，诸侯皆缟素。"

缨：1. 系在颔下的冠带。《史记·滑稽列传》："齐王使淳于髡之赵请救兵，赍金百斤，车马十驷。淳于髡仰天大笑，冠缨索绝。"2. 一种彩色的带子。古代女子许嫁时所系，亦用以系香囊等物。3. 丝制的穗状饰物。

纆：亦作墨，绳索。《史记·屈贾列传》：“夫祸之与福兮，何异纠纆！”裴骃集解引臣瓒曰：“纠，绞也；纆，索也。”

缯：古代丝织品的总称。《史记·西南夷列传》：“夜郎旁小邑皆贪汉缯帛，以为汉道险，终不能有也，乃且听蒙约。”《史记·匈奴列传》：“初，匈奴好汉缯絮食物……故约，汉常遣翁主，给缯絮食物有品，以和亲，而匈奴亦不扰边。”《史记·樊郦滕灌列传》：“颍阴侯灌婴者，睢阳贩缯者也。”

西汉初期，鉴于丝织业相对发达，朝廷专门设置了东西两织室，掌管皇室丝帛的织造和染色，主官有令和丞。东汉废令设丞。这也从另外一个方面说明了西汉手工业的发展达到了一个较高的水平。关于这一点，陈直先生在《两汉经济史料论丛》之《关于两汉的手工业·纺织业》一文中有详尽的论述。同时，陈直先生还就两汉时期丝织品的主要成品、丝的计算、原料产地、织机、缝纫，丝织品的染色、纹样、价格、交易以及养蚕等内容，通过考古与史料相结合的方法，进行了广泛而深入的研究，为进一步研究丝绸文化提供了翔实的第一手资料。

综上所述，我们可以清楚地知道，汉代及以前我国的丝织业门类齐全、分工细致、管理有序、用途广泛，也可以看出织机技术成熟、染色技艺高超、花色品种繁多、服饰地域特色明显。有的丝织品是用来制作衣服穿在身上御寒的，譬如绨袍、絮、绮、缇等；也有的是一种色彩艳丽的装饰品，如缨、緺、纷华、缟素；还有的是用来充当生活、工作用品，如绶、约、纆、綄、绅、绂、纷、素等。

三、《史记》所见丝绸种类的意义

秦汉时期，农桑并重，中国蚕桑生产盛极一时，出现大面积的桑田，丝织品已比较普遍。特别是黄河流域的陕西关中一带和山东地区，是蚕桑生产的中心。司马迁在《平准书》中记载说：汉武帝在一次巡游中，仅对所经过地区的赏赐用掉的丝帛就达百余万匹。司马迁还在《货殖列传》中就反复讲到山东一带的丝织蚕桑业十分发达：“山东多鱼、盐、漆、丝、声色。”“齐带山海，膏壤千里，宜桑麻，人民多文采布帛鱼盐。”“而邹、鲁滨洙、泗，犹有周公遗风，俗好儒，备于礼，故其民龊龊。颇有桑麻之业，无林泽之饶。”“齐、鲁千亩桑麻；渭川千亩竹。”在《李斯列传》中有这么一段话：“所以饰后宫充下陈娱心意说耳目者，必出于秦然后可，则是宛珠之簪，傅玑之珥，阿缟之衣，锦绣之饰不进于前，而随俗雅化佳冶窈窕赵女不立于侧也。”秦朝宫廷所使用的丝织品“阿缟”，就是山东东阿一带出产。据说“阿缟譬之蝉羽，制为时服，以适寒暑”，这么珍贵的东西，一般老百姓是穿用不起的。

秦汉时期丝织业的快速发展，是与当时的国家政策密切相关的。经过连年的战争，从汉高祖刘邦即位一直到文景之治、武帝统治前期，一直奉行“清静无为”的政治方略，极大地推动了农业经济的恢复和发展。

《史记》中的丝绸种类之多、区分之细，充分说明了当时社会中国养蚕业之兴盛、丝绸纺织技术之高超，也可以从一个侧面看出西汉王朝是当时世界上最为强大的帝国，是政治清明、经济繁荣、人民生活相对稳定的盛世时期，也是经济、文化对外交流高度发达的时期，更是华夏族群文化艺术快速发展、民族凝聚力不断增强的有力见证。

（刘宏伟，中国史记研究会理事、陕西省司马迁研究会理事、韩城市司马迁学会副会长。）

《史记》文学艺术研究

吕太后的一生因为司马迁文学性的书写而从未停止被后世文学家进行各种合理或不合理的想象，他们赋予了她不同的枷锁与新生，以至于我们已经对这个女人的真实性形象存在模糊记忆与错乱认识。

文学家笔下女性的困境与重生
——从司马迁《吕太后本纪》到莫言《霸王别姬》

王思敏

不可否认，在《史记》的描写中，人彘事件对吕太后形象的塑造，使其成为“恶”的代名词，但将目光延伸至《史记》其他篇章对她的描写，就可以看出，这个女人不但能贫贱如村妇躬耕田间，更能运筹帷幄“佐高祖”定天下，而其波澜壮阔的人生却因受到惊吓戛然而止。一个女性政治家的崛起要遭受多少磨难！如若重生，她还会选择“女主称制”吗？吕太后的一生因为司马迁文学性的书写而从未停止被后世文学家进行各种合理或不合理的想象，他们赋予她不同的枷锁与新生，以至于我们对这个女人的真实性形象存在模糊记忆与错乱认识。《史记·吕太后本纪》中仅用一个词语概括了她的个性，即“刚毅”，可见在良史司马迁看来，这是一个不同于传统的女性，一个异类的女性，一个可以与男子比肩的女性。史书中步步为营的女人在当代小说家莫言笔下衍生出了无数种不同的性格，这个女人在成为政治家前被刻画成了一个理性的“爱情囚徒”，并在整部戏剧中始终带着狡诈与淫荡。

一、被禁锢的情感标签

《史记·外戚世家》将女性划分两类：一类是代表贤惠善良的，如禹之涂山氏、殷之有娀氏、周之姜嫄等；另一类代表荒淫误国的，如夏桀之末喜、殷纣之妲己、周幽之褒姒等。《周易》云：“女正位乎内，男正位乎外。男女正，天地之大义也。”①可见在等级森严的封建男权社会里，男女如乾坤阴阳一般，从

① 周振甫译注：《周易译注》，中华书局2013年版，第150页。

本质上被割裂开且被深深植入民众的意识形态之中。女性于时代的思想枷锁下，面对的是自身个性无法得到全面发展的困顿，因此也就造成了文学家在创作时对于作品中女性形象的描写自然而然地带有强烈的时代特性。

白寿彝《史记新论》曾说道："在写妇女历史方面，司马氏的贡献是不能抹杀的。"①吕太后作为《史记》中唯一一个拥有独立传记的女性，也为文学家留下了无数可以想象的空间。因此，小说家莫言在 1999 年创作的话剧《霸王别姬》中，吕太后被塑造成一个淫荡善辩狡诈犀利的女人，她"心黑手毒，胜过男儿"，被所有人厌弃。但难道冲破时代枷锁的女人，在文学家笔下的重塑只有一种吗？封建女性如何在当代文学作品中重生？美国文学批评家海登·怀特在《作为文学虚构的历史本文》中这样说道："如何组合一个历史境遇取决于历史学家如何把具体的情节结构和他所希望赋予某种意义的历史事件相结合。"②这对我们在阅读现代文学作品中，如何认识历史事实人物具有极大的启发性。

（一）内敛的爱与恨

1. 史书中因爱生恨的女人

《史记·高祖本纪》中司马迁借吕母之口铺垫了吕雉不一样的命运。但"贵人"刘邦并非情窦初开的小伙子，他有妻有室，且为人轻浮浅薄，仕途未明，丝毫未见之"贵"。在《史记·荆燕世家》中，田中曾说："今吕氏雅故本推毂高帝就天下。"③可见吕雉也不过是封建女性中的一个，她无比信任父亲的看法，婚后通过传达过路老夫的话语、辨云寻夫等方式不断激励丈夫，以婉转巧妙的方法去催促刘邦建功立业，真正尽到了封建女性的本分。一个史官因本质的使命去记录事件，但却无法复原历史人物真正的心绪。当面对刘邦私放刑徒，无奈隐居深山的重罪时，吕雉无奈携子入了秦狱，即使这样也没有击垮这个女人，反而增加了她对丈夫以及未来的希望。正是在这样的困境中，吕太后逐渐脱离了封建女性本身的轨道，跳脱出传统女性的枷锁，开始拥有属于自己独立的个性

① 白寿彝：《史记新论》，求实出版社 1981 年版，第 74 页。

② 屈雅君：《中国文学：关于女性的叙事》，人民出版社 2014 年版，第 368 页。

③ 司马迁：《史记》，中华书局 2014 年版，第 2422 页。

与思想。

抱着爱去生活的女人是无比强大的，但爱却如朝露一般消逝得极快。戚姬与高帝在史书中的“爱幸”二字，使吕太后在自己的传记中成为嫉妒的化身。史书中，吕氏一族为汉王的天下身先士卒，吕太后多年的陪伴与希望却因“年长，常留守，希见上，益疏”①而消逝与破灭，此时的她是恨戚夫人的，但也许更加怨恨曾经抛妻弃子的刘邦吧。吕太后深知这江山得来的不易，其中也融入自己无数的血泪，掌握它才是对高帝最大的报复。司马迁对历史事件的叙述秉持了他良史之称，巧妙地利用“互见法”将吕雉成为太后前的心酸历程与掌权后的心狠手辣完美结合，给读者展现出了一个完整的秦汉之际及汉初个别女性逐步强大的过程。这是古代史学家对女性个性发展过程的初步探索，也为后世文学家留下了无数可以衍化文学作品的种子。

2. 话剧中“卑微无耻”的女人

话剧《霸王别姬》基于楚汉战争这一背景下，向我们展示了两女一男的爱情纠葛以及悲剧人生。剧中吕雉被设定为布衣荆钗、皱纹层生的半老徐娘，被西楚霸王项羽圈禁三年之久，竟然爱上了这孩子气十足的男人。这部莫言于 1999 年创作的话剧《霸王别姬》在如今依旧火热，而剧中两位女性关于“小女子追求男欢女爱，大女人要的是流芳百世”的对话成为整部话剧的重头戏之一，尤其是剧中对吕雉淫荡狠辣形象的刻画，使得她“艳压群芳”。然而，整部话剧共 7 节，吕雉并非出现在每一节中，但她的出现总是能以“大女人”形象压倒所谓的“小女子”虞姬。莫言就《霸王别姬》中女性形象的描写在接受采访时强调，历史剧与现代生活息息相关。“这是一部让女人思索自己该做一个什么样子的女人的历史剧。”②

莫言根据《史记》描写的空当进行想象，作者为了刻画女主角虞姬柔弱而无所依的形象以及凸显“别姬”这一中心主题，吕雉的形象自然而然就成为虞姬的反面体现，因此就被设定得略显单薄且不太真实。剧中的吕雉口出淫荡之词，行为放肆无端。第五节《让夫》中，面对项羽的恶言相向，吕雉却道：“子羽，

---

① 司马迁：《史记》，中华书局 2014 年版，第 503 页。

② 莫言：《我们的荆轲》，浙江文艺出版社 2017 年版，第 245 页。

我的弟弟，低一下你那高傲的头颅，看看膝下这个女人，你不知道她是多么地爱你，你不知道她是多么地想你，在醒里，在梦里……世界上有千万种罪名，但爱是没有罪的。大王你仁慈之名满天下，为什么对爱你的女人如此残忍？（抱住项羽的腿，仰望着项羽）爱是没有尊严的，虽然我与汉王早已分居，但名分上还是他的正妻，为了爱，我像一条狗，跪在你的面前，双眼流泪仰望着你，伸出你的手，拉起我，拉起我这可怜的女人吧……”①这里对于吕雉形象的描写可谓十分离谱。从现代视角来看，在作者进行创新性创作时，主角之一的吕雉依旧无法掌握自己的命运，为了生存她不得不依附于强大的男性。同样这样的语言也非常不真实以至于略显离谱，无法达到莫言所谓让女人思考成为什么样女人的目的，有的却是为了博取社会中人们对欲望的关注的嫌疑。

就真实的历史而言，吕雉虽不十分高贵，但却被吕公视为“奇女”且要嫁于贵人，可见她一定接受了所谓书香门第的“高等教育”，并且在刘邦称王之路上出谋划策，而编剧莫言仅仅通过语言描写将吕雉置于青楼女人的处境。“莫言据此就衍生出吕雉与项羽的爱情，却难以让人信服。三角恋情，恋母情结，性格大反转，这些都是消费文化中最吸引眼球、最能制造经济效益的因素。而用这些要素来填充干瘪的历史叙述，无疑是作家对于消费主义庸俗取向的妥协，对于大众读者低级趣味的迎合。”②因此，一定程度上戏剧《霸王别姬》中的矛盾冲突是不合理的。

（二）奔放的怒与狠

1. 心志坚定的太后

《吕太后本纪》中一切“王吕诛刘”的行为都比不上戚夫人“人彘事件”让人记忆深刻，这也是狠毒女人的由来，但狠毒并非与生俱来，而是经历世事后的发泄。追溯吕太后的人生，年轻时候的事迹只能在几个世家、列传中寻找。被囚禁时她默许接受审食其的帮扶；面对太子之争时她执意找张良出谋划策；在

---

① 莫言：《我们的荆轲》，浙江文艺出版社 2017 年版，第 152 页。

② 杜晓杰：《消费文化语境中的文本组构——李碧华小说〈霸王别姬〉与莫言话剧〈霸王别姬〉论析》，《戏剧文学》2014 年第 5 期。

面对韩信反叛时，她果断地与萧何联手将其诛杀。无论是司马迁或班固，他们都不得不承认是高后佐高祖定下了大汉的天下，这个女人对于高祖最初宏伟大业的确立以及问鼎天下都有着莫大的帮助。

可是《史记》中对于吕太后的书写却并不温柔，即使单独立传，也从未提及她成为太后前的种种谋划与辛酸。作为具有极强文学功底的史学家司马迁，对于吕太后最大的仁慈应该就是在《吕太后本纪》中承认她对汉初百废俱兴的政治贡献。但那些所谓人彘事件、连杀三赵王事件、幽囚少帝事件以及一切违背伦理的事件却占据了她个人传记的大量篇幅，以至于班固《汉书·惠帝纪》赞语这样写道："遭吕太后亏损至德，悲夫！"①可见史学家笔下的女性一经设定，便很难逃脱被封锁的桎梏。表面上是史学家对独立女性地位的承认，但却依旧未跳出封建男权思想以及以男性视角对女人形象进行刻画的事实。"以史为鉴"的刻板认识使得吕雉的形象在后世持续性地存在着扭曲认知。

2. "表里如一"的吕雉

前辈先贤对于吕雉形象的塑造，注定她逃不脱继续被加深刻板印象的命运。莫言的话剧《霸王别姬》中，他不再关注成为太后的吕雉如何心理扭曲，而是追根溯源，想要给观众展现出一个从头至尾表里如一的吕雉，她天生就是这么奸诈狡猾、放荡淫乱且极度需要男人的爱。面对虞姬的语言攻击以及霸王的不屑一顾，她竟然用所谓的"爱"，放弃自尊执着地扑了上去。

剧中第三节，年老色衰的吕雉独自呢喃着："时光如箭啊，岁月无情，青春将逝，美人迟暮。刘邦啊刘邦，今夜你宿在何处？谁家的女儿躺在你的枕边，做你一夜新娘？"②这是吕雉登场的第一出戏，也奠定了她在全剧中的形象。接着登场的人物是年轻精致的虞姬，她的外貌与吕雉形成了鲜明的对比。但在二人一来一往的对话中，吕雉却展现出了理性十足的"大女人"形象，她承认"胜败乃兵家常事"，她肯定"汉王想的是天下大事"，以"小女子追求男欢女爱，大女人要的是流芳百世"来宽慰自己，这里的语言描写与前段的对比越发加深了二人的戏剧形象。这里莫言的描写突破了传统思维定式下对吕太后的想象枷锁，

① 班固：《汉书》，中华书局 2012 年版，第 132 页。

② 莫言：《我们的荆轲》，浙江文艺出版社 2017 年版，第 122 页。

她不再被刘邦若有似无的爱所拖累，重生了属于女性自我独立思考的情感，大胆地追求想要的爱情。但“吕雉的主题旋律是：‘皇后的尊位我要，男人的肉体我也决不放弃’，‘想做帝王后，就要割舍儿女情！青春易逝，帝业永存！’是疯狂占有的欲望者的声音。无论是审食其还是项羽，都是她肉欲的附庸，她没有把项羽当作爱情的对象，而是把他作为爱情包裹下的一个争夺的客体”①。可见在戏中莫言对于女性的刻画有突破但也逃不脱思维定式下以男性视角去刻画女性的爱情的范式，但这样的突破却是难能可贵的。

二、被释放的情感突破

晚清文学家梁启超《中国韵文里头所表现的情感》一文中道：“用情感来激发人，好像磁力吸铁一般。有多大分量的磁，就有多大分量的铁，丝毫容不得闪躲。所以说情感这样东西，可以说是一种催眠术，是人类一切动作的原动力。”②

（一）从普通到扭曲的改写

作为西汉太后的代表，我们一直在探索吕太后的历史功绩如何，但从未关注她作为一个女性，一个母亲的样子。称制之前的她为了两个孩子，不再去关注自己的出身，情愿躬耕田间过着普通妇女的生活。之后，追随刘邦东奔西走，为其出谋划策，不论是对子女或是丈夫，吕雉都尽到了一个普通女性该有的责任与义务。《史记·田单列传》中道：“忠臣不事二君，贞女不更二夫。”③可见司马迁心中对女性是有着传统封建思想的忠贞要求，而吕太后也没有任何跨越道德底线的行为。

在话剧《霸王别姬》中她依旧是一个普通的女性，剧中的她内心渴望成为小女子，但外表故作坚强，因为她清楚地知道自身的价值就在于超于小女子的理

---

① 莫言：《我们的荆轲》，浙江文艺出版社 2017 年版，第 150 页。

② 梁启超：《饮冰室合集》，中华书局 1989 年版，第 77 页。

③ 司马迁：《史记》，中华书局 2014 年版，第 2977 页。

智与谋划。剧中第一节是吕雉对霸王倾诉衷心，这里我们不去纠结莫言笔下霸王的人物形象，仅就吕雉来看，她渴望被人爱，想去追求有质量、有重量的爱，是作者表现一个普通女人追求心灵寄托的描写。但另一方面，一些对吕雉的描写令其形象矮化，使其成为一个既不符合传统古典女性又超出正常新时代的女性。即使莫言曾说："一切历史剧都是现代剧。"但"文学创作主体同时又是现实生活中的道德实践主体，他总是自觉不自觉地把现实生活中的实践经验与体验化为他的文学创作"[①]。因此，文学家既然冠以历史人物姓名，那么就要做到尊重历史，同时在落笔进行创新时也要符合现代社会实践。

我们认可且赞同文学家对已有历史事件进行再加工,以及利用一波三折的矛盾冲突剧情来吸引读者和观众，但对于历史人物性格的大前提，力求真实才是最好的选择。李泽厚《美学四讲》中说："自然与人、真与善、感性与理性、规律与目的、必然与自由，在这里才具有真正的矛盾统一。真与善，合规律性与合目的性在这里才有真正的渗透，交融与一致，理性才能积淀在感性之中，内容才能积淀在形式之中，自然的形式才能够成为自由的形式，这才是美。"[②]而在戏剧《霸王别姬》中，作者铺陈了矛盾，却未曾寻找统一，一定程度上只满足了观感美而忽略了内在的和谐统一美。

（二）从坚毅到放肆的想象

西汉史学家司马迁也许不认可一个女人当权执政,因此在书写时将个别悬案的主使直接冠以吕后之名，乃至于个别历史质疑者对于如"人彘事件"或企图鸩杀齐王肥事件等历史事实的描述存在疑问，但在其本纪赞语中司马迁道："孝惠皇帝、高后之时，黎民得离战国之苦，君臣俱欲休息乎无为，故惠帝垂拱，高后女主称制，政不出房户，天下晏然。刑罚罕用，罪人是希。民务稼穑，衣食滋殖。"[③]可见，从大的历史前提来看，司马迁还是认可吕太后对汉初社会安定

① 李泽厚：《中国古代思想史论》，人民出版社 1986 年版，第 234 页。

② 李泽厚：《美学四讲：批评哲学的批评》，生活 · 读书 · 新知三联书店 1989 年版，第 403 页。

③ 司马迁：《史记》，中华书局 2014 年版，第 521 页。

与发展所做的牺牲与贡献。

当代文学家莫言在接受采访时曾说："我是一个女性崇拜者……大部分小说里面都是女人在操控一切，女人在指挥，男性搞乱的场面最后都由女性来收拾。"[①]因此莫言笔下的吕雉毋庸置疑地成为一个能够力挽狂澜的政治女性。剧中，她可以只身犯险来到丈夫死敌的营帐中劝其降伏，面对天下苍生血流成河的场面，她刚柔并济软硬兼施，冷静理性地为项羽分析情形，以做到利益最大化。但莫言笔下的吕雉也是冲破道德底线的"过界女人"，她诉说的是越轨的话语，倾付的是肉体与欲望。我们不能说理智与欲望之间存在明显冲突，但就话剧中，作者利用短短几句语言描写来转化人物心理，这样的创作方式是存在着突兀性与跳跃性的，以至于很难被观众信服。如第五节中，吕雉反复在政治与情感的抉择中徘徊。"大王，岂不闻麦黄一晌，蚕熟一时？"与"为了爱我已经不要自尊，不要脸皮。我的亲亲的弟弟……"[②]这两段话语的间隔超不过十句，展现的却是一个不太真实且性格极度矛盾的吕雉，即使莫言在写作中肯定了吕雉的能力，认为只有她能够帮助项羽成就霸业，但这样的能力却被作者表达的肉体欲望所掩盖。

三、结语

无论是史书还是话剧，或者后代文学家、学术研究者，他们总是会冠以"悲剧人生"的赞语给吕后，可有谁知道这个参与男权社会下权力斗争的吕后是虞姬、戚夫人或其他女人做不到的。史书中对于这个女人如何称制描写得十分详细：面对亲子去世而不悲，化解"白马之盟"，以及妥善安排吕氏子弟等，在方方面面中体现出她深思熟虑、威仪满满的形象，以至于令整个以男权为主的朝堂敢怒而不敢言。话剧中她即使身为阶下囚也可顺利脱身，从容进出楚汉之间。可见不论是司马迁还是莫言，他们都看到了这个女性不同于其他女性的地方，并且帮助她放大了这点，使这个传统的女性可以突破封建的牢笼，冲破时代套在

---

① 莫言：《我们的荆轲》，浙江文艺出版社 2017 年版，第 242 页。

② 莫言：《我们的荆轲》，浙江文艺出版社 2017 年版，第 151—152 页。

她身上的枷锁。这是一个历史上真实人物的重生，也是无数文学家赋予的新生。

《史记·外戚世家》中道："人能弘道，无如命何。"①人生中可以遇到无数选择，但命运似乎逃不脱注定的结局。吕后的一生，在文学家笔下俨然成为反面女性的代表。可这样的结论并不十分完全，我们不能因为史学家的一笔带过而忽略她伟大的一面，放大深化她恶的形象。文学家在进行文学创作时也应在尊重历史与客观事实的前提下，对人物的书写尽可能地保持客观的笔法，不要歪曲抹黑历史人物形象。新时代下我们需要文学的多样性，同样古典文学也需要不断地创新与发展，更需要激发出古典文学中的活力。

（王思敏，宝鸡文理学院文学与新闻传播学院中国古代文学硕士研究生。）

① 司马迁：《史记》，中华书局2014年版，第2387页。

《史记》虚词句群的文学功能例说

陶长军

“句群也叫句组，它由前后连贯共同表示一个中心意思的几个句子组成。”①这是从语法学角度对句群下的定义。我们这里所说的虚词句群，与现代语法学意义上的句群略有不同，我们把《史记》中虚词运用比较密集的一段文本就简单称为一个句群，它自然是前后连贯的，但不一定仅仅表示一个中心意思。牛运震《史记评注》评《五帝本纪》中黄帝征伐一节：“《史记》长于用虚字，如叙黄帝征伐之事一段，屡用‘而’‘于是’‘然后’等字顿挫，句贯连断得宜，此太史公用虚字之妙也。”②牛氏虽然没有对这段虚词句群的“妙处”做具体的分析，但引发了我们对这一问题的关注。通过细读文本，我们发现《史记》中存在着大量的这类虚词句群，且句群中各个虚词的配合使用，不仅仅起到文法上的“句贯连断得宜”的作用，还同时兼备文情表达方面的功能，即大大增强了文章的文学表达效果，这也是我们在阅读《史记》时觉得它更像是文学作品而不仅仅是历史著作的一个重要原因，很值得我们做进一步的探究，下面我们就通过具体实例对这个问题做一简要阐释。

轩辕之时，神农氏世衰。诸侯相侵伐，暴虐百姓，①而神农氏弗能征。②于是轩辕乃习用干戈，以征不享，诸侯咸来宾从。③而蚩尤最为暴，莫能伐。炎帝欲侵陵诸侯，④诸侯咸归轩辕。⑤轩辕乃修德振兵，治五气，艺五种，抚万民，度四方，教熊罴貔貅貙虎，以与炎

① 黄伯荣、廖序东主编：《现代汉语》增订四版下册，高等教育出版社 2007 年版，第 141 页。
② 牛运震：《史记评注》卷一，三秦出版社 2011 年版，第 1 页。

帝战于阪泉之野。⑥三战，然后得其志。蚩尤作乱，不用帝命。⑦于是黄帝乃征师诸侯，与蚩尤战于涿鹿之野，⑧遂禽杀蚩尤。⑨而诸侯咸尊轩辕为天子，代神农氏，是为黄帝。(《五帝本纪》)

这个句群虚词运用得比较密集，我们逐一对这些虚词的文学表达效果进行分析。句①“而神农氏弗能征”，“而”为转折连词，透过这个“而”字，我们几乎能听到司马迁的叹息声，饱含着他对神农氏昌盛时期的追慕，以及而今盛世不再的不尽遗憾。到轩辕之时，神农的后代已经衰微了，已经不能有效地控制各路诸侯，致使诸侯之间互相侵伐，百姓罹难。面对着这般混乱的场面，“而神农氏弗能征”，“而”字表达本该如此结果却恰恰相反的意思，把神农氏有心征伐却无力回天的无力感呈现在我们面前，言语中含着对神农氏世衰的无限同情、惋惜之意。句②“于是轩辕乃习用干戈”，“于是……乃……”，表顺承关系的连词，相当于现代汉语的“于是……就……”。它紧承上文“诸侯相侵伐，暴虐百姓，而神农氏弗能征”而来，有一股勇毅之气，大有孟子“如欲平治天下，当今之世，舍我其谁也”(《孟子·公孙丑下》)的气势。当时诸侯混战，共主无能，天下滔滔，万民倒悬。就在这民族危亡的紧要关头，“于是轩辕乃习用干戈”，“于是……乃……”，衔接自然，把个勇于自任的英雄顺势托出。常言道乱世出英雄，面对着这样一个喧嚣的世界，必须有“大圣”者出来扫荡这恶浊的空气，还万民一个清平乐园，于是轩辕乃乘势而起，“习用干戈，以征不享”。通过“于是……乃……”这个连词，司马迁给我们塑造了一个以天下为己任，为解救人民苦难而甘愿抛头颅、洒热血的英雄形象。句③“而蚩尤最为暴，莫能伐”，这里“而”字又一转，使前文“诸侯咸来宾从”与此处“蚩尤最为暴，莫能伐”形成强烈对比，目的是为了突出蚩尤的残暴及势力之大：以“咸来宾从”的诸侯之众，犹不能征伐他。这也从侧面衬托出轩辕抚平天下的勇气之大以及任务之艰巨。句④“诸侯咸归轩辕”，“咸”为副词，表范围。“炎帝欲侵陵诸侯”，炎帝为神农氏的后代，为天下共主，不体恤臣民而欲侵陵之，诸侯都前往投奔轩辕。一个“咸”字，见出轩辕之得民心。此时的轩辕和炎帝，直仿佛是殷周时期的文王和纣王，“诸侯咸归轩辕”，我们几乎看到八百诸侯不期而会孟津的壮阔画面了！句⑤“轩辕乃修德振兵”，“乃”为副词，表承接关系，相当于我们今天所说的“这才”。炎帝暴虐，侵陵诸侯，诸侯不堪忍受，都往依轩辕，轩辕这才修德振兵，与炎帝战于阪泉之野。这个“乃”字，有不得已而为之的意味，见出轩辕朴诚、宽厚的性情。句⑥“三战，然后得其志”，这个连词“然后”用得极为精彩。作战的艰辛、战斗的惨烈、将士的伤亡、满目的血腥，尽由“然后”一词传达出来，真让人不寒而栗。句⑦“于是黄帝乃征师诸侯”，这个“于是……乃”与句②用法相同，也有乘势而起的意味。蚩尤自从神农氏统治时期就暴虐作乱，不服管教，直到轩辕黄帝之时，依旧恶性不改，不听帝命。“于是黄帝乃征师诸侯”，大战蚩尤于涿鹿之野，禽杀之。这个“于是……乃”，也突出表现了黄帝在大义面前挺身而出的英勇气概。句⑧“遂禽杀蚩尤”，“遂”，连词，表顺承关系。如果单从字面来看，“遂”有“顺遂”意、有“称心”意、有“满足”意，这里虽然已虚化为连词，但它的实词意义并未完全丢失。“遂禽杀蚩尤”，著一“遂”字，顿时觉得大快人心。同时，“遂”字发音比较干脆、利落，毫不费力，这也让我们觉得“禽杀蚩尤”似乎轻而易举，远比与炎帝战于阪泉之野时的“三战，然后得其志”来得轻巧得多。因为炎帝毕竟是天下共主，而蚩尤只不过是一方诸侯，俗话说“瘦死的骆驼比马大”，灭炎帝自然要比诛蚩尤多费些周折，而这其中的诸多关节司马迁就用“然后”和“遂”两个虚词简明道出，真让人不得不扼腕赞叹。句⑨“而诸侯咸尊轩辕为天子”，“而”，顺遂连词，这里有水到渠成的意味。经过前番几次大大小小的征伐兼并，尤其是击败炎帝，禽杀蚩尤这么大规模的军事战争之后，天下基本上已相安无事，现在合该是尘埃落定之时了。“咸”，范围副词，“咸尊轩辕为天子”，正是曲终而奏雅，最终给我们一个大团圆的热闹场面，这正符合我们中国人的审美需求。总之，在这个句群中，司马迁通过灵活、巧妙地运用这些虚词，给我们勾勒出黄帝从崛起、逐渐壮大，到最终践位称帝的艰难奋斗历程，言语中含着对这位华夏之祖的无比敬畏。从神农氏到炎帝，再经炎帝到黄帝，这么长时段的历史跨度，看司马迁就用几个“而”“于是”“然后”等虚词轻轻点逗，使人只觉其轻妙而无暌隔之感。尤其是对阪泉之役和涿鹿之战两次大战的叙写，其间，只变换一个虚词，就把这两次战役的繁难不同处精妙画出。李长之先生说：“司马迁是这样的善于控驭文字，所以他有时把文字当作游戏，像小狗小猫玩一个可爱的小球似的。”[①]我们并无意说司马迁这里是在玩文字游戏，但用这个比喻来形容他驾驭文字的绝妙本领，真是再合适不过了。后人誉之为语言大师，司马迁当之无愧！

> 尧知子丹朱之不肖，不足授天下，①于是乃权授舜。授舜，②则天下得其利而丹朱病；授丹朱，③则天下病而丹朱得其利。尧曰：④“终不以天下之病而利一人。”⑤而卒授舜以天下。尧崩，三年之丧毕，舜让辟丹朱于南河之南。⑥诸侯朝觐者不之丹朱而之舜，⑦狱讼者不之丹朱而之舜，⑧讴歌者不讴歌丹朱而讴歌舜。舜曰：“天也。”夫而后之中国践天子位焉，是为帝舜。（《五帝本纪》）

句①“于是乃”实则属于虚词的同义连用，亦可称作“重言虚词”。“乃”为副词，这里意思为“于是也，然后也，始也”[②]，与“于是”连用属于同义叠加。钱钟书《管锥编》论《鲁仲连邹阳列传》有“稠叠其词”之说：“鲁仲连曰：‘吾始以君为天下之贤公子也。吾乃今然后知君非天下之贤公子也！’，‘乃今然后’四字乍视犹若堆叠重复，实则曲传踌躇迟疑、非所愿而不获已之心思语气；《水浒》第一二回：‘王伦自此方才肯教林冲坐第四位’，适堪连类。”又说：“《逍遥游》写鹏待风厚方能振翼曰：‘而后乃今培风，……而后乃今将图南’，明远大之事匪可轻举也。均稠叠其词，以表郑重。”[③]同样，“于是乃权授舜”，一方面有着“王伦自此方才肯教林冲坐第四位”的踌躇迟疑，同时也兼具大鹏“而后乃今”的审慎计虑，“于是乃”一词于彼二者真可谓兼而有之。[④]我们再看“权”

① 李长之：《司马迁之人格与风格》，三联书店1984年版，第288页。

② 杨树达：《词诠》“乃”字条，上海古籍出版社2006年版，第63页。

③ 钱钟书：《管锥编》，三联书店2008年版，第519页。

④ 从《史记》一书记载来看，尧实为中国禅让制的创始人，尧之前的历任帝王，实行的都是血亲制。在把天下传于贤人还是自己的后世子孙这个重大问题面前，尧踌躇了，迟疑了，因为这是关乎国家及自己子孙后代命运的大关目。司马迁措词精审，用“于是乃”妙达神旨，这其中正含着人伦的至性在。“好诗不过近人情”“人情练达即文章”说的正是这个道理。

字，“权”作名词即“秤锤，也指秤”[1]，用作动词指“称量”[2]，这里用的是引申义，有反复比较、衡量的意思。即尧明知道自己的儿子丹朱没有才能，不足以授天下，但要把天下授予他人，心里还是有些不甘，内心经过一番踌躇挣扎与反复掂量，就好比拿秤称量物品一般，真是一锱一铢都须计较得清清楚楚。“权”一词而兼众义，把尧欲授天下于舜时的矛盾复杂心理刻画得惟妙惟肖。这样看来，“于是乃权”又属于广义上的“稠叠其词”，只不过“于是乃”仅是一种语气的流露，意义虚幻，需要我们用心体悟；而“权”意义实在，且极传神，把尧当时游移不定的光景和盘托出。在某种意义上，我们可以把“权”看作是“于是乃”的注脚：“于是乃”就是看不见的“权”，“权”乃“于是乃”的具象化表达。句②和句③，用两个虚词“则”和“而”，构造两个相同的“则……而……”句式，营造出一个两难选择的境地，用以刻画唐尧在此境地中的复杂心理活动。这个反复忖度、犹豫不决的心理活动过程，正是上文“于是乃权授舜”中“权”字所“权衡”的具体内容。可贵的是，在这样一个痛苦的抉择过程中，尧始终把天下的“利”与“病”当作首要的衡量标准。[3]句④“终不以天下之病而利一人”，痛定思痛之语。“终……而……”，见出这个决心下得极为艰难甚至痛苦；正与前面两个“则……而……”造成的两难之境相呼应。句⑤“而卒授舜以天下”，“而”这里是承接连词，承接句④“终不以天下之病而利一人”而来，既然决心已下，自然得出结论。“而卒”有水到渠成之势，至此“授舜以天下”已无任何心理挂碍。句⑥、句⑦、句⑧，叠用三个“不……而……”句式，一气贯注，有“骏马下注千丈坡”之势，以不可辩驳的事实给我们昭示尧当初选择

---

① 徐中舒主编：《汉语大字典》缩印本，湖北辞书出版社与四川辞书出版社 1992 年联合出版，第 554 页。

② 徐中舒主编：《汉语大字典》缩印本，湖北辞书出版社与四川辞书出版社 1992 年联合出版，第 554 页。

③ 这从“授舜，则天下得其利而丹朱病；授丹朱，则天下病而丹朱得其利”可以明白看出。在这两句中，尧始终把天下“利”或“病”放在首位，以示天下的“利病”才是问题的关键。其实这两句读起来极为拗口，远没有“授舜，则天下得其利而丹朱病；授丹朱，则丹朱得其利而天下病”读起来顺畅。这里司马迁为了“顾全大局”，不得不牺牲句子的音乐性这种细枝末叶的东西。可见，这种“两难选择”的窘境，不独唐尧一人遇之而已。

虞舜真是顺应民心的明智之举，至此，唐尧真可以含笑九泉了。这个句群的最大特点是用虚词构造几个相同的句式，然后把这些句式堆叠在一起，以形成《史记》所特有的“复笔”艺术，增强情感表达的力度。牛运震云：“他史之妙，妙在能简；《史记》之妙，妙在能复。盖他史只是书事，而《史记》兼能写情。情与事并，故极往复缠绵、长言不厌之致。不知者以为冗繁，则非也。一部《史记》，佳处正在此。”[①]这自然是千古妙论，读者于此句群之②、③两句及⑥、⑦、⑧三句可窥见一斑。

或曰：“天道无亲，常与善人。”若伯夷、叔齐，①可谓善人者非邪？②积仁洁行如此而饿死！且七十子之徒，③仲尼独荐颜渊为好学，然回也屡空，糟糠不厌，而卒蚤夭。④天之报施善人，其何如哉？盗跖日杀不辜，肝人之肉，暴戾恣睢，聚党数千人，横行天下，⑤竟以寿终。是遵何德哉？⑥此其尤大彰明较著者也。若至近世，操行不轨，专犯忌讳，⑦而终身逸乐富厚，累世不绝；或择地而蹈之，时然后出言，行不由径，非公正不发愤，⑧而遇祸灾者，不可胜数也。余甚惑焉，倘所谓天道，⑨是邪？非邪？（《伯夷列传》）

句①“邪”字，“语末助词，表反诘”[②]。反诘语气比一般陈述语气更能表达强烈的情感。“若伯夷、叔齐，可谓善人者非邪？”用一反问句，是对伯夷、叔齐“可谓善人”这一事实的高度肯定，笔下隐含着对此二人的激赏之情。句②“如此”，程度副词，极言二人的修为、品行已到了无以复加之境，依据“天道”，如此“质美行休”之人，该受到上天的特别眷顾吧！但是紧接着“而”字一转，伯夷、叔齐这么好的人，居然给活活饿死了。“如此而”三字极具顿挫之势，给人以强烈的心理反差，把人的感情一下从高峰带入低谷，不由自主地，我们就和太史公站在同一行列，为伯夷、叔齐的不幸遭遇一起唏嘘饮泣了。句③“独”与“七十”形成对比反差，突出颜渊为众弟子中之佼佼者。孔子不也说过“学

① 牛运震：《史记评注》卷一，三秦出版社 2011 年版，第 4 页。

② 杨树达：《词诠》“邪”字条，上海古籍出版社 2006 年版，第 329 页。

而优则仕”的吗？那么像颜渊这样的渊博之士，总该有个很好的归宿了吧！“然回也屡空，糟糠不厌，而卒蚤夭”，“然”字、“而”字，均是转折连词，表出乎意料的意思，以示“天道”之不公。颜回这样的杰出人物，不但没有一个好的归宿，竟连饱饭都不常得，且生平吃的都是极为粗劣的食物，更不幸的是居然又中道夭亡。“而卒蚤夭”四个字，字字俱带着司马迁的血与泪。颜回这么高的才华，且又正值风华正茂之年，就这样寂寞地走了，怎能不让人为之动情、恸哭失声呢！句④“天之报施善人，其何如哉？”这句总括伯夷、叔齐和颜渊两事，是代他们向上天鸣冤之词。“哉”表疑问语气，表面看，好像是司马迁对所谓的“天道”充满疑惑，实则是司马迁对“天道”的悲情问难：善人不得善终，苍天何忍？句⑤“竟”，表转折，言下有为之感到不值、不配的意味。盗跖这样的大奸大恶之徒，居然得颐享天年，他哪里配得上这样的优遇？哪里值得上天这般的垂青？接着“是遵何德哉”和句④“其何如哉”用意一样，它紧承“竟以寿终”而来，是前半句感情的进一步宣泄。前半句对上天的愤恨不平尚且停留在“呼之欲出”的含而未露阶段，至此时作者实已不能控制自己的情感，直然对其高声斥责了：苍天呐，你到底遵循的哪般德行标准，如此地赏罚不公啊！句⑥“尤”“大”“彰”“明”“较”“著”均属于同义叠用，极言盗跖的罪行已昭彰到如此地步，业已是人所共知的事实，唯独苍天却不开眼，竟让他得以寿终，这直然就是对“苍天无眼”的痛声詈骂了。句⑦、句⑧两个句子句式相近，都用一个转折词“而”连接前后两截，同时这两句之间又构成鲜明的对比：“操行不轨、专犯忌讳”之徒却“终身逸乐富厚，累世不绝”；而谨言慎行、专务公正之士却“遇祸灾者，不可胜数”。牛运震曰：“此处文势，离乱错综，出之若不可尽。满腹悲愤，倾吐殆尽，笔底酣肆，极沉郁顿挫之妙。”[①]最妙的是句⑦之前“若至近世”一语，一下子把镜头从历史拉回现实，给人以一种历史的流动感，仿佛这样不公正的现象自古以来就是如此，这就给作者的悲愤涂上一层极为厚重的底色，使得这种悲愤能够跨越浩瀚悠远的历史时空而具普遍性和永恒性，为全人类所共同体验着。因此，这已不是司马迁个人的愤慨，他打动所有

① 牛运震：《史记评注》卷七，三秦出版社 2011 年版，第 165 页。

的人，让我们跟着他一起愤怒，一起落泪。句⑨是作者感情到达极致时的呼天抢地之语，淋漓酣畅之致。牛运震云："淋漓飞越，如书家之舞笔。"[①]"邪"表疑问语气，"是邪？""非邪"两句连用，表达作者对"所谓天道"的极力否定。钱钟书《管锥编》说："马迁唯不信'天道'，故好言'天命'；盖信有天命，即疑无天道，曰天命不可知也，乃谓天道无知尔。天道而有知，则报施不爽，人世之成亏荣悴，应各如其分，咸得所当，无复不平则鸣或饮恨吞声矣。顾事乃大谬不然，理遂大惑不解。……盖析理固疑天道之为无，而慰情宁信阴骘之可有，东食西宿，取熊兼鱼，殆人心两歧之常欤。"[②]此真一语道破玄机，司马迁实不信有什么"天道"，我们看他一则曰："天之报施善人，其何如哉"，此是借天为伯夷诸人鸣不平；二则曰："是遵何德哉"，这又是借天发泄对诸如盗跖之辈的愤恨之情；再则曰："余甚惑焉，倘所谓天道，是邪？非邪"，这实则是马迁的痛哭之语，现实社会实在是太黑暗了，个人在这黑暗的现实面前，是那么的渺小、无助，就算你志高行洁，就算你质美行休，仍免不了被这黑暗所吞噬的命运。因此，对现实的诸多不满，就化作了对上天的屡屡责难，看似笃信天道，实则一时一刻也未尝脱离"人道"。后人不解此义，每每对司马迁横加责难，现经钱钟书先生一语道破，司马迁幸甚，庶几不为后之读者所误解矣。

项王已死，①楚地皆降汉，独鲁不下。②汉乃引天下兵欲屠之，为其守礼义，为主死节，③乃持项王头视鲁，④鲁父兄乃降。始，楚怀王初封项籍为鲁公，⑤及其死，鲁最后下，故以鲁公礼葬项王谷城。汉王为发哀，泣之而去。⑥诸项氏枝属，汉王皆不诛。（《项羽本纪》）

这段文字采用侧面烘托法，借鲁地人民对项羽的忠诚，来烘托项羽的可爱、可敬，实则是为了表现司马迁对项羽的深深痛惜之情。句①"楚地皆降汉，独鲁不下"，"皆""独"两个范围副词形成鲜明的对比："皆"的一方不免让人心冷；"独"的一面又让人得到些许慰藉。通过这个对比，可想见作者对鲁地人民

① 牛运震：《史记评注》卷七，三秦出版社 2011 年版，第 165 页。

② 钱钟书：《管锥编》，三联书店 2008 年版，第 497—498 页。

的由衷的称许，句④“鲁父兄”这一充满温情的称谓可证笔者这里并非妄言。同时“独鲁不下”这句实寓深味，“不下”二字极含蓄、蕴藉，耐人寻味。“不下”，是鲁地父兄不肯低头投诚还是汉军攻之不下，抑或是二者兼而有之，我们不得而知，这样就给我们留下无限的遐想余地。若改为“独鲁不降”，则平直无味矣。句②“汉乃引天下兵欲屠之”，我们不禁疑惑：一个小小的鲁地，何至于发动这么大的声势？它禁得起“引天下兵”么？殊不知司马迁这样写，特“为鲁后降壮气势耳”[①]。为鲁壮气势，也正是为了衬托项羽的“喑噁叱咤”，给人以“一个项羽倒下去，千千万万个项羽站起来”的感觉，正可谓是“其人虽已殁，千载有余情”。句中“乃”字，有一种“无可奈何”的味道，即在汉军眼中，鲁地人实在是太顽固了，他们实在没有其他办法去征服这些人，只好出此下策了。这同样也是为了表现项王的精神已深入鲁父兄之心。句③“乃”字，给人一种投机取巧、钻空子的感觉。也许句②的“汉乃引天下兵欲屠之”只是汉军的一种虚张声势之举，他们认为虚张“屠城”之势是肯定能让鲁人慑服的，结果却事与愿违，鲁人丝毫不为所动，因此“屠城”之举并未奏效。但汉军通过此事却发现鲁人的一丝“破绽”，即他们“守礼义，为主死节”，于是便欣然自喜，“乃持项王头视鲁”，“乃”字就把汉军这种投机取巧心理毫无保留地展现出来。鲁父兄果然中了汉军设下的圈套，句④“鲁父兄乃降”，即鲁父兄这才降了汉军，言下之意如若汉军不是提着项王的头来，即便是以天下之兵屠之，他们也无法达到招降鲁人的目的。这个“乃”字隐然含有条件性，即汉军除了以项王人头招降他们之外，别无其他途径。项王一颗人头竟然抵得过汉方的千军万马，这对汉军来说，真是莫大的讽刺。句⑤“及其死，鲁最后下，故以鲁公礼葬项王谷城”，“最后”和“故”构成一对因果关系，正因为鲁最后下，所以项羽得以鲁公礼葬谷城，这是项羽得惠于鲁父兄处；然考鲁之所以最后下的原因，岂不受项羽“恭敬慈爱”之潜化影响乎？然则项王得惠于鲁父兄欤？抑或鲁父兄得惠于项王欤？这我们就不得而知了。但诸项氏枝属，是实实在在得到项王的恩惠了，句⑥“诸项氏枝属，汉王皆不诛”，见出项王的可爱人格，不但让鲁人为

① 牛运震：《史记评注》卷二，三秦出版社 2011 年版，第 36 页。

之深深感佩，就是一向和他作对的刘邦，也为他所感动了。这个“皆”字，可见受他庇护的人之多、之广。这是《项羽本纪》结尾的一段文字，历来很受人们的赞赏，牛运震说它：“回旋缭绕，中有无限唏嘘之神。”[①]李长之先生对它更是大加赞叹：“司马迁在一篇的末尾，善于留有一些余韵，令人读他的作品将毕时还要掩卷而思，或者有些咏叹似的。如《项羽本纪》最后写项羽死后，各地皆降，独鲁不下，直到持项王头示鲁，鲁父兄乃降，‘始、楚怀王初封项籍为鲁公，及其死，鲁最后下，故以鲁公礼葬项王谷城，汉王为发哀，泣之而去’。项羽是一个重感情的人，鲁人对他的忠诚，可以稍慰他的寂寞，而始封鲁公，终葬鲁地，颇有一场大梦的感觉，刘邦和他对敌了这么久，泣之而去，也颇有到了大限，恩怨俱消，而项羽之可爱的人格永远在人心怀之意。所以这文字结束得太好了！”[②]

①蔡为人在下中，名声出广下甚远，然广不得爵邑，官不过九卿，而蔡为列侯，位至三公。诸广之军吏及士卒或取封侯。②广尝与望气王朔燕语，曰：“自汉击匈奴而广未尝不在其中，而诸部校尉以下，才能不及中人，然以击胡军功取侯者数十人，而广不为后人，然无尺寸之功以得封邑者，何也？③岂吾相不当侯邪？且固命也？朔曰：“将军自念，岂尝有所恨乎？”广曰：“吾尝为陇西守，羌尝反，吾诱而降，降者八百余人，吾诈而同日杀之，④至今大恨独此耳。”朔曰：“祸莫大于杀已降，⑤此乃将军所以不得侯者也。”（《李将军列传》）

句①用“甚”“然”“而”三个虚词点逗顿挫，极意表现史公胸中的愤恨不平。看李蔡“为人在下中”，即处于第八品，人品极差；名声又和李广相差“甚”远，一个“甚”字，“著意轻薄李蔡，言外如闻叹息之声”[③]。这声“叹息”实则寓意丰富：一方面包含着对李广英俊而沉下僚的惋惜之叹；同时又含有对李蔡庸人却居高位的愤恨之叹。“然广不得爵邑，官不过九卿，而蔡为列侯，位至

① 牛运震：《史记评注》卷二，三秦出版社 2011 年版，第 36 页。

② 李长之：《司马迁之人格与风格》，三联书店 1984 年版，第 268 页。

③ 姚苧田：《史记菁华录》卷五《李将军列传》，上海古籍出版社 2007 年版，第 183 页。

三公”，李广和李蔡为人相差如彼，而官职却悬殊如此，这里用“然”“而”两个转折连词，正是为了强调突出二人之才能与社会地位的极不匹配，用以凸显李将军之不幸。句②连用“而”“而”“然”“而”“然”五个转折连词一路急转而下，句子拗折不平，语势凌厉，有一股抑郁不平之气喷薄而出，把李广胸中的愤懑不平疏泄得淋漓尽致。试看如果去掉这五个虚词：“自汉击匈奴广未尝不在其中，诸部校尉以下，才能不及中人，以击胡军功取侯者数十人，广不为后人，无尺寸之功以得封邑者，何也”，不但不影响意思的表达，而且句子比原文更加顺畅。这里司马迁有意打破这种外在语言的流畅性，故意造成句子的崎岖拗折，以与李广内心的愤恨不平相契合。连用五个转折连词一转再转，宛有一股愤恨不平之气正穿过李将军的九曲回肠而曲曲传出一般，此正是李广感情激流的外在呈现。句③“岂吾相不当侯邪？且固命也”，姚苧田评曰：“说相说命，英气索然，写无聊如画。”[①]由于汉家统治者的赏罚不公、不能知人善任，竟把个才气无双的李将军逼迫到说相说命的不堪境地。李广的众多部下，才能不及中人，尚且得以封侯；而李将军才气举世无双，却终不得封邑。文章通过“岂……邪”“且……也”两个句子的哭告、问难，直把失意情长、英雄气短的李将军形象生动刻画出，让人忍不住为之惋惜、流泪。句④一个“独”字，可以看出李广一生行事光明磊落，可歌可颂，正与他始终屈居下僚的不幸境遇形成对比，含着作者对李将军的深深惋惜之情。句⑤“此乃将军所以不得侯者也”，“乃……也”句式，表确凿不移的事实，即李广之所以不得封侯，原因就在于诛杀已经投降的士卒。实则司马迁这里是借“归谬法”来讽刺汉代统治者的赏罚不明。他故意找这么一个荒诞不经的理由来搪塞李广，理由愈荒唐、口气愈坚定，则讽刺意味愈强烈，所取得的讽刺效果也就愈好。“乃……也”正是为了坚定这讽刺的口气，来达到对汉家皇帝的最大批判。韩兆琦先生亦说：“李广坑降卒八百人，就不能封侯；白起坑赵卒四十万，不也封侯了么？项羽坑秦卒二十万，还当了西楚霸王呢！李广所以不能封侯，是汉家三代皇帝对他打击迫害的结果，这在作品中司马迁是写得很清楚的。……王朔之所谓‘祸莫大于杀已降，此乃将

① 姚苧田：《史记菁华录》卷五《李将军列传》，上海古籍出版社 2007 年版，第 183 页。

军所以不得侯者也'云云，这是历史人物对造成自己悲惨遭遇的罪魁祸首不好直说，而故意做出的像是百思不得其解的一种无可奈何的解释。作者写这段话的内心是充满愤怒的。"[①]总之，这个句群虚词的抒情意味是极为浓厚的，司马迁对李广身具高才而终身困踬的不幸遭际深表痛惜，借几个虚词的出色运用而逌逦传出，正如刘辰翁所言："太史公极意言李将军不幸，故引弟蔡首末侥幸至列侯三公，正是恨处。又取望气者备广胸怀口语，如慨而叹，缕缕可伤处，止在'而'字'然'字耳。"[②]

虚词句群在《史记》一书中运用得实在是太频繁了，几乎可称得上是俯拾皆是。司马迁正是通过大量使用虚词句群，从而有效地把这些虚词集中在一起，充分发挥它们在文法及文情表达上的作用，使得《史记》不仅写人、纪事前后条贯，而且感情充沛，兼具历史和文学两方面的成就。我们研究《史记》的文学性，虚词句群可以给我们提供一个新的研究视角，它理应受到我们更为普遍的关注。

（陶长军，陕西师范大学文学院在读博士。）

① 韩兆琦：《史记评议赏析》，内蒙古人民出版社 1985 年版，第 308 页。

② 凌稚隆：《史记评林》，参见周振甫编的《史记集评》，重庆大学出版社 2010 年版，第 307 页。

浅论《史记》人物塑造的程式化

胡 燕

“口头程式理论”又叫“帕里—洛德理论”，是由哈佛大学教授米尔曼·帕里为研究“荷马问题”①而提出的，后由他的学生阿尔伯特·洛德补充整理完成。帕里对“程式”的定义是：“在相同的格律条件下为表达一种特定的基本观念而经常使用的一组词”②；后洛德补充了程式的定义，认为“程式”是“特殊的句法结构中的短语、从句和句子”。《史记》是司马迁撰写的中国历史上第一部纪传体通史，被鲁迅誉为“史家之绝唱，无韵之《离骚》”，有很高的文学价值。朝戈金教授说：“晚近的研究表明，在口头诗歌和书面（文人）诗歌之间，也并不总是横亘着不可逾越的鸿沟。”③任何一种关于某种领域研究出来的伟大的理论都不应该也不会局限于这一特定的领域，它必定会延伸到其他领域，比如有的学者用生物领域的“进化论”来研究文学的进化（如胡适用进化论来论证文学革命的合理性：“文学者，随时代而变迁者也。……吾辈以历史进化之眼光观之，决不可谓古人之文学皆胜于今也。……文学因时进化，不能自止。”④），至于合适与否，自有争论。钟敬文先生认为：“古典文学的研究应该借鉴或吸收民俗学

---

① 荷马问题：指西方学者们关于“荷马有无其人、《伊利亚特》和《奥德赛》这两部史诗怎样形成的”两个问题的几个世纪的争论，由此出现“统一派”（“荷马”是一个人，《荷马史诗》由他个人完成）和“分辨派”（“荷马”是多个人，《荷马史诗》是积累完成的）的论战。

② 阿尔伯特·贝茨·洛德著，尹虎彬译：《故事的歌手·序》，中华书局 2004 年版，第 30 页。

③ 朝戈金：《关于口头传唱诗歌的研究——口头诗学问题》，《文艺研究》2002 年第 4 期。

④ 胡适：《文学改良刍议》，《新青年》1917 年第 2 卷第 5 号。

的理论和方法。”[①]所以，本人认为诞生于口头诗歌领域的程式化理论也可用来研究书面文学。在口头文学中程式的作用是用来表达某种意义或主题的手段，应用于书面文学的程式化理论可以表述为：“为塑造人物、描写事件、表达思想而有意或无意使用的叙事模式。”史学家在编写史书时，由于篇幅的巨大、年代的大跨度、资料的有限等因素，会用惯用的元素来描述相似的主题，比如用“鸟雀集庐”来赞美孝子的行为。《史记》是中国历史上第一本纪传体史书，程式化内容并没有后代史书那样突出，但从文本亦可看出其中塑造人物过程中程式化的运用。

本文将从以下五个方面来探讨《史记》人物塑造的程式化：

1. 赋予始祖或帝王人物奇异色彩的程式。

2. 传记人物总能大难不死或死的“悲壮”的程式。

3. 对所传人物追本溯源的程式。

4. 运用“互现法”的程式。

5. “太史公曰”式明作褒贬的程式。

一、赋予始祖或帝王人物奇异色彩的程式

纵观整部《史记》，主要以史实为主，但是由于史料不足，古代文、史、哲不分以及司马迁本人所具有的“天命观”等原因，其对神话、奇异事件亦有着墨，尤其表现在对各朝始祖或帝王塑造的着墨上，集中体现在《十二本纪》中，以此来表示帝王的天生不凡。

《史记》的资料来源十分广泛，汉代以前的古书、史实档案、真实见闻和游历过程中得到的资料等都是其史料来源。然资料来源虽丰富，但各个历史时期的史料分配却不均匀，所以不同时期的历史记载的主要资料来源也不同。先秦离他较远，他说：“夫神农以前，吾不知已”（《货殖列传》）[②]，又经秦始皇“焚

---

① 钟敬文：《民俗学与古典文学·钟敬文文集·民俗卷》，安徽教育出版社 1999 年版，第 188 页。

② 本文所有《史记》原文均来自“司马迁撰《史记》，中华书局 1982 年版”，后面不再另作说明。

书”，所存史料少之又少，这一时期的记载就多以民间传说为主，自然就给这一时期的主人公冠上了神话的色彩，来突出他们生而异人；司马迁处于汉代，对于汉代的史料自然十分熟悉，但他距汉初有六七十年之遥，汉高祖作为汉代的开国皇帝，司马迁搜集到的高祖的资料自然是赞美、神化较多，故《高祖本纪》中亦有不少神话色彩。一方面，司马迁要“究天人之际，通古今之变，成一家之言”，他要写一部通史，那么对于这些缺乏史实的材料也是必须要合理运用的；另一方面，他也要通过赋予始祖或帝王神异色彩来达到教化的作用，来维持民族的信仰和巩固国家的统治。由此可见，《史记》中神话色彩的运用既有主观因素，也有客观因素。

始祖或帝王的感生神话是《史记》神话记载中运用最多的，如下表所示：

人物	原文	出处
商始祖	殷契，母曰简狄……见玄鸟堕其卵，简狄取吞之，因孕生契。	《殷本纪》
周始祖	姜嫄出野。见巨人迹，心忻然说，欲践之，践之而身动如孕者。居期而生子……初欲弃之，因名曰弃。	《周本纪》
秦始祖	秦之先，帝颛顼之苗裔孙曰女脩。女脩织，玄鸟陨卵，女脩吞之，生子大业。	《秦本纪》
汉高祖	高祖……其先刘媪尝息大泽之陂，梦与神遇。是时雷电晦冥，太公往视，则见蛟龙于其上。已而有身，遂产高祖。	《高祖本纪》
汉文帝	薄姬曰：“昨暮夜妾梦苍龙据吾腹。”高帝曰：“此贵征也，吾为汝遂成之。”一幸生男，是为代王……	《外戚世家》
汉武帝	……男方在身时，王美人梦日入其怀……	《外戚世家》

十二本纪中记载的主要的帝王或始祖的降生几乎都有神话色彩，通过对各朝始祖及帝王神圣出生的描写来烘托他们生而不凡、天生领导者的形象，以使万民敬仰。由此可见，司马迁在《史记》中关于始祖或帝王降生描写的程式化。

二、传记人物总能大难不死或死的“悲壮”的程式

司马迁对其记叙的他所称赞的或惋惜的人物，总能用奇特的经历来描写这些

人物，在符合历史结果的基础上加上令人惊叹的传奇色彩，或让他们惊险传奇般的化险为夷，比如遭父亲、继母和继弟陷害，屡次“险象逃生”的虞舜，“三弃三生”的周始祖后稷，“鸿门脱险”的汉高祖刘邦，等等。或让他们的陨落显得惊天地泣鬼神，比如一代枭雄项羽的乌江自刎，不惜自残身体为主报仇的刺客豫让，侠肝义胆、慷慨赴死的义士荆轲，等等。

《史记·周本纪》说周始祖后稷乃是姜嫄践巨人之迹而生的，姜嫄无孕而生后稷，以为他不祥，于是屡次将他抛弃。将他抛弃在隘巷，过往的马牛不去践踏他；将他抛弃在山林中，经过的路人救了他；将他抛弃在冰河里，飞来的鸟用翅膀覆盖温暖他，如此往复三次，大难不死。姜嫄甚异之，遂将他抱回来，养大成人。通过对帝王祖先带有奇幻色彩的大难不死的叙说，表达了他维护皇权的思想。司马迁师从董仲舒，是有一定的天命思想的，比如在《史记·周本纪》中，他认为山川自然现象的变化影响朝代的更替，“幽王二年，西周三川皆震。伯阳甫曰‘周将亡矣……夫国必依山川，山崩川竭，亡国之徵也。川竭必山崩。若国亡不过十年，数之纪也。天之所弃，不过其纪。’是岁也，三川竭，岐山崩”。再比如认为项羽能够突然发迹可能是因为他乃舜的后代，因为他们都是双瞳仁，“太史公曰：吾闻之，周生曰‘舜目盖重瞳子’，又闻项羽亦重瞳子。羽岂其苗裔邪？何兴之暴也！”（《史记·项羽本纪》）。司马迁所处的汉武帝时期，国家强盛，统一是时代的要求，他写帝王天授、非凡力可剥夺，也是在倡导和维护国家的统一，认可君王的统治是国家统一安定的必备条件。

在写《刺客列传》中“荆轲刺秦王”这一段时，司马迁把“易水送别”和“秦廷行刺”两个情节写得极为精彩。“易水送别”时，“风萧萧兮易水寒”的描写，把环境渲染得悲凉且悲壮，突出了荆轲慷慨赴死的大义凛然；“秦廷行刺”时，通过对武士秦舞阳的“怂”和荆轲的“镇定自若”的对比描写，突出了荆轲的机智和神勇。通过对这两个情节的描写，司马迁传达出了他对荆轲的欣赏、惋惜之情。司马迁曾游历大好河山，听到过不少侠义之士的不凡事迹，还曾因为李陵仗义执言而惨遭宫刑。他本身就是一个有英雄情怀的人，其亲身经历使他对这种敢于当庭行刺暴君的英雄人物是极为赞美的。所以，他会把这类人物的死写得慷慨悲壮，以这样传奇经历的程式化描写来突出他所要描写的人物形象。

人物	事件	出处
舜	遭亲人毒害而不死	《五帝本纪》
后稷	三弃三生	《周本纪》
刘邦	鸿门宴大难不死	《项羽本纪》
项羽	乌江自刎	《项羽本纪》
赵武	屠岸贾诛杀赵氏家族，搜查时，婴儿赵武不出声，赵氏家族唯一的幸存者	《赵世家》
豫让	自残替主报仇	《刺客列传》
聂政	刺杀失败，自毁容貌保护家姐	《刺客列传》
聂荣	为弟弟名声，宁愿一死	《刺客列传》
荆轲	侠肝义胆刺秦王	《刺客列传》
…	…	…

三、对所传人物的追本溯源的程式

史书编撰是一项工程量巨大的工作，需要一定量的程式化来体现其规范性，而不让读者觉得特别冗长、复杂、无规则。《史记》作为一部宏伟的巨著，在传写人物时必然要有一套内在的叙事结构。司马迁在为人物作传时，经常采用的一个方法便是追溯所传人物的祖先根源，写其来源、先人情况，来使读者了解所传人物的家世传承脉络。

传主	追溯原文	出处
禹	夏禹，名曰文命。禹之父曰鲧，鲧之父曰帝颛顼，颛顼之父曰昌意，昌意之父曰黄帝。**禹者，黄帝之玄孙而帝颛顼之孙也。**	《夏本纪》
秦祖先	**秦之先，帝颛顼之苗裔孙曰女脩。**女脩织，……生子大业。大业取少典之子，曰女华。女华生大费，……舜赐姓嬴氏。	《秦本纪》
太公望	**太公望吕尚者，**东海上人。**其先祖尝为四岳，**佐禹平水土甚有功。……	《齐太公世家》

续表

传主	追溯原文	出处
陈胡公	**陈胡公满者，虞帝舜之后也。**	《陈杞世家》
楚世家	**楚之先祖出自帝颛顼高阳。**高阳者，黄帝之孙，昌意之子也。	《楚世家》
勾践	**越王勾践，其先禹之苗裔，而夏后帝少康之庶子也。**封于会稽，以奉守禹之祀。	《越王勾践世家》
赵世家	**赵氏之先，与秦共祖。**至中衍，为帝大戊御。……	《赵世家》
魏世家	**魏之先，毕公高之后也。毕公高与周同姓。**武王之伐纣，而高封於毕，於是为毕姓。……	《魏世家》
韩世家	**韩之先与周同姓，姓姬氏。**其后苗裔事晋，得封于韩原，曰韩武子。武子后三世有韩厥，从封姓为韩氏。	《韩世家》
孔子	**孔子**生鲁昌平乡陬邑。**其先宋人也，**曰孔防叔。	《孔子世家》
张良	**留侯张良者，其先韩人也。**大父开地，相韩昭侯、宣惠王、襄哀王。	《留侯世家》
周勃	**绛侯周勃者，**沛人也。**其先卷人，**徙沛。	《绛侯周勃世家》
司马穰苴	**司马穰苴者，田完之苗裔也。**	《司马穰苴列传》
商鞅	**商君者，**卫之诸庶孽公子也，名鞅，姓公孙氏，**其祖本姬姓也。**	《商君列传》
魏冉	**穰侯魏冉者，**秦昭王母宣太后弟也。**其先楚人，姓芈氏。**	《穰侯列传》
乐毅	**乐毅者，其先祖曰乐羊。**乐羊为魏文侯将，伐取中山，魏文侯封乐羊以灵寿。	《乐毅列传》
荆轲	**荆轲者，**卫人也。**其先乃齐人，**徙于卫，卫人谓之庆卿。	《刺客列传》
蒙恬	**蒙恬者，其先齐人也。**恬大父蒙骜，自齐事秦昭王，官至上卿。	《蒙恬列传》
田叔	**田叔者，**赵陉城人也。**其先，齐田氏苗裔也。**	《田叔列传》
李广	**李将军广者，陇西成纪人也。其先曰李信，秦时为将，逐得燕太子丹者也。**	《李将军列传》
匈奴	**匈奴，其先祖夏后氏之苗裔也，**曰淳维。	《匈奴列传》

续表

传主	追溯原文	出处
闽越王 越东海王	**闽越王无诸及越王海王摇者，其先皆越王勾践之后也，**姓驺氏。	《东越列传》
太史公	**……重黎氏世序天地，其在周，程伯休甫其后也……司马氏世典周史……**	《太史公自序》

如表所示，在十二本纪、三十世家、七十列传共一百一十二篇传记中，二十三篇都以“某某，其先……（之后也。)”的句式来追溯人物的祖先，约占总比例的20%。在最后的《太史公自序》中，他将自己的家族追溯到上古的颛顼时代，可见，司马迁写人物传记时，对追本溯源是十分重视的。追本溯源一方面是司马迁作为史学家要传承历史的内在要求，另一方面也是受其父的影响，他的父亲司马谈是一个史学家，对家族传承十分重视，临终之际也不忘嘱托他继续家族未竟之事：“余先周室之太史也。自上世尝显功名于虞夏，典天官事……”(《太史公自序》)。司马迁作《史记》的一个目标便是要“通古今之变”，所以在资料不足的情况下，他还是整理挑拣各种典籍和神话传说，将中国的历史追溯到上古的黄帝时期，而这种追本溯源的方式也被后世史学家们所继承。

四、运用“互现法”的程式

《史记》在塑造人物时首创了互现法，即在本传或人物重大经历中体现其主要性格，在他传或次要事件中体现人物其他性格。他撰写人物的一大特点就是通过人物性格等自身方面的描写，来使读者预判到人物的结局。《史记》是一部通史，涉及的人物、事件众多，又相互交错。人是一种复杂的生物，不可能单人单面，而人物传记书写有限，如何在有限的篇幅中尽量让人物显得圆润，这是写史人物面临的一个难题，司马迁的互现法给后代史学家提供了一个有效的解决方法。

人物	主要性格	体现	其他性格	体现
刘邦	虚心纳谏、知人善任	《高祖本纪》 听取张良、樊哙之言，不沉迷于秦皇国的富丽堂皇； 文有张良、萧何、陈平 武有韩信、樊哙、周勃	残忍、 阴狠猜忌	《项羽本纪》 《留侯世家》等 舍弃儿女、分父亲肉羹；安定统治后，杀老臣
项羽	坚毅果断；英勇善战；率真	《项羽本纪》 杀宋义； 破釜沉舟； 包围圈中斩杀敌军； 宝马赠亭长	刚愎自用 生性多疑残暴凶狠	《项羽本纪》 《黥布列传》 不听劝阻、放刘邦归军营； 中离间计疑范增； 坑杀秦降族二十万
刘恒	勤俭节约；仁以待民	《孝文本纪》 罢建露台；废肉刑； 免田租	宠信奸臣	《佞幸列传》 宠信邓通
魏无忌	仁而下士；急人所难、轻生死	《魏公子列传》 为守城门人侯嬴驾车； 窃符救赵	胆小怕事	《范雎蔡泽列传》 惧怕秦国，未及时接见虞卿、魏齐，致使魏齐自杀
李广	智勇双全、体恤士兵	《李将军列传》 驻守右平，匈奴莫敢犯； 一箭穿石； 缺水断粮，先紧士兵用	睚眦必报	《李将军列传》 杀霸陵尉
张汤	狡诈残酷	《酷吏列传》 分尸杀鼠； 坑害丞相庄青翟	廉洁奉公	《酷吏列传》 死后家产不足五百金，且俱是天子赏赐
…	…	…	…	…

作为一名出色的史学家兼文学家，司马迁善于谋篇布局来为其写作的中心思想服务，在塑造人物的过程中，大量地在不同的篇章或位置运用不同的资料，使人物的性格、形象更加清晰、明了地呈现在读者的面前，实应称赞。

五、“太史公曰”式明作褒贬的程式

司马迁作《史记》秉持实录的原则，班固评价为：“其文直，其事核，不虚美，不隐恶，故谓之实录也。”[①]的确，司马迁不因自己的厌恶和喜爱来掩饰人物的多面性，这展现了他作为史官的高尚的品德。同时，由于年少遍访河山、游历天下，为官仗义执言而遭受腐刑的跌宕起伏的人生经历，在写《史记》时，不免有很多的感情色彩。但作为史官，最基本的素养就是如实地记载历史，那么，他就要找到一种方法、渠道，既能使强烈的感情得以释放，又能如实地记载历史，而这种方法便是如实地记载历史，体现人物完整的多面性，同时以“太史公曰”的形式来明作评价，表达自己的看法。一般将出现在篇首的“太史公曰”叫作“序”，出现在篇中的叫作“论”，出现在篇末的叫作“赞”。

关于“太史公曰”在《史记》中出现的次数，本人查询了数篇论文，许是由于篇目众多、版本不同、理解不同（如：有学者将“太史公”后没有“曰”但发表了意见的也归入“太史公曰”次数里，而有的学者不将此类归入）等原因，次数的统计有所偏差。吴名岗统计：《史记》百三十篇，除《陈涉世家》《汉兴以来将相名臣年表》外的篇章均有“太史公”或“太史公曰”出现，共计156次；[②]张大可：《史记》中共有序23篇，论5篇，赞106篇，其中本纪中《武帝本纪》乃后补者袭用《封禅书》之赞，世家1篇无赞，列传7篇无赞；[③]朱习翔：《史记》百三十篇，其中有“太史公曰”的百二十五篇，凡百三十七次。[④]本人据中国文联出版社出版的《史记》，查询的“太史公曰”共计出现124次。虽然数据有所不同，但皆可证得“太史公曰”在《史记》中所占篇幅之重，其中“太史公曰”表达对人物或事件褒贬的有50%以上，本纪、表、书、世家、列传中均有涉及，但集中体现在世家和列传中。

---

① 班固：《汉书》，中华书局2005年版，第2070页。

② 吴名岗：《“太史公曰”式论赞探源》，《渭南师范学院学报》2016年第13期。

③ 张大可：《史记研究》，华文出版社2002年版，第252页。

④ 朱习翔：《“太史公曰”刍议》，《考试周刊》2013年第34期。

人物	原文	出处
子婴	太史公曰：……善哉乎贾生推言之也！曰：……藉使子婴有庸主之材，仅得中佐，山东虽乱，秦之地可全而有，宗庙之祀未当绝也。	《秦始皇本纪》
吴太伯	太史公曰：孔子言"太伯可谓至德矣，三以天下让，民无得而称焉"。……	《吴太伯世家》
孔子	太史公曰：诗有之："高山仰止，景行行止。"虽不能至，然心向往之。余读孔氏书，想见其为人。……	《孔子世家》
伍子胥	太史公曰：……向令伍子胥从奢俱死，何异蝼蚁。弃小义，雪大耻，名垂于后世，悲夫！方子胥窘于江上，道乞食，志岂尝须臾忘郢邪？故隐忍就功名，非烈丈夫孰能致此哉？	《伍子胥列传》
蔺相如	太史公曰：知死必勇，非死者难也，处死者难。……	《廉颇蔺相如列传》
屈原	太史公曰：余读《离骚》《天问》《招魂》《哀郢》，悲其志。……及见贾生吊之，又怪屈原以彼其材，游诸侯，何国不容，而自令若是。读《鵩鸟赋》，同死生，轻去就，又爽然自失矣。	《屈原贾生列传》
刺客	太史公曰：……自曹沫至荆轲五人，此其义或成或不成，然其立意较然，不欺其志，名垂后世，岂妄也哉！	《刺客列传》
季布 栾布	太史公曰：……然至被刑戮，为人奴而不死，何其下也！彼必自负其材，故受辱而不羞，欲有所用其未足也，故终为汉名将。……	《季布栾布列传》
李将军	太史公曰：《传》曰："其身正，不令而行；其身不正，虽令不从。"其李将军之谓也？……	《李将军列传》
…	…	…

清代学者张玉树说："他史之妙，妙在能简；《史记》之妙，妙在能复，盖他史只是书事，而《史记》兼能写情，情与事并，故极复缠绵不厌之致，不知者以为冗繁，则非也，一部《史记》佳处正在于此。"①司马迁作《史记》，

① 转引自王增恂的《论〈史记〉的三种继承与三个创新》，《人文杂志》1991年第3期。

既依理，又能有情，故使其成为千古名作。司马迁师从董仲舒和孔安国，二十岁游历名山大川，考察风俗、采集史料，继承太史令职位后得以饱览朝廷藏书，又随汉武帝各地巡游增长见识，后遭受李陵之祸。他的一生可谓波澜壮阔，他将这种强烈的感情注入到《史记》中，以“太史公曰”这种明确的方式表达出来。

游历名山大川使他增长了豪情和侠气，而李陵之祸让他感受到帝王残酷不仁的统治和当时官场的人情冷漠。种种原因使他对现时的政治、人情都有所不满，所以他对那种“士为悦己者容”的刺客和“除恶扶弱、不求回报”的游侠充满了敬佩之情，在文中将他们的事迹写得极为动人，并且毫不吝啬对他们的赞美。像豫让，不惜用漆涂身、吞火炭弄哑嗓音来报智伯知遇之恩，连被他行刺的赵襄子都感叹他的义士行为，何况读者。所以在文末的“太史公曰”中，他说这样的义士行为，不管最终结果如何，都会永垂后世。

腐刑让司马迁身心受挫，当时他面临两个选择：死的轻如鸿毛或忍辱立言流传后世，他选择了后者，忍辱作了《史记》。所以对于与他有相同境遇的人，他会以他的心境来做出评论。楚国伍子胥父亲、长兄俱被楚平王杀死，他不与父俱死，出逃国外，成为吴国重臣，劝吴王打楚国，最终将楚平王鞭尸，大仇得报；季布被汉高祖追杀，不惜做奴受辱，最终得到任用。司马迁赞赏这样的行为，人可一死，但不可死的毫无价值，为此，他在文末“太史公曰”中表达了对他们忍辱负重的赞赏，表明了自己的生死观。

司马迁认为“死要重于泰山”，所以受宫刑后，没有了结生命，而是忍辱作了《史记》，并且对伍子胥、季布这些和他做了“相同选择”的人表达了赞赏。但他内心是矛盾的，在维护个人尊严和“死要重于泰山”中偶做徘徊。比如，面对屈原不肯与世同流合污、自投汨罗江的行为，他一方面觉得不值，认为屈原可以适别国来行志，另一方面又钦佩这种行为，所以，在最后言明“又爽然自失矣”！

由此可见，《史记》中“太史公曰”式明作褒贬的大量使用可作为司马迁塑造人物的一个程式化表现。

总之，从追本溯源、明作褒贬等多个方面可以看出《史记》在塑造人物时自觉或不自觉地运用到了程式理论。“程式”并不是贬义词，而是一种文学艺术的表达方式，“程式”为表达“主题”而服务，它的恰当运用能够使主题更加清晰明了，能为文章增光添彩，而探讨文章中的程式化则更有助于我们读者理解文章内容。

（胡燕，延安大学中国语言文学与新闻传播学院硕士研究生。）

论《我们的荆轲》对《史记·刺客列传》中荆轲形象的矮化

李梦露

“荆轲刺秦王”的故事发生在战国末期，距今已有两千多年，其真实风貌我们只能从众多史书典籍中窥见一二。信史记载最早见于司马迁《史记·刺客列传》，公元前228年，“秦已虏韩王，尽纳其地；又举兵南伐楚，北临赵；王翦将数十万之众距漳、邺，而李信出太原、云中”①。随后，王翦率军攻打赵国，大获全胜，随之乘势北上，兵临易水。燕太子丹因兵临城下之困，又心存质秦之怨，心生一计，找寻有勇谋之士以成“刺秦大业”。荆轲临危受命，易水悲歌，奔赴咸阳，刺杀秦王政，遂有“荆轲刺秦王”一事。

历史上的荆轲，以不同形象出现在不同文本中。在司马迁笔下，荆轲是一个重然诺有勇谋，坚信“士为知己者死”的悲剧英雄，这一形象特质在以后的文学作品中屡屡出现。“荆轲刺秦王”的故事以其侠义与悲壮令后人为之动容，给后世留下了挥之不去的印象。如东晋陶潜在《咏荆轲》诗中塑造了一个大义凛然、舍身除暴的侠者荆轲，在黑暗政治下呼唤荆轲，发出“其人虽已没，千载有余情”的感慨。初唐诗人骆宾王在《易水送别》中咏叹：“昔时人已没，今日水犹寒。”诗人怀念勇敢而无畏的荆轲，肯定了他的人生价值。朱熹、刘克庄、钱谦益等人也有“咏荆轲”的诗篇。

2011年10月，著名小说家莫言的话剧《我们的荆轲》发表，“荆轲”再次登上舞台，引发了观众和读者对“荆轲”形象变化的探讨。

---

① 司马迁：《史记·刺客列传》，中华书局2014年版，第3071页。

一、从神坛跌落凡尘

在传统思想文化的熏陶下，人们对荆轲形象的认识都停留在一个崇高的层面：他是一个正义的侠士，是一个为了国家慷慨赴死的烈士。正如张承志在《清洁的精神》中所说："伟大的《史记·刺客列传》著成，中国烈士传统得到了文章的提炼，并长久地在中国人的心中矗立起来，直到今天。"[①]然而，莫言并不满足于再次以戏剧的方式复写司马迁笔下的"荆轲刺秦王"故事。在他的笔下，虽然人物和史实基本忠于司马迁的《史记》，但荆轲的性格特征及行为动机等都发生了很大的变化。莫言对"荆轲"这一历史人物进行了现实化的塑造，荆轲不再是一个传统而神圣的侠士，他的形象被"矮化"了。本章将从三个方面阐释莫言笔下被"矮化"了的荆轲形象。

（一）走上侠士之路的荒诞

《史记·刺客列传》对于荆轲为何走上侠士之路，并未详尽阐释，开篇只对荆轲的身世背景做了简要介绍。荆轲"好读书击剑，以术说卫元君，卫元君不用"[②]，无论是在榆次与盖聂论剑，还是到邯郸与鲁勾践博戏，他都没有得到赏识。到达燕国后，其"虽游于酒人乎，然其为人沉深好书；其所游诸侯，尽与其贤豪长者相结"[③]。莫言在此基础上生发想象，虚构了一条荆轲走上侠士之路的动机。《我们的荆轲》第七节"副使"中有这样一段对话：

> 荆轲：你想不想知道我是什么人？我是说，你想不想知道我的历史？
>
> 燕姬：我没有堵住你的嘴巴。

于是，在燕姬的顺水推舟之下，荆轲在夜深人静之时袒露了自己的过去，道出了自己走上侠士之路的原因：他曾经欺负过邻居家的寡妇，还将一个盲人推

---

① 张承志：《清洁的精神》，《作文与考试》2019年第36期。

② 司马迁：《史记·刺客列传》，中华书局2014年版，第3066页。

③ 司马迁：《史记·刺客列传》，中华书局2014年版，第3067页。

到井里，出卖过自己的朋友，还勾引过朋友的妻子……“总之，我干过你能想到的所有的坏事，为了赎罪，我才背上一把剑，当上侠客，不惜性命，干一些能够让人夸奖的好事”①。在莫言笔下，被后人称颂的英雄荆轲，成为侠士的心理动机并不是出于如侠士道义般崇高的原因，其直接原因竟然是为自己年少之时做过的坏事赎罪，是为了化解做了坏事之后痛苦的心理，多么荒诞！

另外，在《我们的荆轲》“赠姬”一节，荆轲制定刺秦策略时，曾请高渐离和燕姬分别讲述了曹沫在柯地挟持齐桓公、专诸为公子光刺吴王僚、豫让为智伯刺杀赵襄子，以及聂政刺韩等四个侠义故事，试图从中吸取经验。与曹沫、专诸、豫让、聂政等侠客相比，荆轲不过是一个罄竹难书、劣迹斑斑的卑鄙之徒。莫言从荆轲最初的心理动机出发，消解了其作为侠士的初心。历史上的侠士代言人荆轲在这种荒诞化的塑造中被人为地“矮化”了。

（二）对于物欲美色的沉溺

在《史记·刺客列传》中，对于燕太子丹重视荆轲，以厚礼相待的细节，司马迁仅用一句话带过：“于是尊荆卿为上卿，舍上舍。太子日造门下，供太牢具，异物间进，车骑美女恣荆轲所欲，以顺适其意”。②从这句话中，我们并不能完全剖析出荆轲对这些美色物欲的态度。而在话剧剧本《我们的荆轲》中，莫言扩充了以往史料对于这一细节的描写，使作品中的人物形象更加生动、深刻。

在《我们的荆轲》第三节“赠姬”中，在高渐离向荆轲、秦舞阳、狗屠等人讲述历代刺客的故事时，此起彼伏的幕后高传声可以窥见燕太子丹是如何满足荆轲所欲的。“太子殿下送牛一头、羊一尾、豕一只，供荆大侠与众侠士消受”；“太子殿下进锦缎十匹，美酒十坛供荆大侠与众侠士消受”；“太子殿下进良马三匹，高车一乘，供荆大侠使用”；“太子赠无价之宝，供荆大侠一人享用”。③牛羊豕、美酒绸缎、良马高车、无价美人等，太子丹从各个方面来满足荆轲的欲望，以顺适其意。然而，挖掘荆轲对物欲美色的沉溺这一点并不是莫言首创

---

① 莫言：《我们的荆轲》，浙江文艺出版社 2018 年版，第 75 页。

② 司马迁：《史记·刺客列传》，中华书局 2014 年版，第 3071 页。

③ 莫言：《我们的荆轲》，浙江文艺出版社 2018 年版，第 36 页。

的。《燕丹子》中有这样一段描述：

> （太子与轲）后复共乘千里马。轲曰："闻千里马肝美。"太子即杀马进肝。……酒中，太子出美人能琴者。轲曰："好手琴者！"太子即进之。轲曰："但爱其手耳。"太子即断其手，盛以玉盘奉之。①

可见，莫言对荆轲形象的描写虽然史实无据，但也是历史人物荆轲传说的另一侧面。夸大这一细节使得作品中的人物形象更加生动丰满，也更加震撼人心。

另外，司马迁《史记》对于荆轲的爱情、日常生活都是避而不谈的，以至于传统意义上的荆轲就像一个扁平化的典型人物，一个没有爱情、没有自我的英雄。《我们的荆轲》里有荆轲这样一段自述："侠士道里允许纵情酒色，但不允许对女人产生感情。这是我的启蒙老师和田先生反复教导过我的。他们说侠士一旦对女人动了感情，刺出去的剑，就会飘忽不定"②。在传统侠士道里，侠士与女人就像是两条永不相交的平行线，而莫言却在《我们的荆轲》虚构出了一个至关重要的人物角色——燕姬。荆轲与燕姬的情感纠葛贯穿刺秦始终。荆轲与燕太子丹的第一次交锋也是荆轲与燕姬的第一次见面。初见之时，三次"注目"，荆轲已被燕姬深深吸引了，如荆轲所言，"从见到你那天我就产生了异样的感觉，感到包裹着内心的那层冰壳正在融化，心中慢慢溢出了软弱的温情"③。随着剧情的发展，燕姬被燕太子丹赐给荆轲，荆轲对燕姬激情而大胆的表白，二人深夜富有哲学意味的对话，直至最后荆轲将匕首刺入燕姬的胸膛。二人的情感线索与刺秦计划交织并行，许多情节，如荆轲走上侠士之路的原因、刺秦的最终结果，甚至作品中所涉及的所有人的性格，都在这条线索的串联下合而为一。在这整个过程中，荆轲不断成长，完成了自我的蜕变。同时，莫言笔下的荆轲有了对爱情的渴望，更加鲜活。正是这种不再高高在上，而被"矮化"到了人世间，充满人性与成长的荆轲形象令读者将历史故事与日常生活紧密地结合起来，引发了当代受众的共鸣与思考。

---

① 无名氏撰，程毅中点校：《燕丹子》，中华书局 1985 年版，第 12 页。

② 莫言：《我们的荆轲》，浙江文艺出版社 2018 年版，第 58 页。

③ 莫言：《我们的荆轲》，浙江文艺出版社 2018 年版，第 58 页。

（三）人生价值追求的迷茫

荆轲代表了我国社会“士为知己者死”的侠义情操。图报知遇之恩，为燕国报仇，在易水诀别时，高歌一曲“风萧萧兮易水寒，壮士一去兮不复还”①，慷慨赴秦。《史记·刺客列传》中太史公曰：“自曹沫至荆轲五人，此其义或成或不成，然其立意较然，不欺其志，名垂后世，岂妄也哉！”②在司马迁看来，从曹沫到荆轲，他们或生存或死亡，或成功或失败，但出发点都是鲜明的，那就是绝不违背自己的志向。在司马迁笔下，荆轲的人生价值追求是简单而坚定的。而在剧本《我们的荆轲》中，莫言则将荆轲塑造成一个追求美色与物欲，在最后明明可以成功刺杀秦王，却为了能够“成名”而有意放弃的小人物，这样的塑造使整部作品更加真实，也更加触动人心。

“为何刺秦”这一问题在剧本《我们的荆轲》中出现了两次。第一次是在第三节“赠姬”。剧本特意安排了高渐离和燕姬向荆轲讲述诸位刺客的事迹，进而让荆轲对其一一进行评价，使得荆轲自己对刺秦的理由产生强烈的怀疑和自省，荆轲对自我人生价值追求的思考由此萌芽。第二次是在第六节“断袖”。荆轲与燕姬深夜对话，燕姬扮作秦王，向荆轲追问“为何刺秦”。荆轲与秦王无仇无怨，从为天下百姓刺秦到为死去的冤魂刺秦、为秦国的百姓刺秦，再到为诸侯刺秦、为燕太子丹刺秦，最后到为侠士的荣誉刺秦，这些理由一一被推翻。在燕姬的追问下，荆轲一步一步剖析自己的内心，在迷茫中不断追寻自己的人生价值。

正如圣·艾弗蒙所说：“一句话，我们需要的是伟大而又合乎人情的行动；我们在描写人类性格时必须避免平庸，而在描写伟大的事物时小心避免神话化。”③自古以来，文学经典所塑造的荆轲形象都具有神圣性，他是一个侠士，是一个英雄。莫言在《我们的荆轲》中对“荆轲”进行了现实化的重塑。荆轲走上侠士之路的原因极具荒诞性，他也会沉迷于美色物欲，他也会迷茫，不断追

---

① 司马迁：《史记·刺客列传》，中华书局 2014 年版，第 3074 页。

② 司马迁：《史记·刺客列传》，中华书局 2014 年版，第 3079 页。

③ 伍蠡甫等编：《西方文论（上卷）》，上海译文出版社 1988 年版，第 270 页。

寻自己的人生价值。由此可见，荆轲形象被“矮化”了。莫言塑造这样一个与众不同的荆轲形象必然有着其深刻的自我思考。

二、英雄不再的原因

在话剧《我们的荆轲》中，莫言一改传统思想中“屹立神坛而不倒”的荆轲形象，把他矮化到凡尘人世，真正把荆轲当作一个平凡人来书写。莫言对“荆轲”这一历史人物进行了现实化的塑造，形成一种“英雄不再”的现象，究其原因，有两方面。一方面现代人眼中的秦王政与史书记载的历史事实有差距；另一方面与莫言致力于探寻人性本真的创作动机有关。

（一）当代人对“秦王”政的推崇

随着对“荆轲刺秦王”故事的解读和对历史的了解，人们对秦王政的认识、对荆轲形象的认识也在不断变化发展中，荆轲形象被“矮化”，秦王则被给予了更大的同情与理解，这主要因为现代人眼中的秦王政与史书记载的历史事实有着极大差距。

《史记·刺客列传》记载，太子丹曾为秦国人质，“秦王之遇燕太子丹不善，故丹怨而亡归”①，加之秦国要吞并诸侯，致使燕国存在灭国危机，所以太子丹广寻天下勇士，伺机刺秦。历史事实证明，秦王政的统治充满了血腥和暴力，给人民和社会带来了极大的破坏性。《史记·秦始皇本纪》有着如下记载：

> 二年，麃公将卒攻卷，斩首三万。②
>
> 卫尉竭、内史肆、佐弋竭、中大夫令齐等二十人皆枭首。车裂以徇，灭其宗。③

---

① 司马迁：《史记·刺客列传》，中华书局2014年版，第3068页。

② 司马迁：《史记·秦始皇本纪》，中华书局2014年版，第290页。

③ 司马迁：《史记·秦始皇本纪》，中华书局2014年版，第294页。

十三年，桓齮攻赵平阳，杀赵将扈辄，斩首十万。①

秦王之邯郸，诸尝与王生赵时母家有仇怨，皆阬之。②

诸生传相告引，乃自除犯禁者四百六十余人，皆阬之咸阳，使天下知之，以惩后。③

秦王政暴虐的例子数不胜数，可以说，秦王朝一统天下的历史是用人头堆砌的。例如，在著名的秦赵长平之战中，秦将白起害怕俘虏暴动，"乃挟诈而尽坑杀之，遗其小者二百四十人归赵，前后斩首虏四十五万人"④，而亡者大多是农民。在战争中，"百姓不聊生，族类离散，流之为臣妾。"⑤战败国还要向战胜国缴纳贡赋，人民承担着极为沉重的负担。因此，面对秦国的征伐战争，六国人民往往是勠力同心，坚决抵制的。

然而，我们现代人眼中的"秦王政"也是如此吗？在《我们的荆轲》第六节"断袖"中，莫言借燕姬的口，用两个"也许"和五个"很可能"道出了秦王政的未来史："也许"会成为历史上的第一个皇帝，"也许"会在帝位干出许多轰轰烈烈的大事，"很可能"会统一文字、整修道路、修筑长城、烧制陶俑以及海上求仙。这是我们现代人眼中的秦王政，因为我们看到了秦王政统一天下是符合历史发展方向的。战国后期，人民深受战乱之苦和荒年灾难，"元元黎民，得免于战国，逢明天子，人人自以为更生"⑥，有一个统一而安定的国家是大势所趋。而且秦王政称帝后的一系列政策，如《史记·秦始皇本纪》记载"一法度衡石丈尺，车同轨，书同文字"⑦等，在当今社会看来都是具有积极意义的。甚至有相当多的历史学家在自己的著作中和讲堂上称赞秦始皇的这些政策、措施，

---

① 司马迁：《史记·秦始皇本纪》，中华书局 2014 年版，第 299 页。
② 司马迁：《史记·秦始皇本纪》，中华书局 2014 年版，第 300 页。
③ 司马迁：《史记·秦始皇本纪》，中华书局 2014 年版，第 329 页。
④ 司马迁：《史记·白起王翦列传》，中华书局 2014 年版，第 2836 页。
⑤ 何建章：《战国策注释》，中华书局 1990 年版，第 363 页。
⑥ 班固：《汉书卷六四·严安传》，中华书局 1962 年版，第 2437 页。
⑦ 司马迁：《史记·秦始皇本纪》，中华书局 2014 年版，第 308 页。

认为它有利于经济、政治、文化的发展。[①]所以燕姬之说，荆轲“应该和千古一帝的嬴政联系在一起”，这才更有意义。燕姬又何尝不是在用我们现代人的眼光来指导荆轲呢？

易水枯竭，时代变了。莫言在《我们的荆轲》中塑造了一个全新的荆轲形象，试图把英雄“矮化”。正如他所主张的：“所有的历史，都是当代史；所有的历史剧，都应该是当代剧”[②]，荆轲形象的这一转变正是基于我们现代人对秦王嬴政历史功绩的肯定而形成的。

（二）莫言对人性本真的探寻

在莱昂内尔·特里林的《真与诚·诺顿演讲集，1969—1970》中提出：“真诚的观念，自我的观念，认识并展示自我之艰难的观念，开始在戏剧突然昌盛的时代兴起并困扰着人类。”[③]孔子曾说“人苦于不自知”。一个人，唯有认清自己，明白自己长短所在，才能够做到把握命运和创造命运。莫言将荆轲形象“矮化”，便是试图用戏剧的方式来呼唤人性本真状态的觉醒，挖掘每个人内心那个真正的自己。

莫言在接受采访时，曾有这样一段话：“每个人既是英雄，也是懦夫；既是君子，也是小人。当荆轲持图携剑走上刺秦之路时，他依然是个小人；但当他在易水河边呼唤‘高人’，看到蝼蚁样的自己时，他已经成了英雄。他没有等到来自他力的拯救，但是他已经完成了对自己的救赎。这种觉醒，是值得我们钦佩和歌颂的。”[④]当荆轲与燕姬深夜谈话时，两人互相成为彼此的镜子。荆轲与燕姬，融怯懦与勇敢、暧昧与明朗、小人与伟人于一身，终究都是普通人。

在《我们的荆轲》“壮别”一节，荆轲在易水河边呼唤高人，仰天长叹：茫茫人世间，人生的意义和生活的真谛难道就是为营利谋名吗？星空高远，大地

---

① 刘泽华、王连升：《论秦始皇的是非功过》，《历史研究》1979 年第 2 期。

② 莫言：《莫言：所有的历史剧，都是当代剧》，《人民政协报》2011 年第 9 期。

③ 莱昂内尔·特里林著，刘佳林译：《真与诚——诺顿演讲集，（1969—1970）》，江苏教育出版社 2006 年版，第 11 页。

④ 莫言：《解密〈我们的荆轲〉》，新世界出版社 2012 年版，第 193 页。

开阔，“高山如泥丸，大河似素练，马如甲虫，人如蛆虫”①，我们如荆轲，不过都是沧海一粟。生活在人世间，总要有什么东西支撑着我们活下去，人生就是不断从认识自我到否定自我，再进一步认识自我的过程，一步步超越自我，努力追寻人生的终极价值。

“侠士”称号不仅属于手执长剑、所向披靡的人，而且更应属于敢于解剖自己、改造自己，使自我得到升华和超越的人。我想，此时的荆轲已成长为一名真正的侠士。

三、结语

“《史记·刺客列传》是中国古代散文之最，它所收录的精神是不可思议、无法言传、美得魅人的。”②莫言笔下的“荆轲”在一定程度上拉近了历史与现代的距离，是一个更接近“我们”的荆轲形象。他不再高高在上，他也会因为荒诞的理由走上侠士之路，会沉溺于物欲美色，也会为自己的人生价值感到迷茫。被“矮化”的荆轲就像我们身边的每一个普通人，也更像我们自己。

对荆轲形象的全新塑造是出于对莫言对历史的思考而形成的，极具创新性。他希望解构荆轲，解构历史，竭力探索人性本真，引发观众和读者对当下生活和自身命运的思考，这值得我们学习。

但是我们也无法否认，在当时的社会环境下，“荆轲刺秦王”是国家在日暮穷途时，英雄豪杰们无可奈何的一次自杀性的反扑，荆轲不畏强秦，从容赴死，千载之下，令人动容。至于荆轲，他此时已经不是为了政治，而是为了自己，为了诺言，为了侠士的人格而战斗。荆轲是一名值得被历史铭记的英雄，他是我们中华民族中尊诺重义、不惧强权、敢于反抗的典型代表，荆轲身上的那种为尊严、为信义、为忠诚而不顾生命的精神，已经升华凝结为中华精神文化的一部分，融入血脉，光耀后人，感动天地。

---

① 莫言：《我们的荆轲》，浙江文艺出版社 2018 年版，第 89 页。

② 张承志：《清洁的精神》，《作文与考试》2019 年第 36 期。

后人为纪念荆轲，在易县"荆轲冢"上建造了荆轲塔，又称作"荆轲招魂塔"。此塔位于今河北易县城南 1.5 公里处，濒临北易水，依山傍水，风景秀丽。①

（李梦露，宝鸡文理学院文学与新闻传播学院中国古代文学硕士研究生。）

① 彭华：《燕国八百年》，中华书局 2018 年版，第 128 页。

《史记》人物传记中的戏剧化色彩管窥

王甜甜

戏剧起源于古希腊的民间歌舞，它从诞生伊始，便与舞台密不可分，世界戏剧艺术最早出现在距今两千四百多年以前爱琴海边的古希腊，从古希腊时期戏剧理论的出现，到莎士比亚戏剧理论的成熟，戏剧经过了漫长的发展历程，在这个漫长的发展历程中，西方的戏剧理论也更加完备。戏剧的主要元素是演员、故事、舞台和观众，是以对话、歌唱、动作等表现出来的艺术。戏剧按不同的内容可以分为不同的种类，其中戏剧人物和戏剧冲突，是戏剧中最不可缺少的两个重要因素。虽然戏剧是以舞台表演的形式为主，依托舞台为载体传达给观众，但是戏剧在构成因素中其实与文学作品密不可分，二者都需要以人物和故事情节为核心，戏剧的表演需要用戏剧冲突来取得戏剧效果，增强舞台的感染力。文学作品的写作，同样需要戏剧因素来增强表现力。

虽然司马迁创作《史记》的初衷是把“究天人之际，通古今之变，成一家之言”作为他的写作目标，但《史记》作为中国传统社会中一部重要的史学著作，并不只是总结历史、编撰史实。由于司马迁本人具有文学家浪漫的气质和感情强烈的特质，因此，《史记》中具有强烈的抒情发意的色彩。它的核心部分是本纪、世家、列传，为了让这些人物传记更加丰富，生动地贴近这些人物自身的意识、再现当时的场景，司马迁运用了大量的写作手法。由此，本文以《史记》为例，研读《史记》创作中对戏剧化手法的运用，来探讨《史记》中的戏剧化色彩，这对增强《史记》人物传记中的人物形象和情节结构的表现力和艺术旨趣都会产生积极的意义。

一、冲突戏剧化的情节结构

根据《辞海》的定义：“叙事文学作品或戏剧演出中情节发展的基本单位，是人物同人物在一定时间和环境中相互发生关系而构成的生活的画面。”[①]情节关系实质上就是矛盾冲突，戏剧主要是通过建构矛盾冲突来展开故事的情节结构的，矛盾冲突是戏剧的灵魂所在，没有矛盾冲突就没有戏剧。而《史记》的人物传记中，同样需要矛盾冲突来深化文本。因为人物传记并不是平铺直白的叙事文本，而是需要人物故事来塑造人物形象，因此矛盾冲突不断加剧的过程，才是整个故事最精彩的部分。只有冲突集中化的故事情节，才能达到故事的精彩性和人物形象的完整性，才能实现戏剧的场景重塑，引领观众去感受当时的人物气氛和人物性格。司马迁在《史记》中以主要人物的主要事件为主，情节高度集中，直陈其人其事，无过多琐事和人物介绍的赘述，在叙述描写时高度集中于一人一事或一人几事，以其最具代表人物性格的事件为主，突出人物的特点，这种集中密集、直切主题的人物表现手法使得《史记》中的每个人物都色彩鲜明。在《史记·项羽本纪》“鸿门宴”中：

> 项王、项伯东向坐，亚父南向坐，——亚父者，范增也；沛公北向坐；张良西向侍。范增数目项王，举所佩玉玦以示之者三，项王默然不应。范增起，出，召项庄，谓曰：“君王为人不忍。若入前为寿，寿毕，请以剑舞，因击沛公于坐，杀之。不者，若属皆且为所虏。”庄则入为寿。寿毕，曰：“君王与沛公饮，军中无以为乐，请以剑舞。”项王曰：“诺。”项庄拔剑起舞，项伯亦拔剑起舞，常以身翼蔽沛公，庄不得击。[②]

在这个片段中，首先对鸿门宴的人物位次进行了交代：“项王、项伯东向坐，

---

① 黄宽重、刘增贵：《家族与社会》，中国大百科全书出版社 2005 年版，第 89 页。

② 司马迁著，裴骃集解，司马贞索隐，张守节正义：《史记》，上海古籍出版社 2016 年版，第 253 页。

亚父南向坐，——亚父者，范增也；沛公北向坐；张良西向侍。”真切地展示了宴会的场景和座次的主客尊卑，古代座次尊卑有别，十分严格，高者尊于上位，即主位，低者卑于下位，同位者尚右边，以右为尊，室内尊卑顺序分别为：“东为主、南次之、北又次之、西为末”，而项羽把刘邦安排于北位，位次甚至都低于刘邦的谋士，说明项羽醉翁之意不在酒，根本没有把刘邦放在眼里，意在羞辱刘邦。司马迁交代这句，也意在说明项羽和刘邦此时的实力相差悬殊。在《史记·廉颇蔺相如列传》中也有类似的位次情节的介绍：“以相如功大，拜为上卿，位在廉颇之右。”①这种情节结构的设置让读者有一种身临其境之感。

接着直入“鸿门宴”的冲突，范增多次用“数目”“举玉玦”等行动以提醒项羽，在屡次得不到回应时，范增让项庄舞剑助兴借机诛杀刘邦。项庄随即“入为寿—寿毕—请以剑舞—拔剑起舞”，项伯亦“拔剑起舞—以身翼蔽沛公”，这一连串的人物动作，在叙述中娓娓道来，把人物与人物之间隐藏着的微妙、隐秘、猜忌、敌对等种种复杂因素表现出来，两方对峙，每一方的一举一动的最终走向都如同“谜”一般尚待揭晓，读者无法预测到最后的事件发展线索和发展脉络。这种场景重塑、矛盾突出的情节建构的方式，如同戏剧放映式一般，把最真实、直观的场面摆在读者眼前，时刻犹如吸铁上的磁石，紧抓读者的视野。这种直观的感受，正如日本近代学者斋藤正谦所说过的一句话：“读一部《史记》，如直接当事人，亲睹其事，亲闻其语，使人乍喜乍愕，乍惧乍泣，不能自止。”②

为了增加故事情节的生动性、趣味性和集中爆发性，司马迁在描写人物传记中，往往运用时空裁剪法，高度浓缩时空，常常截取几段重要的事件，加以渲染，使故事情节的矛盾高度集中，一触即发，比如在《史记·刺客列传》中荆轲刺秦王片段：

秦王发图，图穷而匕首见。因左手把秦王之袖，而右手持匕首揕

①司马迁著，裴骃集解，司马贞索引，张守节正义：《史记》，上海古籍出版社 2016 年版，第 1843 页。

② 张倩倩：《史记·高祖本纪中的醉梦叙事》，陕西师范大学 2016 年硕士论文。

之。未至身，秦王惊，自引而起，绝袖。拔剑，剑长，操其室。时恐急，剑坚，故不可立拔。

荆轲逐秦王，秦王还柱而走。群臣惊愕，卒起不意，尽失其度。而秦法，群臣侍殿上者，不得持尺兵；诸郎中执兵，皆陈殿下，非有诏不得上。方急时，不及召下兵，以故荆轲逐秦王，而卒惶急无以击轲，而乃以手共搏之。①

这样矛盾冲突剧烈的场面依靠秦王和荆轲两人的急剧尖锐的人物动作和情节表现出来，当面临荆轲行刺，秦王在生命受到威胁时所折射出来的生与死的争斗，群臣临危时的惊恐呆滞，兵卒徒手与荆轲搏斗的张皇失措。矛盾在这一刻爆发到高潮，在你追我赶的交锋中，人物间敌对的立场交织成错综复杂的戏剧矛盾冲突。在这一既定的时间、空间和事件中，整个事件的冲突、人物与人物的冲突，全都放在朝堂中进行，情节、矛盾可谓是波澜起伏、高度集中。

这样的手法贯穿在《史记》中大部分的人物传记里，足见司马迁高超的建构故事情节矛盾的才能，其用场景重塑的方式构建冲突戏剧化的情节结构，不仅赋予整个事件以波澜，更使整个故事张弛有度，绝无平直浅显之感。

二、戏剧性的故事色彩

《电影艺术词典》曾将戏剧性定义为："在剧作中，由人物自身的矛盾，人与人的性格或意志之间、人与自然环境或社会环境之间发生的抵触或矛盾冲突所造成的悬念或激变。"②但是随着社会的更替，戏剧性具有了更加广阔的内涵，一些高潮起伏、离奇荒诞、出人意料的情节也称作戏剧性。清代袁枚曾在《随园诗话》中说过"文似看山不喜平"，③就是指读者在阅读时有产生戏剧性的心

① 司马迁著，裴骃集解，司马贞索引，张守节正义：《史记》，上海古籍出版社 2016 年版，第 1919 页。

② 许南明、富澜、崔君衍：《电影艺术词典》，中国电影出版社 1996 年版，第 104 页。

③ 袁枚：《随园诗话》，浙江古籍出版社 2016 年版，第 57 页。

理期待，因此作文应该奇势迭出，司马迁所作的《史记》就具有跌宕起伏、引人入胜的戏剧性故事色彩。

（一）戏剧性的神话渲染

在《史记·高祖本纪》中，刘邦的出生就带着浓厚的戏剧化色彩，开篇把汉高祖刘邦的出生归纳为其母亲做梦的产物，极具荒诞性。《史记·高祖本纪》的开篇描写道：

> 高祖，沛丰邑中阳里人，姓刘氏，字季，父曰太公，母曰刘媪。其先刘媪尝息大泽之陂，梦与神遇。是时雷电晦冥，太公往视，则见蛟龙于其上。已而有身，遂产高祖。
>
> 高祖为人，隆准而龙颜，美须髯，左股有七十二黑子。仁而爱人，喜施，意豁如也。常有大度，不事家人生产作业。及壮，试为吏，为泗水亭长，廷中吏无所不狎侮。好酒及色。常从王媪、武负贳酒，醉卧，武负、王媪见其上常有龙，怪之。高祖每酤留饮，酒雠数倍。及见怪，岁竟，此两家常折券弃责。①

高祖的母亲曾在大泽的岸边休息，梦到与神交合，他的父亲太公正好去看，看到有蛟龙缠在她的身上。不久，他的母亲就有了身孕，生下了高祖。刘邦的出生极具戏剧化色彩，从开篇的出场就被赋予了一种帝王的神性，这看似荒诞、极其不可信的神性故事，或许是一开始汉王朝对刘邦天赋神权的舆论宣传，又或是为了让底层群众对刘邦称帝的臣服，抑或是对刘邦白手起家初登帝位的这种不可思议、反常规现象的解释。无论是出于何目的，司马迁并没有对这种民间传说弃而不用，反而引用这一戏剧性的离奇神话，从《高祖本纪》一开始就对刘邦称帝进行神秘的故事渲染，加强了文本的神秘色彩和奇异内涵，为后面建构汉高祖刘邦这一生非凡的经历和伟人形象进行铺排，激起了读者对汉高祖刘邦的这一传奇经历的心理预设和期待，紧抓读者的阅读心理。

---

① 司马迁著，裴骃集解，司马贞索引，张守节正义：《史记》，上海古籍出版社 2016 年版，第 276—277 页。

在《史记·项羽本纪》这段中，范增对项羽说："沛公居山东时，贪于财货，好美姬。今入关，财物无所取，妇女无所幸，此其志不在小。吾令人望其气，皆为龙虎，成五采，此天子气也。急击勿失。"[①]范增劝说项羽的对话中，为了增加规劝的效果，用奇异的现象增加语言的说服力，明显也带有戏剧性的色彩。

（二）戏剧性的故事变化

戏剧因素能够增强文学性，故事变化能够增强戏剧性，戏剧化的文学作品，会对提升和充实双方的艺术品质有很强的功用性。戏剧虽然具有强烈的时空限制，与文学作品的表现形式也完全不同，但戏剧与文学作品在人物、冲突、对白、情景结构中有很大程度的共通之处，他们的受众都是观众或者读者，因此作家在创作时会不自觉地运用到戏剧创作原理，使文学作品也无疑具有戏剧化的色彩。司马迁在塑造刘邦这一人物形象时，开头即大肆渲染刘邦的神性色彩，说刘邦的出生是神的产物，长着一副龙的容貌，喝醉了身上常有龙出现，他每次去哪家买酒那家店买酒的人就会增加，司马迁描述的这几种怪现象，给读者营造出一种刘邦异于常人的神人之感，但又在其中穿插着故事性的变化："及壮，试为吏，为泗水亭长，廷中吏无所不狎侮。好酒及色。"把刘邦拉下神坛，以酒醉者的形象化为浑身带有市井无赖习气的常人，使刘邦的形象游走在神性与人性之间，人物形象也变得更加丰满立体、有血有肉。他以这种神性和人性共有的特质，使刘邦游离在神、人之间，这种来回切换的书写方式，把刘邦从底层的市井无赖到成长为创下伟大功业的一代帝王的传奇生命历程作出了富有戏剧性、阐释性的文本描绘。

三、人物语言的戏剧性

在戏剧作品中，人物的语言可以分为三大类型，即对白、独白与旁白。对白就是指人物与人物的对话，对白是戏剧中重要的叙事方式，很多基本的人物信

---

① 司马迁著，裴骃集解，司马贞索引，张守节正义：《史记》，上海古籍出版社 2016 年版，第 251 页。

息都是靠人物之间的对白来进行传达的，高尔基曾在《文学论文选》中说道："剧中人物的形象是由演员的台词给观众的印象形成的，也就是依靠单纯的口头语言，而不是依赖故事的叙述性语言。"①由此可见，对白是人物形象的构建和人物性格刻画的重要方式。司马迁在《史记》中大量运用人物对白、独白和旁白，从人物的语言交流中创造出言语的交锋，以此凸显人物的个性特点，从而推动故事中的叙事进程的发展，加强故事的张力。

（一）人物语言的性格化

《史记》中有大量的语言运用，这些语言具有很强的个性化特征，从这些人物的语言中可以清晰地了解到人物的性格特点，在语言的对话中透视人物的心理活动，起到刻画人物的作用。司马迁笔下塑造的人物都性格鲜明，类型也呈现出多元化的特点，每一个人物形象都栩栩如生、跃然纸上。在《史记·项羽本纪》中描写道：

> 沛公军霸上，未得与项羽相见。沛公左司马曹无伤使人言于项羽曰："沛公欲王关中，使子婴为相，珍宝尽有之。"项羽大怒，曰："旦日飨士卒，为击破沛公军！"当是时，项羽兵四十万，在新丰鸿门，沛公兵十万，在霸上。范增说项羽曰："沛公居山东时，贪于财货，好美姬。今入关，财物无所取，妇女无所幸，此其志不在小。吾令人望其气，皆为龙虎，成五采，此天子气也。急击勿失。"②

人物的语言昭示人物的性格，人物的性格奠定人物的最终结局。在这简短的对话中，明显可以窥探出项羽和范增的人物性格特征。刘邦的左思马曹无伤派人对项羽说刘邦打算在关中称王，要任命子婴为国相，所有的珍宝全部都要据为己有。项羽一听此事，立马大怒道，明天犒劳士兵，给我去打刘邦的军队。言语虽短，但显然能看出项羽刚愎自用、缺少谋略和暴躁易怒的性格，在听到来

---

① 高尔基：《文学文论选》，人民文学出版社 1958 年版，第 234 页。

② 司马迁著，裴骃集解，司马贞索引，张守节正义：《史记》，上海古籍出版社 2016 年版，第 251 页。

人短暂的上报后，不经查实和缜密的布置作战计划就宣布要攻打沛公军，这致命的性格缺陷也为他最后的失败奠定伏笔。而范增劝说项王之言，则展现出范增的远见卓识和忠心耿耿，是一个有勇有谋的谋士。二人的性格特征和社会地位都通过对话语言交代清楚。

司马迁运用人物的说话方式和心理语言展示其性格，在《史记》中大量运用这样的笔法，其中《陈涉世家》中记载道：

> 陈胜者，阳城人也，字涉。吴广者，阳夏人也，字叔。陈涉少时，尝与人佣耕，辍耕之垄上，怅恨久之，曰："苟富贵，无相忘。"佣者笑而应曰："若为佣耕，何富贵也？"陈涉太息曰："嗟乎！燕雀安知鸿鹄之志哉！"①

从这一对话中，明显可以看出陈涉的性格，他自命不凡，野心勃勃，他看不起佣者浅陋的见识，觉得自己虽然身处底层，但志向远大，非池中之物。

司马迁在塑造人物性格的时候，是从人物的出场就开始的，让什么样的人说什么样的话，用这些极具人物性格的对话来推动事件的发展，从而塑造出一个完整的人物故事。老舍也曾在文章《戏剧语言》中说道："对话乃是一个人的性格发出的声音，不同的人物有不同的对话，作者必须对塑造的人物形象进行认真勾勒思考，这个人应该说什么样的话，相同的话这个人应该怎么样说。"②司马迁这种建构人物性格的手法，让整个人物的形象立了起来，和老舍所说的戏剧的创作手法有异曲同工之处。

（二）人物语言的类型化

戏剧在人物语言的构造中具有三种表现手法，分别是对白、独白和旁白，这三种表现手法在《史记》中都被大量地运用，人物语言的对白推动事件进程的发展；独白则倾向于对人物此刻的心理状态与心理活动进行披露和补充；旁白，

① 司马迁著，裴骃集解，司马贞索引，张守节正义：《史记》，上海古籍出版社2016年版，第1431页。

② 王行之：《老舍论剧》，中国戏剧出版社1981年版，第102—103页。

简言之就是画外音，是对人物或者是整个故事做一个解释性的说明或评论，提升文本的叙事功能。这三大类型相互结合，可以使文本的表达内容更加丰富，让故事的艺术形象达到最佳的呈现。

在《史记·李斯列传》中，秦始皇在巡游途中病世之后，赵高和李斯密谋篡改诏书时有这样一段对话：

> 高乃谓丞相斯曰："上崩，赐长子书，与丧，会咸阳而立为嗣。书未行，今上崩未有知者也所赐长子书及符玺皆在胡亥所定太子在君侯与高之口耳君听臣之计即长有封侯世世称孤。今释此而不从，祸及子孙，足以为寒心。善者因祸为福，君何处焉？"斯乃仰天而叹，垂泪太息曰："嗟乎！独遭乱世，既以不能死，安托命哉！"①

司马迁在构建人物对白的时候，并不是全篇进行人物语言的对白描写，而是选取最能代表人物关系和人物命运转折的交界点来着重刻画，在语言对白中对语言的塑造详略得当，重点突出。《李斯列传》里赵高和李斯的这段对话，寥寥几句，就交代清楚人物的目的和关系，赵高晓之以理，动之以情，威逼和利诱共存，使得李斯不得不就范，这也为李斯后来不得善终的结局埋下伏笔。这样类似于戏剧手法的人物语言刻画，让整个文本活了起来，使我们读其言则知其人。

独白、旁白则是对文本的又一种有力的补充，任何人物都是具有内心活动的，人物内心的活动也往往是最隐蔽和不为人知的，而文学语言可以通过人物的独白来展示人物最隐秘的内心世界，把人物的内心世界毫无隐蔽地表现在读者的眼前，能够让读者从灵魂层面去把握人物的精神面貌和思想感情。同样在《史记·李斯列传》中，赵高忌惮李斯位高权重，诬陷李斯想要裂地为王，李斯被捕入狱后有这样一段独白：

> 仰天而叹曰："嗟乎！悲夫！不道之君，何可为计哉！昔者桀杀关

① 司马迁著，裴骃集解，司马贞索引，张守节正义：《史记》，上海古籍出版社 2016 年版，第 1931—1932 页。

龙逢，纣杀王子比干，吴王夫差杀伍子胥。此三臣者，岂不忠哉！然而不免于死，身死而所忠者非也。今吾智不及三子，而二世之无道过于桀、纣、夫差，吾以忠死，宜矣。且二世之治岂不乱哉！”①

李斯的这段独白美化了他的忠臣形象，却掩盖了秦王去世时伙同赵高篡改遗诏、背叛国家的人生污点。他把秦二世的暴虐无道比作夏桀、商纣、夫差，认为夏桀杀死关龙逢，商纣杀死比干，吴王夫差杀死伍子胥，他们都是尽忠而死，虽然他的智慧赶不上这三个人，可是他也是尽忠而死的。事实上，李斯的死主要还是归咎于他执着富贵，贪恋权位，嫉妒贤臣，不愿放下手中的权力，最后中了赵高的奸计。他的独白，让读者更能直达人物的心灵深处，准确把握李斯的人物形象定位，阴谋的制造者最终被阴谋所累。

旁白，作为人物语言中的一部分，能让文本主题更加突出，叙事更为完整，表达更为细腻。司马迁在撰写人物传记的时候，在每篇之后都有一段名为“太史公曰”的评论性文字，他以一种上帝的视角，不仅是对传记的主要人物和事件做出见解性的看法，更是对文本内涵的一种深层解读，能够让读者更为清楚地提炼文本的意蕴，具有画龙点睛的妙用。

运用人物语言类型化使人物形象个性更具典型性，对白、独白和旁白三者相辅相成，相互促进，共同作用于人物语言的表达。事实上，这三种人物语言类型的本质都是“对话”，对白是人物与人物的对话、独白是人物与世界或者自我的对话，旁白是作者与读者之间的对话，这些“对话”使每个人物传记中的人物不仅仅是司马迁笔下被描写的客体，而是一个个完整的、区别于他人的、独立存在的人物个体，这些鲜活的人物个体让整个文本更具生命力。

（三）人物语言的潜在化

司马迁往往在《史记》人物传记的对白中设置人物语言的潜台词，潜台词，在这里我们姑且把它解释为言外之意、弦外之音。人物语言作为文本的需要，有

① 司马迁著，裴骃集解，司马贞索引，张守节正义：《史记》，上海古籍出版社 2016 年版，第 1942 页。

利于我们更好地了解文本信息，但人物语言的对话并不总是直接传达文本信息的，内含着一定的潜在性的意味，而文本中语言对白的潜台词运用，能加强观众对文本内涵的思考，真正意义上理解事件发展的节奏和把握文章的真实情感。《史记·项羽本纪》鸿门宴这一片段中：

> 沛公大惊，曰："为之奈何？"张良曰："谁为大王为此计者？"曰："鲰生说我曰：'距关，毋内诸侯，秦地可尽王也。'故听之。"良曰："料大王士卒足以当项王乎？"沛公默然，曰："固不如也。且为之奈何？"张良曰："请往谓项伯，言沛公不敢背项王也。"沛公曰："君安与项伯有故？"张良曰："秦时与臣游，项伯杀人，臣活之。今事有急，故幸来告良。"①

在张良把项伯之言告诉刘邦，说项羽准备攻打沛军，让他早日离开刘邦，投靠项军。刘邦大惊，说："为之奈何？"在这里并没有表明刘邦的发问是针对刘邦攻打沛军一事的"为之奈何"还是意指担心张良被劝服改投项羽门下的"为之奈何"问话中包含着两层言外之意，引起读者的疑问，促使读者继续带着问题阅读下去。张良在面对刘邦的疑问，也并没有正面回答直视刘邦的问题，而是提出"是谁替大王提出这个计谋的呢？"先不急于回答刘邦之问，借此问题来寻找自己作为谋臣在刘邦面前的存在感，以此巩固自己的谋士地位。在中国古代，为了达到一方领导者势力的最大化，阵营中往往招贤纳士，有较多谋士猛将的足迹。因此，谋士之间存在着激烈的竞争，张良的反问，一是间接告诉刘邦，之前谋士提出的让他提早进入关中的策略是错误的，暗含刘邦当时没有寻求他的意见便鲁莽入关；二是潜在表明只有自己才可以为刘邦建言献策，解决眼前的困境。刘邦随后又回答他："小人告诉我说把守住函谷关，不要让诸侯的军队进来，我就可以占据整个秦国的地盘了。"刘邦的这句回答一语双关，既向张良表明了入关是误信谗言，又用"鲰生"一语略过之前张良询问进言入关的谋士之名，这句话不仅带有刘邦潜在的内心活动，还表明了刘邦的人物性格

① 司马迁著，裴骃集解，司马贞索引，张守节正义：《史记》，上海古籍出版社 2016 年版，第 252 页。

和人物背景，出身底层，言语粗鄙，城府极深。不似项羽那般直来直往，在鸿门宴中为了增加双方的信任，毫不避讳告密者的姓名。在刘邦和张良的这段简短的对话中，双方都步步为营，言语间带有强烈的潜在动机，以此来探寻对方的真实意图，言语间的交锋和心理对抗在这里表现得淋漓尽致。

在《史记·张仪列传》中，张仪在楚国游说中被误认为偷了碧玉，遭到了毒打，再回去时和妻子进行了这样一段对话："其妻曰：'嘻！子毋读书游说，安得此辱乎？'张仪谓其妻曰：'视吾舌尚在不？'其妻笑曰：'舌在也。'仪曰：'足矣！'"[①]张仪遭受毒打受到妻子的嘲讽，反而问妻子的是看我的舌头还在吗？这句话表面是问舌头是否尚在，实际上是告诉他的妻子，舌头尚在，本事就还在，就能继续游说诸侯，就能一雪前耻，谋得官位。这句张仪受辱之后自嘲的话，实际上表明了他落魄不落志，坚信自己有朝一日能成就大业。从张仪与其妻的对话中充分展示出了人物语言的魅力所在，我们从人物语言的潜在意味可以窥探出人物丰富的内心世界。由此，司马迁对人物语言的塑造功底可见一斑，这样的对话在《史记》中不可胜道，在此就不一一列举了。

张大可先生曾称《史记》为："一部熔史学、文学、哲学于一炉的旷世大典。"[②]总的来说，《史记》不仅兼具史学、哲学与文学三方面的含义，还兼有戏剧化的色彩，虽然在汉代时期并没有戏剧这一概念，但在文学的创作中却内陈着戏剧中的高度集中的情节结构、性格化的人物对白、潜在化的人物语言和荒诞的故事色彩，这种多种含义兼备的创作手法，使得《史记》既有了史学可信性、可参考性特点和哲学的可思辨性特点，又有了文学可读性和可鉴赏性特点，还不失戏剧的趣味性和扣人心弦、丝丝入扣、层层递进的紧张感。在这样的基础前提之下，《史记》在前人的叙事基础上取得了巨大的发展，把中国传统文学中塑造人物形象和建构情节结构的艺术手法提高到了一个相当完备的高度，直到现在，仍旧是我们研究史实与文本的宝贵资料。

（王甜甜，延安大学中国语言文学与新闻传播学院硕士研究生。）

① 司马迁著，裴骃集解，司马贞索引，张守节正义：《史记》，上海古籍出版社2016年版，第1709页。

② 张大可：《史记研究》，商务印书馆2011年版，第39页。

《史记》影响研究

作为古代中国文化的代表，《史记》最早也在受汉文化影响的东亚国家间传播，并在一些国家与地区间产生了深远的影响。

论《史记》在日本的传播与影响

付阿敏

《史记》是中国古代集史学价值与文学价值于一体的经典作品，受到历代统治者及研究者的重视。因其作为古代中国文化的重要代表，《史记》最早亦在受汉文化影响的东亚国家间传播，并在一些国家与地区间产生了深远的影响，日本便是其中之一。日本与中国隔海相望，这为彼此间的文化交流打开了通道，《史记》正是借助这个通道和其他中国史籍一起传入日本的。《史记》传入日本后很受重视，它在日本的传播亦自然而然地发生，并由此为开端在日本产生了广泛而深远的影响。

一、中日之间的文化交流

《史记》在日本的传播始于中日之间的文化交流，不同文化的交流带来彼此之间的认同，文化的认同才能使文化的传播成为可能，因此，我们有必要了解中日之间文化交流的过程。中国与东边近邻的文化交流最早可以追溯到西汉武帝时期，班固在《汉书·地理志》中有过描述："乐浪中有倭人，分为百余国，以岁时来献见云。"[①]由此，中国与跨海相望的日本开始了正式的接触和了解，甚至于对日本人形象的描绘也出现在中国的文献中："男子皆露紒（读 ji，意为束发），以木棉招头。其衣横幅，但结束相连，略无缝；妇人披发屈紒，作衣如单被，穿其中央，贯头衣之。"[②]这段出自《魏志·倭人传》的记载，描述的是日

① 班固：《汉书》，中华书局 1975 年版，第 1658 页。

② 陈寿撰，裴松之注：《三国志》，中华书局 2009 年版，第 510 页。

本筑紫一带的倭人形象。此外，在《三国志》《后汉书》《隋书》等文献亦设《东夷传》记述朝鲜、日本等国家，可见中日之间在古代往来密切。隋唐时期，大量日本学者、僧侣来到中国学习，称为遣隋使、遣唐使。他们在中国学习、生活，接受包括“三史五经、名刑算术、阴阳历道、天文漏刻、汉音书道、秘术杂占”①在内的多种技能的教育，甚至担任唐朝的官职，回国后自然也将中国的情况介绍到日本，成为中日间文化交流的重要纽带。诗歌是唐代最具代表性的文学体裁，日本遣唐使亦受此潮流影响而创作唐诗，据统计，唐代中日文人之间的汉诗往来作品多达 129 首。②此后中日之间的文化交流更是没有间断，尤其是在汉籍的传播方面，“中国一出版能够大体称为书籍的图书，其中的大部分都是隔不了多长时间就传到了日本”③。中国古籍最早传入日本的记录是“王仁传入说”，王仁是朝鲜百济王朝的五经博士，从民族身份上来说可能是生活在朝鲜半岛的汉族移民或是其后裔。王仁所献书中包括《千字文》和《论语集注》中的郑玄注解和何晏集解，但不包括《史记》。④中日之间的政治及文化交流增进了两国间的了解，也为汉籍传入日本创造了良好的基础。正是因为有了这样彼此交流的通道，以《史记》为代表的汉籍才能传入日本并引起日本统治者的关注，进而产生影响。

二、《史记》在日本的传播

（一）《史记》文本在日本的传播

《史记》传入日本的具体时间没有明确的记载，但根据一些文献的引用情况可以做出合理的推测。公元 604 年，日本推古天皇十二年颁布《宪法十七条》，

① [日] 经济杂志社编：《日本逸史 扶桑略記》，东京经济杂志社 1901 年版，第 558 页。

② 张步云：《唐代中日往来诗集注》，陕西人民出版社 1984 年版。

③ [日] 井上泰山，[日] 四方美智子译：《日本人与〈三国志演义〉——以江户时代为中心》，《复旦学院学报（社会科学版）》2008 年第 1 期。

④ 王坤：《传播学视角下的古代中日文化交流》，《唐都学刊》2013 第 6 期。

其中出现了多处对中国经典古籍的引用：如第一条“以和为贵”、第三条“四时顺行”和第十六条“使民以时”出自《论语》，第八条“公事靡盬”出自《诗经》。此外，还出现了出自《礼记》的“国非二君，民无二主”和出自《孝经》的“上和下睦”，其中最重要的莫过于出现了出自《史记·田单列传》的“如環之无端”。①这不仅说明在当时日本已经有大量汉籍传入，还说明“至迟在公元6世纪，《史记》已传入日本”。②在此基础上，我国学者谭启勋先生考证后认为，“《史记》是在公元600—604年之间由第一批遣隋使始传入日本的”。③

南宋刻书家黄善夫刊刻的《史记》是现存最早的三家注合刻本。该刻本在国内已经遍寻不到，但日本国立历史民俗博物馆却有藏本，足见《史记》在日本的传播不仅在时间上较早，而且接受的《史记》文本在内容上是非常完整的。笔者还找到了一部现存于东京大学东洋文化研究所的黄善夫《史记》刻本残卷，图书信息显示书名为《史记残二卷 庆元中建安黄善夫刊本》，④撰者为汉司马迁撰，刘宋裴骃集解，唐司马贞索引，唐张守节正义。该卷封面题：《宋版史记》，共存两卷，内容为《夏本纪》与《殷本纪》，并附《史记索引》后序。正文前无目录，有页码，夹注中《集解》、《索引》与《正义》内容较为完整。从刊刻情况来看，与黄善夫版《史记》相差无几，但似乎不是官方版本。此外，东洋文化研究所亦有一部完整《史记》留存，该书书名为《史记一百三十卷 庆长元和间古活字印本》，⑤撰者与前本残卷相同，共存15卷，有完整目录，每页标注有页码，正文夹注皆有句读标志，夹注中《集解》、《索引》与《正义》内容较为完整。从内容上来看，该15卷并不完整。卷一为引导性文字，其中包括《索引序》、

---

①［日］坂本太郎、家永三郎、井上光贞、大野晋校注：《日本书纪》（下），东京岩波书店2000版，第181页。

② 蔡毅编译：《中国传统文化在日本》，《中国史学在日本》，中华书局2002年版，第12页。

③ 谭启勋：《〈史记〉在日本》，《文史知识》1988年第12期。

④ 司马迁撰，裴骃集解，司马贞索引，张守节正义：《史记残二卷 庆元中建安黄善夫刊本》，东京大学东洋文化研究所汉籍善本全文影像资料库，图书编号B1112000。

⑤ 司马迁撰，裴骃集解，司马贞索引，张守节正义：《史记一百三十卷 庆长元和间古活字印本》，东京大学东洋文化研究所汉籍善本全文影像资料库，图书编号B1112300。

《索引后序》、《正义序》、《补史记序》、《集解序》、《正义论例谥法解》、目录以及唐司马贞补作的《三皇本纪》。单纯以卷一所收录的篇目来看，此刊本可谓集经典《史记》研究成果于一体，足见《史记》文本在日本流传过程中，不仅保留了《史记》原文，还接受了中国经典的《史记》研究成果。其他 14 卷收录的内容是：《五帝》《夏》《殷》《周》《秦》《秦始皇》《项籍》《高祖》《吕后》《孝文》《孝景》《孝武》等本纪 12 篇和《三代世表》《十二诸侯年表》《六国表》等表三篇。此外，有一点值得注意，即《秦始皇本纪》一卷中前后字体不一，如此不规范的活字印刷本，应该不是官方刊刻。根据年代来看，庆元是南宋宁宗年号（1195—1201），而庆长与元和是日本历史上相连的两个时期的年号（1596—1615）。因此可以推测，此两版在日本流传的《史记》，前者为南宋传至日本的刻本残卷，后者为日本后阳成天皇庆长年间与后水尾天皇元和年间这一时间段内出现的活字印本。以此为缩影我们可以看出，《史记》文本在日本的传播过程，即由中国版本传入，后在日本引起关注，遂产生了日本本土的印本，可见《史记》在日本的传播是呈逐步扩大化的趋势的。

这也正对应了日本史料中对于《史记》的记载，日本奈良朝（710—794）与平安朝（794—1192）时期，《史记》就已经在日本贵族中被广泛传阅，平安时期，嵯峨、淳和、醍醐天皇甚至将《史记》作为学习的内容。据醍醐天皇昌泰三年（900）的《意见封事》载，当时日本贵族已经给开始学习“五经”、“三史”（《史记》、《汉书》与《后汉书》）、明法、算术、音韵、籀篆等六道。①日本统治者如此看重《史记》，其在民间的传播也是可以预见的。总而言之，《史记》文本在日本的流传应该是一个自上而下，最终形成强大影响力的现象。

《史记》在日本引起关注后，日本学者也开始了这方面的研究，从而使《史记》在日本的传播进入了一个新的阶段。首先，在《史记》资料整理方面做出突出贡献的是泷川资言和有井范平。前者所著的《史记会注考证》内容完善，不仅附有包含太史公事历、《史记》记事、《史记》体制等内容的《史记》总论，而且整合了我国学者及日本学者对《史记》研究的百余种注释。后者以我国明代

① [日] 池田英雄：《从著作看日本先哲的〈史记〉研究》，大东文化大学创立六十周年纪念中国学论集。

《史记评林》为底本，补充了我国清代学者和作者自己的评语。[①]两部作品博采众家之长，在研究《史记》的领域中进行了内容的整合，更方便了研究《史记》的内容积累，不仅在日本具有很强的权威性，更拓宽了中国学者的研究视野。其次，《史记》在日本的传播过程中，对司马迁和《史记》进行评论的作品也越来越多地出现在我们的视野中。如日本学者佐藤武敏的《司马迁研究》，就从司马迁的家世、游历、为官经历和改变其命运的李陵之祸为出发点，结合《史记》的体例、内容、作者对历史人物的态度等方面评述了司马迁与《史记》。[②]由此可见，《史记》在日本的传播并不是仅仅停留在被广泛阅读的浅层，而是进入被关注、被研究的深层，当然这是一个循序渐进的过程。

笔者找到了现存东京图书馆的一册《标注史记读本》刻本[③]，该刻本为该系列首卷，内容为自《五帝本纪》至《周本纪》四篇，另附有《标注史记序》、《后序》和《自序》各一篇，三篇所附文章为汉字写成，但笔迹不一。目录包含《史记》一百三十篇全部篇目，正文有句读符号，无夹注，但眉批甚多，可与正文结合阅读。另有标明：西汉司马迁子长著，日本广部鸟道标注。经笔者查，与此刻本标注者相同的刻本为全21册的日本广济堂藏版，于1882年刊刻。由此刻本可知，《史记》在日本的传播不仅保留了其文本的完整性，更吸引了日本学者们对其进行研究，自作序言并整合《史记》文本。

《史记》文本在日本的传播经历了自上而下、从接受到独立研究从而形成研究成果的过程，这不仅展示了《史记》这一文本不朽的历史和文学价值，更体现出古代中国在东亚地区非凡的影响力。

（二）《史记》内容在日本的传播

如前所说，《史记》文本在日本的传播经历了由浅入深的过程。在这一过程中，《史记》的内容也引起了众多的关注，甚至与日本的传统观念产生了千丝万

---

① 张新科、李红：《〈史记〉在国外的传播与研究》，《博览群书》2015第12期。

② 张新科、李红：《〈史记〉在国外的传播与研究》，《博览群书》2015第12期。

③ 司马迁子长著，［日］广部鸟道标注：《标注史记读本》，东京图书馆藏书，图书编号003417-001-9。

缕的联系。《史记》内容的传播主要体现在两个维度：一是《史记》中记载的中国历史人物在日本的流传及其变化，二是日本史学和文学作品对《史记》内容的接受和运用及其体现出的独特特征。

首先，《史记》历史人物在日本的流传，其中典型非樊哙莫属。樊哙是西汉的开国元勋，他在《史记·项羽本纪》“鸿门宴”的一段曾给中国读者留下深刻的印象。《史记》传入日本后，樊哙英勇无畏的形象亦给日本读者以冲击，出现借《史记》所述情节来描写他的日本诗歌：

彘肩肉赤凝脂白，登俎更待庖丁手。
銮刀磨石更刃霜，坐客看之相嚼久。
盐梅初和人争吃，口饱情闲何欲有？
君不见汉家一壮士，拔剑宁辞一杯酒。①

此诗中的“汉家壮士”很明显是指樊哙，描述的是其在“鸿门宴”中的表现。作为《史记》中记载的历史人物，“樊哙”出现在了日本的文学作品中。另据《歌舞伎年表》第一卷的记载，日本江户时期有一部名为《日本今樊哙》的剧目，②该剧目的表演者团十郎是日本“荒事艺”的开创者，以表现怪力勇猛的武士和能力不凡的鬼神为代表。因此，我们可以想象日本读者心中的“樊哙”形象定是一位超乎常人的“武士”。根据这两条线索，我们可以明显地察觉到，“樊哙”这一形象在日本的流传虽来源于《史记》却又显示出不同于文本的特征。在《史记》中，樊哙虽然忠诚勇猛，却远远没有达到拥有非凡“神力”的地步。在日本的流传使这一形象的勇猛特征被夸大了。“怪力勇猛”成为“樊哙”这一形象在日本流传的标签。

1746年，由山本重春所作的画本《日本蓬艾始》出版，其中也涉及“樊哙”这一形象。故事的大概内容是这样的：燕国国王的妹妹热爱诗赋，未婚，因夜

① [日] 国民图书株式会社编：《日本文学大系》第二十四卷，东京国民图书株式会社1928年版，第340页。

② 钱林森、周宁主编，王晓平著：《中外文学交流史·中国—日本卷》，山东教育出版社2015年版，第381页。

间梦到黑龙入腹而怀孕。这一婴儿正是樊哙，他出生便是五六岁模样。后来燕国政权更迭，樊哙母亲被人掳走，他又只身营救。最终凭借非凡的力气撞破铁门，救出母亲，但因为用力过猛而肩膀僵硬，所以来到日本医治。后在日本寻药途中，解救了要被送去做祭品的少女，并最终治好疾病。[①]在这个故事中，我们可以看到“樊哙”这一形象继续沿着“怪力勇猛”的标签发展，已经达到了“撞破铁门”的程度。可以说，这种“无上的力”并不是源于作品本身所创作出来的角色，而是源于由《史记》为开端的“樊哙”这一形象在日本的传播。这是由许多因素杂糅而形成的结果，但其中最重要的莫过于两点：其一当然是《史记》文本，其二是日本读者对“樊哙”与“神力”两个要素的捆绑接受，两者共同作用，使“樊哙”这一形象在日本的传播过程中逐渐成为一个“标签式”的人物。此外，在这一故事中，我们还可以看到一些其他的“中国元素”，比如女子因为异常的梦境而怀孕，又如被当作祭品的少女，很明显都是受到中国文学作品的影响而创作的。结合中国古代因为异常梦境而出生之人皆有所为的惯例，“樊哙”的形象更增加了几分未知的“神性”。这样的“神性”与“神力”相结合，更体现出日本创作者和读者对原始的“樊哙”形象的一种认同和崇拜。此后，日本作家上田秋成的《春雨物语》中亦出现了一篇名为《樊哙》的小说，[②]但在此篇中“樊哙”只是角色的绰号，完全与《史记》中的人物无关。这恰恰说明，在日本文学作品中，“樊哙”已经被概括为一个具有定式性格的人物，更体现其在日本被广泛传播与接受。

可以说，“樊哙”这一形象在日本的流传源于《史记》内容在日本的传播，此后日本的创作者和读者在接受这一形象在《史记》中的表现的同时，又在他身上杂糅了更多的中国要素来彰显其杰出的魅力。这一方面是由于这一形象本身的良好品质，另一方面也与日本创作者和读者的情感认同有关。司马迁在《史记》中对樊哙寥寥数语的刻画，使这一形象在东渡之后被了解接受，逐步变化，

① 钱林森、周宁主编，王晓平著：《中外文学交流史・中国—日本卷》，山东教育出版社2015年版，第382页。

②［日］中村幸彦、高田卫、中村博保校注，译：《英草纸 西山物语 雨月物语 春雨物语》，东京小学馆1979年版，第571—615页。

成为跨越中日国界、超越古今时空的共同记忆。

其次，《史记》的内容在日本的传播也包括日本史学和文学作品对《史记》内容的接受和运用及其体现出的独特特征。《史记》传入日本后，其中的内容经常被日本作品引用，经典的日本古典文学作品《太平记》就是其中的代表。经统计，其中取材于《史记》的故事达六十二则，[①]日本英雄传记物语《曾我物语》《义经记》中也出现取材于吴越相争、赵氏孤儿、李广将军等的英雄故事。[②]这些都体现了日本文学对《史记》的直接接受和直接引用，使未读过《史记》的日本读者潜移默化地受到《史记》内容的熏陶。此外，另一个层面引用《史记》内容的功能体现在，让引用的内容与日本作品形成对照，以引导正确的情感方向。如《太平记》中，在叙述上杉重能、昌山直宗嫉妒师直、师泰的权势时提到了廉颇、蔺相如不重个人恩怨而重国家利益的情节，[③]以此来作为前者的对照，启示读者个人利益应服从于国家利益。也是在《太平记》中，作者以商纣王的故事来揭示“其德缺，虽有位则不持”“其德违，虽有位则不保”的观点，以中国的史实来劝诫日本的统治者。其中的原因莫过于这样的故事太典型，较之于华丽的话语或是日本的故事更加具有说服力，更能产生正面的效果。相较于单纯地引用《史记》内容或是描写取材于《史记》的故事，这样的运用更具功能性，也体现了《史记》内容在日本的进一步传播。

在此基础上，《史记》内容中的人物精神开始与日本的传统文化产生密切的联系，二者找到了可以彼此接洽融合的节点，这就是日本的武士精神。《史记》中的英雄人物往往带有抹不去的悲剧色彩，这种悲剧精神与人物本身的传奇性相结合，在某种程度上正与尚武重名、推崇绝对忠诚的日本武士精神相融相和。《太平记》中在写发生于元弘三年（1333）的吉野城大战时，描写了日本武将们面对重重围困，在领导者大塔宫亲王面前慷慨高歌的场景，并附评：“汉楚鸿门

① [日] 增田欣：《〈太平记〉的比较文学的研究》，东京角川书店 1976 年版。

② 钱林森，周宁主编、王晓平著：《中外文学交流史·中国—日本卷》，山东教育出版社 2015 年版，第 260 页。

③ 钱林森，周宁主编、王晓平著：《中外文学交流史·中国—日本卷》，山东教育出版社 2015 年版，第 262 页。

会时，楚项伯与项庄拔剑起舞，樊哙立于庭，披帷幕睨视项王，其势盖见同此也。”[①]这无疑是将慷慨高歌的将士与樊哙相较，体现其忠诚和勇敢。接下来文中又提到一位名为村上彦四郎义光的人物，他见局势严重，正面顽抗只能徒增死伤，便请求大塔宫脱下金甲，他要“犯君之讳诳敌”[②]。大塔宫不愿，义光便道：“汉高祖围于荥阳之时，纪信请求扮作高祖诳楚，高祖岂不许哉？”[③]由此段可知，“义光”这一人物是模仿了《史记》中纪信的行为，但其举动又不同于纪信。在获得大塔宫准许后，义光登上城楼，抛下大塔宫的铠甲剖腹自尽，使敌人误以为大塔宫自尽，其他人得以突出重围。在这一故事中，既有《史记》的因素，也有日本武士精神的因素。首先，义光模仿纪信的举动，明显是受到《史记》的影响，而大塔宫之所以同意他的做法也是因为“纪信献身”这一故事的不容辩驳的价值。其次，义光剖腹自尽的方式，是日本武士的精神准则，在这个故事中体现了其舍己救主的牺牲精神。以这个故事为例，我们可以明确《史记》的内容，尤其是英雄传奇的内容，在传播的过程中与日本本土的武士精神产生了碰撞融合，这种融合是基于两者统一的精神内核所产生的。在日本文学中虽算不上什么重大的影响，但也从侧面体现出了《史记》的内容在日本被广泛接受的事实。

《史记》作为古代中国的经典文本，在东渡日本后依然显示出强大的生命力，其文本的传播由浅入深逐步被日本读者接受，其内容也受到了广泛的关注和引用。由此，《史记》也成了中日两国共同的文化记忆。

三、《史记》在日本产生的影响

随着《史记》在日本的传播，其影响力也逐渐扩大，不但文本在日本被广泛传播，而且《史记》中的人物和精神也被日本文化所吸收，成为日本文化的一

---

①［日］长谷川端校注：《太平记》（一），东京小学馆 1994 年版，第 331 页。

② 司马迁撰，裴骃集解，司马贞索引，张守节正义：《史记》第一册，中华书局 1959 年版，第 326 页。

③［日］长谷川端校注：《太平记》（一），东京小学馆 1994 年版，第 332 页。

个侧面，如前文所提到的武士精神中的崇高悲剧性。这当然可以被视为《史记》在日本产生的影响，但这类影响并没有生发出实际的结果，仅仅只是成为日本文化中的一些小分子，随着时间的推移，更多的还是显示出日本本土化的特征，因此不再赘述。此处所谈的影响是那些在接受《史记》后产生了明确成果的方面，主要体现在日本的教育和史籍编撰两方面。

首先，在教育方面，日本于孝德天皇大化二年（646）八月设立大学寮，其中科目涉及明经、明法、史学、纪传、算道等，纪传一门专研讲习历史，学习内容便是包括《史记》在内的中国典籍。[①]学生学成后，或担任要职，成为公卿，直接参与政治活动；或被分派到修史的部门，参与国家的史书编撰工作。可以说，在政治和文化这两个对国家至关重要的领域，都彰显出《史记》在日本社会中产生的影响。在政治上，执政者把握国家的大政方针与发展方向，不免要以史为鉴，因此以《史记》为代表的中国典籍作为整个执政阶级所学习的内容，其中所反映的思想必然成为其管理国家的指导思想，影响日本的政治发展轨迹。在文化上，《史记》的传入引导日本统治者开始树立起“修史”的意识和史书的书写规范，这填补了日本历史的空白。室町时代（1336—1573），幕府设立的足利学校走向兴隆。这一时期，学校规定：“不得讲除了‘三注’、‘四书’、‘六经’、《列子》、《庄子》、《老子》、《史记》、《文选》之外的其他内容”，[②]《史记》作为日本教科书的地位被再次提高。到了明治天皇时期，《史记》更成为日本上至天皇、下至幼童都在阅读的书籍，甚至学生入学还要参加包含有《史记》内容的考试。

笔者找到了一部现存于日本国立国会图书馆[③]的《史记传抄（中学汉文）》[④]的影印本，由日本人平井参于明治三十五年（1902）编次，其中编者所写的《例

---

① 张新科：《〈史记〉在日本的传播与研究》，参见网址：http：//sjyj.wnu.edu.cn/info/1010/1041.htm。

② 孙卫国：《〈史记〉曾是日本古代教科书》，政府法制 2015 年版，第 43 页。

③ 书籍内标明“帝国图书馆藏”，该馆于 1947 年改称“国立图书馆”，后与日本众议院图书馆合并，称“日本国立国会图书馆”。

④［日］平井参编：《史记传抄（中学汉文）》，日本国立国会图书馆藏书，图书编号 003056-001-5。

言五则》中指出该书为当时中学教材，而书名中的“中学汉文”亦表明当时日本中学课程中有汉文科目，且以《史记》为学习内容。该书共两卷，一共选取《史记》中18篇列传，正文有页码和句读标识，内文只选取《史记》原典原文，无夹注，有眉批且标注内容皆为辅助阅读的信息。如此精简的编排的确非常适合作为学生的教科书来使用。这部书的存在不仅证明了《史记》在日本被视为教科书的事实，而且体现了日本教育对《史记》的重视。

结合上述信息，我们不难看出《史记》在日本教育界的重要地位和其在漫长的历史时期中对日本教育的影响。首先，作为日本学生要学习的课程内容，《史记》的思想在一代代日本学生的脑海中生根发芽，成为他们生活的精神指引；其次，作为被执政者喜爱并且必须掌握的内容，《史记》为日本历代统治者树立了政治思想和个人行为道德的典范；再次，作为日本专研历史的人才所必须研读的经典文献，《史记》为日本史书编撰者树立了“史”的观念，成为其著书修史所要信奉的圭臬。无论从何种角度来分析，《史记》都应该被视为对日本教育产生深远影响的一部作品。

除了教育领域，《史记》的传入还影响了日本的史籍编撰。在此之前，日本对于史学的精神和书写史书的形式都没有概念性的意识，而《史记》的传入改变了日本史学的格局。以《太平记》为例，试看序言中的这段话：

> 蒙窃采古今之变化，察安危之来由，覆无外，天德也，明君体之保国家；载无弃，地道也，良臣择之守社稷。若夫其德缺，则虽有位不持，所谓夏桀走南巢，殷纣败牧野；其道违，则虽有位不保，曾听赵高死咸阳，禄山亡凤翔，是以前圣慎得垂法于将来，后昆顾而不取诫于既往乎？①

这段话中有两个重要的信息点：其一，“采古今之变化，察安危之来由”与司马迁所概括的《史记》的写作主旨，即“究天人之际，通古今之变，成一家之言”有异曲同工之妙。而这样的史学精神在当时的日本是不可能自然形成的，

①［日］长谷川端校注：《太平记》第一册，东京小学馆1994年版，第19页。

很明显是受到了《史记》的影响。作为一部著作中提纲挈领的序言，这段话实际上代表了日本的修史者已经认可并且接受了《史记》中最核心的史学精神，同时也秉持着相同的精神去完成本国的史书。其二，在论述核心观点时，作者用中国的历史事件和历史人物来佐证观点，不仅再次证明作者接受了《史记》中的史学精神，而且可以看出日本修史者对中国史籍的内容，尤其是对《史记》内容惊人的熟悉程度。这两点足以证明《史记》的史学精神对日本修史的影响。

此外，在《史记》传入日本前，日本并没有国史。而此后日本国史的书写无论从体例还是内容上都有借鉴《史记》的痕迹。日本的第一部国史《古事记》是其第一部官修史书，成书于公元 712 年，记载了从开天辟地到推古天皇的历史。虽然从体例上来说是编年体史书，但此书的内容无论是开天辟地还是伏羲与女娲的故事都借鉴了《史记》的描述。但值得注意的是，《古事记》中将伏羲与女娲之间的关系描述为兄妹相恋，而且将其结合描述为保持血统纯净的婚嫁。结合日本皇室的婚姻传统可知，这一点是符合日本实际情况的特殊化描写。《古事记》之后，日本出现了编撰于奈良、平安时期的六国史，其中需要注意的是成书于公元 720 年的《日本书纪》。它是日本第二部国史，共二十卷，以汉文写成，体例上借鉴了《史记》，按天皇立卷，编年记事。在内容上也吸收了《史记》所倡导的正统思想，因此把天皇描写为神的后代，与其他平民区别开来。江户时期，记载从神武天皇继位到南北朝终结的《大日本史》编纂完成。该书是日本历史上最重要的纪传体史书，全书用汉文写成，共三百九十七卷，包括本纪七十三卷，列传一百七十卷，志一百二十六卷，表二十八卷，在体例上与《史记》并无大异，内容上则将万世一系的皇统视为正统，不同于中国顺应朝代的更迭。

纵观日本从古至今的各类史书，都能找到《史记》的痕迹。就此来看，日本的史书在史学精神、体例和内容上都受到了《史记》的深刻影响，有的史书中还会直接引用《史记》中的句子或借鉴其中人物来晓喻世理。当然，日本修史并未对《史记》进行全盘的模仿，还是具有一些富有其本国特色的润色，但即使如此，《史记》对日本史书编撰的影响还是显而易见的。

《史记》作为在日本最受关注、接受度最高的中国古籍之一，在传入日本后恰恰填补了其在教育和史书编撰方面的空白，因此才能够在日本产生如此直接的影响。当然，除了教育与史籍编撰，《史记》还为日本的文学创作提供了故事的来源和创作的灵感，以此诞生的人物除前文所提及的“樊哙”之外还有很多。《史记》作为外来的典籍，能够在日本产生如此深远的影响，不仅显示出日本文化的强大包容性，更体现了中国典籍的完善和中国史书编撰的高超技巧，是中日两国文化互相交流影响的典型范例。

综合来看，《史记》在日本的传播始于中日两国间的文化交流，成于日本统治者对它的重视，最终得以在东渡之后依然显示出其强大的生命力，并继而在日本产生深远的影响。《史记》作为最具代表性的中国典籍，它在日本的流传和产生的实际影响为我们提供了一个新的审视中国古籍和文化的角度，使我们有机会站在更高的层面去探索有利于文化输出的方式，这在全球化的当今社会是十分必要的。

（付阿敏，延安大学中国语言文学与新闻传播学院硕士研究生。）

论柳文对《史记》"洁"的继承

邓梦园

柳宗元曾在《报袁君陈秀才避师名书》中以"穀梁子、太史公甚峻洁，可以出入"[①]为建议，指导后生晚辈学习写作之法。又曾言自己创作文章"参之太史公以著其洁"[②]。可见，柳宗元对司马迁作品之"洁"评价甚高，视其作品之"洁"为创作文章借鉴的主要方面。《史记》是司马迁的代表作，柳宗元评价司马迁作品之"洁"，主要集中在对《史记》的"洁"上。

一、柳宗元言《史记》"洁"的具体内涵

关于柳宗元谈论《史记》"峻洁"的具体内涵，历来众说纷纭。方苞阐释："子厚以洁称太史公，非独辞无芜累也，明于义法，而所载之事不杂，故其气体为最洁也。"[③]曾国藩云："事绪繁多，叙次明晰，柳子厚所称太史之洁也。"[④]又评："萧相国之功，只从猎狗及鄂君两段指点，其余皆从没要紧处着笔。实事当

---

① 柳宗元：《柳宗元集》第三十四卷《报袁君陈秀才避师名书》，中华书局 1979 年版，第 3 册，第 880 页。

② 柳宗元：《柳宗元集》第三十四卷《答韦中立论师道书》，中华书局 1979 年版，第 3 册，第 873 页。

③ 方苞：《方苞集》集外文补遗卷二《史记评语 · 绛侯周勃世家》，上海古籍出版社 2008 年版，下册，第 853 页。

④ 曾国藩著，陈书良点校：《曾国藩读书录 · 史记 · 萧相国世家》，上海古籍出版社 2012 年版，第 61 页。

有数十百案，概不铺写，文之所以高洁也。”[①]方苞认为，柳宗元称赞司马迁见识独到，能在创作时着眼于事情的本质与要害，是为“洁”也。曾国藩则从司马迁叙述条理清晰、善于抓住重点两方面解释柳宗元所说之“洁”。韩昊然《司马迁对柳宗元的影响研究》、曾日升《论司马迁对柳宗元的影响》等文章均提出，柳宗元言司马迁创作之“洁”，主要言其擅于选取典型事件进行描写，语言简练。此外，韩昊然还认为柳宗元称赞司马迁人格高尚、文风清峻，因而言其创作为“洁”。柳宗元谈司马迁创作之“洁”多在谈及文章创作之时，如在指导晚辈创作、言自己文章创作时，特别是在谈历代文章创作时明确指出：“殷、周之前，其文简而野，魏、晋以降，则荡而靡，得其中者汉氏。汉氏之东，则既衰矣。……而公孙弘、董仲舒、司马迁、相如之徒作，风雅益盛，敷施天下，自天子至公卿大夫士庶人咸通焉。”[②]柳宗元认为西汉文风和语言均具有殷周之简约及魏晋之雅丽，尤其是司马迁等人的文章既具有典雅文风，又有通俗易懂语言，使众人能透过文章而通晓道理。因此，我们可将此视为柳宗元对司马迁作品“洁”特点的解释，即文风峻洁，语言简明。

在厘清柳宗元谈司马迁作品“洁”的内涵后，便可清楚柳宗元言其创作“参之太史公以著其洁”，主要借鉴和继承了司马迁哪些方面的创作。结合历代学者阐释柳宗元谈论司马迁创作之“洁”的含义，目前大家认为柳宗元学习司马迁创作之“洁”，主要学习其善于抓住重点、选择典型材料形成峻洁文风，运用精练语言进行创作的方法。笔者认为，柳宗元不仅接受了司马迁创作《史记》选取重要事件的写作方法，学习《史记》简洁的语言，他还继承了司马迁忠于史实、灵活运用词语句式的创作方法，从而使文章文风峻朗、语言简洁。

---

① 曾国藩著，陈书良点校：《曾国藩读书录 · 史记 · 朝鲜列传》，上海古籍出版社 2012 年版，第 52 页。

② 柳宗元：《柳宗元集》第二十一卷《柳宗直〈西汉文类〉序》，中华书局 1979 年版，第 2 册，第 577 页。

二、柳宗元文章创作继承《史记》之“洁”

（一）继以事实典型为重，文风峻洁雅致

柳宗元借鉴司马迁创作《史记》之“洁”，继承他创作简洁雅丽的文风，具体而言承袭了忠于实际、注重典型这两方面。

《史记》所写内容纷繁多样、包罗万象，涵盖了从黄帝至汉武帝两千多年间帝王、将相、诸子及下层人民等各色人物在政治、经济、文化、军事等各领域的历史。胡应麟说《史记》：“史固贵繁耶？曰简哉而繁有当也。”[①]又说：“孟坚逊子长者，以其剪裁也。”[②]虽然《史记》每篇人物传记记述的内容繁多，但并未有冗杂混乱之感，反而繁简得当，这得益于司马迁对史料的筛选和剪裁。他在撰写《史记》前，收集、考察了大量历史资料，但该用哪些材料撰写则需要选择。《汉书·司马迁传》云其：“有良史之材，服其善序事理，辨而不华，质而不俚，其文直，其事核，不虚美，不隐恶，故谓之实录。”[③]司马迁写的《史记》是一部史书，作为史官他必须履行自己的“职业操守”，遵循“实录”原则，依据历史事实撰写史书。基于此，司马迁在创作前首先要甄别、筛选出真实的史料，减少不实史料的运用，之后再从那些真实的史料中，选取能突出人物特性的典型事例进行记述，减少过多材料在文中堆砌，通过两次对材料的筛选裁剪，创作出来的文章简明爽朗，所写人物个性突出。我们可从司马迁撰写的《项羽本纪》窥见一二。

项羽是一位历经百战、参与朝代更迭的英雄人物。司马迁如若将其收集、考察到的项羽一生事迹尽数记录，文章便会篇幅宏大，内容多乱繁复，不能突出项羽的人物个性。吴敏树云：“史家原只依事实录，非可任意措置，然至事大绪繁，得失是非之变，纷起其间，非洞观要最，扫除一切旁枝余蔓，未得恣意详写，使

---

① 胡应麟撰：《少室山房笔丛》卷一三《史书占毕一》，中华书局1958年版，第171页。

② 胡应麟撰：《少室山房笔丛》卷一三《史书占毕一》，中华书局1958年版，第169页。

③ 班固撰，颜师古注：《汉书》卷六十二《司马迁传》，中华书局1962年版，第9册，第2738页。

其人其事，始终本末，真实发露，读者惊动悲慨，千载下如昨日事也。”①因此，《项羽本纪》虽然记录了项羽由少年时期至死亡的一生，但在撰写时司马迁是有所甄别与截取的。他先从自己收集考察到的众多关于项羽的历史资料中，甄选出真实可信的史料，再从筛选出来的历史事实中扫除不必详述的事件，选取影响项羽的极为重要的战役和事件进行详细记述。郭嵩焘言：“案项王自叙七十余战，史公所记独巨鹿、垓下两战为详。巨鹿、鸿门、垓下三段，自是史公《项羽纪》中聚精会神，极得意文字。”②司马迁依据项羽经历的历史事实，选取了巨鹿之战、鸿门宴、垓下被围这三件事进行重点记述，而这三件事则标志着项羽一生由弱到强，再由强变弱，人生出现转折的三个事件。首先是巨鹿之战，项羽在无援兵救助的情况下，破釜沉舟，以一当十，大破秦军，成了各路诸侯的统领，充分体现了他英勇无畏、勇往直前的形象，项羽的势力由弱变强。设置鸿门宴，意在诛杀与之争霸天下的刘邦，然因项羽犹豫不决，诛杀刘邦失败，此宴是促成日后项羽、刘邦二人成败的关键一事，司马迁必当浓墨书写。详写垓下被围，项羽悲泣吟唱《垓下歌》，与虞姬别，带领仅剩的二十八名将士与汉军做最后突围，至乌江边自刎而死。此事件是项羽由强变弱的终结事件，既表现了他面对最后一战的勇敢拼搏，又表现了他被包围、大势已去的悲壮孤独，承接了前文鸿门宴后刘、项二人的命运走向。司马迁在项羽一生经历的大小事件中，集中笔墨详写了他人生中的三大典型事例。详写这三件事，不仅充分展现了项羽各人生阶段的起伏成败，凸显了项羽的多面性格特征，使读者从中看到了一个既勇敢无畏，又优柔寡断、无助无能的项羽形象，还使全篇简洁明了，无繁复累赘之感。此外，如《史记·廉颇蔺相如列传》也是司马迁依据历史事实，着重选取完璧归赵、渑池之会、负荆请罪、长平之战等几个具有代表性的、典型性的事件来进行详述。文章简约明朗，不但将蔺相如、廉颇的人生经历勾勒出来，而且还突出了蔺相如机智勇敢、宽容大度，廉颇忠勇耿直、知错能改的人物形象。由此观之，司马迁创作《史记》，坚持“实录”原则，从收集、考

① 杨燕起、陈可青、赖长扬编：《历代名家评〈史记〉》，北京师范大学出版社 1986 年版，第 352 页。

② 郭嵩焘：《史记札记》卷一，商务印书馆 1957 年版，第 58—59 页。

证的诸多材料中甄选出真实史料，进而再从中选取典型的、有代表性的事件加以详写。这不仅减少了文章叙述材料的冗杂，而且还确保了所用材料的真实性，使文章重点突出，人物形象个性突显，整体典丽庄重、明朗通畅，形成“峻洁”文风。

柳宗元曾对作为史官的韩愈提出“凡居其位，思直其道。道苟直，虽死不可回也”①的观点。他认为撰写历史应当秉直公正，真实记录。又提出创作文章应“扬之欲其明”“廉之欲其节”②，反对文章“务富文采，不顾事实，而益之以诬怪，张之以阔诞”③，“慎勿怪、勿杂”④，强调作文要忠于实际，不能罔顾事物真相，增加、遮盖离奇怪诞的事，更不能夸大那些荒诞无稽的、错误的内容，要有所节制，删繁就简，清晰阐明事实。可见柳宗元接受了司马迁基于实际、抓住重点、简明叙述的创作之法，在他为真实人物树碑立传的文章中尤能体现。

如柳宗元著名传记篇章《段太尉逸事状》一文，他在撰写之前“尝出入岐、周、邠、斄间，过真定，北上马岭，历亭鄣堡戍，窃好问老校退卒，能言其事”⑤，收集、了解到许多有关段太尉真实的事迹。又与言信行直、详细收集段太尉逸事的会州刺史崔公进行校对，确保自己收集到的史料真实可靠。本着忠于历史事实的原则，柳宗元摈弃了有关段太尉不实的逸事材料，从真实的事迹中着重选取了段太尉一生中最具代表性的三个典型事例，分别是制止郭晞军士残暴行径，卖马助农民交重税，拒绝收受朱泚贿赂。第一则，段太尉得知郭晞将士在军队驻扎地残害百姓，遂将其部下十七人诛杀，并只身前往郭晞军营，

① 柳宗元:《柳宗元集》第三十一卷《与韩愈论史书》，中华书局 1979 年版，第 3 册，第 808 页。

② 柳宗元:《柳宗元集》第三十四卷《答韦中立论师道书》，中华书局 1979 年版，第 3 册，第 873 页。

③ 柳宗元:《柳宗元集》第三十一卷《答吴武陵论〈非国语〉书》，中华书局 1979 年版，第 3 册，第 825 页。

④ 柳宗元:《柳宗元集》第三十四卷《报袁君陈秀才避师名书》，中华书局 1979 年版，第 3 册，第 881 页。

⑤ 柳宗元:《柳宗元集》第八卷《段太尉逸事状》，中华书局 1979 年版，第 1 册，第 178 页。

劝谏其要管理好部下，还百姓安宁生活，可见段太尉之勇气与仁爱。第二则，段太尉知农民于旱季被恶将焦令谌逼迫交纳租税，派人向其求情却致农民惨遭毒打。遂亲自照顾受伤农民，并卖马以替民偿赋税，可见段太尉之爱民、仁德。第三则，段太尉调任司农卿，告诫家人拒收叛将朱泚赠送的货币丝帛，家人无法拒绝后，太尉又将这些东西置于横梁上，可见段太尉之刚正廉洁。卢子文（元昌）云："首段写其刚，次段写其仁，三段写其节。"[①]储欣说："十七人断头注槊，勇也。卖马市榖代偿，仁也。诫不受朱泚货币，识逆贼于未然，智也。棲之司农梁上，义也。三事而四德具焉。"[②]柳宗元仅用三件事，便将段太尉的勇、仁、智、廉、义等多种性格特征展露无遗，描摹出了一个多面立体的人物形象，让我们从不同角度认识了这位品德高尚的太尉。从柳宗元真实记录段太尉的这三件逸事来看，太尉有勇有谋、仁义慈爱，故其在面对谋反叛将朱泚的威逼利诱下，以笏怒击之，绝不是意气用事、偶然为之，而是他一直以来便具有智勇、慈爱、正义的高尚品格使然。因此，柳宗元重点叙述的三件逸事，以事实证明了段太尉怒击朱泚并非如世人所说，其"以为武人一时奋不虑死，以取名天下"[③]，辩驳了当时人们对段太尉普遍的不当认识。柳宗元撰写此文省去了段太尉不实、离奇、琐碎的逸事，坚持忠于人物事迹的真实性，用若干典型事例阐明事实真相，篇幅简约，内容质实而有力。除此之外，柳宗元所写的《南霁云睢阳庙碑》也从历史实际出发，从真实的史料中重点选取了在安史之乱中南霁云集结兵力固守睢阳城、一人冲出重围请求援兵、断指返城慷慨就义等典型事例浓墨书写，以此彰显南霁云英勇不屈、临危不惧、忠诚卫国的性格特征，充分展现了南霁云悲壮的人生经历。文章具有忠于史实、简洁舒畅的特点。

综观以上柳文风格，与司马迁作品"洁"之风有异曲同工之妙，体现了柳宗元对司马迁创作文章简洁雅丽文风的借鉴与继承。柳宗元既接受了司马迁作《史

① 柳宗元撰，尹占华、韩文奇校注：《柳宗元集校注》第八卷《段太尉逸事状》，中华书局2013年版，第2册，第520页。

② 柳宗元撰，尹占华、韩文奇校注：《柳宗元集校注》第八卷《段太尉逸事状》，中华书局2013年版，第2册，第518页。

③ 柳宗元：《柳宗元集》第八卷《段太尉逸事状》，中华书局1979年版，第1册，第178页。

记》忠于历史事实的实录精神，去伪存真，又继承了他在真实史料中选取人物典型事例加以描述之法，使文章兼具真实性与典型性。同时，又减少了文章材料的无端堆砌，打破了文章纷繁秀丽、长篇累牍的形式，呈现出简约明朗、典雅美观的风格特点。令人读之，得以享受文章内容与形式上的“洁”之美。

（二）承以长短句式为主，语言简洁凝练

柳宗元借鉴司马迁创作《史记》之“洁”，继承他文章少骈俪对偶、以长短交错句式为主的简洁语言。

张辅云：“迁之著述，辞约而事举，叙三千年事唯五十万言。”①钱基博说：“《史记》积健为雄，疏纵而奇，以为唐宋八家散行之祢。《汉书》植骨以偶，密栗而整，以开魏晋六朝骈体之风。”②在《史记》里，记叙大大小小的事件不计其数，描写各阶层人物也数不胜数。即使司马迁选取个人典型事例进行详述，一个人一生所经历的、具有代表性的事件众多，要将人物及所经历的主要事件完整记述，不用长篇累辞似乎很难实现。因此，司马迁交错使用长短句，少骈句、偶句、对句，以较为简约的辞藻和句式把事件叙述出来，人物细节刻画传神，环境描绘甚是精彩。例如《李将军列传》李广诱敌之事：

> 已缚之上马，望匈奴有数千骑，见广，以为诱骑，皆惊，上山陈。广之百骑皆大恐，欲驰还走。广曰：“吾去大军数十里，今如此以百骑走，匈奴追射我立尽。今我留，匈奴必以我为大军之诱，必不敢击我。”广令诸骑曰：“前！”前未到匈奴陈二里所，止，令曰：“皆下马解鞍！”其骑曰：“虏多且近，即有急，奈何？”广曰：“彼虏以我为走，今皆解鞍以示不走，用坚其意。”于是胡骑遂不敢击。③

---

① 房玄龄等撰：《晋书》卷六十《张辅传》，中华书局 1974 年版，第 6 册，第 1640 页。

② 钱基博：《古籍举要》，世界书局 1933 年版，第 80 页。

③ 司马迁撰，裴骃集解，司马贞索隐，张守节正义：《史记》卷一百九《李将军列传》，中华书局 2014 年版，第 9 册，第 3468—3469 页。

该片段先写匈奴骑兵见李广军，以为是诱惑他们的汉军，用二字句加三字句“皆惊，上山陈”描写匈奴兵遇汉军吃惊的神态，以致立即上山摆阵，准备迎战。再写李广带领一百骑兵见匈奴数千骑兵迎面而来，用三字句加四字句“皆大恐，欲驰还走”以及“虏多且近，即有急，奈何？”等四字加三字加二字的语句，描写出李广军惊恐慌张的神情。接着，再以李广指挥骑兵诱惑匈奴军之语，“今我留”三字短句加十字长句“匈奴必以我为大军之诱”，加五字句“必不敢击我”，一字句“前”，八字句加四字句“今皆解鞍以示不走，用坚其意”描写出李广遇敌不惧的态度。并以九字句“前未到匈奴陈二里所”加一字句“止”，描写出李广军在李广的命令下展开的诱敌之举。从描写匈奴骑兵、李广军士兵、李广神态的语句，可看出文中刻画人物惊慌不安、临危不惧的态度未用过多修饰语，而是用几个字进行直接阐述。且所用字的长短不一，组合成了错落有致的长短句，使文章语言富有气势变化，给人物、事件、环境增添了生动性。匈奴军与李广军相遇对峙，用二字句加三字、四字的句子将两军士兵不安的神情简单描述，并通过这些短促的句子，侧面将两军对垒极其紧张的场面形象描绘。李广指挥骑兵时的神态，用“今我留……必不敢击我”等三字、十字、五字长短句的语言交错，用一字句“前”之语呈现，这不仅体现出了李广指挥时语气的刚毅有力，还使未加雕琢的人物神态灵动传神，以简单笔墨刻画出李广自信英勇、不畏强敌的形象。在描写骑兵动作时，以一个九字句加一个“止”字叙述，长句忽而变为一个一字句，语气由绵长忽转直下，使文章在未有过多语句修饰骑兵如何行动的情况下，仍能将骑兵行动有素的特点刻画传神。司马迁叙述整个李广诱敌事件，描写事件中人物的神态、语言、动作以及两军对峙的场面，皆未花费过多笔墨进行渲染、修饰，也未使用过多骈偶句增加文章色彩声韵，而是通过长短句式兼以简约直白的语言进行创作。除《李将军列传》之外，《史记》其他篇章片段也有此语言特点。如《刺客列传》中荆轲刺秦王一事：

轲既取图奏之，秦王发图，图穷而匕首见。因左手把秦王之袖，而右手持匕首揕之。未至身，秦王惊，自引而起，袖绝。拔剑，剑长，操其室。时惶急，剑坚，故不可立拔。荆轲逐秦王，秦王环柱而走。①

将荆轲刺秦王具体的先后动作，秦王遇刺时的各种神态和动作等细节皆进行了具体细致的描写。这些细节描写，司马迁也并未用过多艳丽复杂的词语来刻画。用两个长句“因左手把秦王之袖，而右手持匕首揕之”写荆轲首刺秦王，再接三字、三字、四字、二字“未至身，秦王惊，自引而起，袖绝”写秦王遇刺时惊慌失措的神情和险些被刺、万分紧张的场景。用两个二字句加两个三字句，再加二字、五字句“拔剑，剑长，操其室，时惶急，剑坚，故不可立拔”写出秦王欲拔剑抗荆轲的气势，以及未能拔出剑时危急的场面。又以五字句加六字句“荆轲逐秦王，秦王环柱而走”，写荆轲追逐秦王的动作，秦王仓皇环绕柱子逃跑的神态与行为，描绘了荆轲欲再刺秦王时惊心动魄的画面。这一事件的叙述，司马迁用简洁的辞藻加以长短句交织描绘，使人物状态变化、事情发展随句子长短的起伏而变化，将人物的神态、动作刻画得活灵活现，如临眼前，并突出了荆轲勇敢无畏、秦王狼狈羸弱的性格特征。同时，长短句交织描写人物神态，也侧面将事件发生时各种惊险、刺激、紧张的周围环境刻画得精彩生动，使人如临其境。陈文烛言：“善用长又善用短，唯司马氏也。”②郑振铎评价《史记》的叙写，“虽简朴而却能活跃动人，能以很少的文句，活跃跃的写出其人物的性格”③，从《李将军列传》《刺客列传》等篇章中都可窥见，司马迁创作文章主要用较为简单朴素的辞藻，加以散行的长短句形式展现，使文章语言简约质朴，雅重爽朗。而该语言的使用，也增加了文章刻画人物、环境、事件的简洁性、形象性、生动性，进而突出人物性格特征，渲染烘托出事件发生时的场面氛围，使叙述的事件精彩鲜活。

柳宗元于《复杜温夫书》说其“少为文，不能自雕斫，引笔行墨，快意累

① 司马迁撰，裴骃集解，司马贞索隐，张守节正义：《史记》卷八十六《刺客列传》，中华书局 2014 年版，第 8 册，第 3075 页。

② 杨燕起、陈可青、赖长扬编：《历代名家评〈史记〉》，北京师范大学出版社 1986 年版，第 204 页。

③ 郑振铎：《插图本中国文学史》，中央编译出版社 2012 年版，第 93 页。

累，意尽便止”。[①]又在《答吴武陵论〈非国语〉书》说：“夫为一书，务富文采，不顾事实，而益之以诬怪，张之以阔诞，以炳然诱后生，而终之以僻，是犹用文锦覆陷阱也。”[②]章士钊释柳宗元复杜温夫之言乃是其“著行文真诀，于子厚自绳”[③]，柳宗元答吴武陵之语，实则阐释作文讲究“洁”之意，即“视事实之所需，一字不加多，亦一字不加少，摈诬怪阔诞”，“洁”之作用是“使读者不至误入陷阱，即洁之效也”[④]。柳宗元还说过：“无乎内而饰乎外，则是设覆为阱也，祸孰大焉；有乎内而不饰乎外，则是焚梓毁璞也，诟孰甚焉！”[⑤]强调作文内容与形式要并重。结合柳宗元所说的话及章士钊的解释，可知柳宗元创作文章不过度雕琢、修饰，不过度讲究对仗铺排，不滥用美艳辞藻掩盖事实，而是使用简洁的语句、适当的语言形式将事情阐明清楚。不难发现，柳宗元文章创作的语言与司马迁文章之语十分类似，在这之中即见柳对司马迁创作语言的继承。

如柳宗元所写的一篇人物传记《童区寄传》，其中记叙了牧童区寄勇斗人贩子，成功逃脱之事：

> 寄伪儿啼，恐栗为儿恒状。贼易之，对饮酒醉。一人去为市，一人卧，植刃道上。童微伺其睡，以缚背刃，力下上，得绝，因取刃杀之。逃未及远，市者还，得童大骇。将杀童，遽曰：“为两郎僮，孰若为一郎僮耶？彼不我恩也。郎诚见完与恩，无所不可。”市者良久计曰：“与其杀是僮，孰若卖之；与其卖而分，孰若吾得专焉。幸而杀彼，甚善。”即藏其尸，持童抵主人所，愈束缚牢甚。夜半，童自转，

---

① 柳宗元：《柳宗元集》第三十四卷《复杜温夫书》，中华书局1979年版，第3册，第890页。

② 柳宗元：《柳宗元集》第三十一卷《答吴武陵论〈非国语〉书》，中华书局1979年版，第3册，第825页。

③ 章士钊：《柳文指要》上册，文汇出版社2000年版，第862页。

④ 章士钊：《柳文指要》上册，文汇出版社2000年版，第845页。

⑤ 柳宗元：《柳宗元集》第二十二卷《送豆卢膺秀才南游序》，中华书局1979年版，第2册，第607页。

以缚即炉火烧绝之，虽疮手勿惮，复取刃杀市者。因大号，一墟皆惊。童曰："我区氏儿也，不当为僮。贼二人得我，我幸皆杀之矣，愿以闻于官。①

该文先用四字句加六字句"寄伪儿啼，恐栗为儿恒状"描写区寄伪装害怕啼哭的神态和动作，再用三字句、四字句"贼易之，对饮酒醉"写人贩因区寄佯装恐惧而放松警惕的情态。此处长短句交替，未有过多修饰区寄和人贩神态与动作之语，但已交代清楚了区寄与人贩的状态，并将区寄的机智、人贩的轻松姿态、气氛相对缓和的场景展现出来。柳宗元言"意尽言止"可谓如此。紧接着，用五字、四字、三字、二字句"童微伺其睡，以缚背刃，力下上，得绝"加上一个五字句"因取刃杀之"，写区寄趁一人熟睡、一人去集市之际，手置于刀刃之上，割断手上的绳子，并取刀将一人贩杀之。这一系列动作，柳宗元依然直接描述，没有用华丽辞藻美化区寄的行为。但他却用五字句依次顺势而下至二字句的语句形式，由长句依次转入短句，将文章语气由舒缓变得短促，增加了区寄割绳解绑之时小心翼翼、生怕惊醒熟睡人贩的紧张气氛，生动刻画出区寄割绳子时的艰难，成功割断绳子时的兴奋。末尾再以一个五字句"因取刃杀之"接上一个二字句"得绝"，将未逃脱、怕人贩发现的紧张氛围转为已成功逃脱的松缓氛围，突出了区寄取刀刃杀人贩的果敢个性。随之接"因取刃杀之"五字句的是一个"逃未及远"四字句，"市者还"三字句，"得童大骇"四字句，"将杀童"三字句，写区寄逃跑未远便被去集市的人贩抓住，这里用长短句交替形式、直白的词语描写区寄逃跑情况及人贩见区寄逃跑时吃惊的神情。以"将杀童"三字短句承接上一四字句，由长变短句，增添了区寄再次陷入危机的紧迫感，事件的场面又变得紧张起来。在区寄与人贩的谈判周旋之下，他成功说服人贩不杀他而将其送买主处。最后，文章又以长短句交叉的形式，用通俗简单的语言描写了区寄于半夜转动身体，靠近火炉将捆绑双手的绳子烧断，又取刀将另一人贩杀之。综观这一事件的叙述，柳宗元描写区寄佯装伪骗人贩的场景，另一人贩见区寄逃跑将其抓回欲杀之的场景，区寄两次逃脱的场景，均用

① 柳宗元：《柳宗元集》第十七卷《童区寄传》，中华书局 1979 年版，第 2 册，第 476 页。

长短句的语句形式和简单直白的辞藻进行记叙，其中细致刻画区寄、人贩子的神态、动作，没有添入过多雕琢修饰之语，语句形式也以散句居多，少骈句、对句。沈德潜评该文“简老明快，字字飞鸣，词令亦复工妙”①。孙琮评此文“在柳州集中又是一种笔墨，即语史法，得龙门之神”②。柳宗元《童区寄传》叙述的语言形式及用词，与司马迁《史记》人物传记叙事简洁质朴的语言相仿。以简单通俗的语言记叙，将所述之事阐明则止，使文章不冗长、不晦涩，有明朗疏爽、简约素雅之状，也使文章描写区寄、人贩子的人物形象生动，个性鲜明，使事件发生的场景气氛灵动鲜活，让人有身临其境的感觉，此文颇见柳宗元对司马迁创作《史记》“洁”之语的继承。除《童区寄传》外，柳宗元所写《段太尉逸事状》一文也有司马迁文章简洁质朴的语言特点。如：

> 太尉列卒取十七人，皆断头注槊上，植市门外。晞一营大噪，尽甲。孝德震恐，召太尉曰：“将奈何？”太尉曰：“无伤也。请辞于军。”孝德使数十人从太尉，太尉尽辞去，解佩刀，选老躄者一人持马，至晞门下。甲者出，太尉笑且入曰：“杀一老卒，何甲也？吾戴吾头来矣。”甲者愕。③

段太尉不畏扰乱伤害百姓的郭晞部下，将这十七人绳之于法。文中以“晞一营大噪，尽甲”五字加二字句，直接描绘出郭晞军得知此事后，全部披上铠甲准备征讨段太尉的强悍凶猛气势。面对如此暴戾凶险的情况，文章仍以简单的笔墨记述太尉应对险境的情态，以三字加四字句“无伤也，请辞于军”，五字、三字、八字、四字句“太尉尽辞去，解佩刀，选老躄者一人持马，至晞门下”，四字、三字、六字句“杀一老卒，何甲也？吾戴吾头来矣”等形象刻画出太尉的语言和动作，短句接长句，长句接短句，长短句交错，将段太尉不惧残暴军

---

① 柳宗元撰，尹占华、韩文奇校注：《柳宗元集校注》第十七卷《童区寄传》，中华书局2013年版，第4册，第1187页。

② 柳宗元撰，尹占华、韩文奇校注：《柳宗元集校注》第十七卷《童区寄传》，中华书局2013年版，第4册，第1188页。

③ 柳宗元：《柳宗元集》第八卷《段太尉逸事状》，中华书局1979年版，第1册，第176页。

队，毅然辞去十名护卫，仅选一名跛脚老兵牵马与之随行的勇气，面对郭军武装士兵的从容不迫的个性特征生动突显。在写段太尉语言五字句“吾戴吾头来矣”之后，接一个三字句“甲者愕”，由五字变为三字句，语气变得更短，语境也具有戛然而止之势，将武装士兵见段太尉只身入营，不做任何防备的惊愕情状描写得活灵活现，也从侧面突出了段太尉不畏强暴、只身涉险的精神品质。蔡世远评柳宗元《段太尉逸事状》“段公忠义明决，叙得懔懔有生气，文笔酷似子长”①。王文濡则言此文“可谓写得奕奕如生，是学史公而得其神髓者”②。

从《童区寄传》《段太尉逸事状》二文，可看出柳宗元创作文章借鉴和继承了司马迁文章简洁质朴语言的行文特点。除以上二篇人物传记外，柳宗元所写的《蝜蝂传》《黔之驴》《临江之麋》等寓言，《小石潭记》《石涧记》《石渠记》等写景游记，均承接太史公撰写《史记》的语言特色，不用过多华丽、浮艳的辞藻描绘事物细节和周围环境，也不用过多的骈句、对句铺排修饰文章，而是通过用散行的长短交错句式加以叙述。因此，柳宗元文章语言简洁朴素，文章通俗明了，文中描写的事物栩栩如生，个性特征突出，环境氛围自然生动。

三、结语

柳宗元是唐代古文运动的倡导者之一，主张学习六朝以前的文学创作，反对文章纷繁冗长、辞藻华美而不叙事实道理，他称赞司马迁的文章文风峻洁、语言简明，其文章创作之“洁”值得学习和借鉴。因此，柳宗元在创作时，一方面，借鉴、继承司马迁撰史的实录精神，摈弃怪诞离奇且琐细的事件和枝蔓，从真实的材料中选取具有代表性的典型事件进行详述，使文章真实简洁，重点突出，人物个性突显，文风呈现出简约典雅的“洁”之美。另一方面，学习、继承了司马迁少用骈辞俪句、以散行长短句式为主的特点，并以此撰写文章，使

① 柳宗元撰，尹占华、韩文奇校注：《柳宗元集校注》第八卷《段太尉逸事状》，中华书局2013年版，第2册，第520页。

② 柳宗元撰，尹占华、韩文奇校注：《柳宗元集校注》第八卷《段太尉逸事状》，中华书局2013年版，第2册，第521页。

文章语言具有简明疏爽的“洁”之美，文章变得简洁明朗、通俗易懂，人物灵动鲜活，环境氛围生动活泼。从柳宗元接受和继承司马迁创作之“洁”可知，他成了学习古文的先驱，以创作简约明朗之文积极推进古文运动，为创作通俗简明又雅致美观的文章开辟了道路。

（邓梦园，陕西师范大学文学院在读博士。）

关于高校学生的《史记》接受问题及相关对策

刘向斌

关于《史记》的接受，这是许多学者讨论过的话题，并相对集中于《史记》接受史和文体互渗等两个方面。前者如俞樟华、虞黎明《走向〈史记〉接受史研究》，俞樟华等《唐宋〈史记〉接受史》，陈莹《唐前〈史记〉接受史论》，樊婧《〈史记〉在元代的传播接受研究》等；后者如韦爱萍《史实与诗美的完美结合——论李白对〈史记〉思想的接受》《史实与诗美的完美结合——再论李白对〈史记〉的接受》及蔡丹《古代诗人接受〈史记〉论稿》、赵望秦《〈史记〉的特殊接受——咏史怀古词》等。当然，针对高校文科学生的《史记》接受问题，也有人做过专门调查，并在陕西省司马迁研究会学术年会上发表。[①]本文也讨论高校学生的《史记》接受问题，并提出相应对策，期望能够引起大家对《史记》传播与接受现状的关注。

一

众所周知，《史记》面世以来，在2100多年里，人们对《史记》的研读从未中断过。汉唐以来，《史记》开始走出国门，传入朝鲜、日本、越南等东南亚国家。而今，《史记》已被译为俄、法、英等多国文字，进入欧美国家读者的视野。

---

① 李晓虎：《大学生对〈史记〉接受度及意愿的调查研究——以榆林学院大四学生为对象》，发表于由西安工业大学人文学院承办的“陕西省司马迁研究会2018年学术年会”。参见《陕西省司马迁研究会2018年学术年会暨中国语言文学学科建设高层论坛论文集》第278—282页。

据孙卫国介绍，早在公元600年，日本第一批遣隋使便“把《史记》带回了日本”，并颇受重视，其大一统思想为圣德太子的“大化改新”奠定了思想基础。不仅如此，《史记》也是古代日本“大学寮”里讲习历史的“纪传道”的教科书，是“纪传生”的必读书目。在室町时代，幕府设立的足利学校规定，“学校不得讲解除《三注》《四书》《六经》《列子》《庄子》《老子》《史记》《文选》之外的其他内容”。这说明，《史记》仍是当时学生的必读书。从17世纪中叶至19世纪末，日本历时250年编撰而成的汉文纪传体《大日本史》（1906年版），“多方面模仿了以《史记》为代表的中国纪传体史书”。[①]所以，泷川资言能够发表《史记会注考证》，并引起学术界的关注，既得益于其敏锐的史识与深厚的学养，也是日本重视《史记》的必然结果。

宋嗣廉、赵国玺指出，《史记》成为课堂教学内容可上推至汉代。隋代将《史记》列入国子监教学内容，唐代开始将《史记》列入“弘文馆”与“崇文馆”考试科目，并延续到宋代。而明代则因前后七子倡导，《史记》教学兴盛一时，有所谓“文必称左迁，讲必曰《史记》”。在清代，“《史记》由全书的讲授变为选篇讲授了”。晚清时期《史记》进入新学课堂，至民国时，大学历史系和中文系开设《史记》专题课。新中国成立后，中学、大学教材中收入《史记》篇目，许多高校开设《史记》专章、专题讲授，“《史记》教学在高校方兴未艾，盛况空前”。[②]显然，文章所描述的“盛况”景象，应是20世纪九十年代前《史记》的传播与接受情况。

20世纪九十年代以来的三十多年间，《史记》的传播与接受进入了新阶段，已形成了消费与接受的“文化链”（包括传播者、接受者和研究者）：

> 《史记》之所以具有生命力，也来自于历代读者对它的消费与接受，它作为一条文化链，有传播者，有接受者，有研究者，历代不绝，乃至于形成一门学问——“史记学”。这门学问的形成过程，就是《史记》生命力延伸的过程。汉魏六朝是《史记》的传播和初步研究时期，

---

① 孙卫国：《〈史记〉曾是日本古代教育中重要的教科书》发表于“善本古籍”公众号。

② 宋嗣廉，赵国玺：《〈史记〉教学的历史与现状纵横谈》，《吉林师范学院学报》1993年第1期。

此后不断发展，20世纪以来进入研究的高潮时期。①

因此，展望未来，我们似乎不用担心《史记》的传播与接受问题。而今，《史记》再次跨出国门，走向了欧美世界，并跻身于“世界范围”的传播对象行列：

在日本，各种形式的《史记》抄本、刻本，或选本，或全本，数量在百种以上，《史记》的传播和普及程度是非常广泛的。在欧美国家，《史记》也愈来愈受到重视，全本的俄语、法语版《史记》已经问世，全本的英语版《史记》也即将完成。世界范围的《史记》研究也愈来愈深入，显示出《史记》永久的魅力和生命力。②

由此可见，无论是在国内抑或在国外，给人以深刻印象的是，《史记》的生命力是长久的，《史记》的影响力也是长远而深刻的。

二

尽管《史记》的对外传播与接受正呈现出蓬勃之势，但《史记》的国内传播与接受则存在不少问题。可以说，高校作为《史记》传播与接受的主阵地，其作用并没有充分发挥出来，甚至还存在诸多值得关注的问题。

（一）遭遇课时压缩后的“窘迫”问题

这主要体现在专业人才培养方案上，应是高校制度层面的问题。对于高校而言，培养方案是教学行动的指南和培养学生的“宪法”，更是办学理念的直接体现。根据各高校中文专业的培养方案，能够看出办学者对中国古代文学、中国

① 这是韩兆琦、赵明正、张新科三位先生谈“《史记》的人文精神与当代价值”的访谈文章，最终以《学者谈〈史记〉的人文精神与当代价值》为题刊载于2015年12月9日的《北京日报》，引文为张新科先生的观点。

② 这是韩兆琦、赵明正、张新科三位先生谈“《史记》的人文精神与当代价值”的访谈文章，最终以《学者谈〈史记〉的人文精神与当代价值》为题刊载于2015年12月9日的《北京日报》，引文为张新科先生的观点。

古代文化的基本立场与态度。我曾见过某高校的一位领导，竟在讨论培养方案的公开场合指责古代文学课时太多，甚至提出《中国古代文学》应在一学期内上完的建议。有人可能会讥笑其无知，而这实际上是较为普遍或一致的看法。

2016 年 4 月 18 日，我参加了安康学院举办的陕西省第七届“中文学科建设研讨会”，曾与省内的专家学者就相关问题进行探讨，大家一致指出，《中国古代文学史》在总课时中的占比越来越小。同年 4 月 19 日至 4 月 22 日，我参加了国家教育行政学院举办的“教育部马克思主义理论研究和建设工程重点教材任课教师示范培训班”。在培训课上，傅刚教授介绍了北京大学中文系《中国古代文学史》的开设情况。据其介绍，北大的《中国古代文学史》共开两年，每周 3 学时。至于古代文学的作品讲授，已让渡给了古代汉语课，只要求学生自学。在随后几天里，我所了解到的情况大体相近，无论哪个层次的高校，只要有中文专业，则《中国古代文学史》课时遭遇挤压而越来越少的待遇几乎一模一样！

《中国古代文学史》课时的压缩，意味着各段文学的课时量大幅度减少。作为秦汉文学的重要讲授内容，《史记》的课时也相应缩短，这是命中注定的！而课时的大幅度压缩，相对弱化了《史记》的地位，显然不利于《史记》的传播与接受。

（二）遭遇“价值论”的功利性选择

全国开设中文专业的高校很多。而在当下功利性教育理念的背景下，教师作为讲授者、学生作为接受者，往往将“有用”作为衡量课程价值的重要标准。可以说，“改革开放”以来的四十多年间，中国教育最大的、也是最糟糕的变化，就是过度追求教育产业化。而要实现教育产业化，只有将精英教育转变为大众教育，才能扩大教育“消费者”群体，也才能有助于推动教育产业化进程。受此影响，各高校充斥着铜臭之气，并绵绵不绝地培养了一批又一批“精致的利己主义者”。

客观上讲，阅读与学习《史记》确实存在价值选择的问题。当然，如何理解“价值”的内涵，则有不同视角。唐宋时期，以韩愈、柳宗元等“古文八大家”为代表的散文家们，积极宣扬《史记》的榜样意义，并身体力行倡导学习《史记》，因为《史记》对改变骈俪、繁缛的文风具有积极意义。而明代“前七子”

和“后七子”倡导“文必秦汉，诗必盛唐”，所谓“文必称左迁，讲必曰《史记》”，也是基于《史记》具有文学创作的示范性“价值”。此后，人们对《史记》价值的认识有了进一步变化。但至少在新中国成立前，人们似乎更看重《史记》的文学与史学价值。

新中国成立后，特别是20世纪六七十年代，随着研究观念的变化和当时政治意识形态的需要，史学界和文学界几乎皆认为《史记》具有人民性。这种观念甚至已深入人心。20世纪九十年代初，谢贵安撰文指出：

> 建国以来，史学界一直流行着这样一种观点，认为《史记》有“人民性”，“处处从人民立场上来评价历史人物和历史事件”。……这种观点及其证据是错误的。“人民性”是对人和事进行阶级定性的词汇，它与“有同情人民的表现”不同，它反映了一个人的立场是从人民利益出发的。而《史记》的出发点却是西汉统治阶级的政治利益。①

遗憾的是，谢贵安的努力并没有遏止《史记》具有“人民性”观点的继续流行。比如，王云林认为，“学者多言《史记》中的人民性思想是司马迁主观思想的体现，这与事实不符”。原因在于，“一是司马迁从维护刘家统治的立场出发，总结陈胜吴广起义的教训，要统治者切莫苛暴，以免造成官逼民反失天下的教训；二是司马迁自身的经历使其思想上产生强烈的反暴政精神；三是司马迁为使《史记》‘成一家之言’，由是以不与圣人同是非的标准来总结历史经验。正是这些因素使《史记》在客观上有了人民性思想的特征”②。20世纪末及21世纪以来，仍有人继续发表论文，鼓吹《史记》具有人民性。比如，林志杰指出，“《史记》是作者司马迁一生的经历及不幸遭遇，使他在客观地记述历史时，表现出了与封建正统思想相悖迕的进步的人民性。”③另外，诸如钟育强、张青萍

① 谢贵安：《〈史记〉“人民性”悖论》，《华中师范大学学报（哲学社会科学版）》1992年第6期。

② 王云林：《〈史记〉人民性思想探微》，《淮阴师专学报》1997年第1期。

③ 林志杰：《论司马迁〈史记〉的人民性》，《广西民族学院学报（哲学社会科学版）》2000年第5期。

等人，也撰文讨论《史记》的人民性问题，[①]说明至今仍有人坚持《史记》具有“人民性”的观点。

我们权且不论《史记》具有“人民性”的观点是否正确，但至少说明，在当今的学术语境下，一些学者对《史记》的价值判断，具有迎合时代需要的功利性色彩，甚至罔顾司马迁生活的封建时代与思想观念实际。这种功利的价值论势必引导人们片面地阅读《史记》、理解《史记》和传播《史记》、研究《史记》。一句话，在新时代，《史记》研读正在走向碎片化。

由于时代不同，人们的“消费”需求有别，对《史记》价值的研判视角也各不相同。从这个意义上讲，各种观点的提出本身没有错。或者说，错不在观点本身，而在于功利性的选择观念。因此，人们在阅读《史记》时，首先考虑的是有没有用，有没有价值，哪些内容有用，哪些内容有价值，等等，使得《史记》文本被撕扯为碎片，人们的阅读习惯更是趋向于碎片化。就是说，读者如何读、读了啥、读到了啥等，都是需要重新选择的。这才是功利性观念的深刻影响之所在。

（三）正遭遇“厌古”情绪的排斥

目前，社会上的“好古”风气与高校存在的“厌古”情绪相映成趣。尽管《史记》文字质朴，实录为上，话语通俗，内容丰富，人物形象鲜明，但仍为目前众多高校学生所敬而远之。他们对诸如《史记》等古代经典作品心存畏惧，甚至心怀排斥。这种畏惧与排斥具有传染力，使得高校明显存在着强烈的“厌古”情绪。

在高校中文专业的课堂里，最受欢迎的很可能不是古代文学作品的讲读，而是故事化的课堂语言和讲授者通俗易懂的授课方法。同样，在报考研究生时，相对于现当代文学、外国文学、文艺学、文学理论和应用语言学而言，中国古代文学（尤其是先秦两汉魏晋南北朝文学）则往往遭到冷遇。或许，这与他们不熟悉古汉语表述方式、不了解古代文化有关。尤其是古汉语语法复杂、繁体字

---

① 钟育强：《浅谈〈史记〉的思想性和人民性》，《中共南宁市委党校学报》2004 年第 6 期；张青萍：《略论〈史记〉人物传记的人民性》，《中共郑州市委党校学报》2009 年第 3 期。

难以辨认和竖行字阅读困难等问题，让大学生们望而生畏，[①]由此产生逆反的“厌烦”心理。加之中学阶段的碎片化学习模式，使得他们更习惯于零碎的、片面的和碎片的知识接受，因此在阅读整部《史记》作品时，便会深感无力、无助和无奈。

而且，这些在读图时代中长大的90后、00后们，似乎更喜欢感性化、图像化的知识接受，更乐于阅读电子文本，而对纸质文本阅读不感兴趣。当然，即使将古典作品电子化，也会令他们心生畏惧。我发现，学生更喜欢阅读、更乐于接受拼音版、简体字版的电子文本作品，而很少对繁体字文本感兴趣。

（四）遭遇自媒体时代的娱乐化挤压

在当下“融媒体”、“全媒体”或“自媒体”时代，传播媒介的变化对《史记》的传播与接受更具有明显影响。比如，马俊曾撰文分析了书写媒介、印刷媒介、电子传媒、网络媒介等四个阶段《史记》的传播特点，并提出相应的对策：

> 书写媒介下其不易复制、传播范围小、速度慢的特点在一定程度上阻碍了《史记》的有效传播；印刷媒介复制性强的特点使这一时期《史记》的传播从个人传播走向大众传播，呈现出量大、面宽、范围广的特点；电子传播媒介下《史记》的传播不但速度快、范围广，更主要是声像传播、一看（听）就懂，大大降低了《史记》作为精英文化的接受门槛；网络媒介下传播的互动性、便捷性及高度的综合性使《史记》呈现出全方位、立体化的传播，综合了之前各种传播媒介的优点，但同时又暴露出大数据时代下《史记》传播的碎片化和快餐化趋势。因此，需要合理使用新型传播媒介，适度满足《史记》受众需要，重

① 据李晓虎《大学生对〈史记〉接受度及意愿的调查研究——以榆林学院大四学生为对象》，榆林学院中文专业学生阅读《史记》困难的原因为：“读不懂/不喜欢文言文困难占比最大，比例达65%；搞不清史记中时间、人物关系的，占比次之，达64%；有29人谈到大学生对史记的忠实程度不够；也有几位学生表达了没有足够的时间和精力静下心来读。”参见《陕西省司马迁研究会2018年学术年会论文集》第280页。

> 点扶持一批专业《史记》传播平台和机构，保证《史记》及其文化能在精英文化的引领下走向大众化、普及化传播。①

在马俊所述的四种情况中，电子传媒和网络传媒对《史记》传播的影响是巨大的。电子与网络媒介确实使《史记》传播突破了精英文化的门槛，表现出速度快、范围广、通俗化和全方位、立体化、碎片化、快餐化等大众化消费特点，但这仅仅是一厢情愿的自足式表达。实际上，这恰恰说明大众文化消费观念已由思想接受转向娱乐追求。②正因为这种娱乐化的消费需求，使得《史记》的传播与接受具有碎片化和快餐化等特点。更何况，传播速度的加快、传播方式的变化，并不意味着读者能自觉接受《史记》、自觉传播《史记》，只能说明这有利于《史记》的传播与接受。

三

实际上，《史记》的传播与接受是相辅相成的关系。只有推动《史记》的有效传播，让广大读者了解、接受《史记》，才能有效地发掘《史记》的价值与意义。基于此，我们可以采用五种措施来解决上述问题。

（一）提倡在高校开设《史记》专题课

鉴于各高校中国古代文学课时遭受挤压、减少的现象，须为《史记》的传播与接受营造良好的制度环境。一方面须“据理力争”，尽可能增加《中国古代文学》的课时量、恢复其核心课程的地位；另一方面，争取开设《史记》专题课，

① 马俊：《不同媒介视阈下的〈史记〉传播》，《渭南师范学院学报》2015 年第 23 期。

② 据李晓虎《大学生对〈史记〉接受度及意愿的调查研究——以榆林学院大四学生为对象》介绍，榆林学院中文专业学生了解中国历史的渠道有：历史小说、电视剧/电影、教材和网络小说。其中，通过影视作品了解历史占比 80%，通过阅读历史小说占比 66%，通过教材占比 16%，通过网络小说占比 16%。尽管作者选取的调查对象甚至设置的问题具有一定倾向性，但也能说明，当前大学生可能更乐于借助于影视作品、小说等了解历史，而不会去花时间阅读《史记》这样的文言文。

让专人讲授《史记》，拓宽相关专业学生的知识与视野。同时，争取把《史记》专题课开设为高校学生的素质拓展课程。这样，既可以让相关专业学生有了系统、完整地学习、阅读《史记》的机会，也有助于非专业学生认识《史记》、接受《史记》和传播《史记》。

（二）尽量避免从功利角度看待《史记》的价值

我们知道，学习本身具有功利性色彩。但是，倘若过度强调某种功利性，则势必会强化学生的功利性选择行为。如前所述，由于功利地看待《史记》的价值，促使人们为满足其功利性需求而选择性地阅读和接受《史记》，呈现出碎片化、感性化的阅读倾向。这种功利性的价值选择，往往使人们无视《史记》的多重价值，无意于从整体上体认《史记》的价值。因此，太过功利性地肯定《史记》的价值与作用，往往会加剧对《史记》接受的伤害。基于此，我们应根据《史记》的特点，让大家在无功利的环境下完成《史记》的阅读与学习。而所谓营造"无功利"环境，就是不要过分强调《史记》的某种价值。理想的情况是，研究者从《史记》中发掘更多涵盖面广而非单一性的研究问题，讲授者须从《史记》中总结出多重的、而非单一的价值与意义，这样才能引导学习者从《史记》中汲取更多的精神营养。一句话，只要不是断章取义、片面地看待《史记》，则《史记》的接受便会少了功利性选择的观念障碍。

（三）扭转"厌古"之风，培养"好古"情怀

在经济利益驱动下，社会上兴起一股"好古"之风。因此，文物买卖，"夺宝""斗宝"节目成为专业化的娱乐节目，由此导致文物鉴定、"国学"学习充斥于大街小巷。而所谓"国学"，或为"三字经"等蒙学读物，或为"易经"等神秘学问，或迎合国人的发财梦、健康梦而作的神秘预测等。其实，这都是断章取义之下对"国学"的歪曲和变形。而作为未来传统文化的主要传承者，相关专业的大学生们却因"古"文的艰深而苦恼，因古汉语的难学而罢读，因繁体字的难认而烦躁。因此，向大众传播"国学"、守住培养传播人才的阵地是我们的责任。高校作为培养《史记》传播人才的主阵地，必须首先解决大学生的"厌古"问题，努力培育学生的"好古"情怀，让他们了解古代历史、学习古代

文化，通过阅读来了解、认识《史记》的价值，自觉接受《史记》的熏陶。而要实现这一点，须培养学生阅读古文的能力，培育其学习古文的兴趣，这是使《史记》走向大众化传播与接受的前提。同时，帮助学生提高认读古文字的能力，通过解决好语言文字关，减少《史记》阅读的障碍，让《史记》的阅读与接受成为一种时代风尚。

（四）借助于网络媒体平台，改变《史记》阅读方式

在自媒体时代，我们可以采用多种办法，尽量适应和满足学生的阅读习惯。比如，通过编写《史记》故事、发掘《史记》精神内涵，让《史记》更为通俗易读，并借助于网络扩大《史记》的接受范围。我们也可以开发与《史记》相关的游戏玩品，让孩子们从小了解《史记》人物或故事。有关这方面的产品开发，已有了比较成功的案例。比如，我儿子小时候玩的“三国杀”便是很好的案例。据了解，这种玩具已转化为游戏软件，并广泛流行游戏网络空间。有家长曾告诉我，孩子的三国知识不是来自死记硬背，而是来自这款游戏软件。只要让他玩一遍，便能记住相关人物及相互关系。另外，应编写符合新时代需要的网上阅读文本：一是编写《史记》繁简字对照文本，并对繁难字予以注音，解决文字阅读障碍；二是编写白文与句读对照文本，解决学生断句困难的问题；三是编写文白对照文本，解决学生翻译困难的问题。总之，针对学生的网上阅读习惯，编写丰富多样的《史记》阅读电子文本，让广大阅读者通过网络平台阅读《史记》，从而扩大《史记》传播与接受的范围。

（五）努力将“史记戏”搬上网络戏曲舞台

就古代中国而言，晚清之前，戏剧舞台上不停地上演诸如《高祖还乡》《霸王别姬》《鸿门宴》《将相和》《赵氏孤儿》等“史记戏”，使得《史记》的传播与接受已达到目不识丁的“白丁”层面。因此，《史记》的戏曲化是扩大《史记》传播范围的最有效途径，也解决了《史记》阅读障碍与传播受限问题。当然，除了戏曲化这一途径外，民间说书艺人也曾是《史记》故事的重要传播者，并有效地扩大了《史记》的传播范围。以古鉴今，我们也可以通过改编“史记戏”来扩大《史记》的传播与接受范围。当然，古装戏已不为年轻的消费者们所喜爱，

而影视剧、话剧等仍有市场消费潜力。因此，为了适应年轻消费群体的审美趣味，需要将史记故事改编为影视剧、话剧、游戏等艺术形式，让更多年轻人乐于了解《史记》、接受《史记》。

在上述对策中，“制度化”建设最为重要，其他对策都应附从于它。历史经验告诉我们，隋唐科举制度、日本古代“大学寮”的“纪传生”制度、中国高校开设《史记》专题课等，都有效地推动了《史记》的传播与接受。因此，只有在制度层面上确立《史记》地位，并辅之以其他方式，才能让更多人学习、接受和传播《史记》。当然，基于文化产业建设的需要，开发《史记》文旅产品、影视剧、游戏软件、改编“史记戏”等，也在一定程度上有利于扩大《史记》的传播与接受范围。但是，倘若把握不好“度”的问题，则容易将《史记》推向庸俗化的消费领域。这样，既无助于《史记》的传播，更有害于《史记》的接受。所以，坚持“守正创新”原则，坚决避免走庸俗化的《史记》传播之路。就是说，要从学校教育的层面推动《史记》的传播与接受，要从弘扬《史记》精神的高度确立《史记》的经典地位，要以正本清源的求实精神学习、研究《史记》，要根据接受对象的不同而适时调整《史记》的传播策略。

（刘向斌，延安大学文学院教授、硕士研究生导师，陕西省司马迁研究会常务理事。）

其他研究

司马迁网罗天下放失旧闻，稽其兴衰成败之理，足迹遍及祖国大江南北，对各地民俗进行了广泛深入细致了解。

范蠡思想中的黄老学因素

姚　军

范蠡是黄老学发展史上承前启后的标志性人物,他的思想中含有大量的黄老学因素。

一、范蠡生平大事略述

范蠡，字少伯，籍贯为三户邑[①]，属于南阳郡，该郡郡治在宛[②]。稍晚于老子，春秋末期、战国初年著名的政治家、思想家、军事家。

公元前 536 年，范蠡出生。孩童时期，范蠡行为痴狂。公元前 516 年，文种[③]因范蠡有独见之明而“遣吏谒奉”，又“驾车而往”，登门拜谒。范蠡胸怀霸王之道，文种引为知己。二人相约离开楚国奔赴东南，共建奇功。

公元前 514 年，文种、范蠡去楚入吴，因伍子胥受重用，无所施其才。公元前 510 年，范蠡和文种入越。初到越时，勾践常与范蠡言谈终日。然而，大夫石买当国专权，进谗言指责范蠡“非真贤”，且到越国前“历诸侯无所售”，是个道听途说之徒，范蠡因此而不被重用。勾践欲伐吴，不听谏言，范蠡于是退游于楚越之间。

公元前 494 年，勾践兵败，栖于会稽山，始重用范蠡、文种等。公元前 493 年，勾践、范蠡君臣入吴为奴。公元前 490 年，勾践、范蠡离吴返越，范蠡为勾

① 三户邑即故之丹阳，今湖北省南漳县西北。

② 故宛城在今河南省南阳市区。

③ 文种为宛令在楚平王（前 528—前 516）时。

践谋划强国待时大计。公元前 486 年，勾践欲起兵伐吴，范蠡劝阻。公元前 484 年，吴再次伐齐，在艾陵战败齐师。勾践、范蠡朝见吴王，君臣皆行贿赂，进一步麻痹吴人。是年，吴王夫差杀伍子胥。

公元前 482 年，吴、晋黄池会盟，越国乘机袭击吴国，大败之，杀吴太子等。年底，吴、越讲和。公元前 479 年，越兴师伐吴，兵至于五湖。公元前 478 年三月，越伐吴，吴师迎战于笠泽，双方夹吴淞江而阵，越人大败吴师。公元前 475 年十一月，越围吴，范蠡围而不攻，令吴师自溃。公元前 473 年年底，越灭吴，吴王夫差自杀。随后，范蠡即泛舟五湖，归隐不出。公元前 468 年，越王勾践称霸。公元前 465 年，越王勾践卒。公元前 454 年，范蠡卒，享年八十二岁。①

二、黄老学的界定及其学术特征

东汉王充说："黄者，黄帝也；老者，老子也。"黄老学的经典是《黄帝书》和《老子》。《汉书 · 艺文志》记载的《黄帝书》有《黄帝四经》《黄帝铭》《黄帝君臣》。

黄老学来源于老子的道德学说，但对老子学说有所修正与发展。《黄帝四经》则是黄老学的奠基性作品，战国时人所作，假托黄帝。它提出了"道生法"的思想。"法"，是圣法，它体现的是人类社会的根本规律和普遍原则，而不是某一政治力量的意志。"道生法"的实质是自然与社会的同构合一，是自然决定社会，因而治理社会的最高原则就是因顺自然之道。在春秋战国之际人心目中，黄帝是统一与铸造了中华民族的英雄圣人，是治世的最高典范。老子的自然无为之道只有和黄帝的治世之道结合起来，才能救世，才能实现人类的社会理想。《黄帝四经》成功地找到了自然无为之道与社会治世之道的结合点——法，同时又高举黄帝的历史大旗。当时人遂把自然无为之道与社会治世之道结合的道家新形态，称之为黄老学。与庄子、杨朱、列子等消极避世派不同，它是适应现实政治的需要而产生的积极用世派，以老子的道论为基础，"采儒、墨之善，撮

① 饶恒久：《范蠡生平考论》，《社会科学战线》2000 年第 6 期，第 142 页。

名、法之要，"以道论法，"因道全法"，为以法治国、积极用世作哲学的论证。①换句话说，黄老学就是在改造老子道家学说的基础上，广泛地吸收诸子百家之学，从而形成了一个以老子道家的"道论"为理论基础，以法家的刑法为用的，比老庄道家积极，比法家的严刑峻法温和的独特的理论体系。②

黄老学的学术特征是"道法结合、兼采百家"。其中，法治是其基本的政治主张，老子道家的"道论"是其法治主张的理论基础，吸收其他学派之长是其政治主张的辅翼，特别是吸收了儒家注重道德教化的优点。③

三、《国语·越语下》所见范蠡思想中的黄老学因素

《汉书·艺文志》载录《范蠡》二篇，今已亡佚。《左传》是记载春秋历史较为可信的材料，也是现存最早记录吴越历史的材料，对吴、越之争几十年间的主要事件、时间都有明确而较详细的记载，但所记越国史事确实太少，"范蠡"其人干脆未提及。先秦诸子书中，只有《韩非子·内储说下》和《吴越春秋·长攻》载有涉及范蠡事迹的文字片段。

除了《史记·越王勾践世家》《史记·吴太伯世家》《史记·货殖列传》《越绝书》《吴越春秋》等史书外，汉代以前记载范蠡事迹较为详细的只有《国语》一书。尤其是在成书于战国前期的《国语·越语下》中，范蠡几乎是勾践唯一的谋士了。与汉代史书相比，《国语·越语下》的记载较能接近范蠡原貌，因此本文所涉范蠡言论均采自《国语·越语下》。

范蠡曾居于宛，仕越前的举止酷似道家的"归隐者"；范蠡所仕之越，受道家文化影响甚深；范蠡之学受之于计然，并通过师承计然而与老子思想相接续。计然继承了老子的思想，并在实践中对老子的道论、自然无为的思想和治国治身的理论有所发挥和运用。特别是计然提出了关于天地阴阳刑德吉凶的理论和时变因循的理论，是对老子道家学说的重要发展，这些理论为范蠡所承袭并进

① 池万兴:《〈管子〉研究》，高等教育出版社 2004 年版，第 115 页。

② 池万兴:《〈管子〉研究》，高等教育出版社 2004 年版，第 115 页。

③ 白奚:《先秦黄老之学源流述要》，《中州学刊》2003 年第 1 期，第 138 页。

一步运用发挥。从计然到范蠡，在长期的政治、军事活动中对老子思想加以运用和创新发展，终于形成了道家黄老学成功指导社会实践的新局面，开辟了道家学说理论发展的新领域和新方向。[①]

《越语下》成书于战国前期，和范蠡活动的时代接近，其所述范蠡思想应该是符合历史人物范蠡实际的。据唐兰先生所论，帛书《黄帝四经》的成书应在战国中期以前。范蠡思想后来成为战国时期以《黄帝四经》和《管子》等为代表的道家黄老学的重要内容。有鉴于此，本部分主要讨论帛书《黄帝四经》与范蠡思想的关系，从而发掘范蠡思想中的黄老学因素。

（一）辩证观

范蠡承认矛盾的普遍性，《国语·越语下》中他与越王勾践的谈话提到了阴阳、先后、柔刚、远近、劳逸、饥饱等与矛盾相关的概念。《黄帝四经》中沿袭了这些概念，如阴阳、晦明、静作、黑白、美恶、得虐等。

范蠡注重天道的时间性，他继承了西周以来的阴阳变易观念，看出了矛盾对立面的相互转化，提出了"赢缩转化"的命题。"赢缩"本来是天文学上的一个名词。星占家认为，"赢"或"缩"是上天对地上君主的行为善恶的赏罚；范蠡却以为，这种现象是五星在天空中运行的节律问题，本来就是那样。他超越天文学的具体意义，把它作为表示天道变化的一个哲学命题。它不仅适用于天象的运行，也适用于人事的进退、盛衰、成败。他提出这个命题，是想把它作为越国反败为胜的战略依据。对于社会人事的"赢缩转化"，范蠡特别注意客观天道与主观人道的相参，不仅用之于治国，而且还用之于理兵。《黄帝四经》也有此类论述，如《十大经·论约》说："四时时而定，不爽不忒，常有法式，盛极而衰"。[②]《经法·四度》说："极阳以杀，极阴以生，是为逆阴阳之命。"[③]

---

① 白奚：《先秦黄老之学源流述要》，《中州学刊》2003 年第 1 期，第 137 页。

② 马王堆汉墓帛书整理小组：《长沙马王堆汉墓出土〈老子〉乙本卷前古佚书释文》，《文物》1974 年第 10 期，第 35 页。

③ 马王堆汉墓帛书整理小组：《长沙马王堆汉墓出土〈老子〉乙本卷前古佚书释文》，《文物》1974 年第 10 期，第 33 页。

在祸福、兴亡、得失、成败的转化中，要更好地把握时机，两者均提出了要注意“因”“时”“度”三个原则。

因，指因顺，不违背。范蠡提出：“因天地之实”“因天地之常”“因阴阳之大顺”“死生因天地之刑，天因人，圣人因天，人自生之，天地刑之，圣人因而成之”①。要求人遵循客观规律，顺应等待。《十大经·观》说：“天因而成之，弗因则不成，弗养则不生。”“静作之时，因而勒之。”②《十大经·兵容》说：“天地形之，圣人因而成之”③。《称》也说：“圣人不为始，不专己，不豫谋，不为得，不辞福，因天之则。”④

因天之外，还得因时，比范蠡说更进一层。时，指时机。范蠡说：“不乱民功，不逆天时。”“上帝不考，时反是守。”“时不至，不可强生；事不忘，不可强成。”“臣闻从时者，犹救火、追亡人也。蹶而趋之，唯恐弗及。”“得时无怠，时不再来，天予不取，反为之灾。”⑤“圣人之功，时为之庸。”《十大经·观》说：“圣人不巧，时反是守。”“当天时，与之皆断，当断不断，反受其乱。”⑥《经法》说：“生必动，动有害，曰不时，曰时而动。”⑦《十大经·姓争》说：“静作得时，天地与之。静作失时，天地夺之。”⑧无论做什么事，都应把握好时机，待时而动，事半功倍。

---

① 徐元诰著，王树民、沈长云点校：《国语集解·越语下》，中华书局2002年版，第579页。

② 马王堆汉墓帛书整理小组：《长沙马王堆汉墓出土〈老子〉乙本卷前古佚书释文》，《文物》1974年第10期，第36页。

③ 马王堆汉墓帛书整理小组：《长沙马王堆汉墓出土〈老子〉乙本卷前古佚书释文》，《文物》1974年第10期，第38页。

④ 马王堆汉墓帛书整理小组：《长沙马王堆汉墓出土〈老子〉乙本卷前古佚书释文》，《文物》1974年第10期，第40页。

⑤ 徐元诰著，王树民、沈长云点校：《国语集解·越语下》，中华书局2002年版，第584页。

⑥ 马王堆汉墓帛书整理小组：《长沙马王堆汉墓出土〈老子〉乙本卷前古佚书释文》，《文物》1974年第10期，第36页。

⑦ 马王堆汉墓帛书整理小组：《长沙马王堆汉墓出土〈老子〉乙本卷前古佚书释文》，《文物》1974年第10期，第30页。

⑧ 马王堆汉墓帛书整理小组：《长沙马王堆汉墓出土〈老子〉乙本卷前古佚书释文》，《文物》1974年第10期，第38页。

度，指的是至，极限，限度。范蠡说："无过天极，究数而止。""阳节不尽，不死其野。""盈吾阴节而夺之利。""天节不远，五年复返；小凶则近，大凶则远。""天极""天节""阳节""阴节"的提法中就有度或极限的意蕴。《称》说："毋失天极，究数而止。"①《十大经·姓争》说："过极失当，变故易常。"②《经法·国次》也说："过极失当，天将降殃。"③"天极"或"极"就是指极限或者度的含义，不及或过度都不好，适度才是最好的原则。

（二）天人观

范蠡说："夫国家之事，有持盈，有定倾，有节事。""持盈者与天，定倾者与人，节事者与地。"④保持国家强盛要效法天道，因为天道具有"盈而不溢，盛而不骄，劳而不矜其功"⑤的特点。他还说："天道皇皇，日月以为常。……阳至而阴，阴至而阳，日困而还，月盈而匡。"⑥触及了天道的恒常性和规律性。他还强调"因阴阳之恒，顺天地之常。"⑦"死生因天地之刑，天因人，圣人因天；人自生之，天地形之，圣人因而成之"。⑧

他十分注意天道变化的时间性，既强调要耐心等待时机，又强调要善于抓住时机。他指出："夫圣人随时以行，是谓守时。天时不作，弗为人客；人事不起，弗为之始。"⑨"臣闻之：圣人之功，时为之庸。得时弗成，天有还形。"⑩"蠡

① 马王堆汉墓帛书整理小组：《长沙马王堆汉墓出土〈老子〉乙本卷前古佚书释文》，《文物》1974年第10期，第41页。

② 马王堆汉墓帛书整理小组：《长沙马王堆汉墓出土〈老子〉乙本卷前古佚书释文》，《文物》1974年第10期，第38页。

③ 马王堆汉墓帛书整理小组：《长沙马王堆汉墓出土〈老子〉乙本卷前古佚书释文》，《文物》1974年第10期，第31页。

④ 徐元诰著，王树民、沈长云点校：《国语集解·越语下》，中华书局2002年版，第575页。

⑤ 徐元诰著，王树民、沈长云点校：《国语集解·越语下》，中华书局2002年版，第575页。

⑥ 徐元诰著，王树民、沈长云点校：《国语集解·越语下》，中华书局2002年版，第584页。

⑦ 徐元诰著，王树民、沈长云点校：《国语集解·越语下》，中华书局2002年版，第578页。

⑧ 徐元诰著，王树民、沈长云点校：《国语集解·越语下》，中华书局2002年版，第579页。

⑨ 徐元诰著，王树民、沈长云点校：《国语集解·越语下》，中华书局2002年版，第575页。

⑩ 徐元诰著，王树民、沈长云点校：《国语集解·越语下》，中华书局2002年版，第586页。

闻之：‘上帝不考，时反是守。’强索者不祥。得时不成，反受其殃。失德灭名，流走死亡。”[①]他认为，上帝不会帮人的忙，唯有按天时的转变行事才会成功。天道经常变化，有时会夺取时机，有时会提供时机，有时又不给予时机。时机是客观的，人不能去强求，强求蛮干都会受其祸害。这时，人一定要有耐心，“待其来者而正之，因时之所宜而定之”[②]。但如果时机成熟而不好好把握，也会招致祸殃。所谓“得时无怠，时不再来，天予不取，反为之灾”[③]。

节约事功要考虑地利，因为地能包容万物，化育万物，百姓靠土地来养活他们自己。安定国家的危局要取决于人道，主要指君臣关系、君民关系和民心向背。范蠡认为，治理国家一方面要顺天地，一方面要尽人事，两方面互相结合：“夫人事必将与天地相参，然后乃可以成功”。[④]“人事与天地相参”不仅适用于治理国家和兴师伐吴，而且还是对天人关系的一种回答，既注意天人之分，又强调天人相合，是春秋时期中国哲学的一项重大成就。

范蠡认为，治理国家，天、地、人三者缺一不可。在他看来，天就是日月运转、阴阳变化的自然现象，天道就是日月和阴阳变化的规律：月落复升，月盈而亏，阳极而阴，阴极而阳；地兼容万物、化育万物，蓄养飞禽走兽；人道就是为了转危为安而谦卑尊礼，忍辱负重。对于天地人的关系，他认为三者并重，互不干涉，各自独立发挥作用。“人事至矣，天应未也。”“逆节萌生，天地未形。”[⑤]“天应至矣，人事未尽也。”[⑥]“天因人，圣人因天。”尤其是天和人，互为依赖，同起作用，但天的地位重于人：“天予不取，反为之灾。”天人观中的天高于人的构想意在为人道提供理论根据。

这种思想在《黄帝四经》中尤为明显，如《经法·六分》说：“王天下者之道：有天焉，有人焉，有地焉。三者参用之，□□而有天下矣。为人主，南面而

---

① 徐元诰著，王树民、沈长云点校：《国语集解·越语下》，中华书局2002年版，第580页。

② 徐元诰著，王树民、沈长云点校：《国语集解·越语下》，中华书局2002年版，第578页。

③ 徐元诰著，王树民、沈长云点校：《国语集解·越语下》，中华书局2002年版，第584页。

④ 徐元诰著，王树民、沈长云点校：《国语集解·越语下》，中华书局2002年版，第582页。

⑤ 徐元诰著，王树民、沈长云点校：《国语集解·越语下》，中华书局2002年版，第581页。

⑥ 徐元诰著，王树民、沈长云点校：《国语集解·越语下》，中华书局2002年版，第582页。

立。臣肃敬，不敢蔽其主。下比顺，不敢蔽其上。万民和辑而乐为其主上用，地广人众兵强，天下无敌。”[①]《经法·四度》说：“参于天地，合于民心。文武并立，名之曰上同。”占天时，拥地利，是为天道；聚人和，是为人道。天道人道参用，土地广阔，人民众多，军队强大，国家便可无敌于天下。

（三）战争观

范蠡反对侵略战争，以兵器为凶器，认为通过战争来解决问题是下策，最后必将自食恶果：“夫勇者，逆德也；兵者，凶器也；争者，事之末也。阴谋逆德，好用凶器，始于人者，人之所卒也。”[②]但他肯定正义战争，并以天人观作为用兵的理论根据：“古之善用兵者，因天地之常，与之俱行。后则用阴，先则用阳；近则用柔，远则用刚。后无阴蔽，先无阳察。用人无艺，往从其所。刚强以御，阳节不尽，不思其野。彼来从我，固守勿与。若将与之，必因天地之灾，又观其民之饥饱老逸以参之，尽其阳节，盈吾阴节而夺之。宜为人客，刚强而力疾，阳节不尽，轻而不可取。宜为人主，安徐而重固；阴节不尽，柔而不可迫。凡陈之道，设右以为牝，益左以为牡。早晏无失，必顺天道，周旋无究。”[③]以星辰出没、四时转换的规律为用兵准则，以日月明暗为前进和隐蔽的准则，以阴阳为防守和进攻的准则，以刚柔为拒敌远近的准则。准则不是模式，循环变化使用，没有穷尽。

《十大经·五正》说：“今天下大争，时至矣。”[④]《称》说：“强则令，弱则听，敌则循绳而争。”[⑤]《十大经·姓争》说：“天地已定，蚑蛲毕争。作争者凶，

---

① 马王堆汉墓帛书整理小组：《长沙马王堆汉墓出土〈老子〉乙本卷前古佚书释文》，《文物》1974 年第 10 期，第 32 页。

② 徐元诰著，王树民、沈长云点校：《国语集解·越语下》，中华书局 2002 年版，第 576 页。

③ 徐元诰著，王树民、沈长云点校：《国语集解·越语下》，中华书局 2002 年版，第 585—586 页。

④ 马王堆汉墓帛书整理小组：《长沙马王堆汉墓出土〈老子〉乙本卷前古佚书释文》，《文物》1974 年第 10 期，第 36 页。

⑤ 马王堆汉墓帛书整理小组：《长沙马王堆汉墓出土〈老子〉乙本卷前古佚书释文》，《文物》1974 年第 10 期，第 41 页。

不争亦毋以成功。顺天者昌，逆天者亡。”[①]可以看出，当时社会的大势是争，攻伐夺取，兼并盛行，只有战争，才可能赢得生存。战争或争斗，自然会有凶有福；不争不可能获得成功。战争中还需要遵循现实的法则，否则只能逆天而亡。

（四）刑德观

范蠡说：“得虐之行，因以为常，死生因天地之刑。”他认为赏罚的实施因顺天地的准则，生杀的决断因顺天地的法则。

这种刑（惩罚）得（奖赏）思想的萌芽在《黄帝四经》中则成了它的思想核心，并被赋予了时代特色。《称》说：凡论必以阴阳□大义。天阳地阴，春阳秋阴，夏阳冬阴，昼阳夜阴，大国阳，小国阴，重国阳，轻国阴。”“主阳臣阴，上阳下阴，男阳女阴，父阳子阴，兄阳弟阴，长阳少阴，贵阳贱阴，达阳穷阴。”[②]阳的属性是得，阴的属性为刑。得代表进展、运动、兴奋、扩散、生长、萌芽，刑代表收敛、衰减、抑止、凝聚、固定、静止。这两方的结合，促成了四季更替、万物的生灭、事物的运动。因此，刑与得是支配宇宙万物的基本的力量。以刑得论阴阳，把刑得作为主宰万物的两种基本力量，成为《黄帝四经》的鲜明特色。

《十大经·观》说：“春夏为得，秋冬为刑。先得后刑以养生。”[③]《十大经·姓争》说：“刑得相养，逆顺而成。”[④]它强调刑得相辅，以德为先，蓄养生机。

《十大经·姓争》说：“天德皇皇，非刑不行。穆穆天刑，非德必倾。”[⑤]它

---

① 马王堆汉墓帛书整理小组：《长沙马王堆汉墓出土〈老子〉乙本卷前古佚书释文》，《文物》1974年第10期，第37页。

② 马王堆汉墓帛书整理小组：《长沙马王堆汉墓出土〈老子〉乙本卷前古佚书释文》，《文物》1974年第10期，第42页。

③ 马王堆汉墓帛书整理小组：《长沙马王堆汉墓出土〈老子〉乙本卷前古佚书释文》，《文物》1974年第10期，第36页。

④ 马王堆汉墓帛书整理小组：《长沙马王堆汉墓出土〈老子〉乙本卷前古佚书释文》，《文物》1974年第10期，第38页。

⑤ 马王堆汉墓帛书整理小组：《长沙马王堆汉墓出土〈老子〉乙本卷前古佚书释文》，《文物》1974年第10期，第37页。

认为，“刑得”是光明正大的，刑得煌煌，恰如日月相望，刑得并行，战无不胜。它的得主要指物质恩惠，贯彻着功利主义的思想。它的刑，一是指对外的战争，一是指对内的刑名法术，也就是使名实相符，依法办事，维护君臣伦常，其中的“法”与“术”体现了新兴地主阶级为巩固新的政治、伦理关系而作的理论阐发。

可以看出，《越语下》所述范蠡思想与帛书《黄帝四经》联系紧密，后者在前者的基础上有继承和发展。在辩证观上，范蠡强调顺应客观规律，《黄帝四经》则有主客观相结合的意味；在天道观上，范蠡和《黄帝四经》都主张天道与人道相参而有天下；在战争观上，范蠡反对侵略战争，肯定正义战争，《黄帝四经》则主张发动战争，因为不进行战争便没有成功；在刑德观上，范蠡主张刑德必须顺应天地的法则，用天道为人道作理论根据，《黄帝四经》则以人道论天道，以刑德为主宰万物的两种力量，刑德并用，以德为先，休养生息。

范蠡是黄老学发展史上承前启后的标志性人物，他的思想中含有大量的黄老学因素。他的著作虽然散佚，但《国语・越语下》所述范蠡思想在《黄帝四经》中得到了较大限度的沿袭和宣扬。比如，《国语・越语下》说：“德虐之行，因以为常。”韦昭注：“谓德有所怀柔及爵赏也，虐有所斩伐及默夺也。以为常，以为常法也。”《十大经・果童》也说：“静作相养，德虐相成。”可见“德”“虐”两种相反的东西，是矛盾对立而相反相成的，是应该把它当作正常的法则而加以应用的。

范蠡在劝越王勾践图吴时，非常强调“时”，他告诉勾践说：“得时无怠，时不再来，天予不取，反为之灾，赢缩转化，后将悔之。”《十大经》中两次强调“当断不断，反受其乱”，正是从“得时无怠，时不再来，天予不取，反为之灾”中总结升华的。

当勾践和范蠡留吴三年归国，范蠡劝勾践不要急躁图吴时，他说：“时不至不可强生，事不究不可强成。”《称》里有“毋先天成，毋非时而荣，先天成则毁，非时而荣则不果，日为明，月为晦，昏而休，明而起，毋失天极，究数而止。”其中，“先天成则毁，非时而荣则不果”的话与范蠡所说的意思是一致的。

范蠡劝越王不要与吴讲和时说：“巨闻古之善用兵者赢缩以为常，四时以为纪，无过天极，究数而止。”《称》里的最后两句是“无失天极，究数而止”，只不过把“无过天极”改为“无失天极”罢了。

正是由于范蠡等人黄老学思想的影响和《黄帝四经》的奠基，汉初的统治者大量借鉴黄老学，把它上升为社会主导思想，无为而治，刑德兼用，德主刑辅，与民休息。经过五位君主的持续治理，最终造就了文景盛世。至武帝之世，他采用董仲舒的“更化”主张，罢黜百家，独尊儒术，黄老学思想才逐渐淡出政治舞台的中心。在民间，黄老学思想转而同神仙方术思想结合，演变为“黄老道”，最终导致了道教的出现。

（姚军，宝鸡文理学院文学与新闻传播学院副教授、硕士生导师，文学博士，陕西省司马迁研究会理事。）

地域文化与两汉酷吏的地理分布

张建伟　张　颖

目前对《史记》人物形象的研究成就虽大，但多集中在对女性、刺客、游侠、士人和商人等群体，以及刘邦、项羽、商鞅、韩信等部分典型人物的研究上，关于其他人物的研究还有很大的开拓空间。具体到酷吏的研究，主要有如下成果。

第一，对《史记·酷吏列传》酷吏群体的研究。

这类研究包括了司马迁对待酷吏群体之态度及原因、从酷吏群体看司马迁之思想、酷吏群体的特性及其形成原因等几个方面。

1. 司马迁对待酷吏群体之态度及原因

沈玉成的《辨〈史记·酷吏列传〉》（《文学遗产》1986 年第 5 期）认为司马迁既肯定酷吏打击豪强的历史贡献，又对酷吏的政绩与个人品质给予适度的褒贬。谢季祥的《对汉代"酷吏"的评论应一分为二——读〈史记〉关于"酷吏"的记载》（《福建师范大学学报》1993 年第 4 期）认为司马迁对待酷吏的态度是一分为二的，既揭露了酷吏的酷烈和滥法，又赞扬了部分人物的忠诚与廉洁。此外还有余杰《君·吏·士——解读〈史记·酷吏列传〉》（《社会科学论坛》2001 年第 8 期），范璠《千秋功罪自有评说——解读〈史记·酷吏列传〉》（《文教资料》2008 年第 4 期），何春环、何尊沛《〈史记·酷吏列传〉之我见》（《贵州社会科学》2003 年第 1 期），王思远《酷吏制：是耶？非耶？——解读〈史记·酷吏列传〉》，万淳《从〈史记·酷吏列传〉看司马迁内心的矛盾与困惑》（《黑龙江教育学院学报》2008 年第 5 期），以上几篇文章观点类似，认为司马迁对酷吏群体持既鞭挞又同情，既肯定又否定的态度。

2. 从酷吏群体看司马迁之思想

在《司马迁之人格与风格》（三联书店 1984 版）一书中，李长之先生简单分析了司马迁写《史记・酷吏列传》的原因。他认为一是司马迁通过写张汤、王温舒和杜周这类人物形象，来影射汉武帝时期的严刑峻法制度，二是司马迁本人在这种制度下深受其害，“所以不得不写《酷吏列传》，把他们的脸谱刻画一下”。吴桂美的《理想与现实的反差——读〈史记・酷吏列传〉》（《湖北民族学院学报》2004 年第 6 期）整体上从社会背景和司马迁自身对社会的认识两方面分析其对酷吏既肯定又否定的原因。此外还有郑建明《〈史记〉法制思想述论》（《宜春师专学报》1997 年第 1 期）、徐晓光《论司马迁的法律思想》（《南京大学法律评论》1999 年第 2 期）等。

3. 酷吏群体的特性及其形成原因

蔡锋的《汉初酷吏政治实施原因探析》（《青海师范大学学报》1989 年第 2 期）从政治角度分析酷吏阶层出现的原因，一是西汉前期统治思想的转变，二是豪强兼并、贵戚横行的社会问题的存在，三是西汉阶级矛盾的尖锐化，四是统治者对酷吏政治的保护。田延峰的《论两汉酷吏》（《宝鸡师院学报》1992 年第 3 期）对汉代酷吏的特点、地位、作用及影响进行了具体全面的论述。分析其成因的文章还有秦进才《汉武帝时代的皇权与酷吏》（《河北师范大学学报》2008 年第 5 期）、刘晋梅《〈史记・酷吏列传〉的政治讽喻性探析》（《渭南师范学院学报》2019 年第 4 期）。杨宁宁的《从〈史记〉看西汉酷吏的性格人生》（《南宁职业技术学院学报》2009 年第 5 期）通过分析酷吏的性格来揭示其悲剧命运的原因。作者认为酷吏群体一方面不畏强权，忠于职守，但另一方面又狡诈圆滑，见风使舵，处事偏执，好走极端。酷吏的悲剧命运跟其自身的性格缺陷和人格缺陷有着密切的关系。以上几篇文章从政治、法治、人物自身性格等方面分析了酷吏制度以及悲剧结局的形成原因。

第二，对《史记・酷吏列传》写作手法的研究。

路培培的《论〈史记・酷吏列传〉的叙事方式》（《莆田学院学报》2009 第 1 期）认为司马迁既恰当地处理了故事时间和叙述时间的关系，又严密安排了大型的叙述框架和段与段之间的细针密线布局。肖振宇的《论〈史记〉的对比艺术》（《张家口师专学报》1995 年第 2 期）将《酷吏列传》和《循吏列传》进行对比，通过人物，例如李广与卫青、霍去病的对比，体现人物形象和作者的爱憎。周旻的《略论〈史记〉的人物类传》（《沈阳师范大学学报》2006年第2期）分析了司马迁《史记》中包括酷吏和佞幸在内的人物形象的写作手法。他认为这种传记采取类传与合传的方式，兼顾人物的共性和个性，采取“以类相从”的布局结构，以此更好地塑造形象，表达情感。

第三，比较研究，包括西汉酷吏与循吏的比较，以及两汉酷吏之间的比较。

1. 西汉循吏和酷吏的比较。

张三夕的《中国古代吏治精神探微——〈史记·循吏列传〉与〈酷吏列传〉评说》（《宝鸡师院学报》1988年第3期）从司马迁深受黄老之学影响这一角度分析其划分循吏和酷吏的依据。赵冬梅的《汉武帝时期循吏与酷吏政治行为》（《内江师范学院学报》2008年增刊）通过对《史记》中酷吏和循吏两类截然不同人物形象的对比，从执政策略、执政方式、执政情况和执政成效四方面分析循吏和酷吏的政治行为，并从统治者、儒家和法家思想以及个人角度分析成因。

2. 两汉酷吏及汉隋酷吏的比较。

刘德杰的《两汉酷吏的文化阐释》（《南都学坛》2008年第6期）比较两汉酷吏的共性、差异，探究其文化意义。涉及两汉酷吏比较的论文还有孙希勇《司马迁、班固和范晔思想管窥》（东北师范大学2007年硕士学位论文），王颖《酷吏与汉代政治》（苏州大学2010年硕士学位论文），张毅《酷吏与汉代法制》（西南政法大学2011年硕士学位论文），刁生虎、郭岚宁《从“前三史”看汉代酷吏形象的历史演变及其成因》（《广州大学学报》2015年第8期），刘红《两汉酷吏研究》（南昌大学2016年硕士学位论文），等等。另外，陈金花的《论酷吏在汉隋两代的变化及其原因》（《渭南师范学院学报》2007年第4期）从汉隋两代酷吏的执法特点、惩治对象、品行及结局等方面进行比较分析，并从政治层面分析成因。

第四，对《史记·酷吏列传》的个案研究，主要集中于张汤、杜周等人。

林剑鸣的《张汤评传》（《西北大学学报》1985年第2期）结合张汤所处的历史环境，对他一生中的重大活动进行全面的介绍，试图以此揭示历史人物的本来面目。王群的《〈史记〉张汤形象研究》（渤海大学2019年硕士学位论文）从写作手法、时代意义以及所反射的司马迁的“德治思想”几个层面对张汤这一人物形象进行全面的研究。李剑清的《〈史记·酷吏列传·杜周传〉和〈汉书·

杜周传〉异辨》(《渭南师范学院学报》2012 年第 5 期）从体制、取材和立意三个方面对《史记》《汉书》中的杜周形象进行比较。

总体而言，目前学术界对《史记·酷吏列传》的研究成果突出，无论是酷吏群体的性质、特点、写法，还是个案研究都有涉及，存在的问题是重复研究较多而开创性的成果较少。因此，本文借鉴文学地理学的方法，从地域文化的角度探究酷吏群体的产生与先秦文化的关系，以及两汉酷吏群体的地理分布有何变化，及其原因所在。

一、战国地域文化与西汉酷吏的地理分布

《史记》卷一二二《酷吏列传》记载了郅都、宁成、周阳由、赵禹、张汤、义纵、王温舒、尹齐、杨仆、减宣（咸宣)、杜周等十一人，《汉书》卷九十增加了田广明、田延年、严延年、尹赏四人。下面根据史书中对这些酷吏籍贯的记载，制成表 1。

表 1：西汉酷吏地理分布表

姓名	籍贯	所属地（战国）	时期
赵禹	扶风郡斄县（今陕西省武功县西南）	秦	汉武帝
张汤	杜县（今陕西省西安市雁塔区）	秦	汉武帝
王温舒	阳陵（今陕西省咸阳市）	秦	汉武帝
宁成	南阳郡穰县（今河南省邓州市）	秦	汉景帝 汉武帝
田广明	郑（陕西省渭南市华州区）	秦	汉武帝
田延年	为先齐诸田，迁徙阳陵，属西汉司隶校尉部左冯翊（今陕西省咸阳市）	秦	汉昭帝 汉宣帝
减宣	杨县（今山西省洪洞县曲亭镇）	韩	汉武帝
周阳由	绛州闻喜（今属山西省）	魏	汉武帝
郅都	河东大阳（今山西省洪洞县东南）	韩	汉景帝

续表

姓名	籍贯	所属地（战国）	时期
杨仆	宜阳（河南省洛阳市宜阳县）	韩	汉武帝
尹赏	巨鹿（河北省邢台市）	赵	汉成帝
义纵	河东（今山西省运城市、临汾市）	魏	汉武帝
杜周	南阳杜衍（河南省南阳市西南）	楚	汉武帝
尹齐	东郡茌平（今山东省聊城市茌平县）	齐	汉武帝
严延年	东海下邳（今江苏省下邳市）	齐	汉宣帝

表中人物15人除了杜周、尹齐、严延年三人外，其籍贯均属于秦晋地区。为什么酷吏集中分布于秦晋地区呢？

我们需要上溯至战国时期的地域文化与人才分布。姚奠中先生认为，“河洛文化”的代表是纵横家思想，鲁国是儒家的大本营，“燕齐文化”则以阴阳家思想为代表，老子和庄子是“梁宋文化”的代表，楚文化属于儒家文化，“‘三晋文化’以法家思想为代表”[①]。严耕望先生《战国学术地理与人才分布》通过统计，认为李悝等法家十人，“韩籍（兼郑）三人，赵、魏、卫各二人，陈楚一人，则法家重要人物，除李斯外，不但皆为三晋人（卫锲在三晋疆域内），且其籍居，南至阳翟（今禹县）、新郑，北至濮阳、邯郸，直线距离不过约二百五十公里，东西距离更狭”[②]。由此可见，战国时期法家人物基本上分布在三晋故地，而秦国任用商鞅、李斯等人，以法家治国而崛起，统一了全国。西汉酷吏主要分布于秦晋之地，正是战国文化的延续。

西汉法家思想与法家人物的具体情况如何呢？卢云《汉晋文化地理》认为，“自战国始，三晋地区的法家与纵横家就最为发达”。“西汉法家人物和主要法家

① 姚奠中、刘毓庆、郭万金：《国学之道——谈中国人生智慧》，北京大学出版社2013年版，第250页。

② 严耕望：《严耕望史学论文集》，上海古籍出版社2009年版，第539页。

著作基本上都出自三晋。”西汉时期，“三晋很多地区存在着尚法的风气。”[①]据《汉书》卷二八《地理志下》，三晋故地还有法家遗存，“颍川，韩都。士有申子、韩非刻害余烈，高仕宦，好文法，民以贪遴争讼生分为失”。“赵、中山地薄人众，犹有沙丘纣淫乱余民。丈夫相聚游戏，悲歌忼慨，起则椎剽掘冢，作奸巧，多弄物，为倡优。女子弹弦跕躧，游媚富贵，遍诸侯之后宫。”“邯郸北通燕、涿，南有郑、卫，漳、河之间一都会也。其土广俗杂，大率精急，高气势，轻为奸。”“太原、上党又多晋公族子孙，以诈力相倾，矜夸功名，报仇过直，嫁取送死奢靡。”[②]颍川、中山、邯郸、太原这些三晋故地，普遍民风彪悍，在汉代依然保存着法家、纵横家的遗风，崇尚富贵，生活奢靡，易于争讼，甚至“以诈力相倾”，号为难治，与邹鲁地区崇尚儒学形成鲜明的对比。

从西汉循吏的分布，也可以看出各地文化的差异。《汉书》卷八十九《循吏列传》记载了文翁等六人，具体籍贯如下：文翁、朱邑，都是庐江郡舒县（今安徽庐江）人。王成，籍贯不详。黄霸，淮阳郡阳夏（今河南太康）人。龚遂，山阳郡南平阳（今山东邹县）人。召信臣，九江寿春（今安徽寿县）人。循吏六人，除一人籍贯不详外，安徽三人，河南一人，山东一人，无一人属于秦晋地区，这也从侧面说明西汉各地地域文化的差异明显。

这些酷吏秉承的治国理念，与战国法家也有联系。比如郅都谏阻汉景帝救贾姬，说：“亡一姬复一姬进，天下所少宁贾姬等乎？陛下纵自轻，奈宗庙太后何。”[③]以宗庙帝王为重，而以宠幸的嫔妃为轻，完全符合《韩非子·备内》篇讲的理论：“夫妻者，非有骨肉之恩也，爱则亲，不爱则疏。”[④]因为夫妻之间只有利益，出于担心年老失宠，后妃夫人甚至盼着国君早死。张汤治狱，“所治即上意所欲罪，予监史深祸者。即上意所欲释，与监史轻平者。所治即豪，必舞文巧诋。即下户羸弱，时口言，虽文致法，上财察。于是往往释汤所言。”[⑤]张

---

① 卢云：《汉晋文化地理》，陕西人民教育出版社 1991 年版，第 43、44 页。

② 班固撰，颜师古注：《汉书》，中华书局 1962 年版，第 1654、1655、1656 页。

③ 司马迁：《史记》卷一二二，中华书局 1959 年版，第 3132 页。

④ 王先慎集解：《韩非子》卷五，上海古籍出版社 2015 年版，第 135 页。

⑤ 司马迁：《史记》卷一二二，中华书局 1959 年版，第 3139 页。

汤断案，都是揣摩汉武帝的意图，而非依据法律条文，因此深得武帝的欢心。这种做法也是法家所赞成的。《韩非子·有度》曰：“贤者之为人臣，北面委质，无有二心。朝廷不敢辞贱，军旅不敢辞难，顺上之为，从主之法，虚心以待令而无是非也。”① “顺上之为，从主之法”，也就是顺着君主的意思而行事。

武帝之后各地学术文化出现了变化，关中士族走向“知识化、儒学化的道路”②。那么，东汉酷吏的地理分布有何变化呢？

二、东汉酷吏的地理分布变化及其原因

《后汉书》卷七七《酷吏传》记载了董宣等七人，其籍贯分布如表 2。

表 2：东汉酷吏地理分布表

姓名	地区	所属地
董宣	陈留郡圉县	河南省开封市杞县圉镇
樊晔	南阳郡新野县	河南省南阳市下辖县
李章	河内郡怀县	河南焦作市武陟县
周纡	下邳国徐县	江苏省泗洪县
黄昌	会稽郡余姚县	浙江省绍兴市余姚县
阳球	渔阳郡泉州人（注：幽州雍奴县）	天津市武清区
王吉	陈留郡浚仪县	河南省开封市

东汉酷吏七人，属于今河南省者四人，江苏、浙江、天津各一人，无一人出自秦晋地区。说明东汉与西汉的地域文化已经发生了很大变化，具体情况卢云《汉晋文化地理》有详细的分析。主要表现在以下几个方面：第一，齐鲁一带的文化略有衰退，但汝南、颍川、南阳一带文化发展迅速；第二，三辅地区依然属于文化发达地区，但是其文化倾向已经出现变化，儒学发展迅猛，关中出现

① 王先慎集解：《韩非子》卷二，上海古籍出版社 2015 年版，第 41 页。

② 卢云：《汉晋文化地理》，陕西人民教育出版社 1991 年版，第 36 页。

了贾逵、马融等经学大师；第三，蜀地、吴郡与会稽等地的文化继续发展；第四，河北西部地区与淮南地区文化有所衰落。卢云认为，河北西部地区衰落的原因在于，“汉武帝以后，随着时间的推移，先秦历史传统的影响日益淡薄，诸侯王国强大的局面也不复存在，该地文化赖以发展的两个条件逐渐消失”。从整体上讲，“东汉一代经学鼎盛，在各文化发达区都普遍占据了主要地位，各地文化构成渐渐趋于一致，明显的区域特色不复存在了”①。这可以从某种程度上解释酷吏在地理分布上的变化。

三、酷吏的地理分布与两汉政治的差异

酷吏的地理分布除了与地域文化有关，和帝王的统治策略也有一定关系。西汉十五位酷吏有十一位是汉武帝时期的，在他之前与之后，酷吏的数量很少，酷吏数量的多寡，与武帝统治策略的变化有关。清人牛运震曰：“武帝之世，烦文苛法，以严酷为治，怨愁惨伤，民几不聊其生。”②酷吏肆虐的背后是天子的默许，乃至于纵容。清人张云璈指出了这一点，他在《读酷吏传》中说：“然酷吏之所以为酷者，仍恃朝廷之法，使天子持其平，或知其酷而不任用，虽郅都百辈，又乌从逞其志而肆其毒哉！故行其酷者酷吏也，而成其酷者天子也。太史公深慨焉，故于诸人之传，一则曰‘上以为能’，再则曰‘上以为能’。上既能之，则深文曲法何所不至，虽明知张汤怀诈而欺，仍为案诛三长史以谢之，盖喜其酷而惜其死，总以为能之一念横于胸也。”③

《史记》卷一一九《循吏列传》记载了孙叔敖、子产、公仪休、石奢、李离五位循吏，竟然没有一位是汉代的，这也从一个侧面反映出司马迁对西汉初期、尤其是汉武帝时期的统治策略的批评。司马迁认为：“法令所以导民也，刑罚所以禁奸也。文武不备，良民惧然身修者，官未曾乱也。奉职循理，亦可以为治，何必威

---

① 卢云：《汉晋文化地理》，陕西人民教育出版社 1991 年版，第 76、80 页。

② 牛运震撰，崔凡芝校释：《空山堂史记评注校释》，北京中华书局 2012 年版，第 739 页。

③ 张云璈：《简松堂文集》卷八，北京大学图书馆藏清刊本。

严哉？”[①]他提出，“奉法循理之吏，不伐功矜能，百姓无称，亦无过行。”[②]说明司马迁赞成循吏化民成俗，反对酷吏执法苛刻，以杀伐为功，立威媚上的行为。

班固在《汉书·循吏传》序中叙述了西汉统治思想的发展变化，他说，汉初实行休养生息的政策，凡事简易，因此出现了文翁等循吏，能以身作则，兴办教育，化民成俗。汉武帝即位后，发生变化，董仲舒、公孙弘、兒宽“三人皆儒者，通于世务，明习文法，以经术润饰吏事”[③]。之后宣帝重视刺史、太守等地方官，此时良吏大量出现。王成、黄霸、朱邑、龚遂、郑弘、召信臣等人造福地方，深受百姓爱戴。

除了地域文化的变化，两汉施政方针也有不同，导致东汉的酷吏人数减少，不到西汉的一半。不同于汉武帝致力于加强权力，打击豪强，好大喜功，东汉光武帝体恤百姓疾苦，施政量时度力，君臣多近儒学，清人赵翼说：“至东汉中兴，则将帅皆有儒者气象，亦一时风会不同也。光武少时，往长安，受《尚书》，通大义。及为帝，每朝罢，数引公卿郎将讲论经理。”[④]之后，“明帝善刑理，法令分明。日晏坐朝，幽枉必达。内外无幸曲之私，在上无矜大之色。断狱得情，号居前代十二”。《后汉书》唐李贤注：“十断其二，言少刑也。”尽管明帝长于法律，法令鲜明，但其继任者章帝有所纠正。“章帝素知人厌明帝苛切，事从宽厚。感陈宠之义，除惨狱之科。深元元之爱，著胎养之令。”[⑤]因此，由于帝王不崇尚酷吏政治，产生酷吏的土壤不复存在，酷吏衰落也就在情理之中了。

西汉酷吏的产生与汉武帝的倡导有很大关系，其地理分布集中于秦晋地区，则显示出战国时期地域文化的影响。东汉酷吏人数减少，地理分布也发生变化，既是施政方针变化的反映，也是东汉儒学进一步普及，地域文化区别不明显的表现。

（张建伟，山西大学文学院教授、博士生导师，文学博士；张颖，山西大学文学院硕士研究生。）

---

① 司马迁：《史记》卷一一九《循吏列传》，中华书局 1959 年版，第 3099 页。

② 司马迁：《史记》卷一三零《太史公自序》，中华书局 1959 年版，第 3317 页。

③ 班固撰，颜师古注：《汉书》，中华书局 1962 年版，第 3623 页。

④ 王树民校证：《廿二史札记校证》（订补本）“东汉功臣多近儒”条，中华书局 1984 年版，第 90 页。

⑤ 范晔撰，李贤等注：《后汉书》，中华书局 1965 年版，第 124、125、159 页。

风追司马论韩城民俗

程永庄

入乡问俗，民俗学的研究一直未纳入史记学范畴，“迁生龙门，耕牧河山之阳。”司马迁生长在黄河岸边，受家乡民俗文化的熏陶；长大后又行万里路，了解到全国各地不同的民俗，这为他著作《史记》打下了坚实的基础。风追司马，其精神、其思想深深影响了韩城民俗文化的形成和走向。

一、开中国民俗学先河

司马迁网罗天下放失旧闻，稽其兴衰成败之理，足迹遍及祖国大江南北，对各地民俗进行了广泛深入细致了解。

1. **游历考察，领略各地不同风俗文化。**司马迁自幼在家乡韩城读书、牧羊。由于史官家学渊源的熏陶，他十岁的时候就能背诵古文经卷。这时他的父亲司马谈已在西汉朝廷担任太史令，因而他有了来到国都长安，向当时的古文大家孔安国、今文大家董仲舒学习的机会。20岁时，游历祖国大好河山，渡过淮河、长江，来到吴越，登上会稽山，探测禹穴，上九嶷山，遍访当地遗闻故事。接着浮于苍茫沅水、湘江，感受当地迥异的自然风光和民俗文化。接着北渡，涉汶水、泗水，在齐鲁游历讲学，观察孔子遗留下来的风俗礼教，在邹县、峄山参加乡射的大礼。司马迁参观孔子的庙堂、车服、礼器时，目睹儒生们仍照常在孔子旧宅演习礼仪，徘徊不忍离去，想学孔子的为人。接着踏上征程，在鄱县、薛地、彭城厄困，遭遇麻烦，因为薛地是孟尝君的封地，孟尝君喜好养士，招致天下豪杰六万户入薛，当地民风与邹、鲁大不相同，多凶猛斗勇之士。来到梁地、楚地，专门去大梁，寻访侯生曾经守卫的夷门。最后回到长安，出仕，担任了一名在皇帝身边负责宿卫的郎中。游历使他得到写史第一手资料，为研究各地民俗打下了扎实基础，勾勒出一幅当时的民族历史风情画卷。

2. **著作《史记》，阐述礼乐教化治国思想**。司马迁说他欲效法孔子，绍明世，正《易》《传》，续《春秋》，本《诗》《书》《礼》《乐》之际，通过著《史记》，表达对古今历史、社会变迁的看法。他在《太史公自序》中，借用父亲司马谈《论六家要旨》的话："夫阴阳、儒、墨、名、法、道德，此务为治者也。"认为百家学说都是谈治国，而司马迁本人主张以德治国。

周公作礼，把礼乐教化上升到国家政治的高度。而孔子有感于春秋礼崩乐坏局面，设学讲座，著书立说，大力提倡儒家学说。司马迁著《史记·礼书》，认为礼乐教化良好天下就太平，老百姓不服从就混乱，服从就安定，提醒治国者重视礼乐教化。

他写《项羽本纪》，说到楚汉相争时，天下纷扰，诸侯们都纷纷起来，只有鲁地的儒生仍诵读声不断。项羽乌江自刎后，楚国的城池都投降了，只有鲁地人仍坚守，这是因为项羽曾经被楚怀王封为鲁公，鲁地人为他恪守礼节。写《吴太伯世家》说太伯避让季历，纹身、断发、椎接，入勾吴蛮荒之地。当地人认为他贤德，归附的有一千多家。

而最典型者，莫过于他对中原以外匈奴、东胡、氐、羌、朝鲜、东越、闽越、南越、西南夷、西域等诸多少数民族风情的刻画描写，迄今犹有巨大的震撼力。他说匈奴人追寻水草迁徙，没有城郭，不搞农业生产，自君王以下，都以牲畜肉为主食，穿皮革衣服，披着带毛的皮袄。强壮的人吃肥美食物，老年人则吃剩余食物。他们看重壮健之人，轻视老弱者。父亲死去，儿子则以后母为妻；兄弟死去，活着的兄弟就娶他的妻子为妻。匈奴没有文字和书籍，有名却不避讳，但没有姓和字。儿童既能骑羊又可拉弓射击鸟和鼠，稍大就能射击狐。成年男子都能拉弓，披挂铠甲，骑着战马。平常无战事时，则随意游牧，以射猎飞禽走兽为职业；形势紧急时，则人人练习攻战，风俗与中原大不相同。

在《叔孙通列传》中写道：汉高祖初定天下，群臣们喝酒争功，胡叫乱喊，拔剑击柱，高祖为此担心。叔孙通召集鲁地三十多名儒生，制定了一套朝会礼仪。高祖七年，长乐宫落成，诸侯、群臣依礼朝见，无不肃然恐惧，不敢喧哗失礼的。连刘邦这个草莽之君也感慨："我今日才知道做皇帝的尊贵。"写《周本纪》，说西伯侯姬昌悄悄行善，诸侯都请他裁决是非。当时虞、芮两国的人有诉讼不能裁决，就到周国来。进入周的地界，看到种田的人互相让界，民俗对长者谦让。虞、芮两国的人还没见到西伯侯便很惭愧，相互说："我们所争的，正是周人觉得羞耻的，去见西伯侯干什么？去了只是自取羞辱罢了。"于是，互相谦让而去。

风俗变化，折射出政治的清明与黑暗。司马迁通过风俗变化的描写，为后世树立民本治国思想。孔子所著《春秋》二百四十年间，君主被弑三十六，亡国五十二，诸侯奔走不得保其社稷者不可胜数；《史记》记载幽厉惑乱、秦政暴虐、项羽力征经营天下这些佞臣昏君误国的历史，一次又一次说明礼乐教化在国家政治中的重要性。

二、风追司马，韩城人"耕读"传家

"述往事，思来者"。司马迁《史记》著成后，"藏之名山，副在京师"，汉宣帝时，终于由他的外孙杨恽公布出来。西晋永嘉四年（310）汉阳太守殷济"始读其书，大其功德，立碑树桓"。这是有关司马迁祠墓最早建设的历史，殷济称得上司马迁祠建设第一人。殷济何许人也？

他祖籍金陵（今江苏南京）。西晋时，其祖父殷仲山任职夏阳（在今韩城市南）县令，由此落户夏阳高门原高城里（今芝川镇堡安村）。殷济因而有了接触司马迁轶闻故事，精心研读《史记》的机会，他为司马迁忍辱负重著《史记》精神所折服，感念史公故园坟丘荒颓，竟无一块碑文记载其事迹始末，恐百世后坟丘湮灭无人再知，于是上书晋怀帝司马炽，提出"司马迁所著《史记》开一代先河，为其立祠建庙，可收文史化民，礼仪威风之效"。司马迁乃晋王室远祖，他的话感动了雅好文学的晋怀帝，专门令国库拨银三千，建"汉太史司马迁祠"。高山仰止，巍巍太史高坟千百年来受到家乡人民的精心呵护。殷济也于辞官归里后，步司马迁遗风，在夏阳高门原家乡建起精庐，设学讲座，发展当地教育。

风追司马，千百年文风熏染。韩城读书之风日盛，走出了唐代大诗人白居易、北宋宰相词人张昪、明朝解家"一母三进士一举一贡生"、南京户部尚书张士佩、崇祯宰相薛国观、清贵州巡抚刘荫枢、状元王杰等一批灿若星河的历史文化名人。宋、元、明、清，韩城共有进士 115 人。明、清科举取仕者达 800 余众，其中进士 90 多人，解元 11 人，举人 544 人，文风之盛，被冠以"士风醇茂”“解状盛区”。民间更流传：“下了司马坡，秀才比驴多”。

走进这座千年古城，鳞次栉比、遍布城乡的民居四合院落里，随处可见的木刻、砖雕“登科”“科第”“世科第”“明经第”“进士第”“司马第”“中宪第”“国宾第”“思隐第”“外翰地”“父子御史”“十马高轩”等门额题字，代表了这座城曾经的荣光。而“诗书第”“诗书生香”“二经传家”等，更说明了文化在这座城人心目中的地位。即便那些“耕读第”“耕读传家”等，也传递出一种价值取向。“采菊东篱下，悠然见南山。”读书后回归陇亩，耕田，过着自食其力的日子。以这样的行为准则教育下一代，孕育出韩城勤劳俭朴的民风。而这样的民风支撑，才使韩城文风日盛，冠于三秦、黄河两岸。

如今，徐村太史公故里“风追司马”的门额仍在高悬，虽历经沧桑增添了些许岁月的磨痕，但仍激励着司马后昆好学上进。“文史之乡”，一城的书卷香，散发出特有的时代生机。韩城走出了著名作家杜鹏程、毛泽东的俄文翻译师哲等一批现当代文坛巨子。姚庄村的“一门三清华”更将崇文之风推向高潮，韩城历年高考都走在全省前列。司马遗风，勃发出时代强大的生命力。

三、崇德尚义，韩城流传着“赵氏孤儿”传说

1. **“赵氏孤儿”故事**。司马迁崇德尚义，把太多溢美之词送给了汉文帝这位仁德的皇帝。“蠲除肉刑”“广恩薄施”“孔子言：‘必世然后仁。善人之治国百年，亦可以胜残去杀。’诚哉是言！”“德至盛也”。记载汉文帝做代王时，母亲薄太后生病，他目不交睫、亲尝汤药服侍三年。将伯夷、叔齐列为七十列传之首，盛赞伯夷、叔齐让国，义不食周粟，饿死首阳山，把他们列入七十列传之首，作为后世效仿的典范。他有感于“窃钩者诛，窃国者侯，侯之门仁义存”，作《游侠列传》。在《赵世家》中记载了赵氏孤儿的忠义故事。

韩城民间认为，赵氏孤儿故事就发生在韩城，故事主人公程婴的家，就在韩城芝川镇西少村与滩子村之间的程庄。如今这里仍有程姓人家聚居，而且程庄的程姓人也一直坚持自己就是程婴的后代。

相传程婴和公孙杵臼当年选择的藏孤地点，就在距离程庄西边不远的禹山上。为了保住赵氏孤儿，程婴与公孙杵臼设计，让公孙杵臼用程婴也在襁褓中

的儿子换下赵氏孤儿，藏在禹山上，然后程婴假装背信弃义去告密，告诉屠岸贾自己知道赵氏孤儿藏在何处。屠岸贾让程婴带人上山，杀了公孙杵臼和程婴的儿子，而真正的赵氏孤儿却被程婴藏在禹山后的救郎沟里，躲过这一劫。程婴后来将赵氏真孤，冒以自己的儿子名义带回程庄家中养大，取名武。

民间传说，被程婴暗中保护下来的赵武，是一个非常聪慧而且诚实的小伙子，给人打工干活勤快，锄过的地细密且深，一丝草都不剩，村人都争着请他锄地，赵武总一不声不吭全部答应。一日村里一个老婆婆请赵武帮自家干活，该吃中午饭了仍不见赵武回家，便去地里叫他。老远看见好几家地里都有这个叫武的小伙子在锄草，惊奇地告诉了村里人。程婴一家人觉得赵武这个娃神奇，便不再让他下地干活，供他好好读书。赵武后来果然学有所成，并在程婴和父亲生前好友韩厥的帮助下除掉仇人屠岸贾，夺回了赵家的封号、田邑。

民间传说公孙杵臼为保赵孤，禹山遇害后，程婴夜间偷着将他埋在距程庄不远的一个叫龟鹤山的山包上，每到清明便带着赵武给恩人公孙杵臼扫墓上坟。

后韩厥、程婴助赵武杀掉屠岸贾，复国。赵武已经长大成人，程婴决计按照当初约定，来到公孙杵臼坟前自尽，把赵孤复国的喜讯，亲赴黄泉尽快告诉好友。赵武一路寻来，程婴已经自刭，赵武悲痛欲绝，把两个恩人合葬在一起。为彰显二人节操正义，人们把二人的坟茔起名“二义墓”。后赵武逝去，家人为报答二位义士帮赵家复国的恩情，把他也埋到了这里，乡民感念三人忠孝气节，把二义墓改成了三义墓，岁岁祭祀不绝，这就是韩城三义墓的来历。

三义墓现已为省级文物保护单位。据明万历三十六年《会塑神记》（1608）碑载：原有庙宇由寝殿、献殿、偏殿组成，祀赵文子为韩山亦应侯，婴、臼配焉。墓前有碑和碑楼，为“赐进士及第兵部侍郎陕西巡抚兼督察院右副都御使加五级毕元”所书。

韩城除了有三位义士的坟茔，还有纪念他们的享祠九郎庙。九、救谐音，九郎就是救郎的意思。取名九郎庙一方面取其谐音，另一方面，九为数字最大数，是尊数，九、久谐音，有长久之意。过去韩城好多村社都修有九郎庙，如今残存的有金城北关九郎庙，龙亭司马庄九郎庙，板桥王村、东泽九郎庙。据金城九郎庙元至大元年（1308）《重修韩奕应侯行祀记》碑载，九郎庙始建于元至大之前，是一组祭祀奕应侯赵武、忠智侯公孙杵臼、成信侯程婴的庙宇。金城九郎庙后原有九郎巷，惜已荡然无存。

而且韩城民间自古便有去禹山祈雨的民俗。每到伏旱无雨之时，乡民便会以村社为单位，抬着黑虎、灵官神楼，拿着锣鼓社火家具，响着火铳，浩浩荡荡上禹山从爷（神）处要雨，来到禹山后救郎沟，从久旱无雨，即将干枯的山泉接下神水，如醉如痴舞着神楼，响着火铳，敲着震天的锣鼓，横冲直撞回到村里，其中最为壮烈要算东塬黄河岸边的薛村城祈雨队伍。听老人们说薛村城的神楼因为距离禹山遥远，去禹山祈雨时沿途经过的村社较多，为了冲过别的社家阻拦，从禹山要下雨，他们遇坎就迈，遇见别的社家阻拦便闯过去，最野不过。

除了去禹山祈雨，每到天旱时，各家村社还要把九郎庙的赵武塑像抬出来，在烈日下暴晒，叫他给大伙降雨。其中还有一个典故，说当年程婴娶的是嵬东西仪门的媳妇，程婴用自家儿子的死，保下赵氏真孤后，媳妇娘家西仪门村人，很有看法。所以每到天旱祈雨时，西仪门就闹得最凶，他们不但要暴晒赵武泥塑，还要用鞭子抽它，让他给“舅家”多下点雨。

韩城人一直坚持认为“赵氏孤儿”故事就发生在韩城，过去民间非常爱看《赵氏孤儿》戏，社会上的班社，不论唱蒲剧的，还是唱碗碗腔、秦腔的，必排《赵氏孤儿》戏，因为老百姓爱看。最为有名的要算太史公故里徐村唱的跑台子戏，徐村的同冯两姓人家，说他们当年是为了避开满门抄斩，改姓跑到老牛坡下的徐村的。为了祭奠先祖司马迁，每年清明冯同后裔先在村后的法王庙戏台上各请一班戏，唱“赵氏孤儿”戏，唱到一半，两家戏班突然收拾家什，人不卸妆，争先恐后往村里的九郎庙跑，看戏的也跟着跑。到得九郎庙戏台点灯接着唱，因为据说法王庙后有司马迁的真骨坟，名为祭法王，实为祭祖先司马迁。这一民俗现象已被列入国家级非遗保护名录。

2. **崇德尚义**。古老的文化积淀，培植了韩城人崇尚节义的浓重乡俗，社会公益事业总有人争着去做，古今皆然。清康熙贵州巡抚刘荫枢罢官闲居，见澽水势大，行人经过摇摇晃晃，遂产生“修桥”念头。倾其家产，历时五年才完工。又担心后人借机为难地方，特会见知县，要将桥卖给阖县百姓。知县又喜又愁，“卖桥事好，但地方赋税有限，买不起这座桥”。刘荫枢：“请来韩城二十八里里长，我自有办法。”县官请来二十八里里长，说起买桥之事，各里长也说：“桥太好，实在买不起呀！”不料刘荫枢捋着大胡子，笑着说：“只卖二十八文，一里一文。但要立个字据，言明：从今以后此桥归韩城二十八里所有。”大家才明白他的意思。从此刘荫枢“二十八文卖桥”的故事便在当地传为佳话。

《史记·夏本纪》记载大禹治水三过家门而不入。“奕奕梁山，惟禹甸之”，“导河积石，至于龙门”，韩城是禹凿龙门神话故事发生地。大禹公而忘私，催生了韩城人干事创业的热情。清乾隆韩城西庄井溢村人师彦公，出资在黄河龙门段石壁装上铁桩、铁环，方便船工攀沿上行，被百姓称为“救生桩”与“救生环”。当代民营企业家李保平在韩城枣庄乡和山西乡宁县惠岭乡之间的黄河大峡谷上，修建了一座乡韩黄河公路大桥，开民间黄河修桥历史先河。退休干部高英杰、陈秀英夫妇，24 年间，29 次，为家乡捐献 114 万元图书，司马迁图书馆开设专馆保存他们赠书。民营企业家雷有生一生向社会捐资达 3000 余万元。尚义之风，一代一代传递，不断谱写韩原新的节义传奇。

四、陶朱之风，韩城人有经商的传统

1. **仓廪实而知礼节**。“天下熙熙皆为利来，天下攘攘皆为利往”。司马迁写《货殖列传》，认识到商业活动在国计民生中的重要作用。“夫千乘之王，万家之侯，百家之君，尚忧患贫，而况匹夫编户之民乎！”那些拥千辆战车的君主，封有万户食邑的列侯，享有百家供奉的君子，尚且担忧贫困，何况编入户籍的百姓。从前太公被封在齐地营丘，那里本来多盐碱地，人烟稀少。太公便鼓励妇女致力于纺织刺绣，提高工艺技巧。又让人们把鱼类、海盐贩运到其他地区，结果别国的人和财物都像钱串子那样络绎不绝，就像车辐那样聚集，所以齐国能够制造冠带衣履供应天下，东海、泰山之间的诸侯都整顿好衣冠去朝拜齐国。

“富者，人之情性，所不学而俱欲者也”，追求财富是人的天性，是不学而与生俱有的本领。“礼生于有而废于无”，礼仪在富有时讲求，而在贫穷时丢弃，只有富裕才能知荣辱，懂礼节。孔门七十多个高徒之中，子贡最为富有。孔子的另一位高徒原宪穷得连糟糠都吃不饱，隐居在简陋的小巷子里。而子贡却乘坐四马并辔齐头牵引的车子，携带束帛厚礼去访问、馈赠诸侯。所到之处，国君与他只行宾主之礼，不行君臣之礼。使孔子名扬天下完全是因为子贡的功劳。

君子富有，好施行仁德；小人富足，乐于发挥自己的余力。从前范蠡帮助越王勾践灭掉吴国，便离开越国来到齐国，变名姓为鸱夷子皮。在海边结庐而居，努力从事耕作，兼营捕鱼、晒盐，很快就积累了数千万家产。范蠡仗义疏财，善施乡梓。他的贤明被齐人赏识，齐王请他去临淄，拜为主持政务的国相。他喟然曰："居官至于卿相，治家能致千金，对于一个布衣来说，已经达到极点，久受尊名，恐怕不是吉祥的征兆。"于是，他再次急流勇退，向齐王归还了相印，散尽家财给至交和父老乡亲们。一身布衣而去，第三次迁到宋国陶邑（今菏泽定陶区南）。在这个居于"天下之中"的经商之地，用计然曾经治国的方术治理产业。没出几年，经商积财又成巨富，自号陶朱公。

2. **南敦稼穑，北尚服贾**。司马迁在《货殖列传》中对秦汉之际的各地经济社会发展状况做了详尽描述。他说关中自汧、渭以东至黄河、华山膏壤沃野千里，秦时故地关陇、四川于天下只占三分之一，人众也不过十分之三，然计算财富，却达到了天下的十分之六。关中当时已得到很好开发。韩城居于其间，经济社会发展迅速。《诗经·小雅·韩奕》对韩城经济情况做了形象化介绍："奕奕梁山，维禹甸之。韩侯取妻，汾王之甥，蹶父之子。诸娣从之，祁祁如云。孔乐韩土，川泽訏訏，鲂鱮甫甫，麀鹿噳噳，有熊有罴，有猫有虎。溥彼韩城，燕师所完。"说巍巍梁山高峻，大禹曾经治理它。韩侯娶妻办喜事，厉王外甥作新娘，蹶父长女嫁新郎。众多姑娘作陪嫁，犹如云霞铺天上。他为女儿找婆家，找到韩城最心欢。身在韩地很快乐，川泽遍布水源足。鳊鱼鲢鱼肥又大，母鹿小鹿聚一处。有熊有罴在山林，还有山猫与猛虎。韩城高又大，王师、燕师曾经修筑它。

而西汉朝廷采取盐铁官营，汉武帝元狩元年（前 119）在全国产铁的地方设置了 49 处铁官，夏阳韩城便居其一（《汉书·地理志》)。《周书·薛善传》记载："薛善……河东汾阴人也……于夏阳诸山置铁冶，复令善为冶监，每月役八千人，营造军器。"薛善是北朝魏国人，曾任韩城冶铁官。据《新唐书·地理志》，全国产铁地已增加到 104 处，韩城为其一，在错开河一带聚集了许多以冶铁为生的冶户，这条川因而被称为冶户川。北宋时包拯（990—1062）上《请罢同州韩城冶户疏》，指出：当地的七百多户冶铁人家中，真正劳作、干活的其实只有五百来户，其余的二百多户仅仅只是以冶户为名罢了。因此，建议将冶户川这里的官营铁矿改为私营，撤销冗余的官员，降低铁务成本，这样铁价自然就降低了。

韩城又地处渭北黑腰带，盛产煤炭，远在宋朝就以煤冶铁。明清时期，黄河西岸硙子山一带，小煤窑前后相连，煤炭业很发达。这也影响了韩城经济的分野。明张士佩《韩城县志》说韩城“南敦稼穑，北尚服贾”。民间更通俗的说法就是：“北乡人卖炭，南乡人麦面”。南北塬风俗不相同，南半部土地肥沃，盛产粮棉；北乡旱塬，多以经商为主，贩卖当地出产的煤炭等，换回需要的粮食。这也带动了韩城黄河航运业发展。韩城境内丘陵沟壑纵横，历史上陆路运输不便，但黄河航运业却异常发达。清康熙康行涧《韩城续县志》载：“每数十百艘，连尾上下，自韩而合阳、朝邑（今大荔辖）、同州（大荔）、潼关、华阴，自河达渭，至于长安，盩厔、鄠县之西，载以易栗粟岁以常。”韩城人把煤炭生意沿着黄河、渭河做到了西安、周至、户县（今鄠邑区）以西，可见煤炭业之盛。

航运业发达，进而带动了当地商业发展。韩城自北向南形成了龙门、昝村、芝川三大渡口，成了渭北重要的物资集散地和粮棉出口地。山陕沿岸船只大量运进京广杂货、烟茶布匹，运出本地出产的煤等，包括从陕北宜川、洛川远道而来的皮子、荞麦等，物资交流频繁。芝川的厘金局曾是陕西五大厘金局之一。芝川、昝村城里店铺林立，晋陕商旅往来，七十二行样样都有，计有300余家。韩城商人的足迹遍布辽宁、宁夏、甘肃、河南、湖北、四川、苏杭等地，涌现出“隆盛”“合和张”“协意诚”等一批著名商号，以及苏、牛、薛、张四大商业家族。党家村的党、贾两家把生意做到河南的瓦店、社旗，创立了“恒兴桂”“合兴发”等大商号。生意非常兴隆，货船直抵汉口、佛山等地。村中当时日进白银千两，富冠韩原。有了雄厚的经济基础，他们大兴土木，修建四合院，留下了一座座被称为“东方人类居住村寨活化石”的民居建筑群。

3. **敢闯敢试，敢为人先**。“古者富贵而名摩灭不可胜记，唯倜傥非常之人称焉。”司马迁重货殖、关注民生，这在当代也具有巨大的社会意义。大河汤汤，唯我勇立潮头，韩城人秉承司马遗风，“敢闯敢试，敢为人先”，取得了一个又一个发展成就。全省农村生产责任制施行第一家，西部百强县市，省内首个计划单列试点市，全国百强县市，民营经济撑起经济半边天。流淌在血管内的司马遗风，正喷薄而出，在新时代释放出巨大的能量，激励韩城人不断披荆斩棘，夺取新的建设成就。

（程永庄，韩城市司马迁学会副会长兼副秘书长、韩城市文化和旅游局干部。）

后　记

“《史记》与韩城学术研讨会暨陕西省司马迁研究会 2020 年学术年会”于 11 月 28 日在司马迁故里、陕西省韩城市举行。本次年会由陕西省司马迁研究会、韩城市委宣传部、陕西司马迁史记博物馆联合主办，陕西文化产业（韩城）投资有限公司协办。国内《史记》研究的专家学者和陕西省司马迁研究会的代表 50 余人参加了本次年会。

上午，陕西省司马迁研究会会长、陕西师范大学文学院院长张新科教授，韩城市政协副主席陈玉振，韩城市委宣传部副部长程涛，陕西省司马迁研究会副会长、西北大学出版社社长马来，陕西司马迁史记博物馆馆长秦忠明，陕西文化产业（韩城）投资有限公司总经理李永强等出席开幕式，开幕式由陕西省司马迁研究会副会长、陕西师范大学文学院程世和教授主持，陈玉振、张新科、秦忠明分别致辞。

陈玉振在致辞中说，《史记》是中国史学史上第一部通贯古今、网罗百代的通史名著，其价值不仅在于对中国史学和中国文学的深远影响，更在于其“通古今之变，成一家之言”塑造的中华史观和民族精神，是中华文明源远流长的坚实基础，是中华民族历经风雨仍保持高度文化认同和强大凝聚力的根本。在新时代做好《史记》研究，加强对中华优秀传统文化的挖掘和阐发，努力实现创造性转化、创新性发展，是当前文化建设推进以文化人，成风育人，进一步坚定全民族文化自信的重要课题，具有十分重要的时代意义。他还介绍说，近年来韩城市大力推动史记文化的推广和传播，已经建成了 AAAA 级司马迁祠景区，正在申报国家级爱国主义教育基地。先后出版《司马迁的世界》《图说史记》《司马迁画册》等多部作品，持续举办民祭司马迁大典、学术研讨、史记讲座、研学旅行等活动，吸引了众多省内外史学研究者、爱好者和学生团体来韩城考察与学习，“史记韩城”的文化品牌正在叫响，韩城已逐渐成为人们向往的文化圣地。

张新科在致辞中说，作为中华优秀传统文化的经典代表，《史记》对中华民族精神的塑造起了重要作用，其中所蕴含的历史价值和当代价值，需要我们进一步去深入挖掘。进入 21 世纪以来，时代呼唤建立一门新的学科——“史记学”。“史记学”的建立，需要各方面的努力，史记研究的“六化”（即综合化、理论化、立体化、多样化、生产化、世界化）仍然是大家今后努力的方向。其中的“生产化”中就包含有与现实结合、组织生产、精品生产以及研究者的再生产等内容。他表示，“史记学”的建立具有重要的理论意义和现实意义。从横向看，它对研究汉代史学、文学、哲学的特征、规律、地位等具有重要的带动作用；从纵向看，它对我国史学、文学的产生、发展、演变以及整个古典散文的兴衰提供了某些规律性的论证；从总体上看，它对于继承祖国优秀传统文化、建设社会主义精神文明具有积极的促进作用。同时，也为文化史名著如何与现实结合，提供了一个成功的范例。

他认为，为了建立“史记学”体系，文史工作者应当采取相应的措施和步骤，还需要做《史记》普及化工作，使更多的人了解《史记》，认识它在中华文化史和世界文化史上的重要地位和价值。随着时代变化和科技发展，研究手段和生产工具也要更新，需要进行数字化的工作，利用网络和计算机把《史记》以及研究成果进行数字化处理，为后来的研究者提供丰富的资料。因此，《史记》研究具有广阔的前景，许多工作还需要我们大家共同去做。

秦忠明介绍了司马迁史记博物馆推动《史记》文化、韩城文化的发掘探索和传播。马来介绍了《史记研究集成》编撰及出版情况，并向陕西省司马迁研究会、陕西司马迁史记博物馆捐赠了《史记研究集成・十二本纪》。西北大学出版社出版的《史记研究集成・十二本纪》共 12 册 560 余万字，是汇集古今中外学者研究《史记》精华成果的集大成之作。他表示，西北大学出版社将积极推进相关工作，将《史记研究集成》的十表、八书、三十世家、七十列传等部分尽早定稿及时出版。

随后，陕西师范大学文学院、渭南师范学院人文学院、延安大学历史文化学院分别为陕西司马迁史记博物馆举行了授牌仪式，把司马迁史记博物馆列为教育实践基地。陕西文化产业（韩城）投资有限公司聘请薛引生、张新科、王长顺、田静、马来等 11 位专家学者为企业顾问，总经理李永强在开幕式上为新聘专家颁发了聘任证书。陕西省司马迁学会副会长、陕西理工大学人文学院梁中效教授为延安大学、咸阳师范学院两位学会 logo 设计者颁发了证书。

与会代表合影留念后，举行了两场大会主题发言。第一场发言由副会长杜敏教授主持，马雅琴教授和李小成教授点评，高益荣教授、张建伟教授、梁中效教授和曹阳博士分别发言。第二场发言由副会长梁建邦教授主持，王长顺教授和刘向斌教授点评，延安大学硕士生胡燕代表霍建波教授、李小成教授、程永庄先生和王建宏博士先后发言。

下午，参会学者分为两组进行了分组讨论汇报。第一组由赵前明教授主持，李红岩教授和朱正平编审点评，张新科等 24 名专家和研究生参加讨论。第二组由高一农教授主持，王晓红教授和姚军副教授点评，梁中效等 26 名专家和研究生参加讨论。大家围绕会议主题展开讨论，态度认真严谨，气氛相当热烈。

闭幕式上，《渭南师范学院学报》编审朱正平和宝鸡文理学院副教授姚军分别代表第一组和第二组做了小组总结汇报，陕西省司马迁研究会秘书长王晓鹃教授做了学会 2020 年度工作报告，副会长高益荣教授宣读本届年会优秀论文奖获奖名单并颁奖。最后，会长张新科教授做总结发言，他肯定了本次学术年会取得的积极成果，在科研内容上体现出数量多、领域广、层次深、方法新的特点；点明了《史记》研究队伍年龄结构年轻化、合理化的趋势；部署了学会今后的工作安排，坚持将研究作为学会工作的核心，逐步扩大研究队伍，吸纳不同领域的《史记》研究爱好者加入学会，继续加强学会与各高校、各研究机构的紧密联系，为 2022 年司马迁学会成立三十周年预热。

大会宣布，明年的年会将由宝鸡文理学院主办。姚军副教授代表兰拉成院长做了表态发言，表示将尽心竭力办好陕西省司马迁研究会 2021 年学术年会，做好大会的各项准备及服务工作，力争办出特色，办出水平。

本次年会的论文集编为《司马迁与〈史记〉论集（第十四辑）——陕西省司马迁研究会2020年年会论文集》，主要围绕司马迁研究、《史记》文献研究、《史记》思想文化研究、《史记》文学艺术研究、《史记》影响研究以及其他研究六个方面选编。

这本《司马迁与史记论集（第十四辑）》由陕西省司马迁研究会选编，主编是张新科教授、秦忠明馆长和程永庄副研究员，姚军副教授做了编辑和校对工作。

姚　军

2022年4月23日